**Stimmen zu vorangegangenen Auflagen:**

„Das Buch ist hervorragend, ich werde es meinen Studenten empfehlen. Da ich selbst 17 Jahre in der Industrie war, kann ich das ein
bisschen beurteilen."
                    *Prof. Dr. Thorsten Spitta, Universität Bielefeld*

---

„/.../ Damit ist die Aussage im Vorwort nur zu unterstreichen, dass
dieses Buch ein „Lückenfüller" wurde und nicht nur nützlich für
Fachkollegen (einschliesslich Studenten), sondern auch „/.../(für)
das Management ausserhalb des Informatikbereiches" zu empfehlen ist."
                    *Prof. Dr. Reiner Tschirschwitz, Universität Rostock*

---

„/.../ klare, gut verständliche und lesbare Sprache /.../ der Leser
spürt, dass erfahrene Praktiker am Werk sind."
                    *Dr. Ulrich Himmler, Wiesbaden*

---

„/.../ Das Buch ist von Fachleuten geschrieben, welche die Probleme von Unternehmungen mit Datenverwaltung sehr genau kennen,
und auf Grund ihrer langjährigen Erfahrungen sehr gute Lösungs-
vorschläge anbieten."
                    *Prof. Dr. Ulf Schreier, FH Furtwangen*

# Zielorientiertes Business Computing

*Herausgegeben von Stephen Fedtke*

Die Reihe bietet Entscheidungsträgern und Führungskräften, wie Projektleitern, DV-Managern und der Geschäftsleitung wegweisendes Fachwissen, das zeigt, wie neue Technologien dem Unternehmen Vorteile bringen können. Die Autoren der Reihe sind ausschließlich erfahrene Spezialisten. Der Leser erhält gezieltes Know-how aus erster Hand. Die Zielsetzung umfasst:

- Nutzen neuer Technolgien und zukunftsweisende Strategien
- Kostenreduktion und Ausbau von Marktpotentialen
- Verbesserung der Wertschöpfungskette in Unternehmen
- Praxisorientierte und präzise Entscheidungsgrundlagen für das Management
- Kompetente Projektbegleitung und DV-Beratung
- Zeit- und kostenintensive Schulungen verzichtbar werden lassen

Die Bücher sind praktische Wegweiser.
Der Herausgeber, Dr. Stephen Fedtke, ist Softwareentwickler, Berater und Fachbuchautor. Er hat im Verlag Vieweg zahlreiche Titel mit Erfolg publiziert.

Vieweg

Rolf Dippold, Andreas Meier,
Walter Schnider und Klaus Schwinn

# Unternehmensweites Datenmanagement

## Von der Datenbankadministration bis zum Informationsmanagement

Mit 99 Abbildungen und 19 Tabellen

4., überarbeitete und erweiterte Auflage

Herausgegeben von Stephen Fedtke

vieweg

Bibliografische Information Der Deutschen Bibliothek
Die Deutsche Bibliothek verzeichnet diese Publikation in der Deutschen Nationalbibliografie;
detaillierte bibliografische Daten sind im Internet über <http://dnb.ddb.de> abrufbar.

Das in diesem Werk enthaltene Programm-Material ist mit keiner Verpflichtung oder Garantie irgend-
einer Art verbunden. Der Autor übernimmt infolgedessen keine Verantwortung und wird keine daraus
folgende oder sonstige Haftung übernehmen, die auf irgendeine Art aus der Benutzung dieses Pro-
gramm-Materials oder Teilen davon entsteht.

1. Auflage 1989
2. Auflage 1999
3. Auflage 2001
4., überarbeitete und erweiterte Auflage März 2005

Alle Rechte vorbehalten
© Friedr. Vieweg & Sohn Verlagsgesellschaft mbH, Braunschweig/Wiesbaden, 2005

Lektorat: Dr. Reinald Klockenbusch / Andrea Broßler

Der Vieweg Verlag ist ein Unternehmen der Fachverlagsgruppe BertelsmannSpringer.
www.vieweg-it.de

Das Werk einschließlich aller seiner Teile ist urheberrechtlich geschützt. Jede
Verwertung außerhalb der engen Grenzen des Urheberrechtsgesetzes ist
ohne Zustimmung des Verlags unzulässig und strafbar. Das gilt insbesondere
für Vervielfältigungen, Übersetzungen, Mikroverfilmungen und die Ein-
speicherung und Verarbeitung in elektronischen Systemen.

Umschlaggestaltung: Ulrike Weigel, www.CorporateDesignGroup.de

Gedruckt auf säurefreiem und chlorfrei gebleichtem Papier.

ISBN-13: 978-3-528-35661-3     e-ISBN-13: 978-3-322-86870-1
DOI: 10.1007/978-3-322-86870-1

# Vorwort zur 4. Auflage

Vor sechs Jahren ist die erste Auflage des vorliegenden Buches "Unternehmensweites Datenmanagement" erschienen, gefolgt von zwei weiteren. Die Rezensionen von namhaften Experten aus Lehre, Forschung und Praxis, aber auch die persönlichen Diskussionen mit Fachkollegen haben uns ermutigt, erneut eine überarbeitete und erweiterte Auflage vorzulegen. Es ist noch immer die erklärte Absicht der Autoren, für Unternehmen und Fachkollegen aus der Sicht der Praxis einen Handlungsrahmen für die übergreifende Aufgabe des unternehmensweiten Datenmanagements zu entwickeln.

Daten, Informationen und Wissen sind die wesentlichen Ressourcen des 21. Jahrhunderts. Dies hat zur Folge, dass Organisationen mit ihren eigenen Daten- und Informationsressourcen professionell umgehen müssen. Daher hat das unternehmensweite Datenmanagement, das eine unabdingbare Grundlage für das Informationsmanagement darstellt, nicht nur technische, sondern vor allem auch betriebswirtschaftliche Aspekte. Die Bedeutung des Datenmanagements für eine Organisation leitet sich vor allem aus ökonomischen Überlegungen ab.

> Das Buch richtet sich nicht nur an die Fachkollegen aus der Informatik, sondern auch an das Management ausserhalb des Informatikbereiches. Wir haben deshalb zur besseren Übersicht den Inhalt der einzelnen Kapitel in Kernaussagen zusammengefasst.

Ein Grundprinzip in der Informatikpraxis ist die Tatsache, dass die Daten der langlebigste Bestandteil eines Informationssystems sind - langlebiger als die technische Plattform, auf der sie gespeichert sind, langlebiger auch als die Software, mit der sie verarbeitet werden. Die Daten, welche wir in unseren Kunden-Datenbanken speichern, sind im Kern dieselben, welche früher auf den Karten der Kundenkartei standen.

Wir setzen uns in diesem Buch immer wieder mit dem Grundprinzip der Langlebigkeit der Daten auseinander vor dem Hintergrund ökonomischer, methodischer und technischer Weiterentwicklungen der Informatik und begründen damit die Notwendigkeit eines professionellen, unternehmensweiten Datenmanagements.

Aus eigener Anschauung und durch die Auseinandersetzung mit Fachkollegen wissen wir, dass zwischen Anspruch und Wirklichkeit beim Aufbau einer Organisationseinheit "Datenmanagement", aber vor allem beim eigentlichen Datenmanagement-Prozess, in vielen Unternehmen erhebliche Lücken bestehen. Die unterschiedlichen Ursachen für auftretende Probleme, aber auch Wege zu deren Überwindung, sollen zusammenhängend, unter dem Aspekt des unternehmensweiten Datenmanagements, diskutiert werden.

Das Buch enthält aus der Sicht der Praxis viele Hinweise, wie ein erfolgversprechendes Datenmanagement organisiert werden kann und welche Aufgaben es in welcher Weise wahrnehmen sollte.

Die vier Autoren blicken gemeinsam auf viele Jahre Erfahrung im Datenmanagement grosser Unternehmen oder als Berater im Umfeld des Daten- und Informationsmanagements zurück. Diese persönlichen Erfahrungen, der Einblick in unterschiedliche Unternehmen sowie die Diskussionen mit Fachkollegen haben uns gelehrt, was beim Aufbau und Betrieb von Datenmanagementorganisationen in der Vergangenheit richtig, aber auch was falsch gemacht wurde. Das Schreiben dieses Buches hat uns ausserdem erlaubt, ja es hat uns geradezu gezwungen, eine kritische Distanz zur eigenen Disziplin und zur eigenen Arbeit einzunehmen.

Wir hoffen, mit diesem Buch einen Beitrag zur Fachdiskussion über die Organisation des unternehmensweiten Datenmanagements und dessen Stellenwert in der Zukunft des Informations- und Wissensmanagements zu liefern.

In der vorliegenden vierten Auflage haben wir nahezu alle Kapitel überarbeitet und aktualisiert. Das Kapitel 10 wurde komplett neu entwickelt. Eine prägnante Übersicht über die einzelnen Kapitel findet der Leser in der Einleitung.

An dieser Stelle bedanken wir uns für den Feedback unserer Kollegen aus Hochschule und Praxis zu den bisherigen Auflagen. Erwähnen möchten wir Prof. Dr. Walter Brenner, Peter Corti, Dr. Ulrich Himmler, Prof. Dr. Helmut Krcmar, Niklaus Lehmann, Prof. Dr. Franz Lehner, Dr. Peter Loos, Dr. Ronald Maier, Dr. Elke Mittendorf, Dr. Peter Schieber und Dr. Zbynek Sokolovsky. Fruchtbar waren auch die Diskussionen mit Prof. Richard Wang vom Massachusetts Institute of Technology (MIT) über die besonderen Problematiken des Qualitätsmanagements.

Dem Verlag, insbesondere Dr. Reinald Klockenbusch, sowie dem Herausgeber Dr. Stephen Fedtke danken wir für die wie immer problemlose Zusammenarbeit.

Ein solches Buch neben dem Engagement im Beruf zu konzipieren und zu schreiben erfordert über Monate viel zusätzliche Arbeit, die in der „Freizeit" erbracht werden muss. Dies geht nicht ohne Belastungen des privaten, vor allem des familiären Umfeldes. Daher gebührt an dieser Stelle allen von unseren Abwesenheiten und manchmal auch Launen in dieser Zeit Betroffenen, unseren Lebenspartnerinnen und Kindern, ein grosses Kompliment für ihre Geduld und Unterstützung.

Basel und Fribourg, im Januar 2005

Rolf Dippold, Andreas Meier,
Walter Schnider und Klaus Schwinn

# Geleitwort zur 3. Auflage

Daten sind ein wichtiger Grundpfeiler der Informatik. Daten sind ein Produktionsfaktor und ein wirtschaftliches Gut. Daten sind wertvoll, auch in einem monetären Sinne. Und trotzdem sind gerade die Daten eine immer wieder unzureichend beherrschte Komponente in modernen Informationsarchitekturen sowie ein ständiger Risikofaktor und eine Problemquelle im technozentrischen Weltbild betrieblicher Computersysteme. An dieser Diagnose ändert weder die Einstufung der Daten als Erfolgsfaktor, noch die Verwendung eines modernen Datenbanksystems oder die Erkenntnis einer evolutionären Entwicklung im Umgang mit Daten durch Unternehmen etwas. Die Daten wurden im Vergleich zur Software lange Zeit sehr vernachlässigt, so dass wesentliche Voraussetzungen für ein systematisches Management fehlen. An dieser Stelle setzt das vorliegende Buch an. Die Tatsache, dass das Buch nun schon in der dritten Auflage erscheint ist jedoch ein deutlicher Beleg für ein steigendes Problembewusstsein und eine Nachfrage nach Lösungen in einem immer komplexer werdenden Umfeld.

Das Umdenken in Bezug auf den Umgang mit Daten in Unternehmen schlägt sich keineswegs nur in ausgefeilten und innovativen technischen Lösungen nieder, und es beschränkt sich auch nicht auf die Verfeinerung der Methoden und Techniken der Datenmodellierung. Begleitet wird die Entwicklung durch die Etablierung einer Teildisziplin innerhalb der Informatik und der Wirtschaftsinformatik, die sich mit allen Aspekten von Daten befassen. Für diese Teildisziplin beginnt sich die Bezeichnung „Data Engineering" international durchzusetzen. Begleitet wird diese Entwicklung von einer steigenden Anzahl Publikationen zu den unterschiedlichsten Aufgaben und Problemen in Zusammenhang mit der Nutzung von Daten sowie durch Fachkonferenzen, Tagungen und zahlreiche andere Veranstaltungen oder Initiativen. In den Unternehmen spiegelt sich diese veränderte Sicht auf die Daten unter anderem im Entstehen spezialisierter Berufsbilder wieder. Datenadministrator, Datenbankentwickler, Datenmodellierer, Datenarchitekt und Informationsmanager sind nur einige Berufsbezeichnungen, welche den allgemein akzeptierten Stellenwert der Daten in Unternehmen dokumentieren und unterstreichen.

Mit dem betrieblichen Datenmanagement wird eine Klammer beziehungsweise Verbindung zwischen den vielfältigen Einzelaufgaben hergestellt. Während für manche Einzelaufgaben (zum Beispiel Datenmodellierung, Datenbankentwicklung) ein sehr umfassendes und ausgereiftes Wissen existiert, das seinen Niederschlag in zahlreichen Lehrbüchern gefunden hat, besteht für die übergreifende Gesamtaufgabe ein erhebliches Defizit. Dies mag durch die historische Entwicklung erklärbar sein. Viel wahrscheinlicher ist allerdings, dass es sich hier um ein Thema oder ein Aufgabenfeld handelt, das der Forschung nur schwer und überdies nur in Teilaspekten zugänglich ist. Außerdem erfordert die Auseinandersetzung mit dem Datenmanagement eine einschlägige praktische Erfahrung. Genau diese Voraussetzungen bringen die Autoren des vorliegenden Buches mit. Es handelt sich um ein Werk, das von Praktikern mit einem hohen praktischen Anspruch geschrieben wurde. Und es hat zum Ziel, authentische Erfahrungen zusammenzufassen und daraus einen Handlungsrahmen für Unternehmen zu entwickeln.

Ohne an dieser Stelle einer Beurteilung durch den Leser vorzugreifen, kann gesagt werden, dass damit ein wichtiger Baustein für den Aufbau eines betrieblichen Datenmanagements und für die weiterführende Diskussion der zugrundeliegenden Konzepte geschaffen wurde. Der Erfolg der beiden ersten Auflagen gibt dieser Einschätzung recht. In der dritten Auflage wurden neben Aktualisierungen und Korrekturen vor allem Ergänzungen wichtiger Themenstellungen vorgenommen, die sich aus der permanenten Weiterentwicklung des Anwendungsfeldes, aber auch aus den Erfahrungen mit den bisherigen Inhalten ergaben. Das Buch bleibt damit weiterhin ein praktischer Ratgeber für alle Belange des Datenmanagements und es ist zu wünschen, dass es vor allem auch in der Praxis eine nützliche Verwendung findet.

Regensburg, im November 2000

Prof. Dr. Franz Lehner

# Inhaltsverzeichnis

Geleitwort zur 3. Auflage..........................................................................................IX

Inhaltsverzeichnis....................................................................................................XI

Abbildungsverzeichnis .........................................................................................XIV

Tabellenverzeichnis.............................................................................................XVII

1  Einleitung ...............................................................................................................1

2  Datenmanagement – eine Erfolgsposition im Unternehmen ............................9
   2.1  Motivation...........................................................................................................9
   2.2  Klassische Produktionsfaktoren .......................................................................11
   2.3  Produktionsfaktor Daten, Information, Wissen..................................................12
   2.4  Management des Produktionsfaktors Information..............................................14
   2.5  Datenmanagement im Unternehmen .................................................................21
   2.6  Kernaussagen zum Erfolgsbeitrag des Datenmanagements...............................28

3  Strategische Informationsplanung .....................................................................29
   3.1  Motivation.........................................................................................................29
   3.2  Prozess der strategischen Informationsplanung ...............................................31
   3.3  Modelle und Architekturen ...............................................................................36
   3.4  Informationsbedarfsanalyse und Strategieentwicklung.....................................39
   3.5  Kernaussagen zur Strategischen Informationsplanung .....................................48

4  Aufbau der Datenbankadministration ...............................................................49
   4.1  Übergang von der Dateiverarbeitung zum Datenbankbetrieb............................50
   4.2  Organisation der Datenbankadministration .......................................................60
   4.3  Werkzeugeinsatz im Bereich Datenbankadministration ....................................65
   4.4  Qualitätssicherungsmassnahmen ......................................................................67
   4.5  Kernaussagen zur Datenbankadministration .....................................................68

5  Unternehmensdatenmodellierung ......................................................................69
   5.1  Ausgangslage ....................................................................................................70
   5.2  Das Ziel Datenintegration.................................................................................72
   5.3  Ansätze zur Erstellung einer Datenarchitektur.................................................76
   5.4  Das Erfolgsrezept zum Aufbau einer Datenarchitektur ....................................82
   5.5  Beispiel zum Prinzip Kern-Datenmodell..........................................................84
   5.6  Einsatz von Branchenmodellen und Standardsoftware .....................................93
   5.7  Unternehmensweite Datenarchitektur und Business-Process-Reengineering....94
   5.8  Kernaussagen zur Unternehmensmodellierung.................................................96

**6    Metadatenmanagement**................................................................**97**

6.1    Motivation..................................................................................97

6.2    Definition Metadatenmanagement ...........................................98

6.3    Metadatenmanagement-System ............................................104

6.4    Vorgehen bei der Metadaten-Integration ..............................110

6.5    Nutzen des Metadatenmanagements .....................................111

6.6    Kritische Erfolgsfaktoren ........................................................112

6.7    Kernaussagen zum Metadatenmanagement ..........................114

**7    Umgang mit Altlasten**.................................................................**115**

7.1    Motivation................................................................................116

7.2    Analyse des Ist-Systems – eine Standortbestimmung............118

7.3    Entwurf des Zielsystems .........................................................122

7.4    Migrationsverfahren ................................................................125

7.5    Migrationsvarianten.................................................................127

7.6    Umsetzung der Datenbankzugriffe..........................................137

7.7    Zusammenfassung der Varianten ...........................................139

7.8    Die Rolle der Metadaten im Migrationsprozess ......................140

7.9    Ein möglicher Fahrplan für die Migration ...............................140

7.10  Weitere Integrationsvarianten ................................................143

7.11  Kernaussagen zum Umgang mit Altlasten ..............................146

**8    Erfolgreiche Organisation des Datenmanagements** ...............**147**

8.1    Motivation................................................................................147

8.2    Reifegrad des Datenmanagements eines Unternehmens .......148

8.3    Bewertung des Reifegrades - das Datenmanagement-Assessment ...........175

8.4    Kernaussagen zur Datenmanagementorganisation ................182

**9    Data Warehousing - strategisch betrachtet** ............................**183**

9.1    Motivation................................................................................183

9.2    Was ist ein Data Warehouse ?................................................185

9.3    Prinzipien eines Data Warehouse...........................................188

9.4    Operational Data Store ...........................................................192

9.5    Eine idealtypische Architektur: die Corporate Information Factory ...........193

9.6    Data Warehouse Technologie..................................................199

9.7    Datenarchitektur in der Corporate Information Factory............201

9.8    Die kritischen Erfolgsfaktoren ................................................207

9.9    Strategischen Dimensionen des Data Warehousing................228

9.10  Kernaussagen zum Data Warehousing ..................................233

**10  Integriertes Datenmanagement – die Basis für Organisations-Intelligenz** ...........**233**

10.1  Betriebswirtschaftliche Funktionen und  Informationsmanagement................234

10.2  Closed Loop Ansatz................................................................236

10.3  Modellbildung mittels Data Mining .........................................239

10.4  Entwicklung eines Datenqualitäts-Managements ..................244

10.5  Intelligenz der Organisation ...................................................250

10.6  Outsourcingaspekte................................................................252

10.7 Eine Leistungskontrolle des Datenmanagements .........................................254

10.8 Kernaussagen zum integrierten Datenmanagement........................................256

**11 Weiterentwicklungen des Datenmanagements** .................................................**257**

11.1 Übergang zum Informationsmanagement...................................................258

11.2 Wissensmanagement.......................................................................259

11.3 Standortbestimmung im Unternehmen .....................................................265

11.4 Aktuelle Probleme des Datenmanagements...............................................266

11.5 Kernaussagen zum Informationsmanagement .............................................272

**A  Anhang** ...............................................................................**273**

A.1 Darstellung eines Entity-Relationship-Modells .........................................273

A.2 Dimensionale Modellierung Star- und Snowflake-Schema ..................................275

A.3 Funktionsbeschreibungen des Datenmanagements ........................................277

**Abkürzungen und Glossar**...............................................................**281**

**Literaturverzeichnis**..................................................................**289**

**Kurzbiographien der Autoren**..........................................................**293**

**Schlagwortverzeichnis**................................................................**295**

# Abbildungsverzeichnis

Abbildung 1-1:   Kapitaleinsatz in der Industrie- und Informationsgesellschaft...................................2
Abbildung 1-2:   Zusammenhang zwischen Daten, Information und Wissen...............................3
Abbildung 1-3:   Entwicklungsstufen aus der Sicht der Daten ..............................................5
Abbildung 1-4:   Die treibenden Faktoren der Entwicklung..............................................6
Abbildung 2-1:   Treiber des Datenmanagements ..............................................9
Abbildung 2-2:   Praxisprobleme des Datenmanagements...............................10
Abbildung 2-3:   Ökonomische Konsequenzen aus Praxis-Problemen ...............................10
Abbildung 2-4:   Begriffshierarchie in Anlehnung an [Rehäuser/ Krcmar (1996)] ...............................12
Abbildung 2-5:   Leistungserstellungsprozess und Produktionsfaktoren ...............................13
Abbildung 2-6:   Informationsmanagementprozess ..............................................15
Abbildung 2-7:   Informationsbedarf, -angebot und -nachfrage Quelle: [Picot (1988)]...............................18
Abbildung 2-8:   Informationsverarbeitung ..............................................19
Abbildung 2-9:   Daten, Information und Wissen im Wertschöpfungsprozess ...............................19
Abbildung 3-1:   Treiber der Strategischen Informationsplanung...............................29
Abbildung 3-2:   Vier Schritte der strategischen Informationsplanung ...............................31
Abbildung 3-3:   Technologie und Geschäftssphäre Quelle: in Anlehnung an [Krcmar 2003]...............34
Abbildung 3-4:   Unternehmung als System ..............................................36
Abbildung 3-5:   The Enterprise Architecture Framework..............................................38
Abbildung 3-6:   Die vier Phasen der Strategieentwicklung ..............................................39
Abbildung 3-7:   Geschäftsprozess Architektur..............................................43
Abbildung 3-8:   Datenlandkarte eines Unternehmens ..............................................45
Abbildung 3-9:   Anwendungssystemarchitektur eines Finanzinstitutes ...............................46
Abbildung 3-10:  Technische Architektur..............................................46
Abbildung 4-1:   Übergang zur Datenbankadministration ..............................................49
Abbildung 4-2:   DBMS-Architektur nach ANSI/SPARC ..............................................52
Abbildung 4-3:   Speicherwachstum in Data Warehouse Systemen (teilweise Prognose)...............56
Abbildung 5-1:   Übergang zur Datenmodellierung und Datenbankadministration ...............................69
Abbildung 5-2:   Produkt-orientierte Bankorganisation ..............................................70
Abbildung 5-3:   Wechsel zur kunden- und prozessorientierten Bankorganisation...............................72
Abbildung 5-4:   Gleiches Verständnis vom Geschäft auf allen Ebenen..............................75
Abbildung 5-5:   Abstraktions-Ebenen von Datenmodellen im Unternehmen..............................77
Abbildung 5-6:   Beispiel Unternehmens-Datenmodell einer Bank ..............................................86
Abbildung 5-7:   Beispiel Bearbeitung Vertrag und Geschäftsfall ..............................................87
Abbildung 5-8:   Kapselung der zentralen Datenbanken ..............................................90
Abbildung 5-9:   Erweiterung des Kern-Datenmodells..............................................92
Abbildung 6-1:   Metadatenmanagement; ein Schritt zur Datenstandardisierung...............................97
Abbildung 6-2:   Metamodel Architecture..............................................99
Abbildung 6-3:   Metadaten zur Daten- integration ..............................................101
Abbildung 6-4:   Ein Metadaten- Management- System ..............................................104
Abbildung 6-5:   Metadaten-Integration..............................................107
Abbildung 6-6:   Aktive und passive Metadaten-Systeme..............................................109

Abbildung 7-1:   Treiber der Datenmigration ........................................................ 115
Abbildung 7-2:   Mögliche Systemarchitektur ......................................................... 124
Abbildung 7-3:   Migrationsverfahren .................................................................... 125
Abbildung 7-4:   Datenmigration ........................................................................... 127
Abbildung 7-5:   Datenmigration und Programmkonversion ................................. 129
Abbildung 7-6:   Zugriff auf relationale Daten aus bestehenden Anwendungen ... 131
Abbildung 7-7:   Datenpropagierung und Koexistenz Phase 1 ............................. 134
Abbildung 7-8:   Datenpropagierung und Koexistenz Phase 2 ............................. 134
Abbildung 7-9:   Datenpropagierung und Koexistenz Phase 3 ............................. 135
Abbildung 7-10:  Transformation SQL Zugriffe ....................................................... 137
Abbildung 7-11:  EAI-Architektur ........................................................................... 144
Abbildung 8-1:   Treiber der Organisation Datenmanagement .............................. 147
Abbildung 8-2:   Phasen im Lebenszyklus von Daten und Informationen ............. 154
Abbildung 8-3:   Schematische Ablauforganisation im Datenmanagement ........... 155
Abbildung 8-4:   Beispielhafte Aufbauorganisation Datenbankadministration ...... 157
Abbildung 8-5:   Beispielhafte Aufbauorganisation Datenarchitektur .................... 159
Abbildung 8-6:   Beispielhafte Aufbauorganisation Datenmanagement ................ 159
Abbildung 8-7:   Organisation und Informationsflüsse .......................................... 174
Abbildung 8-8:   Unternehmens-Beispiel: Datenmanagement Aufbauorganisation ... 177
Abbildung 9-1:   Übergang zum Informationsmanagement .................................... 183
Abbildung 9-2:   Analysesysteme ohne zentrale Komponente .............................. 187
Abbildung 9-3:   Analysesysteme mit zentraler Komponente ................................ 187
Abbildung 9-4:   Verschiedene Daten für verschiedene Anwendungen ................. 188
Abbildung 9-5:   Corporate Information Factory Architektur ................................... 194
Abbildung 9-6:   Daten- und Metadaten-Integration im Warehousing System ...... 199
Abbildung 9-7:   Datenlandkarte und Corporate Information Factory ..................... 201
Abbildung 9-8:   Abbildung von Dimensionen ....................................................... 205
Abbildung 9-9:   Transformation des UDM in ein Dimensionenmodell ................... 205
Abbildung 9-10:  Top-Down-Ansatz ....................................................................... 209
Abbildung 9-11:  Bottom-Up-Ansatz ...................................................................... 209
Abbildung 9-12:  Gemischter Ansatz als erfolgsversprechender Weg ................... 210
Abbildung 9-13:  Iteratives Vorgehen .................................................................... 213
Abbildung 9-14:  Management des Wachstums ...................................................... 216
Abbildung 9-15:  Datenqualitätsschleife ................................................................ 217
Abbildung 9-16:  Organisation eines grossen Projektes ........................................ 225
Abbildung 9-17:  Dimensionalität des Denkens: punktbezogenes Denken ............ 229
Abbildung 9-18:  Dimensionalität des Denkens: raumbezogenes Denken ............. 229
Abbildung 9-19:  Wertschöpfungskette .................................................................. 230
Abbildung 10-1:  Informationsmanagement ........................................................... 233
Abbildung 10-2:  Betriebswirtschaftliche Funktionen und Balanced Scorecard ..... 235
Abbildung 10-3:  Ursache- und Wirkungsketten ..................................................... 235
Abbildung 10-4:  Der Closed-Loop Regelkreis ....................................................... 236
Abbildung 10-5:  Closed-Loop und Corporate Information Factory ........................ 238
Abbildung 10-6:  Effizienz und Effektivität ............................................................. 239
Abbildung 10-7:  Von Daten zu Entscheidungen .................................................... 240

Abbildung 10-8:  Der iterative Data Mining Prozess ....................................................241
Abbildung 10-9:  Information Product Map .................................................................246
Abbildung 10-10: Outsourcing Entscheidungsraster....................................................253
Abbildung 10-11: Balanced Scorecard Tableau ..........................................................255
Abbildung 11-1:  Übergang zum Wissens-management ..............................................257
Abbildung 11-2:  Wissensmanagement nach Probst et.al. .........................................263
Abbildung 11-3:  Imitationsschutz...............................................................................264
Abbildung 11-4:  Standortbestimmung im Entwicklungsstufenmodell .......................265
Abbildung A-1:   Beispiel-Datenmodell.......................................................................274
Abbildung A-2:   Star-Schema und Snowflake-Schema..............................................275
Abbildung A-3:   Dimensionen und Fakten.................................................................275
Abbildung A-4:   Star-Schema-Modell ........................................................................276
Abbildung A-5:   Snowflake-Schema-Modell ..............................................................276

# Tabellenverzeichnis

Tabelle 2-1: Funktionen im Datenmanagement ...................................................................22
Tabelle 3-1  Technologiearchitektur ..................................................................................42
Tabelle 3-2: CRUD Matrix ..................................................................................................44
Tabelle 3-3: Chancen und Risiken des Einstiegs in Technologien in Anlehnung an Wildemann ......47
Tabelle 4-1: Unterschiede in der Verarbeitung der Daten in verschiedenen Systemen ...................54
Tabelle 4-2: DBA-Werkzeuge je Aufgabenbereich ..............................................................66
Tabelle 5-1: Kombinationsansätze bei der Erstellung einer unternehmensweiten Datenarchitektur .79
Tabelle 5-2: Vor- und Nachteile ........................................................................................81
Tabelle 6-1: Klassifikation von Metadaten ........................................................................101
Tabelle 7-1: Stärken-Schwächen-Aufstellung des Ist-Systems ...........................................121
Tabelle 7-2: Zusammenfassung der Migrationsvarianten ...................................................139
Tabelle 8-1: Unterschiedliche betriebliche Informationsflüsse und Organisationsgrundsätze ........174
Tabelle 8-2: Schema zur Bewertung des Reifegrades ........................................................176
Tabelle 8-3: Unternehmens-Beispiel: Bewertung des Reifegrades .....................................179
Tabelle 9-1: Unterschiede zwischen operativen Systemen und Informationssystemen .............191
Tabelle 9-2: Kriterien für die Datenqualität .......................................................................218
Tabelle 9-3: Rollen in einem Data Warehouse Projekt .......................................................224
Tabelle 9-4: Die Kategorien der Strategie-entwicklung .......................................................228
Tabelle 10-1: Prioritäten bei der Initialisierung des DQ-Managements ..................................248

# 1 Einleitung

Unsere Wirtschaft und Gesellschaft befindet sich im Umbruch. Wir entwickeln uns weg von der Industrie- hin zur Informations- und Wissensgesellschaft. Die Herstellung von Gütern und die Gewinnung von Rohstoffen zu deren Produktion verliert für die Wohlfahrt, die Wertschöpfung, den Reichtum und die Arbeitswelt in unserem sozialen Gefüge immer mehr an Bedeutung. Der Informations- und Wissensbereich hingegen wird immer bedeutender. Dies hat Auswirkungen auf alle Bereiche unseres Lebens, auch und vor allem auf den Umgang mit Informationen innerhalb der Unternehmen.

**Der sechste Kondratieff**

In seinem Buch „Der sechste Kondratieff" beschreibt Leo A. Nefiodow [Nefiodow 2001] den Übergang von der Industrie- zur Informationsgesellschaft wie folgt:

> „In der Industriegesellschaft kam es primär darauf an, Rohstoffe zu erschliessen, Maschinen, Fliessbänder, Fabriken, Schornsteine und Strassen zu bauen, Energieflüsse zu optimieren, naturwissenschaftliche-technische Fortschritte zu erzielen und das Angebot an materiellen Gütern zu steigern. Vereinfacht ausgedrückt: Im Mittelpunkt des Strukturwandels der Industriegesellschaft standen Hardware und materielle Bedürfnisse.
>
> In der Informationsgesellschaft hingegen kommt es in erster Linie auf die *Erschliessung und Nutzung der verschiedenen Erscheinungsweisen der Information* an - also von *Daten*, Texten, Nachrichten, Bildern, Musik, Wissen, Ideen, Beziehungen, Strategien."

**Kondratieff-zyklen**

Die „Theorie der langen Wellen", welche 1926 erstmals vom russischen Wissenschaftler Nikolai Kondratieff vertreten wurde, besagt, dass die wirtschaftliche Entwicklung nicht nur durch kurz- und mittelfristige Konjunkturschwankungen gekennzeichnet ist, sondern diese durch langfristige Entwicklungen überlagert werden. Diese „langen Wellen" werden durch Basisinnovationen angestossen und haben eine Dauer von ca. 50 Jahren. Eine solche Welle wird als Kondratieffzyklus bezeichnet. Basisinnovationen der Vergangenheit waren z.B. die Dampfmaschine (1. Kondratieff), Stahl und Eisenbahn (2. Kondratieff), Elektrotechnik und Chemie (3. Kondratieff), Petrochemie und Automobil (4. Kondratieff) sowie die Informationstechnik (5. Kondratieffzyklus). Die Industriegesellschaft ist durch den 1. bis 4. Kondratieffzyklus geprägt, die Informationsgesellschaft beginnt mit dem 5. Kondratieffzyklus.

**Informations-gesellschaft**

Die Begriffe „Informationsgesellschaft" oder „Wissensgesellschaft" sind nicht eindeutig definiert. Orientiert man sich an den Kondratieffzyklen, so könnte man etwa folgende Darstellung gelten lassen:

**Abbildung 1-1: Kapitaleinsatz in der Indus-trie- und Informationsge-sellschaft**

| | | Industriegesellschaft | | | | Informations-gesellschaft | |
|---|---|---|---|---|---|---|---|
| Zeitraum | | 1800 - 1850 | 1850 - 1900 | 1900 - 1950 | 1950 - 1990 | 1990 - 20xx | 20xx |
| Kondratieffzyklus | | 1. | 2. | 3. | 4. | 5. | 6. |
| Basis-Innovation | | Dampf-maschine | Eisenbahn Stahl | Elektrizität Chemie | Automobil Petro-schemie | Informa-tions-technologie | Life-Science ? |
| Kapital-einsatz | Produktions-/Anlagekapital | | | | | | |
| | Finanzkapital | | | | | | |
| | Wissens-kapital | | | | | | |

**Verschiebung des Kapitalein-satzes**

In den Zyklen der Industriegesellschaft waren Produktions- und Anlagekapital sowie Finanzkapital die wesentlichen Ressourcen zur Herstellung von Gütern und zur Sicherung des volkswirtschaftlichen Wohlstandes[1]. Diese klassischen betriebswirtschaftlichen Ressourcen haben auch weiterhin ihre Bedeutung, aber mit der zunehmenden Entwicklung hin zur Informations- und Wissensgesellschaft wird das Wissenskapital zum dominierenden Faktor bei der Entwicklung und Herstellung von Produkten, deren Vertrieb und damit auch für die Wertschöpfung in den Unternehmen und den Volkswirtschaften insgesamt.

**Verschiebung der Bedeutung**

Die Abbildung 1-1 zeigt die Verschiebung der Bedeutung des jeweiligen Kapitaleinsatzes nur schematisch, keineswegs sind die dargestellten Relationen empirisch abgesichert. Während es für

---

[1] Die dritte klassische Ressource, Arbeit oder Personal wird an anderen Stellen dieses Buches im Zusammenhang mit Informations- und Wissensmanagement diskutiert.

die klassischen Ressourcen noch möglich ist, den Kapitaleinsatz in Relation etwa zum Bruttosozialprodukt einer Volkswirtschaft zu setzen, wird dies mit der Ressource Information und Wissen kaum gelingen. Bestenfalls könnte man den Einsatz von Informationsträgern (IT, Medien, Netze, usw.) und von Wissensträgern (Menschen) erheben und zu einer Basisgrösse in ein Verhältnis setzen. Diese Schwierigkeiten hängen auch damit zusammen, dass sich Information und Wissen im klassischen Sinne nicht messen lassen (Stück, Gewicht, Preis, usw.). Ausserdem zeigt sich, dass in der Literatur häufig ein falsches Verständnis der Zusammenhänge zwischen Daten, Informationen und Wissen besteht.

**Abbildung 1-2: Zusammenhang zwischen Daten, Information und Wissen**

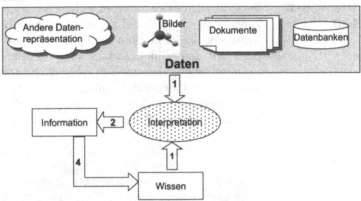

**Daten bilden die Grundlage**

Es wird immer wieder behauptet, dass aus Daten Informationen und aus Informationen Wissen entsteht, dass es also quasi eine Sequenz Daten ➔ Information ➔ Wissen gäbe. Diese einfache Sequenz gibt es nicht, sondern Information (2) kann erst durch Daten (1) und deren gezielte, auf Wissen (1) gestützte Interpretation entstehen, was wiederum neues Wissen (3) generieren kann. Daten werden hier im weitesten Sinne sowohl als strukturierte als auch unstrukturierte Daten wie zum Beispiel Texte oder Bilder verstanden. Die Daten bilden also auf jeden Fall die Grundlage und die Quelle von Information und Wissen. Daten selbst sind aber nicht wertschöpfend, sondern erst ihre Interpretation und ihre Nutzung durch Informations- und Wissensträger.

**Mehr Gewicht für das Informationsmanagement**

So schwer sich die Makroökonomie mit der Behandlung der Thematik „Informationsgesellschaft" und „Wissensgesellschaft" tut, so schwer tut sich immer noch die Betriebswirtschaftslehre mit der Thematik des Managements von Daten, Information und

Wissen als vierter betrieblicher Ressource. Dies spiegelt sich ebenso in der betrieblichen Realität in vielen Unternehmen wider, wo es zwar ein professionelles Management für die klassischen Ressourcen Arbeit/Personal, Finanzen und Anlagen gibt, aber weniger für die Daten- und Informationsressourcen. Viele CIO's (Chief Information Officers) sind eben immer noch eher CTO's (Chief Technology Officers), die im Wesentlichen Informatikressourcen, aber nicht Informationsressourcen managen.

**Strukturwandel hin zur Informations- und Wissensgesellschaft**

Nur jene Volkswirtschaften und Unternehmen werden den Strukturwandel hin zur Informations- und Wissensgesellschaft erfolgreich bestehen, denen es schneller und besser als anderen gelingt, in allen relevanten Bereichen die notwendigen Voraussetzungen für den Wandel zu schaffen. Innerhalb eines Unternehmens sind die relevanten Bereiche vor allem in der Entwicklung einer auf den Strukturwandel ausgerichteten Unternehmensstrategie zu sehen, aber auch in einer nach innen und nach aussen angepassten Organisation und dem Einsatz qualifizierten Personals, adäquater Technologie sowie der Nähe zu den Kunden. Dies lässt sich nun folgendermassen zusammenfassen:

> Ein heute und vor allem in der Zukunft erfolgreiches Unternehmen muss in strategischer, organisatorischer, personeller und technologischer Hinsicht sein Informationsmanagement beherrschen. Je informationslastiger resp. informationsabhängiger ein Unternehmen ist, desto überlebenswichtiger ist die Disziplin des Informationsmanagements.

**Zwei Arten von Unternehmen**

„Das 21. Jahrhundert wird nur zwei Arten von Unternehmen kennen: solche die Informationstechnologie nutzen und solche, die vom Markt verschwinden. Aber Informationstechnologie nutzen zu welchem Zweck? Um qualitativ gute Informationen zu liefern und zu erhalten!" (übersetzt nach [Huang 1999])

**Ziel des Datenmanagements**

Daten bilden das Fundament für Information und Wissen im Unternehmen. Information entsteht, wie wir oben gesehen haben, durch die gezielte Interpretation von Daten durch Wissensträger. Wertschöpfung entsteht durch die Umsetzung dieser Informationen in Entscheidungen und Handlungen. Es ist also die Aufgabe des Datenmanagements, Daten gezielt und „just-in-time" zu jenen Wissensträgern zu bringen, die aus dieser Ressource neue Informationen und neues Wissen generieren können, um dadurch direkt oder indirekt Wertschöpfung zu erzeugen.

**Unternehmensweites Datenmanagement**

In diesem Buch werden wir uns mit einer wesentlichen Grundlage des unternehmensweiten Informationsmanagements befassen - dem *unternehmensweiten Datenmanagement* und aus der Sicht der Daten die Begriffe *Datenmanagement* und *Informationsmanagement* erläutern. Es wird aufgezeigt, dass die Beherrschung des unternehmensweiten Datenmanagements eine zwingende Voraussetzung für die Beherrschung des unternehmensweiten Informationsmanagements ist, oder anders ausgedrückt:

> Ein Unternehmen, das sein Datenmanagement nicht beherrscht, besitzt (noch) nicht den erforderlichen Reifegrad für das erfolgreiche Management einer seiner wichtigsten Ressourcen - seiner Informationen.

**Abbildung 1-3: Entwicklungsstufen aus der Sicht der Daten**

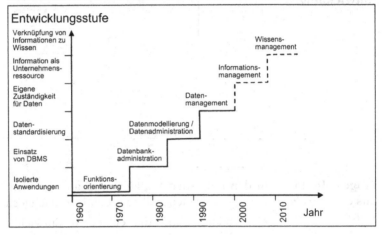

Das Datenmanagement ist seinerseits das Ergebnis einer Entwicklung, die über verschiedene Entwicklungsstufen zu einer Disziplin geführt hat, deren zentrale Aufgabe in dem erfolgreichen Management von Daten besteht. In Anlehnung an E. Ortner [Ortner 1991] gehen wir von einer stufenweisen Entwicklung des Daten- und Informationsmanagements aus, wie sie in Abbildung 1-3 dargestellt ist.

**Kein Informationsmanagement ohne Datenmanagement**

Danach entwickelt sich das Datenmanagement ausgehend von der funktionsorientierten Anwendung isolierter Informatiksysteme, die vor allem der Automatisierung und Rationalisierung bestimmter betrieblicher Funktionsbereiche dienen, über mehrere Stufen. Mit Ausnahme der Stufe „Isolierte Anwendungen" findet jeweils keine Ablösung, sondern eine Aufgabenerweiterung im jeweiligen Aufgabenspektrum statt. So beinhaltet das Informationsmanagement auch das Datenmanagement. Ein erfolgreiches

Informationsmanagement ist ohne ein funktionstüchtiges Datenmanagement undenkbar.

**Die treibenden Faktoren**

Die treibenden Faktoren für den Übergang zu einer höheren Entwicklungsstufe waren jeweils andere, von der Einführung einer neuen Technologie wie den Datenbankmanagementsystemen bis hin zu organisatorischen und betriebswirtschaftlichen Erfordernissen wie dem Aufbau integrierter Informationssysteme zur Unterstützung des Managementkreislaufs oder von Customer-Relationship-Management-Systemen.

**Abbildung 1-4: Die treibenden Faktoren der Entwicklung**

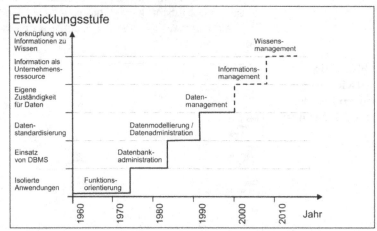

**Fragestellung aus der Praxissicht**

In den folgenden Kapiteln wird aus der Sicht der Praxis folgenden grundsätzlichen Fragestellungen nachgegangen:

- Wodurch sind die einzelnen Entwicklungsstufen gekennzeichnet?

- Was sind die personellen, technischen, methodischen und organisatorischen Voraussetzungen auf den einzelnen Entwicklungsstufen?

- Was sind die Treiber eines Übergangs auf eine nächst höhere Entwicklungsstufe?

- Wie kann man den Reifegrad der Informationsverarbeitung eines Unternehmens auf den einzelnen Entwicklungsstufen erkennen und wie hoch muss der Reifegrad auf einer Entwicklungsstufe sein, um den Übergang auf eine nächst höhere zu erlauben?

- Wie kann ein Übergang erfolgreich organisiert werden?

- Welche Rolle spielt das Datenmanagement beim Aufbau integrierter Informationssysteme?

- Welchen Beitrag leistet das Datenmanagement im Managementkreislauf?

- Was sind die anstehenden Herausforderungen und Trends im unternehmensweiten Daten- und Informationsmanagement?

**Kapitel 2** beantwortet die Frage des Stellenwertes der Daten als betrieblicher Ressource und zeigt Parallelen zu anderen, klassischen Betriebsmitteln und deren Management im Unternehmen auf.

**Kapitel 3** leitet die Notwendigkeit einer Strategischen Informationsplanung her. Es wird gezeigt, wie die Strategische Informationsplanung die Unternehmensstrategie in eine Informationsstrategie übersetzt und damit die Grundlage für die strategische Ausrichtung des Datenmanagements legt.

**Kapitel 4** erläutert die erste Entwicklungsstufe zum Informationsmanagement - die Stufe der Datenbankadministration. Es wird gezeigt, wie diese Entwicklung einsetzte, welche Technologien die treibenden Faktoren waren und wie eine erfolgreiche Datenbankadministration heute arbeitet.

**Kapitel 5** setzt sich mit der nächsten Stufe der Entwicklung auseinander, der Stufe der Datenstandardisierung und -modellierung. Besonders die in der Praxis meistens gescheiterten Bemühungen, durch unternehmensweite Datenmodelle alle Daten und Datenstrukturen des Unternehmens in einem detaillierten Bauplan zu erfassen, werden diskutiert und einem Erfolgsrezept gegenübergestellt.

**Kapitel 6** ergänzt die Diskussion von Kapitel 5 um den wichtigen Aspekt der Metadatenmanagementsysteme, ohne die ein erfolgreiches Datenmanagement nicht organisiert werden kann. Es werden verschiedene Einsatz- und Anwendungsbereiche vom Metadatenmanagementsystem erläutert und deren Notwendigkeit für die Standardisierung von Daten und Informationen mit Beispielen begründet.

**Kapitel 7** zeigt die Relevanz von Migrationsüberlegungen im Zusammenhang mit der unternehmensweiten Datenmodellierung auf. Es wird dargelegt, wo die wesentlichen Probleme bei Migrationen aus komplexen Altsystemen in neue Datenstrukturen liegen und welche konzeptionellen und technischen Möglichkeiten bestehen, diese Probleme zu lösen.

**Kapitel 8**   befasst sich mit der Entwicklungsstufe Datenmanagement. Basierend auf der Diskussion der vorigen Kapitel wird aufgezeigt, wie ein erfolgreiches Datenmanagement organisiert werden sollte. Es wird ein Schema entwickelt, nach dem der Reifegrad des Datenmanagements in einem Unternehmen untersucht und bewertet werden kann.

**Kapitel 9**   widmet sich dem Data Warehouse, welches den Übergang vom Daten- zum umfassenderen Informationsmanagement kennzeichnet. Es wird erläutert, dass ein gut organisiertes Datenmanagement der Erfolgsgarant für Data Warehouse Projekte darstellt und wie der bisherige Data Warehouse Ansatz zu einer umfassenden Corporate Information Factory erweitert wird. Einige strategische Überlegungen schliessen das Kapitel ab.

**Kapitel 10**   stellt das integrierte Datenmanagement in den Kontext betriebswirtschaftlicher Funktionen. Der Closed Loop Ansatz wird ebenso erläutert wie der Einsatz von Data Mining Methoden. Einen breiten Raum nimmt die Diskussion über Datenqualitätsmanagement ein. Der Ansatz des Organisations-IQ wird diskutiert. Zur Leistungskontrolle des Datenmanagements wird die Entwicklung einer Balanced Scorecard vorgeschlagen.

**Kapitel 11**   geht insbesondere auf die absehbare nächste Entwicklungsstufe, das Wissensmanagement ein. Abschliessend wird eine Standortbestimmung des Datenmanagements im Unternehmen vorgeschlagen und auf aktuelle Probleme des Datenmanagements eingegangen

**Anhang A**   beschreibt die Grundelemente eines Entity-Relationship-Modells und die dimensionalen Modellierung mit Star- und Snowflake-Schema wird erklärt.

**2** Datenmanagement – eine Erfolgsposition im Unternehmen

Der Treiber „Information als betriebliches Vermögen" wird in diesem Teil dargestellt und sein Nutzen beurteilt. Die Überlegungen zum Rohstoff „Information" werden auf die Ressource „Daten" als Rohware der Information adaptiert. Es wird dargelegt, warum Daten im Unternehmen professionell organisiert sein müssen, welchen Erfolgsbeitrag das Datenmanagement leisten kann und welche Probleme gelöst werden müssen.

**Abbildung 2-1:**
**Treiber des**
**Datenmanagements**

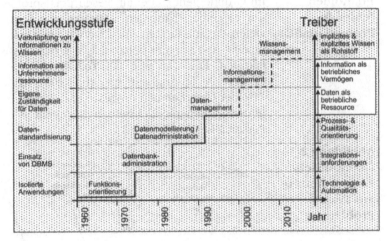

**2.1** **Motivation**

Heute ist in den meisten Unternehmen die Bedeutung von Daten und Informationen als Faktor bei der Leistungserstellung durchaus bekannt, jedoch werden die notwendigen Konsequenzen hinsichtlich des professionellen Managements des Gutes „Information" noch nicht überall gezogen.

**Probleme in**
**der Praxis**

Durch mangelhaftes Datenmanagement entstehen verschiedene Probleme, die in der betrieblichen Praxis nach wie vor zu beobachten sind. Aus diesen zunächst banal erscheinenden Praxisproblemen des Datenmanagements, wie sie in Abbildung 2-2 exemplarisch aufgezeigt sind, können ernst zu nehmende ökonomische und ggf. auch rechtliche Konsequenzen für ein Unternehmen entstehen.

**Abbildung 2-2:
Praxisproble-
me des Daten-
managements**

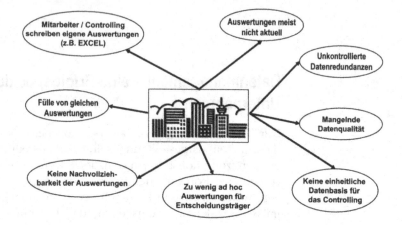

**Phänomen
fehlende
Professionalität**

Im Grunde geht es bei all diesen Praxisproblemen immer wieder um dasselbe Phänomen: Daten und Informationen werden in vielen Organisationen immer noch nicht mit derselben Professionalität und Sorgfalt behandelt, wie die klassischen Produktionsfaktoren. Eine Umfrage bei Teilnehmern der DAMA/Meta-Data Conference in Anaheim im Jahre 2001 hat ergeben, dass „nur 11% der Unternehmen Prozesse und Regeln bezüglich Daten und Informationen mit demselben Reifegrad wie bei Finanzen und Personal besitzen".

**Abbildung 2-3:
Ökonomische
Konsequenzen
aus Praxis-
Problemen**

In den folgenden Abschnitten wird daher angelehnt an das Management der klassischen Produktionsfaktoren erklärt, wie die Prozesse eines professionellen Daten- und Informationsmanagements aussehen sollten.

## 2.2 Klassische Produktionsfaktoren

**2.2**
**Güter**

Zur Befriedigung der Bedürfnisse des Menschen bedarf es Güter. Diese können unterteilt werden in freie und wirtschaftliche Güter. Die wirtschaftlichen Güter werden in Sachgüter (Waren oder materielle Güter) und in Dienstleistungen (immaterielle Güter) gegliedert.

**Arbeits-**
**aufteilung**

Im Prozess der Güterbeschaffung und Güterbereitstellung herrscht zwischen den Produzenten weit gehend Arbeitsaufteilung:

- Die *Rohstoffgewinnungsbetriebe (primärer Wirtschaftssektor, Urproduktion)* haben die Gewinnung der Naturprodukte zur Aufgabe. Beispiele hierfür sind die Landwirtschaft, die Fischerei, der Bergbau oder die Energieerzeugung.

- Die *Fabrikations- oder Produktionsbetriebe (sekundärer Wirtschaftssektor, Industrie)* verarbeiten Rohstoffe zu Halb- oder Fertigfabrikaten. Zu dieser Gruppe gehören beispielsweise die Unternehmungen der Maschinen- und Nahrungsmittelindustrie, der Chemie sowie die Handwerksbetriebe.

- Die *Dienstleistungsbetriebe (tertiärer Wirtschaftssektor)* stellen keine materiellen Güter her, sondern sie verrichten eine Arbeitsleistung. Als Dienstleistungsbetriebe gelten insbesondere Handelsbetriebe, Banken, Versicherungen, Verkehrsbetriebe oder Reisebüros.

**Volkswirt-**
**schaftliche**
**Produktions-**
**faktoren**

Alle diese Produzenten bedienen sich eines Prozesses, in dem so genannte Produktionsfaktoren eingesetzt und miteinander kombiniert werden. In der Volkswirtschaftslehre unterscheidet man die drei Produktionsfaktoren Natur (Boden), Arbeit und Kapital.

**Betriebswirt-**
**schaftliche**
**Produktions-**
**faktoren**

Die Betriebswirtschaftslehre bezeichnet alle Elemente, die im betrieblichen Leistungserstellungsprozess miteinander kombiniert werden, als Produktionsfaktoren. In der Betriebswirtschaftslehre werden die Produktionsfaktoren somit anders definiert und abgegrenzt als in der Volkswirtschaftslehre. Die Arbeit wird unterteilt in dispositive und ausführende Arbeit. Die anderen Produktionsfaktoren sind Betriebsmittel und Anlagen (Grundstücke, Maschinen, Werkzeuge, Rohstoffe, Hilfsstoffe, Betriebsstoffe) und Kapital.

**Weitere**
**Faktoren**

In verschiedenen Abhandlungen wurden die drei klassischen Produktionsfaktoren um weitere Faktoren wie zum Beispiel „technischer Fortschritt", „Wissen" oder „Informationen" erweitert. In diesem Buch geht es nicht um die klassischen Produktionsfaktoren, sondern um den Produktionsfaktor „Information" und hier insbesondere um den Teilaspekt „Daten".

An dieser Stelle sei nur zur Ergänzung bemerkt, dass sich heute auch Kapital weitgehend als Daten und Information manifestiert. Die eigentlichen Produkte der Finanz- und Kapitalmärkte sind Daten und Informationen.

## 2.3 Produktionsfaktor Daten, Information, Wissen

### 2.3.1 Definitionen

**Daten, Information, Wissen**

Daten, Informationen und Wissen sind Schlüsselbegriffe in der Wirtschaftsinformatik. Trotz vieler Bemühungen ist es bisher nicht gelungen, allgemein akzeptierte Definitionen für den Begriff Information und die damit eng verbundenen Begriffe Daten und Wissen zu entwickeln. Bei der Verwendung dieser Begriffe entstehen Unklarheiten, Unsicherheiten und Missverständnisse.

**Abbildung 2-4: Begriffshierarchie in Anlehnung an [Rehäuser/ Krcmar (1996)]**

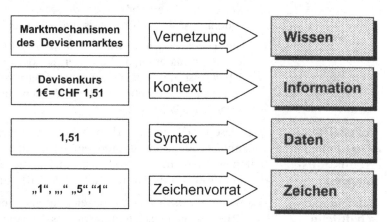

Wir folgen in diesem Buch dieser „klassischen" Begriffshierarchie nur bedingt. Wie wir bereits in Kapitel 1 diskutiert und in Abbildung 1-2 dargestellt haben, setzt die Entstehung von Information aus Daten deren gezielte und auf Wissen gestützte Interpretation voraus.

**Richtige Zeitpunkt**

Es ist also bei der Erklärung der obigen Abbildung 2-4 wichtig zu erkennen, dass der Kontext, der aus Daten Information entstehen lässt, entsprechendes Wissen voraussetzt. Daten sind also wertlos, wenn sie nicht zum richtigen Zeitpunkt, gewissermassen „just-in-time", beim richtigen Wissensträger zur Verfügung stehen. Auch insofern unterscheiden sie sich zunächst nicht von klassischen Produktionsfaktoren. Auch ein Bauteil muss zum richtigen Zeitpunkt an der richtigen Stelle im Produktionsprozess zur Verfügung stehen, um Nutzen zu stiften, ebenso wie Personal und Kapital richtig eingesetzt werden müssen.

**2.3.2**

## Nutzen Produktionsfaktor Information

**Kombination der klassischen Produktionsfaktoren**

Bei genauerer Betrachtung der Herstellung eines Gutes stellen wir fest, dass es allein aufgrund der drei klassischen Produktionsfaktoren Arbeit, Anlagen und Kapital gar nicht möglich ist, ein Gut herzustellen. Die Analyse des betrieblichen Herstellungs- und Verwertungsprozesses von Produkten zeigt, dass Information und Wissen zur Kombination der klassischen Produktionsfaktoren unumgänglich ist. Beispielsweise benötigt man für die Herstellung des Gutes die folgenden Informationen:

- Welche Elemente werden in welcher Menge verwendet?
- Wo können die Elemente am Besten in der gewünschten Qualität und Quantität beschafft werden?
- Wie muss die Verarbeitung der Elemente in einem optimalen Prozess erfolgen?

**Abbildung 2-5: Leistungserstellungsprozess und Produktionsfaktoren**

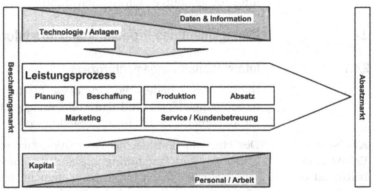

**Informationsanteil in Unternehmensprozessen**

Je hochwertiger und innovativer heute ein Produkt ist (ein neues Medikament, eine neue Bank- oder Versicherungsdienstleistung und anderes mehr), desto höher ist auch der Anteil von Information und Wissen am Entwicklungs-, Herstellungs- und Vertriebsprozess.

**Verfügbarkeit**

Über die Notwendigkeit von Informationen in den operativen Geschäftsprozessen hinaus und zugleich in der Bedeutung für die Existenz der Unternehmen immer wichtiger werdend, ist die schnelle und zuverlässige Verfügbarkeit qualitativ hoch stehender Informationen im gesamten Managementprozess, d.h. auf der dispositiven und strategischen Ebene der Unternehmen.

**Managemen-
prozesse
festlegen**

Ausgehend von diesen Fragestellungen muss jedes Unternehmen Prozesse festlegen, die das Management der erfolgskritischen Ressource Daten und Informationen mindestens ebenso professionell gestalten, wie das Management der klassischen betriebswirtschaftlichen Produktionsfaktoren.

**Informations-
lager WWW**

Startet man heute eine Suchabfrage im grössten Informationslager der Welt - im World Wide Web - so erhält man eine Vielzahl von Informationen. Der Aufwand, die richtigen Informationen zu finden, kann einerseits ins Unermessliche steigen, aber andererseits kann durch einen einzigen erfolgreichen Zugriff ein grosser Nutzen erzielt werden.

**Veredelungs-
prozess**

Es gibt verschiedene Unternehmen, deren Aufgabe in der Beschaffung, Verarbeitung und Veredelung von Informationen besteht. Die Herausforderung eines Unternehmens besteht nun darin, die internen und die externen Informationen zusammenzuführen und daraus neue Informationen zu gewinnen. Jedes Unternehmen benötigt daher einen Prozess, mit dem beschrieben wird, wie der Rohstoff "Daten" zu gewinnen ist und die Veredelung zur Ressource „Information" führt.

## 2.4 Management des Produktionsfaktors Information

### 2.4.1 Informationsmanagementprozess

Informationen bilden die Grundlage für Entscheidungen in Unternehmungen und sind damit ein wesentlicher Produktionsfaktor im betrieblichen Leistungserstellungsprozess.

**Kritischer
Erfolgsfaktor
Information**

Der effiziente Einsatz des Produktionsfaktors „Information", der Nutzungs- und Durchdringungsgrad der informationstechnologischen Möglichkeiten hat je nach Branche und Marktposition einen starken Einfluss auf die Wettbewerbsfähigkeit eines Unternehmens. Die rechtzeitige Bereitstellung von Informationen sowie die Möglichkeit der schnellen und flexiblen Informationsverarbeitung sind zum kritischen Faktor für den Unternehmenserfolg geworden. Dies zu ermöglichen erfordert ein professionelles Management des Produktionsfaktors „Information".

**Teilprozesse**

Informationsmanagement besteht aus den Teilprozessen Informationsplanung, Informationsbeschaffung, Informationsorganisation, Informationsnutzung und Informationsentsorgung. Der gesamte Informationsmanagementprozess orientiert sich hierbei an den Unternehmenszielen und der Unternehmensstrategie.

**Abbildung 2-6:**
**Informations-**
**management-**
**prozess**

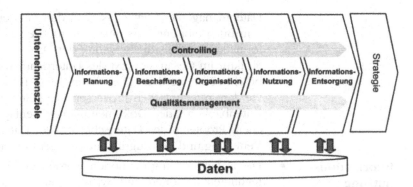

**Informations-**
**planung:**
**Abstimmung**
**von Angebot**
**und Nachfrage**

- Informationsplanung bedeutet vor allem die Abstimmung zwischen dem objektivem Informationsbedarf, dem Informationsangebot und der Informationsnachfrage (vgl. hierzu auch den Abschnitt 2.4.2). Bei allen strategischen, dispositiven oder operativen Entscheidungen müssen die Auswirkungen auf den Daten- und Informationshaushalt des Unternehmens beachtet werden. Wenn z.B. neue Dienstleistungen oder Produkte an den Markt gebracht werden sollen, eine neue Marktstrategie umgesetzt werden soll, neue Kundensegmente erschlossen werden sollen, usw. ist jeweils zu planen, welche Daten und Informationen neu entstehen, welche notwendig sind um das Geschäft zu steuern (beispielsweise ein neues Kennzahlensystem), wer die Adressaten dieser Informationen sein werden, wie und wo die Daten und Informationen zu beschaffen sind.

**Informations-**
**beschaffung:**
**Vermeidung**
**des Informati-**
**on Overload**

- Anschliessend müssen die benötigten Daten und Informationen entweder intern im Unternehmen oder extern beschafft werden. Die Informationsbeschaffung umfasst sämtliche Aktivitäten der Erkennung und Sammlung von Informationen. Die Beschaffung der Informationen hat grundsätzlich unter dem Gesichtspunkt der Wirtschaftlichkeit und in Abstimmung mit dem Informationsbedarf zu erfolgen. Die Beschaffung oder Aufbewahrung aller verfügbaren Informationen, unabhängig von einem konkreten Bedarf, führt zur Gefahr eines "Information overloads". Eine wesentliche Aufgabe der Informationsbeschaffung ist die Auswahl der Informationsquellen, die sowohl innerhalb als auch ausserhalb des Unternehmens angesiedelt sein können. Als externe Quellen werden sehr oft Online-Datenbanken verwendet.

**Informations-**
**organisation**

- Die Organisation der Daten und Informationen ist in der Regel der komplexeste Teilprozess. Hier findet das eigentliche

Datenmanagement statt, das auch den meisten Raum in diesem Buch einnimmt. Es muss aufgrund eines Daten- und Informationsmodells die Semantik der Daten und ihre logische Struktur im Gesamtkontext des Unternehmens festgelegt und beschrieben werden. Die Daten- und Informationsobjekte werden in technischen Prozessen bearbeitet, veredelt und in Datenbanken oder Dokumentmanagementsystemen gespeichert. Probleme des Datenschutzes, der Datensicherheit, der Verteilung und des Zugriffs müssen gelöst werden.

**Informations-nutzung**

- Die Daten und Informationen werden durch die hierzu berechtigten Personen und Systeme genutzt. Die Qualität der Daten wird durch die Nutzer kontinuierlich geprüft. Durch die Nutzung der Daten können wieder neue Daten- und Informationsanforderungen entstehen, die den Informationsmanagementprozess erneut in Gang setzen.

**Informations-entsorgung**

- Daten und Informationen verbrauchen sich zwar nicht, wie sich etwa Anlagen und auch Kapital verbrauchen, im Gegenteil, je häufiger sie genutzt werden, desto wertvoller werden sie sogar häufig, aber trotzdem werden auch sie irgendwann einmal obsolet. Da die Speicherung, aber viel mehr noch die irrelevante Nutzung veralteter Daten Kosten verursachen, sollten sie rechtzeitig entsorgt werden. Die Kriterien, wann dieser Zeitpunkt gekommen ist, sollten möglichst schon bei der Planung oder Beschaffung festgelegt werden.

**Qualitäts-management**

- Das Qualitätsmanagement sollte in jedem Unternehmen ein etablierter Prozess sein. Dieser begleitet in seiner besonderen Ausprägung als Daten- oder Informationsqualitätsmanagement auch die Informationsprozesse im Unternehmen. Auf die Aspekte des Daten- oder Informationsqualitätsmanagement wird an späterer Stelle noch intensiv eingegangen. Wichtig ist an dieser Stelle zu erkennen, dass es ein Informationsmanagement ohne ein korrespondierendes Qualitätsmanagement nicht geben sollte und umgekehrt, ein isoliertes Datenqualitätsmanagement ohne entsprechende Informationsmanagementprozesse nur Stückwerk bleibt.

**Controlling**

- Wie jeder andere Prozess und jede andere Ressource im Unternehmen unterliegt auch das Informationsmanagement einem strikten Controlling. Kosten, Aufwand, Nutzung und Nutzen werden in entsprechenden Kennzahlen erfasst, berichtet und ggf. Korrekturmassnahmen eingeleitet.

**2.4.2** **Abstimmung zwischen Informationsbedarf, Informationsnachfrage und Informationsangebot**

Der Informationsbedarf ist die Gesamtheit aller Informationen, welche für die operativen Prozesse und die Führung des Unternehmens erforderlich sind.

**Objektive Bedarf**

Der objektive Informationsbedarf ist der für die Aufgabenerfüllung benötigte Bedarf an externen, umweltbezogenen sowie an internen, unternehmensbezogenen Informationen.

**Subjektiver Bedarf**

Der subjektive Informationsbedarf stellt das Bedürfnis nach Informationen aus der Sicht einer Person dar, welche diese für die Aufgabenerfüllung als notwendig betrachtet.

**Geäusserter Bedarf**

Der tatsächlich geäusserte Informationsbedarf, die Informationsnachfrage der Person, stellt eine Teilmenge des subjektiven Bedarfs dar.

**Kennzeichen des Informationsbedarfs**

Der Informationsbedarf kann gemäss Bea/Haas [Bea/Haas 1997] nach folgenden Kriterien sachlich gekennzeichnet werden:

- *Relevanz*
  Informationen können unterschiedliche Grade der Relevanz besitzen.

- *Differenziertheit*
  Informationen können einerseits über spezifische Teilaspekte informieren und andererseits nur globale Zusammenhänge betreffen.

- *Operationalität und Präzision*
  Qualität der Informationen.

- *Zuverlässigkeit*
  Informationen können unterschiedliche Grade an Zuverlässigkeit aufweisen. Sie sind in der Regel umso unsicherer, je weiter sie in die Zukunft hineinreichen.

- *Aktualität / Exklusivität*
  Informationen können rechtzeitig oder verspätet eintreffen, wodurch ihr Wert für den Nachfrager erheblich gemindert wird. Stehen die Informationen dem Nachfrager exklusiv zur Verfügung, steigert sich der Wert der Information.

**Informationsbedarfsanalyse**

Der konkrete Informationsbedarf kann letztlich nur unter Berücksichtigung aller Anforderungen und Gegebenheiten des Unternehmens bestimmt werden. Es wird regelmässig oder auf der Basis von Projekten eine Informationsbedarfsanalyse durchge-

**Informations-
überfluss**

führt. Diese stellt einen wichtigen Bestandteil der Informationsplanung innerhalb des Informationsmanagementprozesses dar.

„Ein halbes Jahrtausend nach Gutenberg ist nicht der Mangel,
sondern der Überfluss an Information unser grösstes Problem"
[Dorn 1994].

Die zielgerichtete Beschaffung von relevanten Informationen
wird zunehmend nicht durch den Mangel, sondern durch den
Überfluss an verfügbaren Daten und Informationen erschwert. In
vielen Unternehmen decken sich der Informationsbedarf (objek-
tiver Informationsbedarf), Informationsnachfrage (subjektiver Informationsbedarf) und Informationsangebot nicht.

**Abbildung 2-7:
Informations-
bedarf,
-angebot und
-nachfrage
Quelle: [Picot
(1988)]**

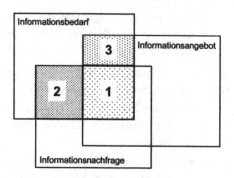

**Feld 1**

Wie aus der Abbildung 2-7 ersichtlich ist, deckt der Informations-
stand (1. Feld) die erforderlichen, nachgefragten und angebotenen Informationen ab. Die Abbildung zeigt auch, dass verschiedene Diskrepanzen bestehen.

**Feld 2**

Feld 2 zeigt die erforderlichen Informationen, die nachgefragt,
aber nicht angeboten werden, weil

• die Daten intern nicht gesammelt werden oder

• die Daten auch extern nicht beschafft werden können.

**Feld 3**

Feld 3 symbolisiert die objektiv erforderlichen Informationen, die
angeboten, aber aus Unkenntnis der Verfügbarkeit oder aus Unkenntnis der Notwendigkeit nicht nachgefragt werden.

**2.4.3**

## Informationsverarbeitung

Die Informationsverarbeitung erfolgt heute zum grössten Teil mit
computergestützten Informationssystemen. Diese betreffen die
Gesamtheit von Menschen (Benutzern), Maschinen (Hard- und
Software) sowie deren Informations- und Kommunikationsbezie-
hungen.

**Abbildung 2-8:
Informations-
verarbeitung**

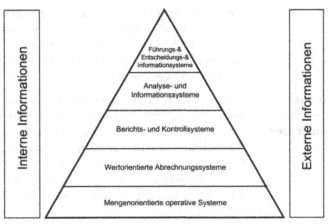

Aufgabe eines dispositiven Informationssystems ist die Unterstützung von Planungs- und Kontrollprozessen durch eine adäquate
Bereitstellung relevanter Informationen für verschiedene Zwecke
der operativen Geschäftsabwicklung, der Unternehmenssteuerung und -kontrolle, etc.

**2.4.4**

### Informationskultur

An dieser Stelle wollen wir die „technozentrierte" Brille kurz ab-
setzen und über die Rolle des Menschen, wenn man so will über
den Produktionsfaktor „Arbeit", im Zusammenhang mit erfolgreich organisiertem Informationsmanagement diskutieren. Hierzu
wollen wir die Abbildung 1-2 aus Kapitel 1 erweitern und in den
Gesamtkontext unternehmerischen Handelns stellen.

**Abbildung 2-9:
Daten, Infor-
mation und
Wissen im
Wertschöpf-
ungsprozess**

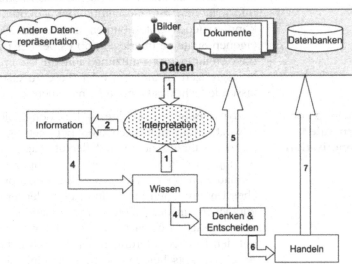

Die Entstehung von Information setzt die zielgerichtete, auf Wissen basierte Interpretation von Daten voraus. Der Wert von Daten und Informationen ist also abhängig vom Wissensträger, der die Daten interpretiert, daraus neue Informationen gewinnt, diese nutzt und verarbeitet.

**Qualität der Daten und der Wissensträger**

Daten, Informationen und Wissen sind nur dann wertschöpfend, wenn sie zu Entscheidungen und darüber zu Handlungen führen. Die Qualität der Entscheidungen und damit verbundene Wertschöpfung hängt also unmittelbar von zwei Faktoren ab: der Qualität der Daten und der Qualität der Wissensträger. Aus diesen Entscheidungen und Handlungen entstehen wiederum Daten, die potenziell auch das Wissenskapital des Unternehmens erhöhen.

Diese Zusammenhänge müssen beachtet werden, wenn das Thema Daten- und Informationsmanagement diskutiert wird. Die Aufgabe des Datenmanagements besteht darin, mit den hier besprochenen Methoden und Technologien die Grundlagen für ein effektives Informationsmanagement im Unternehmen zu schaffen, um so die Wissensarbeiter optimal zu unterstützen, die Wertschöpfung zu erhöhen und das Wissenskapital des Unternehmens zu steigern.

**Wissensarbeiter teilen die Wissensbasis**

Aber nur bei einer auf die Unternehmensstrategie abgestimmten Informationskultur wird die gewünschte Wirkung auch tatsächlich eintreten. Jeder Wissensarbeiter im Unternehmen sollte unter Beachtung des Datenschutzes auf alle relevanten Daten Zugriff haben und mit anderen Wissensarbeitern strategische Daten und Informationen zur Gestaltung der Zukunft gemeinsam nutzen können. Jedes Unternehmen muss unter Berücksichtigung der eigenen Strategie überlegen, ob es bei der Daten- und Informationsverteilung und –nutzung sinnvoll ist, in funktionalen Abteilungsgrenzen zu agieren, oder diese zu ersetzen durch die umfassende Sicht des General Management.

**Ein Weg zur lernenden Organisation**

Je dynamischer die Märkte sind, in denen sich ein Unternehmen bewegt, desto mehr Sensoren benötigt es, um Veränderungen schnell wahrzunehmen und darauf reagieren zu können, desto wichtiger ist auch die gemeinsame Nutzung von Daten und Informationen über funktionale Aufgabengebiete hinweg. Ein solches Unternehmen muss eine Kultur der lernenden Organisation entwickeln, in der Daten und Informationen intern weit gestreut und zugänglich gemacht werden, damit sich alle Wissensarbeiter mit den Herausforderungen der Zukunft befassen und sie in ihre Arbeit, ihr Entscheiden und Handeln einbeziehen können.

**2.4.5**      **Datenmanagement und Informationsmanagement**

Daten gehen als *Rohware* in viele Informationen ein. Die Darstellungen in diesem Abschnitt bezüglich des Informationsmanagementprozesses und seiner Teilprozesse lassen sich sinngemäss auch auf die Daten übertragen. Betrachtet man die Komponenten eines Informationssystems, so kann man feststellen, dass die Daten den stabilen Kern des Informationssystems repräsentieren.

**Trends, Moden**

Es gibt kaum eine Ingenieursdisziplin, die von so vielen Trends und Moden bestimmt sowie einem so enormen und permanenten technischen Wandel unterzogen ist wie die Informatik. Schlagworte der Vergangenheit und Gegenwart sind etwa „Unternehmensweite Datenmodelle", „Viert-Generationen-Sprachen", „CASE", „Relationale Datenbanksysteme", „Objekt-Orientierung", „Workflow", „Business-Process-Reengineering","Internet und Intranet" , „Data Warehouse", „Data Mining", „Künstliche Intelligenz" und anderes mehr.

**Grund-prinzipien**

Allen diesen Veränderungen und Weiterentwicklungen zum Trotz gibt es aber auch in dieser Disziplin einige Grundprinzipien, die unumstösslich sind und über den Tag hinaus ihre Bedeutung behalten. Eines dieser Grundprinzipien ist das binäre System. Ein anderes Grundprinzip stellt die Tatsache dar, dass der langlebigste Bestandteil eines Informationssystems die Daten sind; langlebiger als die technische Plattform, auf der sie gespeichert sind, langlebiger als die Software, mit der sie verarbeitet werden. Die Daten, die wir heute in unseren Kundendatenbanken speichern sind im Kern die gleichen, die früher auf den Karten der Kundenkartei zu finden waren.

**Daten als Ressource des Unternehmens**

Es ist daher gerechtfertigt, die Daten ebenso wie die Informationen als Unternehmensressource zu betrachten, die professionell geplant, beschafft, verwaltet und genutzt werden muss, ebenso wie wir es von den klassischen Produktionsmitteln kennen.

**2.5**      **Datenmanagement im Unternehmen**

Die Antwort auf diese Herausforderung ist die Etablierung eines Datenmanagements (vgl. [Meier 1994] und [Biethahn/Rohrig 1990]) im Unternehmen.

> Wir verstehen unter Datenmanagement einerseits alle *Prozesse*, welche der Planung, Beschaffung, Organisation, Nutzung und Entsorgung der Unternehmensressource Daten dienen, und andererseits die *Organisationseinheiten*, welche für diese Prozesse gesamthaft verantwortlich sind.

21

## 2.5.1 Klassischen Funktionen des Datenmanagements

Die klassischen Funktionen, welche das Datenmanagement abdeckt, sind die Datenbankadministration, die Datenadministration, die Datenmodellierung respektive die Datenarchitektur. Diese Funktionen sind nicht alle zur gleichen Zeit entstanden, sondern haben sich, wie das Datenmanagement insgesamt, in einem stetigen Entwicklungsprozess über die letzten 20 Jahre herausgebildet.

| Funktion | Aufgaben | Methoden | Hilfsmittel |
|---|---|---|---|
| **Datenbank-administration** | Definition und Verwaltung der logischen und physischen Datenbankobjekte | • Entwurfsmethoden<br>• Testmethoden<br>• Sicherstellungsmethoden | • Entwurfswerkzeuge<br>• Technische Hilfsmittel<br>• Kataloge<br>• Repositorysysteme |
| **Daten-administration** | Verwaltung der konzeptionellen und logischen Datenmodelle und deren Objekte | • Entwurfsmethoden<br>• Standardisierung | • Repositorysysteme<br>• Entwurfswerkzeuge |
| **Daten-modellierung / Daten-architektur** | Definition und Durchsetzung der unternehmens- und/oder bereichsweiten Datenmodelle und der Datenstrategie | • Entwurfsmethoden<br>• Information Engineering | • Repositorysysteme<br>• Entwurfswerkzeuge |
| **Daten-management** | Professionelle Verwaltung der Unternehmensdaten und Bereitstellung zur effizienten Nutzung | • alle Methoden von Datenbankadministration, Datenadministration und Datenarchitektur,<br>• Datenqualitätsmanagement<br>• Data Warehousing | • alle Werkzeuge von Datenbankadministration, Datenadministration und Datenarchitektur<br>• Datenqualitäts-werkzeuge<br>• Data Warehousing Werkzeuge |

**Tabelle 2-1: Funktionen im Datenmanagement**

In den folgenden Kapiteln wird die Entwicklung der verschiedenen Funktionsbereiche, deren Aufgaben, Methoden und Hilfsmittel detailliert dargestellt.

## 2.5.2 Herausforderungen bei der Aufgabenerfüllung

Eine wesentliche Bedingung für den Erfolg des Datenmanagements ist neben der Einbindung in eine Informatikstrategie (vgl. Kapitel 3) auch eine klare Zielsetzung für das Datenmanagement selbst. An beidem mangelt es häufig.

**Hindernisse**   Die Praxis zeigt, dass zwischen Anspruch und Wirklichkeit beim Aufbau einer Organisationseinheit "Datenmanagement", aber vor allem beim eigentlichen *Datenmanagement-Prozess* in vielen

Unternehmen erhebliche Lücken klaffen. Dies hat die unterschiedlichsten Ursachen, die sich auch von Unternehmen zu Unternehmen unterscheiden können. Typischerweise finden sich folgende Gründe für einen geringen Erfolg des Datenmanagements:

- Im Unternehmen besteht ein genereller *Mangel* an *Informationsstrategien* und einem *Informatik-Leitbild*.

- Ein *Informationsmanagementprozess* ist nicht etabliert.

- Der *organisatorische Aufbau* des Informatikbereiches und des Datenmanagements ist *ungeeignet*, um die Ziele des Datenmanagements durchzusetzen. Es besteht keine Abstimmung mit den übergeordneten Geschäfts- und Unternehmenszielen.

- Die *ablauforganisatorische Einbindung* des Datenmanagements in den Anwendungsentwicklungsprozess und den Planungsprozess im Unternehmen ist *ungenügend*.

- Das Datenmanagement ist *unzureichend mit Ressourcen* ausgestattet und hat insbesondere zu wenige und/oder ungeeignete Mitarbeiter.

- Die Unternehmensleitung sieht Informatik überwiegend als *Kostenfaktor* und unterscheidet hierbei nicht zwischen Informatikabteilung und Informationsmanagement.

- Das *Top-Management* des Unternehmens (und nicht nur des Informatikbereiches), welches die Investitionen in die Informatik und damit auch ins Datenmanagement bewilligen muss, ist sich vielerorts immer noch *nicht im Klaren*, dass die *Daten ein wesentliches Kapital des Unternehmens darstellen*. Deshalb sollte es eine klare Verantwortung für die optimale Nutzung der Daten übernehmen, welche über die Verantwortung des Informatikbereichs hinausreicht.

**Chance für das Datenmanagement**

Als einer der Hauptgründe für die in manchen Unternehmen bescheidenen Erfolge des Datenmanagements wird häufig die mangelnde Unterstützung durch das Management ausgemacht. Dies mag zwar in vielen Fällen stimmen und beklagenswert sein, ist aber kein unabänderlicher Zustand. Zum einen leidet gerade das Top-Management am meisten unter dem Chaos nicht integrierter Datenbestände. Hier liegt eine Aufgabe und eine Chance für den Datenmanager, diesen Umstand den Betroffenen deutlich zu machen und Auswege aus dieser Situation aufzuzeigen.

**Kosten-Nutzen-Betrachtung**

Andererseits kann sich auch das Datenmanagement nicht dauerhaft einer Kosten-Nutzen-Betrachtung entziehen und muss den geleisteten Aufwand wirtschaftlich rechtfertigen können. Dies geschieht heute in den seltensten Fällen, wäre aber auch eine Chance, die eigenen Leistungen zu begründen.

Die Diskussion in den folgenden Kapiteln wird Wege aufzeigen, wie das Datenmanagement seine Aufgaben Erfolg versprechend wahrnehmen kann. Sie weisen aber auch darauf hin, welche Voraussetzungen hierfür gegeben sein müssen.

### 2.5.3 Strategisches oder taktisches Vorgehen im Datenmanagement

**Probleme bei der Zieldurchsetzung**

Probleme bei der Durchsetzung der Ziele des Datenmanagements sind häufig dadurch begründet, dass zwar die Unterstützung strategischer Ziele erwartet wird, dem Datenmanagement aber nur ein taktisches Vorgehen erlaubt ist oder die Einbindung des Datenmanagements in die Strategieentwicklung unterbleibt. Eine Informatikstrategie ohne die Einbeziehung von Datenmanagementaspekten bleibt ein Stückwerk.

**Von der Zielsetzung zur Umsetzung**

Die Erfolge, welche das Datenmanagement gemessen an den strategischen Zielen des Unternehmens beitragen kann, hängen also nicht allein vom Datenmanagement selbst, sondern vom Vorgehen in der Informationsplanung ab. Sieht eine Informatikstrategie beispielsweise vor, die Geschäftsprozess-Orientierung der Fachbereiche des Unternehmens binnen drei Jahren effizient zu unterstützen, muss das Datenmanagement auf dieses Ziel eine strategische Antwort geben, indem die zielführenden Modelle entwickelt werden und ein Migrationsplan vom Ist- zum Soll-System aufgestellt wird. Dieser Plan wird dann mit Prioritäten und Meilensteinen versehen, die Verantwortlichen mit einem Budget sowie den notwendigen Kompetenzen ausgestattet. Anschliessend wird der Plan umgesetzt, bis das Ziel erreicht ist.

**Data-Warehouse-Vorhaben**

Ähnliches gilt auch in Bezug auf die optimale Unterstützung der Managementprozesse durch ein umfassendes Data-Warehouse-Vorhaben. Wenn dies nicht Teil einer Informatikstrategie ist, entsprechend geplant und umgesetzt wird, bleiben am Ende kaum noch integrierbare Systeme für dedizierte betriebliche Funktionen übrig. Dies hat Konsequenzen auf die Effizienz der Geschäftssteuerung. Das strategische Vorgehen wird vor allem in den Kapiteln 5 bis 9 an Beispielen der Unternehmensmodellierung, des Metadaten-Managements, der Datenmigration, der Datenmanagementorganisation und des Data-Warehousing im Detail erläutert.

**Strategie versus Taktik**

Ein oft zu beobachtendes Phänomen ist jedoch, dass schon nach kurzer Zeit das strategische Ziel aufgegeben und taktischen Erfolgen geopfert wird. Dies kann teuer werden, wie viele halb fertige Architekturen und niemals zu Ende gebrachte Migrationsvorhaben zeigen. Das Resultat sind dann Informationssysteme, die keiner Architektur mehr gehorchen, welche ihre Daten auf etlichen, heterogenen Plattformen verteilt haben und die kaum noch wartbar oder in Krisensituationen beherrschbar sind.

**Taktische Vorgehen**

Ist die Unternehmenspolitik und die Informationsplanung dagegen von taktischem Vorgehen geprägt, wird auch das Datenmanagement mit einem taktischen Vorgehen durchaus zielkonform zum Gesamtunternehmen seine Aufgaben erfüllen können. Das taktische Vorgehen folgt nicht längerfristigen Zielen des Unternehmens und baut nicht auf einer Unternehmensstrategie auf, sondern ist auf das kurz- und mittelfristige Erreichen definierter Ziele und die Erfüllung von Kosten-Nutzen-Vorgaben ausgerichtet. Jedes der in den folgenden Kapiteln vorgestellten Konzepte ist sowohl unternehmensweit, wie auch etwas eingeschränkt auf einen bestimmten Unternehmensbereich anwendbar.

**Kombination Strategie und Taktik**

Taktik und Strategie schliessen sich aber nicht aus. Ein strategisches Ziel mit schnellen Schritten zu erreichen, kann einen enormen Aufwand an Personal, Technologie und Kapital erfordern. Dies ist nicht in jedem Fall möglich und vertretbar und auch nicht immer nötig. Man kann ein strategisches Ziel mit taktischen Schritten ansteuern. Diese Schritte müssen allerdings geplant und konsequent befolgt werden.

**Beispiel**

Ein Beispiel dafür wäre, eine im Rahmen einer strategischen Informationsplanung entworfene Datenarchitektur als Ziel vorzugeben. Die Taktik besteht dann darin, diese Datenarchitektur in jedem Wartungs-, Erweiterungs- und Neuentwicklungsprojekt als Vorgabe mitzugeben. Jedes dieser Projekte hat unter anderem die Aufgabe, mit Unterstützung des Datenmanagements als Koordinierungs- und Durchsetzungsinstanz in seinem Teilbereich die Datenstrukturen dem Ziel anzunähern.

Wesentlich ist in jedem Fall, das strategische Ziel nicht aus den Augen zu verlieren und konsequent zu verfolgen. Geschieht dies nicht, wird das Chaos in den Informationssystemen nur vergrössert. Dies zeigen Praxisbeispiele deutlich.

## 2.5.4 Der Erfolgsbeitrag des Datenmanagements

**Geschäfts-prozess-optimierung**

Die Optimierung der Geschäftsprozesse inklusive der Managementprozesse ist in einem Unternehmen heute nur unter Einbezug der Daten durchführbar. Optimierte Geschäfts- und Managementprozesse setzen integrierte Daten voraus. Die Verfechter des Business-Reengineering, Hammer/Champy [Hammer/Champy 1994], haben dies erkannt und die Rolle der Informationstechnologie im Business-Reengineering-Prozess sowie die jederzeitige Verfügbarkeit aller relevanten Daten entsprechend gewürdigt.

Integrierte, an den Geschäfts- und Managementprozessen orientierte Datenbestände bedingen eine umfassende, auf das Gesamtunternehmen gerichtete Sicht auf die Daten. Geschäftsprozess-Orientierung und unternehmensweites Datenmanagement ergänzen sich und stehen nicht im Gegensatz zueinander. Gleiches gilt für ein erfolgreiches Data-Warehousing zur Unterstützung der Managementprozesse.

**Unternehmerische Ziele**

Wenn man mit Verantwortlichen in Unternehmen über ihre strategischen und unternehmerischen Zielsetzungen spricht, kehren bestimmte Aussagen immer wieder:

- Verbesserung der unternehmerischen Flexibilität, d.h. Verbesserung der Fähigkeit zum Insourcing bzw. Outsourcing von Geschäftsfeldern oder Organisationseinheiten, zum Eingehen von Kooperationen, Änderungen des Geschäftsmodells, u.a.m.

- Verbesserung des Kundenservices, verbessertes Kundenbeziehungsmanagement (Customer Relationship Management)

- Verbessertes Produkt- und Dienstleistungsangebot, das individuelle Wünsche berücksichtigt

- Erhöhung der Marktanteile

- Erhöhung der Profitabilität, bessere Steuerung der Erträge, Kosten und Deckungsbeiträge.

**Erhöhung des Erfolgsbeitrages**

Bei der erfolgreichen Umsetzung all dieser Ziele spielen Daten, Informationen und Wissen eine entscheidende Rolle. Dieses Kapital kann man nur zum Teil ausserhalb des Unternehmens finden. Auch gute Berater, die ihr Geld wert sind, werden zu allererst versuchen, die Schätze zu heben, über die das Unternehmen ohnehin verfügt: die Daten und Informationen über Kunden, Produkte, Prozesse und Märkte, sowie das Wissen und

Können der Mitarbeiter. Je besser das Daten- und Informations-management des Unternehmens organisiert ist und je mehr es sich an der Strategie des Unternehmens orientiert, desto höher kann dessen Erfolgsbeitrag bei der Unterstützung der Unternehmensziele sein.

**Einfluss der Umgebung**

Der Ergebnisbeitrag des Datenmanagements für ein Unternehmen ist durchschlagender

- je informationsintensiver ein Unternehmen ist,
- je mehr Information und Wissen für die Entwicklung, Herstellung und Vermarktung seiner Produkte notwendig ist,
- je innovativer diese Produkte sind,
- je schneller ein Unternehmen auf Veränderungen am Markt reagieren muss,
- je komplexer und heterogener die Umwelt ist, in dem das Unternehmen sich bewegt,
- je mehr ein Unternehmen auf seine Kunden ausgerichtet ist und die Bedürfnisse seiner Kunden verstehen muss,
- je vernetzter ein Unternehmen sich organisiert hat,
- je mehr es vom Wissen und Können seiner Mitarbeiter und der Arbeitsgruppen abhängt.

Daher muss das Datenmanagement in den Gesamtkontext des Unternehmens gestellt werden, sowie gedanklich und praktisch vor dem Hintergrund neuer Trends und neuer Technologien weiterentwickelt werden. Das Ziel der folgenden Kapitel ist es daher auch, die Vergangenheit und Gegenwart des Datenmanagements besser zu verstehen, um die Zukunft richtig adaptieren zu können.

## 2.6  Kernaussagen zum Erfolgsbeitrag des Datenmanagements

1. *Die klassischen betrieblichen Produktionsfaktoren, welche in die Erzeugung von Produkten und Dienstleistungen eingehen, werden um Produktionsfaktoren wie Daten, Informationen und Wissen erweitert.*

2. *Je hochwertiger und innovativer heute ein Produkt ist, desto höher ist der Anteil von Information und Wissen am Entwicklungs- und Herstellungsprozess.*

3. *Der Produktionsfaktor Information muss ebenso wie die klassischen Faktoren professionell organisiert werden. Im Unternehmen muss ein Informationsmanagementprozess etabliert sein, der die Planung, Beschaffung, Organisation, Nutzung und Entsorgung der betrieblichen Ressource „Daten und Informationen" einschliesst.*

4. *Information entsteht durch Daten und deren gezielte und auf Wissen gestützte Interpretation. Daraus entsteht neues Wissenskapital im Unternehmen.*

5. *Daten stellen den stabilen und langlebigen Kern des Informationssystems im Unternehmen dar. Sie sind langlebiger als die Technologie, auf der sie gespeichert sind. Sie sind auch langlebiger als die Software, mit der sie verarbeitet werden.*

6. *Die Organisation, die für das professionelle Management dieser wertvollen Ressource verantwortlich ist, stellt das Datenmanagement des Unternehmens dar, welches über effektive und effiziente Datenbereitstellung seinen Beitrag zum Erfolg des Unternehmens leistet.*

# 3 Strategische Informationsplanung

In diesem Kapitel werden die einzelnen Treiber im Kontext der strategischen Informationsplanung angesprochen.

**Abbildung 3-1: Treiber der Strategischen Informationsplanung**

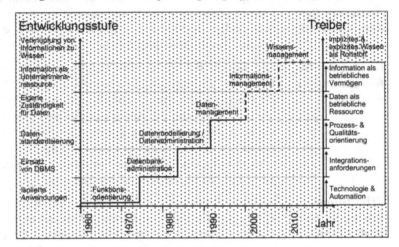

Der Prozess der strategischen Informationsplanung und deren Ergebnisse werden dargestellt. Die aus der Sicht des Datenmanagements relevanten Ergebnisse werden detaillierter betrachtet und deren Einfluss auf das Datenmanagement hervorgehoben.

## 3.1 Motivation

Wie wir im letzten Kapitel diskutiert haben, stellen Daten, Information und Wissen wertvolle betriebliche Ressourcen in jedem Unternehmen dar.

**Professionelles Management notwendig**

Die Datenbestände bei Altanwendungen wachsen typischerweise jährlich um 20% bis 30%, bei Neuanwendungen wie zum Beispiel im Bereich E-Business oder Kundenmanagement liegt der Wert bei über 50%. Diese Wachstumsraten machen deutlich, dass diese Datenressourcen einem professionellen Management unterliegen müssen, wie es bei den klassischen betriebswirtschaftlichen Ressourcen seit langem geübte Praxis ist. Nur dann erhöht die ständig wachsende Datenbasis auch potenziell die Wissensbasis der Organisation.

**Eine strategische Informationsplanung tut Not**

Der hieraus resultierende Informationsmanagementprozess, der sich an den Unternehmenszielen und –strategien zu orientieren hat, beinhaltet auch eine strategische Informationsplanung, die in den folgenden Abschnitten näher diskutiert wird. Das Ziel der strategischen Informationsplanung (SIP) ist der effektive und effiziente Einsatz der Informations- und Informatikressourcen der Organisation.

**Effektiver und effizienter Ressourceneinsatz**

Effektiv ist der Ressourceneinsatz dann, wenn er die jeweiligen Unternehmensziele wirksam unterstützt („die richtigen Dinge tun"), effizient bedeutet, dass die Ressourcen wirtschaftlich oder optimal eingesetzt werden („die Dinge richtig tun").

**Kosten der Informationsversorgung**

Die Kosten für die unternehmensweite Informationsversorgung liegen in den Europäischen Staaten zwischen 1 % des Umsatzes für die Branche Nahrungsmittel/Genuss und 5 % für die Branche Medien. Bei sehr informationsintensiven Unternehmen können diese Werte noch höher liegen. Der Nutzen für die Unternehmung, welche aufgrund des Einsatzes von Informationstechnologien entstanden ist, steht oft nicht im erwarteten Verhältnis zu den Kosten der Informatik.

**Erhaltungskosten vs. Investitionen**

In vielen Unternehmen müssen immer noch grosse Anteile der IT-Budgets für die Wartung alter Anwendungssysteme und Technologien aufgewendet werden. Die reinen Erhaltungskosten und die Investitionen, die einen Beitrag zur Wertsteigerung des Unternehmens liefern, stehen in vielen Unternehmen in einem ungünstigen Verhältnis. Dieses Verhältnis zu verbessern und Spielraum für neue Investitionen zu gewinnen ist einer der Motivatoren für das Outsourcing von Teilen eines Informatikbereiches.

**Outsourcing**

Das Thema „Outsourcing" wird aus der Sicht des Datenmanagements am Ende des Buches ausführlich diskutiert. An dieser Stelle sei aber bereits darauf hingewiesen, dass eine Ausgliederung von Teilen der Informatik die Unternehmensleitung nicht davon entbindet, eine strategische Informationsplanung durchzuführen.

**Strategische Informationsplanung**

Eine wirtschaftliche Gestaltung von Informationssystemen zur Unterstützung betrieblicher Aufgabenstellungen setzt eine langfristige, an den strategischen Unternehmenszielen orientierte Planung voraus. Nur so kann sichergestellt werden, dass Fehlinvestitionen in nicht mehr benötigte Systeme verhindert und die für die Realisierung der strategischen Erfolgspositionen notwendigen Systeme bereitgestellt werden. Dieser Planungsprozess wird als strategische Informationsplanung bezeichnet und das Ergebnis als *Informatikstrategie*.

## 3.2     Prozess der strategischen Informationsplanung

Die strategische Informationsplanung (SIP) führt einerseits die *Informationsbedarfsanalyse* und andererseits die Entwicklung der integrierten Strategie *(Strategieentwicklung)* für die gesamte Informationsverarbeitung eines Unternehmens beziehungsweise eines grösseren Unternehmensteils durch.

**Abbildung 3-2: Vier Schritte der strategischen Informationsplanung**

**Managementinstrument zur Planung von Investitionen**

Die SIP ist die Voraussetzung für die effektive Unterstützung der Unternehmensziele durch einen optimalen Einsatz der Informationsverarbeitung. Die Strategieumsetzung und die Strategieüberprüfung sind weitere Aufgaben der strategischen Planung und werden in diesem Buch nicht behandelt. Die strategische Informationsplanung ist somit ein Managementinstrument zur Planung und Steuerung der Investitionen in die Informatik.

**Problemfelder**

Ohne eine strategische Informationsplanung entstehen folgende Probleme in der Informatik eines Unternehmens:

**Distanz zwischen Fachbereich und Informatik**

- Die Fachbereiche erkennen die geschäftlichen Möglichkeiten der Informationstechnik nicht, während die Informatik die Anliegen der Fachbereiche zu wenig wahrnimmt und sich von neuen Technologien anstelle von unternehmerischen Bedürfnissen leiten lässt.

**Mangelhafte Planung und Umsetzung**

- Die Prioritäten von Informatikprojekten beziehungsweise Budgets richten sich in vielen Unternehmen nach den Machtverhältnissen und nicht nach den unternehmerischen Bedürfnissen.

**Kompetenz- und Know-how-Verluste**

- Bei einer reinen Kostenfixierung werden die Potenziale der Informatik zur Steigerung des Unternehmenswertes falsch eingeschätzt oder völlig übersehen. Fatal wird dies insbesondere, wenn ohne vorherige seriöse strategische Informationsplanung Teile des Informatikbereiches an Dienstleister ausgegliedert werden (Outsourcing), dabei aufgrund mangelhafter Planung langfristig strategisch wichtige Bereiche das Unternehmen verlassen und ein schwer wieder rückgängig zu machender Kompetenz- und Know-how-Verlust eintritt.

**Integrations-**
**hindernisse**

- Die Integration von Insellösungen kommt nicht voran und das Unternehmen verliert Synergieeffekte.

**Ergebnisse**
**IT-Strategie**

Die Hauptaufgabe der strategischen Informationsplanung besteht darin, eine IT-Strategie zu definieren und deren Implementierung vorzubereiten. Die IT-Strategie muss unter anderem die folgenden Fragen beantworten:

1. Für welche Gebiete sollen Informatikleistungen bereitgestellt werden?
   - Strategische Geschäftsfelder
   - Strategische Erfolgsfaktoren
   - Betriebliche Funktionen
   - Produkte / Verfahren

2. Welche Ziele werden mit der Bereitstellung der Informatikleistungen verfolgt?
   - Stärkung der Wettbewerbsposition
   - Steigerung des Unternehmenswertes (Economic Value Added)
   - Verbesserung der unternehmerischen Flexibilität
   - Teilnahme an neuen, z.B. elektronischen Märkten
   - Ausschöpfung von Rationalisierungspotenzialen
   - Sozialziele
   - Technische Anpassungen

3. Welche technologischen und organisatorischen Voraussetzungen sind zu schaffen?

4. Welche qualitativen (zum Beispiel Know-how-Aufbau) und quantitativen personellen Voraussetzungen sind zu schaffen?

5. Wie sollen die Kosten und Leistungen des Informatikeinsatzes behandelt werden? Wie sieht eine interne Leistungsverrechnung aus?

**Definierter Prozess für SIP**

Die Komplexität der Aufgabe der Erarbeitung der IT-Strategie verlangt nach einem definierten Prozess, welcher die Teilaufgaben, Methoden, Werkzeuge und Ergebnisse beschreibt. Verschiedene Vorgehensmodelle haben sich in der Praxis bewährt. Am bekanntesten sind die Ansätze [vgl. auch Heinrich 2002]

- „Business System Planning" von IBM [IBM 1984],
- "Information Engineering" von James Martin [Martin 1990],
- "Informationssystem Management (ISM)" der Hochschule St. Gallen [Österle/Brenner/Hilbers 1991].

Diese Methoden produzieren eine Vielzahl von Modellen, welche verschiedene Sichten auf das Unternehmen dokumentieren. Einige dieser Modelle werden im Abschnitt 3.4 vorgestellt.

### 3.2.1     Beeinflussung der strategischen Planung durch IT-Technologie

**Strategische Planung wandelt sich**

Die strategische Planung wandelt sich infolge der Umweltveränderung, die unter anderem stark durch neue Informationstechnologien geprägt wird. Durch Informations- und Kommunikationstechnologien werden neue Distributionsformen, andere Geschäftsmodelle und Formen der Zusammenarbeit innerhalb der Unternehmen, aber vor allem auch über Unternehmensgrenzen hinweg möglich. Beispiele dafür sind elektronische Marktplätze, das Internet als Distributionskanal, virtuelle Unternehmen, Supply Chain Management, mit dem Lieferanten in die internen Unternehmensprozesse eingebunden werden.

**IT als Bestandteil der Unternehmensstrategie**

Im Zuge der Abkehr von der anfänglichen Zielrichtung der Informationssysteme auf Rationalisierung und Produktivitätsverbesserung werden heute in den meisten Unternehmungen die Informationssysteme und deren potenzielle Beiträge zur Erzielung von Wettbewerbsvorteilen in der Unternehmensstrategie berücksichtigt. Dies bedeutet, dass die Informationsstrategie Bestandteil der Unternehmensstrategie ist, dass aber auch umgekehrt die Möglichkeiten der Informationstechnologie die Unternehmensstrategie beeinflusst.

**Zukünftige Rolle**

So wie es sich in der Vergangenheit gezeigt hat, dass durch Informationstechnologien neue Formen des Geschäftes, neue Produktfelder, neue Geschäftsmodelle und Märkte entstehen können, so muss die Informationstechnologie auch in absehbarer Zukunft eine zentrale Rolle bei der Erstellung von Unternehmensstrategien und Unternehmensplanungen spielen.

**Abbildung 3-3: Technologie und Geschäftssphäre Quelle: in Anlehnung an [Krcmar 2003]**

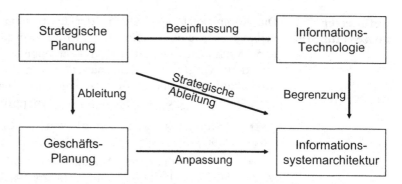

**Einfluss des Internet**

Alleine die Nutzung des Internet hat in den letzten Jahren enorme Veränderungen und Neuerungen in der nationalen und der globalen Wirtschaft hervorgebracht. Hier nur einige Beispiele:

**E-Commerce**

- Die Nutzung des Internet als zusätzlicher Distributionskanal innerhalb traditioneller Geschäftsmodelle, wie z.B. E-Banking, E-Ticketing bei Fluggesellschaften, elektronischer Handel mit Wein, Konsumgütern, elektronische Reisebüros, usw.

**E-Business**

- Völlig neue Geschäftsmodelle, die einzig und allein auf der Nutzung des Internet beruhen, wie z.B. die Handelsplattform ebay, oder der Händler Amazon.

**E-Trade**

- Der globale Handel mit Finanzinstrumenten (Aktien, Derivaten, Devisen, usw.) in Echtzeit, der, wie manche Ereignisse an den wichtigsten Börsen der Welt in der jüngeren Vergangenheit gezeigt haben, nicht unproblematisch ist.

**Virtuelle Unternehmen**

- „Virtuelle Organisationsformen umfassen die Kooperation von Einzelpersonen und/oder unternehmerischen Einheiten bei gleichzeitiger Konzentration auf jeweilige Kernkompetenzen. ... Diese Flexibilität setzt einen weit gehenden Verzicht auf statische und bürokratische Strukturen voraus. ... Virtualisierung kann dabei betrieben werden als innerorganisatorische Strategie zur Verbesserung der Flexibilität, der Kundenorientierung und der Innovationsfähigkeit von Unternehmen oder als externe Kooperationsstrategie zwischen rechtlich selbstständigen Unternehmenseinheiten. Ihre Realisierung setzt einen intensiven Einsatz von Informations- und Kommunikationstechnologien voraus." [Fraunhofer Institut für Arbeitswirtschaft und Organisation 2003].

**Umwelteinflüsse**

Selbst Unternehmen, die vordergründig glauben, nicht so sehr den Einflüssen der Informationstechnologie unterworfen zu sein und diese daher in der eigenen Unternehmensplanung weniger berücksichtigen zu müssen, bewegen sich in einem wirtschaftlichen und sozialen Umfeld, wo diese Einflüsse insgesamt stark wirken und schon deshalb beachtet werden müssen.

**Einfluss virtueller Arbeits- und Organisationsformen**

Die oben geschilderten virtuellen Organisations- und Arbeitsformen bedeuten in der Konsequenz, dass der Bedarf an „materieller" Infrastruktur wie z.B. grosse, zentral gelegene Bürogebäude sinken wird. Wissensarbeiter in virtuell organisierten Unternehmen sind zu einem erheblichen Teil ihrer Arbeitszeit nicht an irgendeinen Ort gebunden, was sie benötigen, ist die Vernetzung mit ihren Kollegen und Kunden sowie der Zugriff auf die relevanten Daten und Informationen. So kalkulieren heute z.B. grosse Unternehmen aus dem Bereich der Wissensarbeit wie Accenture, CSC, dvg oder IBM mit einem Verhältnis Arbeitsplatz zu Mitarbeiter von 1:6 bis 1:12, Tendenz sinkend.

**Auswirkungen auf wirtschaftliche und gesellschaftliche Entwicklungen**

Dies wird mittel- bis langfristig dramatische Auswirkungen auf Unternehmen haben, die in grosse Bürogebäude investieren wie Immobiliengesellschaften, Fonds, Pensionskassen, Kapitallebensversicherungen sowie Dienstleister, die ihre Dienstleistungen rund um solche Infrastrukturen erbringen. Auf diese wirtschaftlichen und gesellschaftlichen Entwicklungen kann in diesem Buch nicht weiter eingegangen werden, es ist hier nur wichtig darauf hinzuweisen, dass es sie gibt. Sie liegen auch in der Logik der Überlegungen zum Kondratieffzyklus aus Kapitel 1.

## 3.2.2     Probleme bei fehlender Informatikstrategie aus der Sicht des Datenmanagements

**Bindungsdauer von Technologieentscheidungen**

Die hohe Bindungsdauer durch Entscheidungen für den Einsatz spezieller Technologien, wie Datenbanksysteme oder Netzkonzeptionen, legen eine Unternehmung auf lange Zeit fest und bestimmen deren Möglichkeiten zur Informationsverarbeitung.

**Entstehung von Insellösungen**

Die Nutzung von neuen Informationstechnologien ohne Abstimmung mit der Informatikstrategie kann eventuell zu Insellösungen führen, welche nur mittels grossem Aufwand zu einem späteren Zeitpunkt in eine Gesamtarchitektur integriert werden können. Häufig haben diese Systeme auch zu Mehrfacheingaben von Daten, Dateninkonsistenzen und damit zu zusätzlichen Kosten geführt. Die Erbauer dieser Systeme haben vielleicht das Unternehmen verlassen oder haben neue Aufgaben übernommen. Kaum jemand kann diese Systeme mehr warten.

**Datenproliferation**

Das grösste Problem aus der Sicht des Daten- und Informationsmanagements ist die Datenproliferation: gleiche Daten in verschiedenen Systemen, unkontrollierte Redundanz mit der Konsequenz, dass Inkonsistenzen entstehen, die Daten widersprüchlich und fehlerhaft sind und damit ihr Nutzen und ihr Wert für das Unternehmen abnimmt, bei gleichzeitig steigenden Kosten ihres Managements.

## 3.3 Modelle und Architekturen

Die Ergebnisse der IT-Strategie werden vor allem in Modellen dargestellt, welche die einzelnen Sichten auf das Unternehmen beziehungsweise auf die Informationsverarbeitung festhalten.

### 3.3.1 Einführung in Modelle

Die Konstruktion komplexer technischer Systeme wird geprägt durch das Erstellen und Erproben von Modellen, die ein wichtiger Bestandteil der Informationsplanung sind.

**Abbildung 3-4:
Unternehmung
als System**

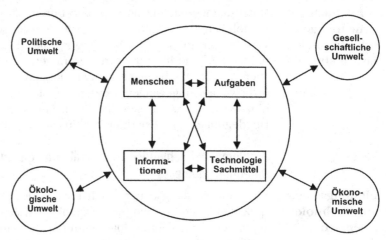

Eine Unternehmung kann nie mit einem einzigen Modell dargestellt werden. Von der "Unternehmung" als System gibt es zum Beispiel ein

- finanzwirtschaftliches Modell,
- materialwirtschaftliches Modell,
- betriebspsychologisches Modell
- informationsbezogenes Modell.

Ein Modelltyp, mit dem sich insbesondere das Datenmanagement beschäftigt, ist das Datenmodell, welches die Daten des Unternehmens, eines Unternehmensbereiches oder auch nur eines einzelnen Anwendungssystems repräsentiert.

**3.3.2**     **Architektur**

Unter dem Begriff „Architektur" wird allgemein die angewandte Baukunst verstanden. Wenn der Begriff „Architektur" auf die Informatik bezogen wird, bedeutet dies die Beschreibung der einzelnen Komponenten (z.B. Daten, Funktionen, Hardware), aus denen ein System besteht und deren Zusammenspiel.

**Informations-architektur**     Über die Informationsarchitektur werden die vom Unternehmen verrichteten Aktivitäten und die zur Durchführung erforderlichen Informationen definiert.

**Anwendungs-systemarchi-tektur**     Die Anwendungssystemarchitektur beschreibt die zur Unterstützung der Informationsarchitektur erforderlichen Anwendungssysteme und Datensɩ    her.

**Technische Architektur**     Die technische Architektur beschreibt die zur Unterstützung der Anwendungssystemarchitektur notwendige Hardware- und Software-Umgebung.

Weitere Beispiele für Architekturen sind:

- Rechnerarchitekturen
- Betriebssystemarchitekturen
- Client-Server Architekturen
- Datenbankarchitekturen.

**3.3.3**     **Framework**

Da jede dieser Architekturen nur einen Teilbereich eines Informationssystems darstellt, müssen diese Architekturen in eine Gesamtarchitektur integriert werden.

**Zachman Framework**     John A. Zachman hat dieses Raster unter der Bezeichnung "Framework for information systems architecture" erstmals 1987 [Zachman 1987] veröffentlicht.

Aus der Sicht des Datenmanagements beantwortet das Framework die folgenden Fragen:

- Was für Daten werden verarbeitet (WHAT)?
- Wie werden die Daten verarbeitet (HOW)?
- Wo werden die Daten verarbeitet (WHERE)?

In den letzten Jahren wurde das Framework um weitere Dimensionen erweitert:

- Personen/Organisationen (WER, WHO)
- Zeitpunkte (WANN, WHEN)
- Motivationen (WARUM, WHY)

**Abbildung 3-5:**
**The Enterprise**
**Architecture**
**Framework**

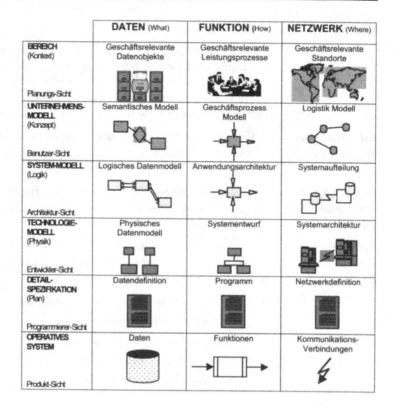

| | DATEN (What) | FUNKTION (How) | NETZWERK (Where) |
|---|---|---|---|
| BEREICH (Kontext) | Geschäftsrelevante Datenobjekte | Geschäftsrelevante Leistungsprozesse | Geschäftsrelevante Standorte |
| Planungs-Sicht | | | |
| UNTERNEHMENS-MODELL (Konzept) | Semantisches Modell | Geschäftsprozess Modell | Logistik Modell |
| Benutzer-Sicht | | | |
| SYSTEM-MODELL (Logik) | Logisches Datenmodell | Anwendungsarchitektur | Systemaufteilung |
| Architektur-Sicht | | | |
| TECHNOLOGIE-MODELL (Physik) | Physisches Datenmodell | Systementwurf | Systemarchitektur |
| Entwickler-Sicht | | | |
| DETAIL-SPEZIFIKATION (Plan) | Datendefinition | Programm | Netzwerkdefinition |
| Programmierer-Sicht | | | |
| OPERATIVES SYSTEM | Daten | Funktionen | Kommunikations-Verbindungen |
| Produkt-Sicht | | | |

**Definition**

Das erweiterte Framework wird heute als Unternehmensarchitektur (Framework for Enterprise Architecture) bezeichnet. Die Definition gemäss Zachman [Zachman 1997]:

> That set of descriptive representations (models) that are relevant for describing an enterprise such that it (the enterprise) can be produced to management's requirements (quality) and maintained over the period of its useful life (change).

Das Enterprise Architecture Framework besteht aus mehreren Dimensionen, die mittels eines eigenen Modells oder einer eigenen Architektur beschrieben werden [vgl. Inmon/Zachman/ Geiger 1997]. Die Beschreibung der Unternehmensarchitektur besteht insgesamt aus 30 Modellen. Die Komplexität der Modelle und deren Beziehung kann ohne Werkzeuge nicht verwaltet werden. Die Erfassung der unterschiedlichen Modelle erfolgt in der Regel durch verschiedene Werkzeuge.

**Sicht Daten-**
**management**

Das Framework sollte aus der Sicht des Datenmanagements z.B. folgende Frage beantworten können:

> Aus welchem Grund "M" hat zum Zeitpunkt "Z" die Person "P" am Ort "O" über die Funktion "F" die Daten "D" verändert?

Eine Aufgabe des Datenmanagements ist die Zusammenführung dieser Modelle in einer zentralen Datenbank - dem *Metadaten-managementsystem* (vgl. hierzu Kapitel 6).

## 3.4 Informationsbedarfsanalyse und Strategieentwicklung

Die Strategieentwicklung erfolgt über ein phasenweises Vorgehen. Beim Vergleich der verschiedenen Ansätze lässt sich ein gemeinsames Grundschema erkennen, das grob in vier Phasen aufgeteilt werden kann:

- Schaffung der organisatorischen Voraussetzungen für *das Projekt* (Where We Start)
- Analyse der *Ist-Situation* (Where We Are Today)
- Definition eines *Soll-Konzeptes* (Where We Want to Be in the Future)
- Erstellung einer *Umsetzungsplanung* (How We Get There)

**Abbildung 3-6:**
**Die vier Phasen**
**der Strategie-**
**entwicklung**

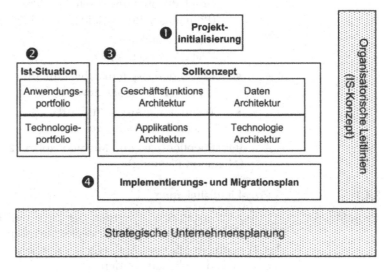

**Voraussetzung**

Als Voraussetzung für die Strategieentwicklung sollten folgende Vorgaben vorhanden sein:

- Die *strategische Unternehmensplanung* liefert wichtige Informationen für die strategische Informationsplanung. Von der Unternehmensstrategie, welche Aussagen über die Entwicklungsrichtungen (Wachstum, Stabilisierung, Des-Investition) macht, über die Geschäftsbereichsstrategie bis zur Funktionsbereichsstrategie beschreiben diese Grundsätze und Leitlinien für die IS-Strategie.

- Die *organisatorischen Leitlinien* beschreiben die IS-Organisation mit ihren Gremien, die IS-Prozesse und Entscheidungsprozesse, die Aufgaben des IS-Controllings inklusive der Regelung über die Verrechnung der IS-Leistungen. Das Informatik-Leitbild ist ebenfalls Bestandteil dieser Leitlinien.

**Entwicklungs-aufwand**

Der Aufwand für die Entwicklung einer Informatikstrategie ist stark abhängig von den bereits verfügbaren Ergebnissen und der vorgegebenen Projektdauer.

Beim Vorgehen gemäss „Enterprise Architecture Planning" [Spewak 1993] beträgt der Aufwand für die einzelnen Schritte

1. Projektinitialisierung 2.5%

2. Ist-Situation 15%

3. Sollkonzept 70%

   - Geschäftsfunktionsarchitektur 30%
     (Preliminary Business Model and Enterprise Survey)

   - Datenarchitektur 15%
     (Data Architecture)

   - Anwendungssystemarchitektur 15%
     (Application Architecture)

   - Technologie Architektur 10%
     (Technology Architecture)

4. Implementierungs- und Migrationsplan 12.5%
   (Migration Planning)

## 3.4.1 Projektinitialisierung

**Projektziele**

In einem ersten Schritt werden die Ziele und Inhalte der Informationsbedarfsanalyse und Strategieentwicklung (vgl. Abbildung 3-2) definiert. Mit dem Auftraggeber müssen die Projektziele priorisiert und gegliedert werden.

Weitere Schritte der Projektinitialisierung sind die Festlegung des Projektteams, Projektplanung, Festlegung von Dokumentationsregeln und Werkzeugen, Auswahl der Interviewpartner und Abstimmen der Vorgehensweise mit den Projektauftraggebern.

**Methoden-auswahl**

Aus der Vielzahl von Methoden zur Bewertung von strategischen Wettbewerbsvorteilen, Produktivitätsverbesserungen und Kosteneinsparungen müssen die richtigen Methoden für das Projekt bestimmt werden [vgl. Nagel 1990; Lehner 1993].

**Überprüfung Zielstruktur**

Die klar definierten und strukturierten Unternehmensziele stellen eine wesentliche Grundlage dar, um zu priorisieren und zu bewerten. Die Zielstruktur als Element der Unternehmensplanung ist eine Voraussetzung für die strategische Informationsplanung. Sie wird im Rahmen des Projektes einer Prüfung unterzogen.

## 3.4.2 Anwendungssystemportfolio

**Übersicht über Anwendungen**

Das Anwendungssystemportfolio wird in der Phase Ist-Situation erarbeitet. Es beinhaltet die Beschreibung aller Anwendungen nach einem einheitlichen Schema und die Bewertung der Anwendungen nach verschiedenen Kriterien. Unter der Annahme, dass heute kein aktuelles Anwendungssystemportfolio vorhanden ist, wird im ersten Schritt eine Liste der bestehenden und geplanten Anwendungen erstellt.

**Technische Kriterien**

Zur Beurteilung der Anwendungen werden technische Kriterien benötigt. Beispiele für technische Kriterien können Wartungsaufwand (Änderungen, Optimierung, Stabilisierung, Erweiterung), Einflussfaktoren auf die Wartung (Qualität der Dokumentation, Programmiertechnik, Tooleinsatz) und die zugrunde liegenden Technologien sein.

**Fachliche Kriterien**

Zu den fachlichen Kriterien werden der Abdeckungsgrad der funktionalen Anforderungen und die Benutzerfreundlichkeit gezählt.

**Anwendungs-beschreibung**

Die Anwendungsbeschreibung umfasst die funktionale Beschreibung (Aufgabenstellung, Programmfunktionen), Datenstrukturen, Dateneingabe und –ausgabe, Mengengerüst, Schnittstellen zu anderen Anwendungen, Betriebsart (Online, Batch), Benutzer (Benutzerkreis und Verwendungshäufigkeit), Nutzen, Entwicklungsgeschichte und die Kennzeichnung als Eigen- oder Fremdprodukt.

Ausgehend von diesen Informationen kann eine grobe Systemübersicht erstellt werden.

## 3.4.3 Technologieportfolio

Im Unternehmen werden diverse Basissoftware und Technologien eingesetzt. Diese Infrastrukturkomponenten müssen in der Phase Ist-Situation erfasst und strukturiert werden. Die Struktur könnte zum Beispiel wie folgt aussehen:

**Tabelle 3-1
Technologie-
architektur**

| Technologie-architektur | Externe Partner | Arbeitsplatz | LAN-Server | Enterprise Server |
|---|---|---|---|---|
| Hardware | | | | |
| | | Apple | Sun | IBM ES9000 |
| System Layer | | | | |
| Betriebssystem | | LINUX | SOLARIS | OS/390 |
| Kommunikation | Extranet | TCP/IP | TCP/IP | SNA |
| DBMS Middleware | | | | |
| DBMS | | DB2/UDB | ORACLE | DB2/UDB |
| TP – Monitor | | | CICS | CICS |
| ORB | | | - | - |
| System Management | | | | |
| | | - | Patrol | Patrol |
| Bürokommunikation | | | | |
| Text | | Staroffice | - | - |
| Mail | | Lotus Notes | - | - |
| Anwendungsentwicklung | | | | |
| Programmiersprache | | C++ Java | C++ | Cobol II |
| GUI-Tool | | - | - | - |
| CASE-Tool | | - | Rational Rose | - |
| Testwerkzeug | | - | - | - |

### 3.4.4     Geschäftsfunktionsarchitektur

**Wertschöpfungskette**

Der Begriff „betriebswirtschaftliche" bzw. „betriebliche Funktion oder Geschäftsfunktion" im Sinne von betrieblicher Verrichtung wurde durch die Funktionslehre im Rahmen der allgemeinen Betriebswirtschaftslehre geprägt. Die Sequenz der Geschäftsfunktionen wird als Wertekette respektive Wertschöpfungskette der Unternehmung bezeichnet. Die Geschäftsfunktionen werden in primäre und unterstützende Funktionen unterteilt [vgl. Porter 1997].

**Abbildung 3-7:**
**Geschäfts-**
**prozess**
**Architektur**

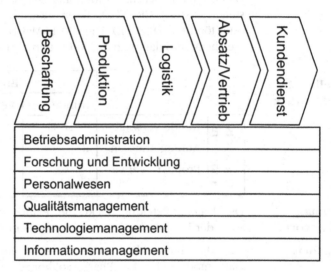

Die primären Geschäftsfunktionen sind auf den Umsatzstrom ausgerichtet, z.B. Beschaffung, Produktion, Logistik, Absatz/Vertrieb und Kundendienst. Unterstützende Funktionen sind die Unternehmensinfrastruktur (Rechnungswesen, etc.) und die Technologieentwicklung.

**Zachman-Framework**

Die Geschäftsfunktionsarchitektur deckt die Planungs-Sicht und Benutzer-Sicht der Funktionskolonne im Zachman-Framework ab.

**Vorgehen**

Ausgehend von einer allgemeinen Wertschöpfungskette werden die Hauptfunktionen eines Unternehmens in der Phase Sollkonzept definiert und mittels objekt- oder verrichtungsorientierter Zerlegung über mehrere Ebenen verfeinert. Die Funktionsstruktur stellt eine redundanzarme Beschreibung der betrieblichen Aufgaben dar.

## 3.4.5 Datenarchitektur

**Geschäftsdaten** Die Datenarchitektur identifiziert und beschreibt die hauptsächlichen Geschäftsdaten, welche ein Unternehmen für die Abwicklung der Funktionen benötigt. Die Datenarchitektur besteht aus einem groben Datenmodell, Beschreibung der Datenklassen, deren Beziehungen und den wichtigsten Attributen.

Bestandteil der Datenarchitektur ist ebenfalls die Matrix Geschäftsfunktionen/Entitätstypen. Mit dieser Matrix wird festgehalten, welche möglichen Auswirkungen Geschäftsfunktionen auf Daten haben. Geschäftsfunktionen können Daten prinzipiell entstehen lassen (**CREATE**), lesen (**READ**), verändern (**UPDATE**) oder löschen (**DELETE**). Die CRUD-Matrix zeigt, welche Funktion welche Manipulationen an den Daten vornimmt.

**Tabelle 3-2:**
**CRUD Matrix**

| | | Entitätstyp | | |
|---|---|---|---|---|
| | | Kunde | Vertrag | Produkt |
| **Geschäfts-funktion:** | Kunde verwalten | C, D, U | | |
| | Auftrag erfassen | R | C | R |
| | Produkt verwalten | | | C,D,U |

**Zachman-Framework** Die Datenarchitektur deckt die Planungs-Sicht und Benutzer-Sicht der Datenkolonne im Zachman-Framework ab.

**Vorgehen** Für die Entwicklung der Datenarchitektur (Unternehmens-Datenmodell) in der Phase Sollkonzept gibt es verschiedene Vorgehens- und Darstellungsweisen.

**Referenz-modelle** Anstelle der Entwicklung von eigenen Datenmodellen können auch verschiedene Referenzdatenmodelle (Branchenmodelle, Unternehmens-Datenmodell oder Bereichs-Datenmodelle) gekauft werden. Beim Einsatz von Standardsoftware kommt zwar das Datenmodell als Bestandteil mit, die Erstellung einer unternehmenseigenen Datenarchitektur erübrigt sich damit allerdings keineswegs. Aufgrund der zentralen Bedeutung der Daten für ein Unternehmen muss vielmehr der Abdeckungsgrad der Standardsoftware mit der eigenen Datenarchitektur als wesentliches Auswahlkriterium in die Entscheidung für ein bestimmtes Softwareprodukt eingehen. Je näher die Prozesse an der Wertschöpfungskette des Unternehmens sind (siehe Geschäftsprozessarchitektur), desto wichtiger ist dieses Kriterium. In Kapitel 5 wird diese Problematik ausführlich behandelt.

Neben dem formalisierten Datenmodell ist es ebenso wichtig, sich darüber im Klaren zu werden, welche Kategorien von Daten das Unternehmen benötigt und verarbeitet. Dies kann in einer Daten-Landkarte dargestellt werden, wie sie die Abbildung 3-8 für eine Organisation generisch zeigt.

**Abbildung 3-8: Datenlandkarte eines Unternehmens**

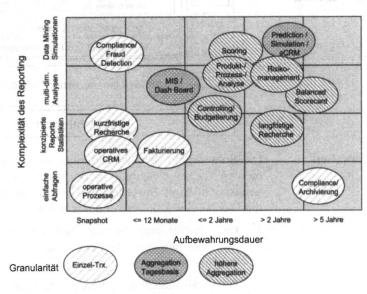

Die Datenlandkarte stellt Indikatoren dar, zu welchem Zweck Daten in welchem Detaillierungsgrad, über welche Aufbewahrungszeit zu speichern sind und wie komplex das Reporting und die Datenanalysen sein werden. Diese Darstellung kann dafür verwendet werden, sowohl die Ist-Situation wie auch die Soll-Situation zu beschreiben und daraus eine Gap-Analyse zu entwickeln. In einem späteren Schritt werden die unterschiedlichen Datenkategorien dann unterschiedlichen technischen Datenspeichern zugeordnet. Diese Diskussion wird in Kapitel 9 im Zusammenhang mit Data Warehousing wieder aufgenommen.

**3.4.6**

## Anwendungssystemarchitektur

Das Ziel der Anwendungsarchitektur ist die Festlegung der wichtigsten Anwendungssysteme, welche für die Verwaltung der Daten und die Unterstützung der Geschäftsfunktionen benötigt werden.

Die Anwendungssystemarchitektur deckt die Benutzer-Sicht der Funktionskolonne des Zachman-Frameworks ab.

**Abbildung 3-9:**
**Anwendungs-**
**systemarchi-**
**tektur eines Fi-**
**nanzinstitutes**

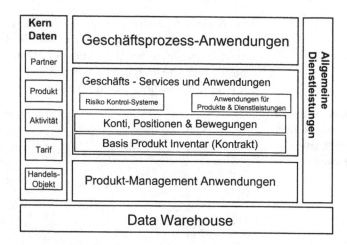

**Vorgehen**

Die Entwicklung der Anwendungssystemarchitektur erfolgt über mehrere iterative Schritte in der Phase Sollkonzept. Als Ausgangspunkt kann entweder die Geschäftsprozessarchitektur oder die Datenarchitektur verwendet werden.

1. Die verschiedenen Sichten (Soll, Ist) werden integriert und die Abhängigkeiten zwischen den einzelnen Anwendungsgruppen abgestimmt.

2. Zur Qualitätssicherung werden die Anwendungssysteme und Geschäftsfunktionen gegenübergestellt.

## 3.4.7  Technische Architektur

Das Ziel der technischen Architektur ist die Bereitstellung der optimalen technischen Umgebung, welche für das Betreiben der Anwendungen notwendig ist.

**Abbildung 3-10:**
**Technische**
**Architektur**

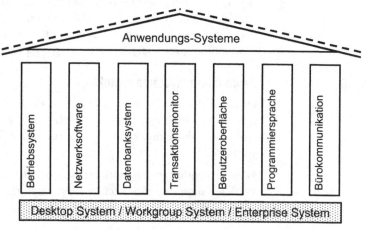

Die technische Architektur beschreibt die Benutzer-Sicht der Netzwerkkolonne des Zachman-Frameworks.

Die Chancen und Risiken beim Einsatz neuer Technologien sind sicherlich für jede Organisation sehr differenziert zu betrachten. Generell kann nach Wildemann [Wildemann 1986] zwischen einer Strategie des „Frühen Einstiegs" und des „Abwartens" unterschieden werden.

**Tabelle 3-3: Chancen und Risiken des Einstiegs in Technologien in Anlehnung an Wildemann**

| | Früher Einstieg | Strategie des Abwartens |
|---|---|---|
| **Chancen** | • Aufbau oder Ausbau eines Wettbewerbsvorsprungs<br>• Intensive Unterstützung durch Hersteller<br>• Anwenderspezifische Technologie | • Sprunghafte Technologieverbesserung kann abgewartet werden.<br>• Bessere Kompatibilität<br>• Nutzung der Erfahrung Externer |
| **Risiken** | • Frühe Technologiefixierung<br>• Kompatibilität nicht gewährleistet<br>• Unsicherheit der Technologieentwicklung | • Verschlechterung der relativen Wettbewerbsposition<br>• Geringerer Know-How Gewinn |

Im Grundsatz ist ein früher Einstieg nur dann zu empfehlen, wenn klare Wettbewerbsvorteile gegenüber der Konkurrenz aufgebaut werden können.

## 3.4.8 Implementierungs- und Migrationsplan

Die bisher erarbeiteten Architekturen bilden die Zukunftsvision eines Unternehmens. Ausgehend von dieser Vision muss nun ein Implementierungs- und Migrationsplan erstellt werden. Diese Pläne beschreiben, in welchen Schritten das Unternehmen in den nächsten Jahren die Architekturen inkrementell implementieren will.

**Projektantrag**

In der Anwendungssystemarchitektur wird eine Vielzahl von Anwendungssystemen definiert. Für jedes neue Anwendungssystem oder einer Änderung an einem bestehenden Anwendungssystem muss ein Projektantrag erstellt werden. Aufgrund der Abhängigkeiten zwischen den einzelnen Systemen muss auch die Reihenfolge der Bearbeitung festgelegt werden.

**Implementierungsplan**

Das Projektportfolio beinhaltet eine nach festgelegten Kriterien geordnete Menge von potenziellen Anwendungs-Projekten (Wartung / Neuentwicklung). Anhand der verfügbaren Kapazitäten und dem Projektportfolio wird der Implementierungsplan erstellt.

## 3.5 Kernaussagen zur Strategischen Informationsplanung

1. *Die Strategien von Unternehmen, die aufgrund ihrer Marktstellung und ihrer Produkte sehr von Informationen und Wissen abhängig sind, werden zunehmend direkt durch die Möglichkeiten der Informationstechnologien beeinflusst. Es entsteht eine Wechselwirkung zwischen Unternehmensstrategie und Informationsstrategie.*

2. *Die Antwort der Informatikverantwortlichen auf diese Herausforderung muss in der Entwicklung einer Informatikstrategie durch eine Strategische Informationsplanung bestehen.*

3. *Die verschiedenen Modelle und Architekturen, die während dieses Prozesses entstehen und die unterschiedlichen Sichten auf das zukünftige Informationssystem des Unternehmens repräsentieren, werden in einem Rahmenwerk wie dem Zachman-Framework zu einer Gesamtarchitektur miteinander verbunden.*

4. *Die Modelle und Architekturen, für welche Datenmanagement verantwortlich ist, werden in der Dimension „Daten" über verschiedene Abstraktionsebenen beschrieben.*

5. *Eine strategische Informationsplanung und eine daraus resultierende Gesamtarchitektur sind unabdingbar, wenn die verschiedenen Architektur- und Modellüberlegungen aufeinander abgestimmt werden sollen, um darauf eine Informatikstrategie aufzubauen.*

6. *Eine solche Informatikstrategie ist essenziell für alle strategischen Entscheidungen, die die Informationslandschaft des Unternehmens betreffen.*

# 4    Aufbau der Datenbankadministration

Das wichtigste Instrument im Datenmanagement ist das Datenbankmanagementsystem. Datenbestände existieren über eine lange Zeit und sollten als gemeinsame Ressource von verschiedenen Anwendungen genutzt werden können. Mit der Einführung von Datenbankmanagementsystemen (DBMS) zur kommerziellen Nutzung entstand auch bald die Anforderung nach einem geregelten, professionellen Datenunterhalt, der die Entstehung entsprechender Organisationseinheiten zur Verwaltung der Datenbestände zur Folge hatte.

Die Notwendigkeit für die Schaffung einer Organisationseinheit „Datenbankadministration" wurde in vielen Publikationen angesprochen (vgl. [Date 1999], [Zehnder 2002] oder [Meier 2004].

**Abbildung 4-1:**
**Übergang zur**
**Datenbankad-**
**ministration**

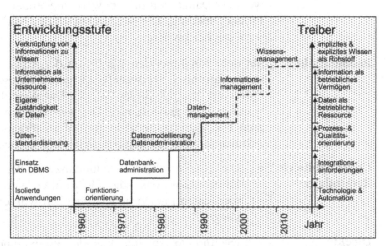

Wir werden im Folgenden aufzeigen, welche Entwicklungsfaktoren, Technologien und treibenden Kräfte zum Entstehen der Datenbankadministration und dem Berufsbild des Datenbankadministrators geführt haben. Ein Ausblick auf die Herausforderungen, denen sich die Datenbankadministration heute und in Zukunft stellen muss, beschliesst das Kapitel.

## 4.1 Übergang von der Dateiverarbeitung zum Datenbankbetrieb

### 4.1.1 Probleme der Dateiverarbeitung

**Dateien als Datenhaltungssysteme**

In den Anfängen der Datenverarbeitung existierten noch keine Datenbankmanagementsysteme. Die Daten wurden in sequentiell oder indexsequentiell organisierten Dateien abgelegt. Diese Dateien wurden meistens nur für ein Anwendungsgebiet oder sogar nur für ein Programm definiert und erstellt. Dabei standen die Funktionen jedes Anwendungsprogrammes im Zentrum der Betrachtung. Diese Funktionsorientierung führte dazu, dass Datenstrukturen und Zugriffslogik in jedem Programm eingebettet sein mussten und Teil des Programmcodes waren. Das Verarbeiten der Dateien erlaubte keinen Online-Betrieb und keine Transaktionsverarbeitung.

**Fehlende Notation und Modelle**

Eigentliche Standards, wie etwa Namenskonventionen für Datenelemente gab es - wenn überhaupt - nur für Dateinamen. Standardisierte Notationen oder Datenmodelle wurden kaum verwendet. Damit verbunden war eine entsprechend aufwendige Programmierung. Die Weiterentwicklung und Wartung der Software blieb schwierig.

**Problemfelder**

Mit dem zunehmenden Wachstum der Anwendungssysteme und der elektronisch verwalteten Unternehmensdaten wurden die Probleme, die mit dieser Art der Datenverarbeitung verbunden waren, immer gravierender. Die wesentlichen Problemfelder, die zum Teil noch bis heute in den Informationssystemen der Unternehmen sichtbar sind, lassen sich wie folgt benennen:

**Unkontrollierte Redundanz**

- Die unkontrollierte Redundanz in der Datenspeicherung führte dazu, dass die elektronisch verwalteten Unternehmensdaten in sich widersprüchlich wurden (fehlende Datenintegrität).

**Direkte Abhängigkeit zwischen Daten und Programmen**

- Die direkte Abhängigkeit der Programme von den Datenstrukturen hatte zur Folge, dass jede Änderung in einer Datei auch Änderungen in jedem Programm, in dem diese Datei referenziert wurde, nach sich zog. Da meist eine zentrale Dokumentation über diese Abhängigkeiten in einem dafür vorgesehenen Verzeichnis, dem Data-Dictionary, nicht vorhanden war, wurde die Koordination solcher Änderungen sehr aufwendig und fehleranfällig.

**Isolierte Problemlösungen**

- Jedes Einzelproblem wurde isoliert gelöst; es wurden keine entsprechenden Schnittstellen aufgebaut. Dies führte zu überproportional wachsenden Programm- und Dateisystemen bei unterproportional wachsender zusätzlicher Funktionalität.

**Mangelhafte Flexibilität**

- Jede Softwareänderung führte zu mangelhafter Flexibilität bei der Systementwicklung und Programmwartung.

**Trennung der Daten von den Anwendungen**

Ein Durchbruch bei der Lösung der genannten Probleme konnte nur durch die Trennung der Datenlogik von der Programmlogik erzielt werden. Mit dieser Datenunabhängigkeit (vgl. [Zehnder 1998] oder [Meier 1998]) erreichte man zweierlei:

- Erstens werden die Datenstrukturen nicht mehr direkt in den Programmen, sondern im Datenbankschema referenziert.

- Zweitens sind die Daten unabhängig von ihrer Verwendung in klar strukturieren Speichersystemen abgelegt und erlauben dadurch die Referenzierung in vielen verschiedenen Anwendungssystemen, ohne dass die Datenlogik in der Programmlogik nachgebildet werden muss.

**Technologieentwicklung**

Durch die sich entwickelnde Hardwaretechnologie und entsprechende Betriebssysteme wurde die Möglichkeit geschaffen, mehrere Programme auf einem Prozessor-System gleichzeitig ablaufen zu lassen (Multiprogramming) und mehrere Benutzer am System aktiv arbeiten zu lassen (Multiuser-Betrieb). Mit dieser Funktionserweiterung im Bereich der Hardware und der Betriebssoftware wurden zusätzliche Systeme zur Steuerung der ablaufenden Anwendungen und deren Benutzer notwendig. Diese Steuerung übernahmen Transaktionsmanagementsysteme (TP-Monitore).

**Entwicklung eigener TP-Monitore**

In den 60er-Jahren haben einige grosse IT-Anwender wie Banken, Versicherungen oder Flugunternehmen aus Mangel an kommerziell verfügbaren Systemen eigene TP-Monitore erstellt und dabei die Dateihandhabung schon so weit perfektioniert, dass man von ersten Ansätzen der Datenbankmanagementsysteme sprechen konnte. Ein sehr bekanntes Beispiel ist die Entwicklung des SABRE Flugreservationssystems von American Airlines.

**Echte Datenbankmanagementsysteme**

Der nächste Schritt war die Entwicklung echter Datenbankmanagementsysteme, die auf einer Schichtenarchitektur zur Isolierung von Programmen, Daten und Betriebssoftware aufbauen (vgl. [Härder/Rahm 1999]).

**4.1.2**

**Datenbankma-
nagement-
systeme**

## Drei-Schema-Architektur nach ANSI/SPARC

Der Auslöser für das Entstehen der Datenbankadministration und der entsprechenden Organisationseinheiten war die Einführung von umfangreichen Datenbankmanagementsystemen nach einer neu definierten Drei-Schichten-Architektur. Das grundlegende Modell für ein Datenbankmanagementsystem und dessen Systemarchitektur wurde in den Arbeiten des American National Standards Committee (ANSI) dokumentiert [Tsichritzis/Klug 1978]. Diese Architekturen und Schemata haben auch heute noch ihre Bedeutung in der klaren funktionalen Trennung von Anwendungsprogrammen, TP-Monitoren und Datenbankmanagementsystemen.

**Abbildung 4-2:
DBMS-
Architektur
nach AN-
SI/SPARC**

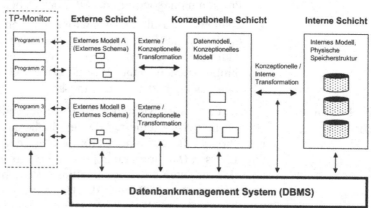

**Drei Schema-
architektur**

Die Architektur baut auf drei Schemata auf, die voneinander unabhängige Funktionen beinhalten und durch die DBMS Software verwaltet werden. Die Transformation von einem Schema zum anderen und die Interaktion mit Anwendungsprogrammen (oder Benutzern) werden ebenfalls vom DBMS kontrolliert.

- Das *interne Schema* ist das Bindeglied zu Subsystemen, die die Verwaltung der Daten auf physischen Speichermedien wahrnehmen. Nur das interne Schema kennt die Zugriffslogik auf diese Subsysteme.

- Das *externe Schema* verbindet die Anwendungsprogramme und Benutzer über das externe Darstellungsmodell und verwaltet die Interaktionen mit dem DBMS. Dieses Schema ermöglicht differenzierte Sichten für unterschiedliche Programme auf gemeinsame Datenstrukturen (Views).

- Das *konzeptionelle Schema* stellt die Verbindung der externen Schemata zum internen Schema her und besteht aus dem gemeinsamen, übergeordneten logischen Datenmodell.

**Externe Schemata**

Die Benutzer des DBMS sind Programme in unterschiedlichen Umgebungen und Sprachen, welche über definierte Schnittstellen und die externen Schemata mit dem DBMS kommunizieren. Die mehrfachen externen Sichten werden durch das DBMS verwaltet.

**Client / Server Funktionalität**

Ebenso übernimmt das Datenbanksystem die Steuerfunktionen für den Datenzugriff, die Verwaltung der Schemata und der Transformationen sowie die Anbindung von unterschiedlichen Programmen in verschiedenen Subsystemen. Durch diese Trennung von Anwendungsprogramm und Datenverwaltungslogik werden grundlegende Client/Server-Funktionalitäten bereitgestellt.

**Wesentlicher Treiber für Ablösung**

Als wesentlicher Treiber für die Ablösung der Dateisysteme kann die neu entwickelte Technologie sowie die Integration der Datenfunktionalität in die Transaktions- und die Datenbankmanagementsysteme angesehen werden. Die Trennung von Anwendungs- und Datenlogik ermöglicht grössere Flexibilität, einfachere Programmierung und eine verbesserte Wartbarkeit der Softwaresysteme.

**Arbeitsteilung in der Informatik**

Durch diese technologischen Fortschritte wurde in der Entwicklung und Wartung von Informationssystemen die Arbeitsteilung möglich. Die Anwendungsentwicklung befasst sich nun mit der Anwendungslogik und der Programmierung, während Aufgaben im Bereich der Datenverwaltung und des Datenzugriffs in den komplexer werdenden Datenbanksystemen durch Systemspezialisten ausgeführt werden.

Die Systemspezialisten wurden bald in zentralen Gruppen zusammengefasst, die sich ausschliesslich um die Datenbanken zu kümmern hatten. Dies war die Geburtsstunde der Datenbankadministration (DBA). Der erste Entwicklungsschritt zum Datenmanagement war somit getan.

**Verantwortungsbereiche in der Organisation**

Die Einführung der neuen Technologie der Datenbankmanagementsysteme hatte demzufolge Auswirkungen auf die Art, wie die Daten des Unternehmens gespeichert und verarbeitet wurden, wie die Anwendungssysteme zukünftig entworfen wurden, aber auch auf die Organisation des Informatikbereiches selbst.

Die nachfolgende Tabelle zeigt Details zu dieser beschriebenen Entwicklung auf:

| | Dateisysteme | Dateisystem und Transaktionsmonitor | DBMS und Transaktionsmonitor |
|---|---|---|---|
| **Datenlogik** | Integriert in Anwendungsprogramm | Anwendungsprogramm und TP-Monitor | Verwaltung durch DBMS |
| **Zugriffssteuerung** | Anwendungsprogramm | Anwendungsprogramm mit Sperr- und Zugangslogik durch Transaktionsmonitor | Datenbanksystem mit Zugangslogik durch Transaktionsmonitor |
| **Gleichzeitige Benutzer** | Ein Anwendungsprogramm | Mehrere Anwendungsprogramme | Mehrere Anwendungsprogramme |
| **Locking, Logging, Backup-Steuerung** | Anwendungsprogramm und spezifische Hilfsprogramme | Funktionen durch TP-Monitor und Hilfsprogramme | DBMS Funktionen und TP-Monitor |
| **Arbeitsteilung** | Programmierer für Anwendungslogik und Datenlogik zuständig | Spezialisten für Dateisysteme und TP-Monitore | Spezialisten für DBMS und TP-Monitore sowie für Datenbankadministration |
| **Verantwortungsbereiche für Daten** | Dezentralisiert durch Anwendungsprogrammierer und Entwickler | Zentralisierung durch Fachspezialisten für Dateisysteme | Zentralisierung durch Fachspezialisten für Datenbankadministration |

Tabelle 4-1: Unterschiede in der Verarbeitung der Daten in verschiedenen Systemen

## 4.1.3 Technologie der Datenbankmanagementsysteme

**Daten für mehrere Anwendungen**

Die Datenbankmanagementsysteme erlaubten es, einen ersten Schritt zu gemeinsam genutzten und verwalteten Datenbeständen zu machen. Es wurde technisch möglich, ein integriertes System aufzubauen, welches dieselben Daten für mehrere Anwendungen gleichzeitig zur Verfügung stellte. Datenbankmanagementsysteme ermöglichten es zudem, diese Daten mit Hilfe von Transaktionsmonitoren mehreren Programmen zur Ausführungszeit zur Nutzung und Verarbeitung zur Verfügung zu stellen, ohne dass die Gefahr bestand, die Integrität der Daten zu verletzen.

**Erste DBMS-Produkte**

Grundsätzlich kannte man Systeme nach dem hierarchischen und netzwerkbasierten Datenschema. Der Hauptvertreter für hierarchische Systeme war und ist noch immer IMS/DB von IBM, derjenige für Netzwerksysteme nach CODASYL war IDMS. IMS/DB zeichnete sich schon damals durch seine grosse Stabilität, Einfachheit in der Navigation und Möglichkeit aus, sehr grosse Datenmengen effizient zu verarbeiten. IDMS war aus Sicht des Datenmanagements bereits eine Entwicklungsstufe weiter und verfügte über einen integrierten Daten-Katalog (Data-Dictionary), der es erlaubte, die Definition der Daten zentral festzuhalten und bot damit eine Möglichkeit, auch Informationen zur Datenbeschreibung zu verwalten.

| | |
|---|---|
| **Entwurf der Datenstrukturen** | Beide Systemtypen stellten aber auch hohe Anforderungen an den Entwurf der Datenstrukturen. Da die Schemata und Regeln für einen solchen Entwurf nicht auf mathematisch exakten Methoden basierten, waren keine konsistenten Resultate im Datenbankentwurf zu erwarten. Beide Systemtypen verfügten nicht über die Mächtigkeit einer einheitlichen Sprache. Besonders Netzwerksysteme stellten sehr hohe Anforderungen an die Programmierer bezüglich der Datennavigation. Eine einfache Endbenutzersprache war noch nicht vorhanden, so dass der Zugriff und die Manipulation der Daten durch Endbenutzer nicht denkbar war. |
| **Relationenmodell** | Schon bald wurde diesen Datenstrukturschemata durch die Theorie des Relationenmodells [Codd 1970] ein neues, mächtigeres Datenbankmodell hinzugefügt. Es entstanden die ersten relationalen Datenbanksysteme (RDBMS). Mit dem Relationenmodell wurde nicht nur ein anderes Datenbankschema neben dem hierarchischen und den netzwerkbasierten entwickelt, sondern auch eine fundierte mathematische Basis für den Datenbankentwurf und die redundanzfreie Abbildung beliebiger Datenstrukturen geschaffen. Ergänzt wurde die Theorie mit einer universellen Sprache zur Definition, Abfrage und Manipulation der Daten sowie zur Systemverwaltung. Structured Query Language (SQL) wurde international zum Standard für relationale Systeme erhoben und bis heute weiterentwickelt. |

## 4.1.4 Entwicklungen im Hardware Bereich

| | |
|---|---|
| **Restriktionen bezüglich Hardware** | In den ersten Jahren der Einführung von Datenbankmanagementsystemen bestanden noch grosse Restriktionen im Bereich der Hardware. Die Speichermedien waren wenig leistungsfähig und teuer. Die Softwaresysteme zur Datenverwaltung hatten einen erheblichen Ressourcenbedarf in Bezug auf Prozessorleistung, Hauptspeichergrössen und externen Speichermedien. Die hohen Kosten für diese Komponenten verhinderten oft den wirtschaftlichen Einsatz in kommerziellen Anwendungen. Der technische Unterhalt dieser Computersysteme war aufwendig; die vorhandenen Ressourcen mussten sehr restriktiv eingesetzt werden, was die Einführung von Anwendungssystemen mit Datenbanken behinderte. |
| **Technologieentwicklung** | Die Entwicklungen der letzten 20 Jahre im Technologiebereich der Computerhardware, der angewandten Mikroelektronik sowie der magnetischen und optischen Speichertechnologien haben diese technischen Restriktionen weit gehend beseitigt. Parallel |

55

dazu hat sich durch die Standardisierung und Massenfertigung in der Computerelektronik das Preis-/Leistungsverhältnis in Dimensionen verändert. Mussten die DBMS der ersten Generation noch mit Hauptspeichergrössen von 16 bis 32 MegaByte auskommen, können wir heute kostengünstige Hardwaresysteme mit mehreren Gigabyte Hauptspeicher und entsprechenden peripheren Zusatzeinheiten kommerziell einsetzen.

**Hardwaretechnologie für Text, Bild und Sprache**

Die heutige Hardwaretechnologie ermöglicht die Entwicklung von speziellen, leistungsoptimierten Systemen mit Speicherkapazitäten im mehrstelligen Terabytebereich, auch für kommerzielle Anwendungen. Basierend auf dem Relationenmodell werden durch extensive Nutzung paralleler Verarbeitung und grosser Anzahl von Prozessor- und Speichereinheiten Verbesserungen bei der Verarbeitung umfangreicher Datenmengen erreicht. Hier seien stellvertretend für andere Hersteller Teradata von NCR und SPII von IBM erwähnt, welche man als Datenbankmaschinen bezeichnen kann und primär für grosse Data Warehouse Systeme eingesetzt werden (vgl. hierzu Kapitel 9). Die Hardwaretechnologie erlaubt es auch, grosse Datenmengen im Bereich der Bild-, Sprach- und Video-Verarbeitung zu bearbeiten mit Datenbanktechnologie zu verwalten.

**Very Large Data Base**

Die Zunahme grosser, zusammenhängender Datenbanken (Very Large Data Base, VLDB) mit Datenvolumina von mehreren Terabyte bei kommerziellen Anwendungen und vor allem auf dem Gebiet des Data Warehousing belegen aktuelle Untersuchungen der Metagroup (vgl. [Metagroup 2002]) bei deutschen Unternehmen.

**Abbildung 4-3: Speicherwachstum in Data Warehouse Systemen (teilweise Prognose)**

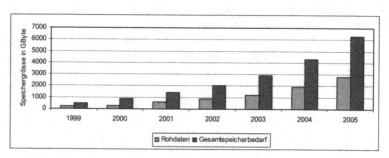

Es gibt bereits heute kommerzielle Datenbanken mit Datenvolumina im hohen 2-stelligen Terabytebereich Das Wachstum wird sich mit dem zunehmenden elektronischen Handel, Electronic Cash Verfahren und dem Bedürfnis der Unternehmen, diese Datenschätze besser zu nutzen, noch beschleunigen.

**Bedarf leistungsfähiger Hardwaretechnologie**

Der Trend zur Verbesserung des Preis-Leistungsverhältnisses im Hardwarebereich ist ungebrochen und wird sich voraussichtlich in den kommenden Jahren im gleichen Tempo weiterentwickeln. Es ist abzusehen, dass mit der weltweiten Informationsvernetzung und der Verwendung von speicher- und verarbeitungsintensiven Bild-, Ton- und Videodaten der Bedarf an leistungsfähiger Hardwaretechnologie wachsen wird. Die Notwendigkeit für das professionelle Management dieser Informationsressourcen ist heute und in Zukunft wichtiger denn je.

**Anforderungen an den Betrieb**

Die Nutzung von Applikationen im Bereich Electronic Business haben zusätzliche Anforderungen gestellt. Einerseits muss ein reibungsloser 7 x 24-Stunden Betrieb gewährleistet werden; andererseits hat sich gezeigt, dass kurzfristige Skalierbarkeit der Ressourcen einer der kritischen Faktoren darstellt.

**Unterbruchslosen Betrieb**

Erweiterte Speichertechnologien erlauben es, durch Replikationen von Daten einen unterbruchslosen Betrieb aufrechtzuerhalten. Hier ist besonders ein professionelles Datenbankmanagement gefordert, da der unterbrechungsfreie Betrieb von Datenbanken sowohl in technischer als auch in applikatorischer Hinsicht hohe Anforderungen stellt.

## 4.1.5 Trends im Bereich DBMS

**Ausgangslage in der Praxis**

Bei kommerziellen Anwendungssystemen kann man in der Praxis feststellen, dass ein Teil der Daten noch in herkömmlichen hierarchischen oder netzwerkbasierten Datenbanksystemen verwaltet wird. Zudem finden sich immer noch Anwendungsprogramme, die Dateisysteme zur Speicherung der Daten benutzen.

**Migrationsprojekte**

Die Migration von geschäftskritischen Daten in relationale Systeme hat sich als weit komplizierter erwiesen als anfänglich angenommen. Zurzeit beobachten wir vor allem in Banken und Versicherungen grosse und komplexe Migrationsprojekte (siehe auch Kapitel 7), welche die zentralen Bestände in relationale Datenbanksysteme überführen.

**Objektorientierte Datenbanken**

Vereinzelt sind spezielle Anwendungen auf verteilten Serversystemen mit objektorientierten Datenbanken im Einsatz. Dabei kann es sich um objektorientierte Datenbankmanagementsysteme (OODBMS) handeln oder um Weiterentwicklungen von relationalen zu objektrelationalen Datenbanksystemen (siehe [Meier/Wüst 2003]).

Die Entwicklung der Datenbanktechnologie wird geprägt durch folgende Trends:

**Trigger- und Prozedur-Funktionen**

- Die relationalen Datenbankmanagementsysteme wurden funktional erweitert durch Trigger- und Prozedur-Funktionen. Trigger sind Funktionen, welche durch ein Ereignis wie z.B. eine Datenbanktransaktion ausgelöst werden. Prozeduren, die in der Datenbank bei den Daten gespeichert werden (stored procedures), können durch einen expliziten Aufruf aus einem anderen Programm ausgelöst werden. Beide Möglichkeiten erlauben es, mehr datenabhängige Logik (wie beispielsweise die Berechnung eines Kontosaldos in einer Kontodatenbank) aus den Anwendungsprogrammen herauszunehmen. Dies fördert den Gedanken der Wiederverwendbarkeit.

**Parallelverarbeitung**

- Die parallele, auf mehrere Prozessoren und Speichermedien verteilte Verarbeitung von Datenbankprozessen erlaubt einen grösseren Leistungsdurchsatz, was vor allem bei komplexen Verarbeitungen auf grossen Datenmengen notwendig ist, wie sie typisch für Data Warehouse Systeme sind (vgl. Kapitel 9).

**Verteilte Datenbankmanagemensysteme**

- Verteilte Datenbankmanagementsysteme mit Replikationsfunktionen unterstützen die lokale Transparenz. Die Daten können über verschiedene Plattformen verteilt werden, ohne dass dies die Programmlogik oder die Datenzugriffe tangiert. Das Datenbanksystem verwaltet die Daten unabhängig vom Ort ihrer physischen Speicherung in einer Art, als wären sie nur auf einem einzigen System abgelegt. Protokolle wie das 2 Phase Commit Protocol erlauben das konsistente Arbeiten mit verschiedenen relationalen Datenbanksystemen.

**Multimedia-Datenbanken**

- Die Vielfalt von Datentypen und Datenobjekten wird zunehmen. Neben den bekannten strukturierten Daten können Texte, Dokumente, Bilder, Videos, geographische Daten und ähnliches in Datenbanken verwaltet werden. Daneben wird es für den Anwender möglich sein, eigene Datentypen zu definieren. Man spricht hierbei von Multimedia-Datenbanken.

**Content-Management**

- Durch Content Manager, welche bereits in einige Datenbankmanagementsysteme integriert sind oder als separate Softwarekomponenten die DBMS-Funktionalitäten erweitern, wird die Verwaltung und der Zugriff auf die verschiedenen Datentypen einer Multimedia-DB wesentlich vereinfacht. Hier gibt es eine erfreuliche Entwicklung, die die formatierten und unformatierten Daten in der Datenbank zueinander bringen und damit mit einer einheitlichen und erprobten Technologie verwaltet werden können.

**Objekt-orientierte Datenbanken**

- Objektorientierte Datenbankmanagementsysteme (OODBMS) werden im kommerziellen Umfeld zunehmend eingesetzt, allerdings nicht in zentralen und transaktionsintensiven Anwendungssystemen. Ein grosses Hindernis auf dem Weg zum breiten kommerziellen Einsatz dieser Systeme stellt das Fehlen von Migrationshilfen aus den bestehenden Datenbanksystemen dar. Die Tatsache, dass auch heute noch ein grosser Teil der zentralen Daten in nicht-relationalen, herkömmlichen Datenbanken liegt, zeigt die Komplexität dieses Vorhabens auf. Die Datenbankanwender werden schon aus ökonomischen Gründen eine umfangreiche, teure und riskante Datenmigration in objektorientierte Datenbanken nicht durchführen, ohne daraus einen eindeutig quantifizierbaren Nutzen zu erzielen. Die Zukunft in der kommerziellen Anwendung liegt daher eher in der Koexistenz von relationalen Datenbankmanagementsystemen und nach Grundsätzen der Objektorientierung entwickelter Applikationen.

**Temporale Datenbanken**

- Temporale Datenbanken werden die Speicherung von zeitsensitiven Daten unterstützen. Die heutigen Datenbanksysteme überschreiben bei einer Änderungsoperation den aktuellen Zustand der Daten, wenn die Logik des Anwendungssystems nicht explizit den Aufbau von Zeitreihen vorsieht. Damit ist bei einer Datenbankabfrage immer nur der im Moment der Abfrage gültige Zustand der Daten sichtbar. Abfragen für historische oder zukunftsgerichtete Daten werden vom Datenbanksystem zuwenig unterstützt und müssen durch die Anwendungsprogrammierer implementiert werden. Einzig das periodische Verteilen von Tabellen zu bestimmten Zeitpunkten wird mittlerweile vom Datenbanksystem vorgenommen. In Zukunft wird es möglich sein, Zeitreihen automatisch in der Datenbank zu speichern.

**Multi-dimensionale Datenbanken**

- Datenbankmanagementsysteme werden erweitert, um das Online Analytical Processing (OLAP) durch Multidimensionale Datenbanken zu unterstützen (vgl. Kapitel 9 über Data Warehousing).

**Self Maintaining Systems**

- Die modernen Datenbankmanagementsysteme erhalten immer mehr Automatismen, die dafür sorgen, dass sich das Leistungsverhalten des Systems selbstständig an veränderte Nutzung oder grössere Datenmengen anpasst. Das System selbst übernimmt immer mehr Aufgaben, die in der Vergangenheit zu den klassischen Aufgaben des Datenbankadministrators gehörten.

**Qualität der Dateninhalte**

- Je mehr Daten in elektronischer Form gespeichert werden, desto bedeutender werden Fragen des Datenschutzes, der Datensicherheit und der Datenqualität. Zum Schutz vor missbräuchlicher Verwendung von Daten gehört nicht nur, die Daten vor unerlaubtem Zugriff zu bewahren, sondern auch für die Qualität der Dateninhalte zu sorgen. Denn selbst der erlaubte Zugriff kann zum Missbrauch führen, wenn falsche Daten zu falschen Informationen über Personen, Organisationen oder Ereignisse führen.

## 4.2 Organisation der Datenbankadministration

### 4.2.1 Entstehung der Datenbankadministration

Die Einführung der Datenbanktechnologie ermöglichte die Trennung der Daten von den Programmen. Dies führte zur Bildung einer Systemgruppe mit Spezialisten, deren Aufgabengebiet die Verwaltung der Datenbankobjekte und der Datenbanksysteme umfasste. Die Systemgruppe rekrutierte ihre Mitarbeiter zunächst aus der Systemprogrammierung und dem Rechenzentrumsbetrieb. Das Berufsbild des Datenbankadministrators entstand erst im Laufe der Zeit. Wie sich später zeigen sollte, ist die Gruppe der Datenbankadministratoren die Keimzelle des Datenmanagements wie wir es heute kennen.

### 4.2.2 Aufgaben der Datenbankadministration

**Klassische Aufgaben**

Auf dieser Entwicklungsstufe lassen sich die klassischen Aufgaben der Datenbankadministration wie folgt zusammengefasst (vgl. auch Kapitel 8):

- der Entwurf des logischen Datenmodells (konzeptionelles Schema) in Zusammenarbeit mit den Entwicklern des Anwendungssystems,
- die Bestimmung der technischen Parameter der Datenbanken (internes Schema),
- die Durchführung von Tests über das Laufzeitverhalten der Datenbankanwendung,
- die Einführung der Datenbankobjekte in die Produktionsumgebung,
- die periodische Sicherstellung der Datenbanken,

- die Festlegung der Back-Up- und Recovery-Prozeduren,
- die Durchführung von Wiederherstellungsmassnahmen bei Datenverlust aufgrund technischer Datenbankprobleme,
- die Durchführung von technischen Datenbankreorganisationen,
- die Überwachung des gesamten Datenbankbetriebes,
- die Einleitung und Durchführung von Massnahmen zur Verbesserung des Laufzeitverhaltens von Datenbankanwendungen,
- die Beurteilung und Einführung von Datenbank-Software,
- die Erstellung von Hilfsmitteln (Prozeduren, Dokumentationen, Verzeichnisse/Data-Dictionaries) für die Datenbankadministration.

**Änderung des Berufsbildes**

Die Entwicklung hin zu den „self-maintaining Systems", also zu Datenbankmanagementsystemen, die einen Teil der eigenen Wartung automatisch selbst durchführen, wird dazu führen, dass sich auch der klassische Datenbankspezialist immer mehr einer Änderung seines Berufsbildes gegenüber sieht. Viele klassische Routineaufgaben werden die Systeme selbst übernehmen. Der Datenbankspezialist wird immer mehr zum Berater des Anwendungsentwicklers werden und er wird sich zunehmend mit Spezialproblemen beschäftigen, die durch die komplexe Verarbeitung sehr grosser Datenmengen oder durch Fragen des Datenschutzes und der Datensicherheit entstehen.

**Auszug möglicher Aufgaben des DBA**

Eine weitere Herausforderung an den DBA stellen die zunehmend heterogenen Systemlandschaften der Anwender dar. Die Aufgabenstellungen des DBA verändern sich vom sehr technisch orientierten zum mehr an den Daten orientierten Spezialisten. Einige der aktuellen und zukünftigen Aufgaben des DBA:

**Datenmigration**

- Seit dem Aufkommen der relationalen Datenbanktechnologie ist auch die Datenbankadministration mit einem heterogenen Datenbankumfeld konfrontiert. Ein grosser Teil der Unternehmensdaten liegt noch in herkömmlichen Datenbanken, sollten aber in relationale Datenbanken migriert werden. Verschiedene Techniken bewältigen die Datenmigration auf der Ebene der Datenbanksysteme und TP-Monitore (vgl. hierzu insbesondere Kapitel 7) und erlauben eine Koexistenz unterschiedlicher Datenbankmodelle. Dies führt zu komplexen technischen Prozessen, welche die Datenbankadministration bewältigen muss.

**Daten-**
**verteilung**

- Relationale Datenbanksysteme bieten die Möglichkeit, Daten auf verschiedenen Rechnern zu verteilen. Die Datenverteilung muss bei allen Prozessen und Aufgaben der Datenbankadministration (Entwurf der Datenbank, Sicherstellungsverfahren, Laufzeitverhalten, Tests, Auswahl von Verwaltungs- und Überwachungswerkzeugen, Wiederherstellungsverfahren, usw.) berücksichtigt werden. Die Datenverteilung erhöht die Komplexität der Aufgaben erheblich.

**Enduser-**
**Computing**

- Die relationalen Datenbanken bieten immer weitergehende Möglichkeiten an, komplexe Datenanalysen direkt mit dem Datenbankmanagementsystem zu unterstützen. Um nicht den zeitkritischen OLTP-Betrieb (Online Transaction Processing) der Geschäftsprozesse zu stören, muss eine Datenstrategie entwickelt und umgesetzt werden, die beide Formen der Verarbeitung, Analyse und Geschäftsprozesse, effizient unterstützt.

**Bereitstellung**
**Auswertungs-**
**und Analyse-**
**Datenbanken**

- Eine erfolgreiche Strategie kann in der Bereitstellung von reinen Auswertungs- und Analyse-Datenbanken in einem Data Warehouse bestehen (vgl. Kapitel 9). Häufig entstehen auf diese Weise Datenbanken mit umfangreichen Datenmengen im Terabytebereich. Die effiziente Verarbeitung solcher Datenmengen erfordert die Parallelisierung der Datenbankzugriffe. Dabei wird eine SQL-Anfrage auf mehrere Prozessoren verteilt und das Resultat anschliessend wieder zusammengeführt. Damit die Prozesse optimal aufgeteilt werden können, muss der physische Datenbankentwurf diese Art der Verarbeitung berücksichtigen. Das Laufzeitverhalten der Datenbanken muss permanent überwacht werden, um gegebenenfalls proaktiv, vor dem Auftauchen grösserer Laufzeitprobleme, Anpassungen am physischen Entwurf vornehmen zu können.

**komplexe**
**Datentypen**

- Die zunehmende Verwendung komplexer Datentypen wie Texte, Dokumente, Bilder oder Videos in kommerziellen Datenbanken führt zu einer enormen Vergrösserung der zu verwaltenden Datenmengen.

**Entwicklung**
**Triggers und**
**Stored-**
**Procedures**

- Eine besondere Herausforderung für die Datenbankadministratoren stellt die Möglichkeit dar, mittels Triggers und Stored-Procedures Teile der Geschäftslogik in die Datenbanken zu bringen. Damit entstehen bisher unbekannte, dynamische Datenbankobjekte, die verwaltet werden müssen. Der Qualitätssicherung muss Beachtung geschenkt werden, weil die in der Datenbank abgelegte Geschäftslogik, beispielsweise die

Berechnung von Zinsen, Kontosalden, Gebühren, usw. von jedem Anwendungssystem angestossen werden kann. Man denke nur an den Fall, dass ein neues Zinsberechnungsmodul als Trigger in einer Datenbank implementiert und erst nach tausendfacher Ausführung ein Fehler bemerkt wird. Die Qualitätssicherung beginnt mit der Definition von Standards zur Programmierung der Prozesslogik und endet mit der obligatorischen Durchführung von repräsentativen Testszenarien.

**Unterstützung des 7x24-Stunden-Service**

- Die zunehmenden Anforderungen bei Dienstleistungsbetrieben, insbesondere im Bereich e-Commerce, ihren Kunden einen weltweiten 7x24-Stunden-Service zu bieten, hat auch Konsequenzen auf die Administration der Datenbanken. Wartungsarbeiten (beispielsweise Sicherstellungen, technische Reorganisationen, etc.) müssen durchführbar sein, während die Datenbanken für die Anwendungen weiterhin verfügbar sind. Moderne relationale Datenbanksysteme erlauben diese Art der Wartung während des laufenden Betriebes.

**Unterstützung Electronic Business**

- Neue Applikationen im Bereich Electronic Business (vgl. [Merz 1999] oder [Meier 2001]) stellen neue Anforderungen an die Skalierbarkeit und Verfügbarkeit. Da kaum vorausgesehen werden kann, wie sich die Nutzung einer neuen Applikation im Internet entwickelt, muss mit einer flexiblen, wirtschaftlichen und skalierbaren Hardwareauslegung gearbeitet werden. Sehr oft steigen die Transaktionsraten stark an, was zu einem komplexen Datenbankunterhalt und zu hohen Anforderungen an die zugrunde liegende Architektur führt.

**Einsatz Objektorientierte Datenbanken**

- Objektorientierte oder objektrelationale Datenbanken [Meier/Wüst 2003] bringen weitere Heterogenität in die Datenbanklandschaft der Unternehmen. Je mehr solche Datenbanken auch für zentrale, geschäftskritische Daten Verwendung finden, desto mehr muss sich die Datenbankadministration mit den Prinzipien der Objekttechnologie auseinandersetzen.

## 4.2.3    Der logische Datenbankentwurf gewinnt an Bedeutung

**Relationentheorie**

Mit den Veröffentlichungen von Codd und Date zur Relationentheorie (vgl. [Codd 1970], [Date 1999]) wurde nicht nur die Basis für ein neues Datenmodell eingeführt, sondern zum ersten Mal auch eine mathematisch exakte Methode für den Entwurf von Datenbanken angeboten. Interessant ist zu bemerken, dass diese Methode nicht nur für den Entwurf relationaler Datenbanken angewendet wird, sondern auch hilfreich beim Entwurf herkömmlicher Datenbankschemata ist. Das Ziel dieser Methode bleibt aber, durch wohl definierte Schritte einen logischen Datenbankentwurf zu erhalten, der eine redundanzfreie Speicherung der Daten garantiert. Damit wird das Datenbankmanagementsystem in die Lage versetzt, die Datenintegrität bei Veränderungsoperationen überwiegend selbstständig sicherzustellen.

**Fachliche Sicht**

Das Relationenmodell erlaubt ausserdem, die Semantik in Form eines Entity-Relationship-Modells (vgl. Kapitel 5 und Anhang A) weitgehend verlustfrei in das Datenbankschema zu übernehmen. Der Fortschritt besteht darin, dass beim Datenbankentwurf die fachlichen Zusammenhänge berücksichtigt werden, wo bisher häufig die Funktionen der Anwendungssysteme im Vordergrund standen. Die Datenmodellierung betrifft somit den Fachbereich, die Entwicklungsteams und Stellen des Datenmanagements.

**Unternehmensweite Datenarchitektur / Datenmodelle**

Unter dem Einfluss des Information Engineering sowie den Veröffentlichungen von [Vetter 1998] im deutschsprachigen Raum wurde das Bewusstsein für die Notwendigkeit einer umfassenden und anwendungsübergreifenden Betrachtung der Unternehmensdaten geweckt. Es entstanden die Forderungen nach unternehmensweiten Informationsarchitekturen (vgl. Kapitel 5). Diese Aufgabe ist aber nicht mehr Sache der Datenbankadministration, sondern hierfür werden spezielle Gruppen von Methodikern gebildet, die mehr fachliches als technisches Wissen in ihre Arbeit einbringen (vgl. zur Organisation Kapitel 8).

## 4.2.4 Veränderung des Berufbildes

**Abhängigkeit vom Betriebssystem**

Die Aufgaben des Datenbankadministrators (DBA) sind oft plattformabhängig. Der DBA in der Mainframe-Umgebung ist systemtechnisch orientiert, derjenige in der dezentralen Umgebung muss auch andere Aufgaben des Datenmanagements wahrnehmen können. Diese Entwicklung hängt mit den eingesetzten Betriebssystemen zusammen. So muss der Datenbankadministrator auf dem Mainframe ein Betriebssystem mit einer unvergleichlich höheren Komplexität kennen lernen und damit mit einer längeren Ausbildungszeit rechnen als ein Spezialist für dezentrale Datenbankmanagementsysteme. Dies mag auch der Grund sein, dass es selten DBAs aus der dezentralen Welt gibt, die in das Mainframe-Umfeld gewechselt haben; umgekehrt ist dies eher der Fall. Die starke Belastung durch die technische Komplexität ist einer der Gründe, dass der DBA auf dem Mainframe das herkömmliche Berufsbild eher beibehält.

| | |
|---|---|
| **Weiterbildung ist gefragt** | Die Ausbildung zu einem Datenbankadministrator ist sehr aufwändig und zeitintensiv. Es handelt sich in Zukunft nicht mehr um einen rein technischen Beruf, sondern es ist immer mehr Fachwissen aus dem betrieblichen Umfeld der Daten gefragt. Der stetigen Weiterbildung bei der Datenbankadministration muss genügend Gewicht beigemessen werden. |

## 4.3    Werkzeugeinsatz im Bereich Datenbankadministration

Die Administration umfangreicher Datenbanksysteme eines grossen Unternehmens kann nur durch den Einsatz robuster und technisch ausgereifter Werkzeuge bewältigt werden. Je heterogener die Datenbanklandschaft im Unternehmen ist, desto vielfältiger müssen die Werkzeuge sein, welche zum Einsatz kommen.

| | |
|---|---|
| **Entwicklung von Werkzeugen** | Zu Beginn der Ära der Datenbankmanagementsysteme reichten die Zusatzfunktionen der Betriebs- und Dateisysteme zur Verwaltung und Sicherstellung der Daten aus. Aufgrund weitergehender Bedürfnisse und mangelnder Verfügbarkeit von echten Datenbankadministrationswerkzeugen gingen schon bald einige Datenbankadministratoren bei grossen Anwendern dazu über, eigene Werkzeuge zur Verwaltung ihrer Datenbanken zu entwickeln. Einige dieser Werkzeuge erreichten im Laufe der Jahre sogar Marktreife und wurden zu kommerziell erfolgreichen Produkten. Ausserdem positionierten sich aufgrund der zunehmend grossen Nachfrage nach Datenbankadministrationsprodukten neben den Datenbankherstellern andere Softwarehäuser, die ausschliesslich Produkte zur Verwaltung und Pflege der Datenbanken entwickelten. |
| **Integrierbarkeit mit anderen Produkten** | In einem komplexen, heterogenen Umfeld kann heute kein Datenbankadministrator mehr auf den Einsatz von Zusatzprodukten verzichten. Ganz wesentlich beim Einsatz dieser Softwarekomponenten ist deren Integrierbarkeit in die bestehende Systemlandschaft. Je heterogener die Datenbanksysteme, je abhängiger die Datenbankobjekte voneinander sind und je höher der Anteil verteilter Daten ist, desto schwieriger gestaltet sich die Softwarepolitik der Datenbankadministratoren. |
| **Repositorysystem** | Daher ist der Dokumentation und der Verfügbarkeit aller systemtechnischen Daten in einem aktiven und aktuellen Data-Dictionary oder Repositorysystem höchste Aufmerksamkeit zu schenken. In diesen Systemen sind somit alle Datenobjekte unabhängig vom verwendeten Datenbanksystem, die Abhängigkeiten dieser Objekte untereinander, die Referenzierung und Verwendung der Datenobjekte in den Programmen der Anwen- |

65

dungssysteme, die logischen und physischen Datenbankschemata und der Zustand der Datenbankobjekte für den Datenbankadministrator aktuell verfügbar. Die Verwaltungswerkzeuge werden über diese Systeme aktiv miteinander verbunden und bilden eine integrierte Arbeitsumgebung für die Datenbankspezialisten (vgl. Kapitel 6).

**Kosten dezentraler Systeme**

Die mangelnde Integration der Arbeitsumgebungen ist ein Kostentreiber. In Unternehmen, welche in der Vergangenheit viel in dezentrale Datenbankserver investiert und zuwenig auf organisatorische Folgekosten geachtet haben, ist die Anzahl der Systemspezialisten sowie der Datenbankadministratoren für die dezentralen Systeme teilweise stark gestiegen. Die Organisationskosten haben häufig den Vorteil der preiswerten dezentralen Rechnerleistung wieder ins Gegenteil verkehrt.

In der folgenden Tabelle fassen wir die wichtigsten Aufgabenbereiche der Datenbankadministration und die dazu notwendigen Werkzeuge zusammen:

**Tabelle 4-2: DBA-Werkzeuge je Aufgabenbereich**

| Aufgabenbereich | DBA-Werkzeuge |
|---|---|
| DBMS Systemsteuerung | • Herstellerspezifische Zusatzkomponenten |
| Leistungs- und Performance-Überwachung | • Performance-Systeme<br>• SQL-Analysewerkzeuge<br>• System-Monitore<br>• Datenbankanalysewerkzeuge |
| Sicherheit, Datensicherung und Wiederherstellung | • Backup- und Restore-Programme<br>• Log-Analysewerkzeuge<br>• Benutzer-Verwaltungssysteme Authorisierungssoftware<br>• Verschlüsselungssysteme |
| Datenbank Implementierung und physischer Datenbankentwurf | • CASE-Werkzeuge zur Datenmodellierung<br>• CASE-Werkzeuge für den logischen und physischen Datenbankentwurf<br>• Ladeprogramme |
| Datenbank-Änderungen | • CASE-Werkzeuge<br>• Werkzeuge zur Überwachung und Steuerung der Objektabhängigkeiten<br>• Datenbank-Zusatzfunktionen |
| Technische Reorganisationen | • Werkzeuge zur Überwachung der DB-Statistiken und Steuerung technischer Reorganisationen<br>• Datenbank-Zusatzfunktionen |
| Systemdokumentation und Metadatenverwaltung | • Dokumentmanagement-Systeme<br>• Mailing-Systeme<br>• CASE-Werkzeuge zur Datenmodellierung<br>• Data-Dictionary-Systeme<br>• Repository-Systeme |

| Aufgabenbereich | DBA-Werkzeuge |
|---|---|
| Produktionssteuerung und Produktionsplanung | • Systeme zur Job- und Anwendungssteuerung<br>• Workflow Systeme |
| Datenverteilung, Replikation und Propagierung | • Extraktions- und Lade-Systeme<br>• Datentransformations-Systeme<br>• Replikations-Software |
| Programmierung datennaher Logik | • Trigger und Stored Procedures |

## 4.4 Qualitätssicherungsmassnahmen

Die Qualität der Datenbankadministration und die damit unmittelbar verbundene Qualität der Datenbanken hängen von vielen Faktoren ab, von denen sich in der Praxis die folgenden als besonders wichtig erwiesen haben:

**Qualifiziertes Personal**

• Der Auswahl qualifizierten Personals muss höchste Aufmerksamkeit geschenkt werden. Die Qualifikation ist ein Produkt aus Ausbildung, Erfahrung, Belastbarkeit, Lernfähigkeit und Lernwilligkeit. Die Datenbankadministratoren sind heute mehr denn je mit sehr komplexen Systemen konfrontiert, welche für die Unternehmen (wie beispielsweise Fluggesellschaften, Banken, Versicherungen, e-Commerce) immer erfolgskritischer werden. An einer sensiblen Stelle wie der Datenbankadministration beim Personal sowohl quantitativ wie auch qualitativ sparen zu wollen, ist fahrlässig.

**Einbindung in die Organisation**

• Die Datenbankadministration ist in die Aufbau- und Ablauforganisation des Informatikbereiches so einzubinden, dass eine sinnvolle Arbeitsteilung zwischen Systemtechnik, Entwicklung und Fachbereich entsteht, welche sich an den Geschäftsprozessen und am Qualitätsmanagement orientiert (vgl. Kapitel 8).

**Kompetenzen**

• Die Datenbankadministration ist mit allen erforderlichen Kompetenzen auszustatten, um die relevanten Standards definieren und durchsetzen zu können.

**Technische Hilfsmittel**

• Der Datenbankadministration müssen alle technischen Hilfsmittel zur Verfügung gestellt werden, um die Aufgaben effektiv erfüllen zu können. Der Integration dieser Werkzeuge zu einer umfassenden Arbeitsumgebung für den Datenbankadministrator ist aus den oben dargelegten Gründen zur Risiko- und Kostenminimierung unabdingbar.

## 4.5 Kernaussagen zur Datenbankadministration

1. *Technologische Entwicklungen im Hardware- und Softwarebereich haben Datenbankmanagementsysteme ermöglicht und prägen das Berufsbild des Datenbankadministrators.*

2. *Durch die ständige Weiterentwicklung der Datenbanktechnologie erweitert sich der Aufgabenbereich der Datenbankadministration stetig auf verschiedenen Gebieten wie der Parallelverarbeitung, der Replikation, der verteilten Systeme, des Datenobjektmanagements und des Qualitätsmanagements.*

3. *Neue Aufgaben ändern das Berufsbild des Datenbankadministrators vom reinen technischen Spezialisten hin zum Datenmanager.*

4. *Eine leistungsfähige, professionelle und mit den notwendigen Kompetenzen versehene Datenbankadministration sichert die Verfügbarkeit und Integrität der Unternehmensressource „Daten" über lange Zeiträume und ermöglicht auch deren Migration auf neue Plattformen.*

5. *Nur mit dem Einsatz von professionellen, leistungsfähigen und integrierten Verwaltungs- und Administrations-Werkzeugen kann eine qualitativ hohe und effiziente Dienstleistung Datenbankadministration realisiert und gesichert werden.*

6. *Der Aufbau einer leistungsfähigen Datenbankadministration ist der erste Schritt in Richtung eines integrierten Datenmanagements.*

# 5 Unternehmensdatenmodellierung

Die nächste Stufe auf dem Weg zum Informationsmanagement ist durch das Aufkommen von semantischen Datenmodellen und Bestrebungen zur Standardisierung der Unternehmensdaten geprägt. Dem lag die Erkenntnis zugrunde, dass alleine durch die neue relationale Datenbanktechnologie das Ziel der integrierten Datenhaltung nicht zu erreichen ist.

Zwar schafft die Datenbanktechnologie hierfür die technischen Voraussetzungen, aber ohne einen konzeptionellen Überbau, welcher die Daten des Unternehmens als Gesamtheit betrachtet und abbildet, stehen auch die Daten in den Datenbanken lediglich isolierten Anwendungen zur Verfügung.

**Abbildung 5-1:
Übergang zur
Datenmodel-
lierung und
Datenbank-
administration**

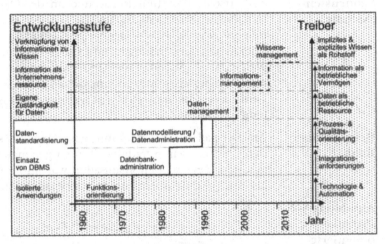

Der volle Nutzen der Datenbanktechnologie kann sich nur entfalten, wenn die entsprechenden konzeptionellen und organisatorischen Voraussetzungen geschaffen werden. Der Übergang von der Datenbankadministration zur *Datenmodellierung* war also konzeptionell-methodisch getrieben.

Das in diesem Kapitel vorgeschlagene Vorgehen zur Herstellung einer integrativen Sicht auf die Daten eines Unternehmens ist gleichermassen für den Aufbau operativer oder dispositiver und analytischer Systeme geeignet.

## 5.1 Ausgangslage

Mitte der 80er Jahre machte das Wort vom „Datenchaos und dem Jahrhundertproblem der Informatik" [Vetter 1987] in der Fachpresse, auf Konferenzen und in den Unternehmen die Runde. Was war damit gemeint?

**Redundanz-freiheit der Daten**

Bei der Entwicklung einer Anwendung zur Unterstützung einer betrieblichen Funktion, wie der Buchhaltung, des Personalwesens oder der Kontobearbeitung bei einer Bank, wurden nach wie vor nur die Daten dieser einen Anwendung betrachtet. Diese Daten wurden zwar durchaus in einem semantischen Datenmodell in Form eines Entity-Relationship-Modells [Martin 1990] beschrieben und dabei wurde innerhalb des Anwendungsmodells auch auf Redundanzfreiheit geachtet. Umfassende Integrationsmodelle, welche das Gesamtunternehmen mit einbezogen, wurden aber selten erstellt. Zudem waren sie nicht in den Vorgehensmodellen der Unternehmen vorgesehen.

**Schornstein-systeme**

Es herrschte eine funktionale und an der Organisation des Unternehmens orientierte Sichtweise vor. Als Folge davon entstanden in grossen EDV-Umgebungen Hunderte von transaktionsorientierten Anwendungen und Datenbanken. Die Daten waren weit gehend isoliert voneinander modelliert. Es wurde jeweils nur ein spezielles Anwendungsgebiet betrachtet. Im Englischen wird diese Situation oft als „Stovepipe Systems" (Schornsteinsysteme) bezeichnet.

**Beispiel einer Bank**

Am Beispiel einer Bank kann diese Situation kurz skizziert werden. Banken waren traditionell in so genannten Banksparten organisiert. Eine Spartenorganisation war im Prinzip nichts anderes als eine produkt-orientierte Aufbauorganisation.

**Abbildung 5-2: Produkt-orientierte Bank-organisation**

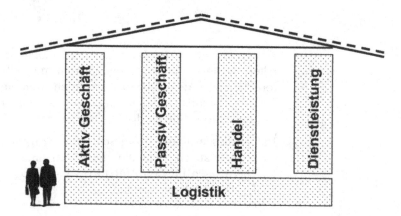

70

Je nach Feinheit der Produktdifferenzierung gab es in Banken eine mehr oder minder feine Unterteilung der Organisation. Grundsätzlich konnte zwischen Aktiv- (Kredit), Passiv- (Anlagen) und Handelsgeschäften sowie Dienstleistungen (wie beispielsweise die Miete eines Schliessfachs) unterschieden werden.

So wie die Organisation produkt-orientiert aufgebaut war, strukturierte man auch die Anwendungssysteme und die zugrunde liegenden Datenbanken. In wenigen Ausnahmefällen kam wenigstens ein Data Dictionary zum Einsatz, welches die Beschreibung von physischen Datenstrukturen und Datenfeldern erlaubte.

**Metadaten im Data Dictionary**

Wurden diese Metadaten im Data Dictionary (vgl. Kapitel 6) ordentlich administriert, erlaubten sie immerhin systemübergreifenden Anwendungen, wie zum Beispiel solchen aus dem Rechnungswesen, des Controllings oder des Berichtwesens, die Formate und die Semantik von Daten aus unterschiedlichen Systemen abzugleichen und in der eigenen Anwendung entsprechend ihrer Bedeutung weiterzuverarbeiten.

**Funktions- und organisations-orientierte Datensicht**

Die funktions- und organisationsorientierte Sicht auf die Daten störte kaum, solange die Anwendungssysteme vor allem zur Automatisierung und Rationalisierung von operativen Geschäftsfunktionen respektive Geschäftsfeldern entwickelt und eingesetzt wurden. Als im Laufe der achtziger Jahre zunehmend Informationssysteme auch zur Unterstützung von Managementprozessen entwickelt werden sollten, welche entscheidungsunterstützende und geschäftsfeldübergreifende Anwendungen notwendig machten, wurde der Mangel an Integration und die schlechte Qualität der Daten spürbar.

**Auswirkung der Kunden-orientierung**

Ein weiteres Problem entstand durch die organisatorische Neuausrichtung vieler Unternehmen. Im Zuge der Fokussierung auf die Kunden änderten sich viele Unternehmen zu Beginn der 90er Jahre von der produkt-orientierten zu einer kunden- und prozess-orientierten Organisation, was mit einer eingehenden Analyse der eigenen Geschäftsprozesse einherging.

Im Dienstleistungssektor ist ein Geschäftsprozess dadurch geprägt, dass an seinem Anfang und an seinem Ende jeweils der Kunde steht. Ein Wechsel von einer produkt- zu einer kundenorientierten Organisation bedeutete - wieder am Beispiel einer Bank -, dass das Organigramm um 90 Grad gekippt wird. Dieser Änderung konnten aber die funktional- und produkt-orientierten Anwendungssysteme und die zugrunde liegenden Datenstrukturen nicht folgen. Sie lagen plötzlich quer zur Unternehmensstruktur.

**Abbildung 5-3: Wechsel zur kunden- und prozessorientierten Bankorganisation**

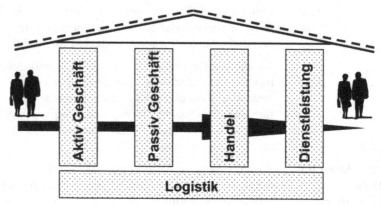

**Inadäquate Datenstrukturen**

Beide Probleme, mangelhafte Unterstützung von Managementprozessen und mangelhafte Unterstützung der operativen Geschäftsprozesse hatten die gleiche Ursache, nämlich inadäquate Datenstrukturen. Das Datenchaos war Realität. Mit diesem Problem konfrontiert waren jetzt methodische und technische Verfahren zur Integration von Daten auf verschiedenen Integrationsebenen bis hin zum Gesamtunternehmen gefragt.

Die hier geschilderte Situation ist in vielen Unternehmen immer noch aktuell und hindert die betreffenden Organisationen am Aufbau effektiverer Anwendungsarchitekturen zur Unterstützung der Managementprozesse und der kunden-orientierten Geschäftsprozesse.

## 5.2    Das Ziel Datenintegration

Das Ziel ist die Integration der wesentlichen Daten des Unternehmens. Hierzu zählen alle jene Daten, die dem Kerngeschäft des Unternehmens zugerechnet werden können. Weniger von Interesse sind Daten aus der administrativen Umgebung des Unternehmens, wie z.B. der Kantinenverwaltung.

**Zwei Ansätze**

Die Integration von Daten ist prinzipiell auf zwei Arten denkbar:

1. Die erste Variante besteht darin, den Datenaustausch zwischen verschiedenen Anwendungssystemen über Schnittstellen zu gewährleisten.

2. Die zweite Variante besteht in der Nutzung gemeinsamer Datenbestände in zentralen oder verteilten konsistenten Datenbanken.

## 5.2.1      Datenaustausch über Schnittstellen

**1. Variante**

Die erste Variante setzt voraus, dass in den beteiligten Anwendungen das gleiche semantische Verständnis über die Daten vorhanden ist. Wenn im System A ein Attribut „Amortisationsbetrag", im System B ein Attribut „Rückzahlungsbetrag" und im System C ein Attribut „Tilgungsbetrag" definiert ist, muss feststellbar sein, ob die Dateninhalte dieselbe Bedeutung haben, respektive worin die semantischen Unterschiede bestehen.

**Analyseprozess**

Da die meisten Anwendungen weitgehend isoliert von einander entwickelt wurden und daher nicht einer gemeinsamen Datenarchitektur gehorchen, muss für den Bau einer Schnittstelle zunächst die Semantik der jeweiligen Datenobjekte abgeglichen werden. Die Analyse der Datenelemente ist für den Bau von Schnittstellen zwischen verschiedenen Anwendungssystemen unerlässlich und mit erheblichem Aufwand verbunden.

**Nutzung von Data Dictionary**

Diese Aufgabe fällt leichter, wenn ein gut administriertes Data Dictionary vorhanden ist. Die darin vorliegenden Informationen sind jedoch nicht immer glaubwürdig. Ein und dasselbe Datenelement wird häufig in verschiedenen Anwendungen unterschiedlich interpretiert, obwohl es im Data Dictionary eindeutig beschrieben wurde.

**Synonyme und Homonyme**

Es geht bei der Aufdeckung der Semantik der Datenobjekte darum, deren Verwendung in verschiedenen Anwendungen zu erkennen. Hierbei tritt oft die Problematik der Synonyme und Homonyme auf. Ein Synonym liegt immer dann vor, wenn Datenelemente gemäss Data Dictionary zwar unterschiedlich benannt sind, aber in der gleichen Bedeutung verwendet werden (zum Beispiel Schuldner und Debitor). Ein Homonym liegt vor, wenn dasselbe Datenelement in unterschiedlicher Bedeutung verwendet wird (beispielsweise Bank = Sitzbank, Sandbank oder Geldinstitut).

**Schnittstellen-problematik**

Die Daten in den verschiedenen zu verbindenden Anwendungen sind zumindest temporär inkonsistent. Eine konsistente Sicht muss erst über Zeitschnitte wieder hergestellt werden, sofern dies überhaupt möglich ist. Eine zeitnahe Sicht auf die Daten oder gar eine simultane Bearbeitung derselben Daten durch verschiedene Stellen ist so nicht zu erreichen. Dies ist jedoch eine Voraussetzung für eine effiziente Unterstützung von Geschäftsprozessen.

**Wartungsaufwand**

Mit jeder zusätzlichen Anwendung, welche via Datenaustausch integriert werden soll, vervielfacht sich ausserdem die Anzahl der

Schnittstellen- und Abgleichprogramme. Dies führt zu erheblichem Wartungsaufwand und lässt das Gesamtsystem immer unflexibler, wartungsunfreundlicher und damit teurer werden.

**Beurteilung**

So wird der vermeintlich grosse Vorteil dieser Art der Datenintegration, nämlich die weitgehend unabhängige Entwicklung verschiedener Anwendungen ohne Abstimmung mit einem zentralen Modell, sehr bald zu einem gravierenden, Kapital und Ressourcen verschlingenden Nachteil.

## 5.2.2  Nutzung gemeinsamer Datenbestände

**2. Variante**

Die Alternative zur Schnittstellenintegration besteht in der Nutzung gemeinsamer Datenbestände in zentralen oder verteilten Datenbanken durch die verschiedenen Anwendungssysteme.

Dieser Integrationsansatz setzt voraus, dass die Datenbestände einmal konsistent und widerspruchsfrei modelliert wurden und eine gemeinsame Datenarchitektur vorhanden sein muss. Die Anwendungen werden nicht mehr isoliert voneinander betrachtet, sondern sie richten sich an der übergreifenden, umfassenden Datenarchitektur aus.

**Geschäfts- und Validierungs- regeln**

Modelliert man nicht nur die Daten, sondern auch die zugrunde liegenden Geschäfts- und Validierungsregeln, so können diese „daten-nahen" Regeln bei modernen Datenbankkonzepten auch im Datenbankkern durch "Trigger" und "Stored Procedures" implementiert werden. Die Sicherstellung der Datenkonsistenz erfolgt weitgehend durch das Datenbankmanagementsystem. Von jeder Anwendung, welche die Daten verwendet, müssen dann zwangsläufig auch die in der Datenbank festgelegten Integritätsregeln verwendet werden. Mit den zunehmenden Fähigkeiten der Datenbankmanagementsysteme, solche Integritätsregeln zu verwalten, wird dieser Aspekt immer wichtiger.

Darüber hinaus wird damit ein wichtiger Fortschritt hin zu echter Wiederverwendung von Wissen in der Anwendungsentwicklung erzielt. Dass sich die Zahl der Schnittstellenprogramme und damit der Wartungsaufwand erheblich reduziert, ist einleuchtend.

**Gemeinsames Verständnis**

Es kommt schliesslich noch ein ganz wesentlicher, nicht durch die Informatik begründeter Aspekt hinzu. Die strategisch-dispositive Ebene und die operative Ebene des Unternehmens entwickeln durch eine homogene Daten- und Anwendungsarchitektur ein bestimmtes, gemeinsames Verständnis ihres Geschäftes, das die Kommunikation zwischen den Ebenen und Geschäftslinien eines Unternehmens wesentlich vereinfacht.

**Abbildung 5-4:**
**Gleiches**
**Verständnis**
**vom Geschäft**
**auf allen**
**Ebenen**

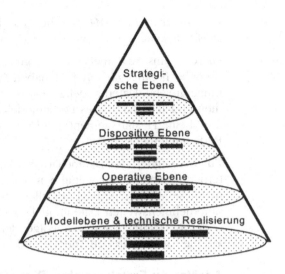

**Modellbildung**   Um komplexe Zusammenhänge besser zu verstehen, bedient man sich üblicherweise der Modellbildung. Je näher sich die Modelle des Geschäftes auf den verschiedenen Ebenen (strategische, dispositive, operative, systemtechnische) sind, desto einfacher ist die Kommunikation zwischen den Ebenen und desto wertvoller und konsistenter wird auch die Information, da der Interpretationsspielraum bei der Kommunikation abnimmt. Im Idealfall liegt der Betrachtung des Geschäftes auf allen vier Ebenen dasselbe Modell zugrunde. Die Sichten auf dieses Modell unterscheiden sich nur in ihrem Detaillierungsgrad.

In einem solchen, von uns angestrebten Zustand, leistet ein (Daten-)Modell unschätzbare Dienste als Kommunikationsmittel zwischen den verschiedenen Einheiten des Unternehmens und erhöht den Wert jeder Information. Somit ist das Modell nicht nur für die Informatik, sondern auch für die Geschäftsbereiche wertvoll.

**Übergreifendes**   Das Konzept der Datenintegration durch Nutzung gemeinsamer
**Datenmodell**   Datenbestände, aufbauend auf einem übergreifenden Datenmodell, ist Mitte der achtziger Jahre von vielen Autoren [Vetter 1987; Martin 1990] vertreten worden.

In der Folge dieser Veröffentlichungen und getragen von der Erkenntnis, dass die Daten den stabilen Kern jedes Informationssystems darstellen, wurden in den *Unternehmen Teams von Datenarchitekten* gebildet und mit der Entwicklung eines *Unternehmens-Datenmodells (UDM)* bzw. eines *unternehmensweiten*

*Datenmodells (UwDM)*, welches die Daten des Unternehmens abbilden sollte, beauftragt.

**Beurteilung**

Diese Teams sind meistens mit grossem Enthusiasmus an ihre Aufgabe herangegangen und haben häufig mehr oder weniger umfangreiche Datenmodelle erstellt und dokumentiert. In den meisten Fällen hat dieses Datenmodell jedoch nach der Präsentation beim IT-Management im Unternehmen keinerlei grössere Bedeutung mehr erlangt.

Zur Beseitigung des Datenchaos haben diese Modelle in der Unternehmenspraxis nur wenig beigetragen. Der wesentliche Grund für diese Misserfolge liegt vor allem darin, dass der Ansatz eines unternehmensweiten Datenmodells zwar theoretisch richtig, aber leider praxisfremd war. Im Folgenden soll untersucht werden, wo die Lücke zwischen Theorie und Praxis liegt.

## 5.3 Ansätze zur Erstellung einer Datenarchitektur

### 5.3.1 Datenarchitektur

Zu den grossen Schwachstellen vieler Informationssysteme gehört in den meisten Unternehmen, dass das implizite Datenmodell des Informationssystems die Organisation des Unternehmens zum Zeitpunkt der Entstehung der ersten Teilsysteme widerspiegelt.

**Anforderungen an die Datenarchitektur**

Da die Organisation des Geschäfts des Unternehmens, das heisst die Ablauf- oder Prozessorganisation, häufigeren Änderungen unterworfen ist, als der Gegenstand des Kerngeschäftes selbst, muss eine tragfähige Datenarchitektur das Geschäft des Unternehmens als Modellierungsgegenstand haben, und das Unternehmen selbst, also dessen Ablauf- und Aufbauorganisation, nur soweit in das Modell einbeziehen, wie es zur Beschreibung des Geschäftes unabdingbar ist.

Eine erfolgsversprechende Datenarchitektur muss resistent gegen organisatorische Änderungen sein. Wenn ein Unternehmen seine Geschäftsprozesse in der Zukunft anders organisiert, muss die Datenarchitektur dennoch stabil bleiben.

Bei der Entwicklung eines umfassenden, das Gesamtunternehmen berücksichtigenden Datenmodells, existieren in der Theorie verschiedene Ansätze und unterschiedliche Vorgehensweisen.

**Abbildung 5-5:
Abstraktions-
Ebenen von
Datenmodellen
im Unterneh-
men**

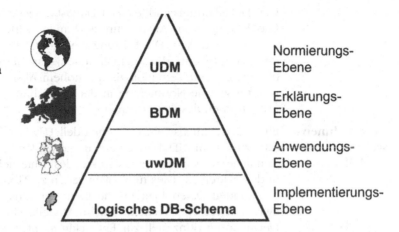

**Abstraktions-
ebenen**

Zunächst müssen verschiedene Abstraktionsebenen unterschieden werden. Vergleicht man die möglichen Abstraktionsebenen der Datenmodelle in einem Unternehmen mit den unterschiedlichen Massstäben auf Landkarten, so ist die oberste Ebene des *Unternehmens-Datenmodells (UDM)* die Weltkarte des Unternehmens, die Ebene der *Bereichs-Datenmodelle (BDM)* erklärt die einzelnen Kontinente, und auf der Stufe des *unternehmensweiten Datenmodells (UwDM)* findet man die genauen Beschreibungen jedes einzelnen Landes. Möchte man eine bestimmte Adresse in einer Stadt finden, muss man sich der Stadtpläne bedienen, vergleichbar mit den logischen Datenbankschemata.

In einem Unternehmen können Modelle auf allen hier dargestellten Abstraktionsebenen oder nur auf einzelnen vorhanden sein, häufig auch nur auf der untersten Ebene der Implementierung. Dies ist immer dann der Fall, wenn im Unternehmen zwar Datenbanken im Einsatz sind, jedoch nicht in Datenmodellen dokumentiert sind. Als Modellierungsansatz ist dies allerdings nicht zu bezeichnen, sondern eher als Beweis des Fehlens jeglichen Modellierungsvorgehens. Konzentrieren wir uns daher auf die wichtigsten Modellierungsansätze - das UDM und das UwDM.

**Unternehmens-
datenmodell**

Das Unternehmensdatenmodell (UDM) besteht in der Regel aus fünf bis fünfzehn Datenklassen und beschreibt die wesentlichen Daten des Unternehmens auf einem hohen Abstraktionsniveau. Es entsteht damit eine grobe Architektur, welche das Ziel hat, auf hohem Abstraktionsniveau ein gemeinsames Verständnis für die Unternehmensdaten zu entwickeln und auch eine gewisse Begriffsnormierung durchzusetzen.

Der Detaillierungsgrad eines UDM ist ungeeignet, um bei der Entwicklung von Anwendungssystemen wirklich integrierend wirken zu können. Die Leistung eines UDM besteht vielmehr in der Bereitstellung einer gemeinsamen, das Gesamtunternehmen beschreibenden Terminologie auf hohem Abstraktionsniveau. Es liefert also eine Normierung in der Bezeichnung der wichtigsten Datenklassen des Unternehmens.

**Unternehmens-weites Daten-modell**

Ein unternehmensweites Datenmodell (UwDM) soll im Gegensatz zu einem UDM in einem umfassenden, detaillierten Plan sämtliche relevanten Datenobjekte des Unternehmens abbilden und beschreiben. Dies führt nicht selten zu Modellen mit mehreren hundert Datenobjekten und mehreren tausend Beziehungen zwischen diesen Objekten. Solche Modelle sind aufgrund ihrer Detaillierung prinzipiell zur Entwicklung integrierter Anwendungen geeignet.

**Branchen-Modelle**

Unter der Führung von einigen EDV-Anbietern (z.B. IBM) sind in der Vergangenheit Branchenmodelle (z.B. für Banken und Versicherungen) in Zusammenarbeit mit Anwenderunternehmen entwickelt worden. Beispielsweise gibt es für Banken Modelle, die eine gesamte Universalbank abbilden oder auch nur spezielle Geschäfte wie etwa Handelsgeschäfte. Solche Modelle haben durch ihren Entwicklungsprozess den Vorteil, dass sie von mehreren Unternehmen mit weitgehend ähnlicher Geschäftätigkeit erstellt und verifiziert wurden, und daher eine sehr hohe Qualität haben. Es gibt auch leistungsfähige Systeme, die auf solchen Modellen basieren.

Die Modelle sind in unterschiedlichen Detaillierungsstufen erhältlich, also auf der Ebene eines UDM wie auch auf der Ebene eines UwDM. Die UwDM sind aufgrund ihrer Detaillierung zwar prinzipiell zur Entwicklung integrierter Anwendungen geeignet, haben sich aber weder in den einzelnen Unternehmen noch gar in einer ganzen Branche durchsetzen können.

## 5.3.2    Vorgehensweisen

**Top-Down-Ansatz**

Der Top-Down-Ansatz bei der Entwicklung eines Unternehmensmodells und unternehmensweiten Datenmodells geht von der Vorstellung aus, die Informationssysteme für das Unternehmen vollständig neu zu entwickeln. Die existierenden Datenstrukturen werden, zumindest zunächst, nicht in die Betrachtungen miteinbezogen, sondern es werden Soll-Datenstrukturen entwickelt, die das Geschäft des Unternehmens abbilden sollen.

Das Geschäft des Unternehmens wird hinsichtlich seiner Datenanforderungen analysiert und alle Aspekte der Unternehmensdaten werden in einem integrierten Datenmodell beschrieben.

**Bottom-Up-Ansatz**

Beim Bottom-Up-Ansatz wird entgegengesetzt zum Top-Down-Ansatz vorgegangen. Zunächst werden die vorhandenen Datenstrukturen (oder das implizit existierende Datenmodell aller vorhandenen Anwendungen) im Unternehmen analysiert.

Durch Generalisierungen wird versucht, die Gemeinsamkeiten der Datenstrukturen zu erkennen und in einem Datenmodell des Unternehmens zu beschreiben. Generalisierung ist eine übliche Modellierungstechnik, bei der von speziellen Ausprägungen auf allgemeinere Datenklassen geschlossen wird.

**Verwendung von Referenz-Datenmodellen**

Wenn Unternehmen ähnlicher Grösse in derselben Branche tätig sind (z.B. grosse Universalbanken), unterstützen sie auch grösstenteils die gleichen Prozesse und Produkte. Bei der Verwendung von Referenzdatenmodellen werden Kosten beim Entwurf eingespart; es muss lediglich das Modell in Bereichen angepasst und adaptiert werden (vgl. Abschnitt 5.6).

|  | Unternehmens-Datenmodell (UDM) | unternehmensweites Datenmodell (UwDM) |
|---|---|---|
| **Top-Down** | Top-Down entwickeltes Datenmodell, das aufgrund der Analyse des Unternehmensgeschäfts als UDM eine Top-Struktur von 5-15 Datenklassen beschreibt | Top-Down entwickeltes detailliertes Datenmodell, das als UwDM aufgrund der Analyse des Unternehmensgeschäfts alle Datenaspekte des Unternehmens in einem Soll-Modell beschreibt. |
| **Bottom-Up** | Bottom-Up entwickeltes Datenmodell, das durch Generalisierung die wichtigsten Gemeinsamkeiten der existierenden Datenstrukturen des Unternehmens in einer Top-Struktur von 5-15 Datenklassen zusammenfasst | Bottom-Up entwickeltes Datenmodell, das durch Generalisierung alle Gemeinsamkeiten der existierenden Datenstrukturen des Unternehmens in einem Detailmodell beschreibt |
| **Referenz-modell** | es wird ein branchen-spezifisches Datenmodell eingekauft, welches die wichtigsten, branchen-üblichen Datenklassen in einer Top-Struktur zusammenfasst | es wird ein branchen-spezifisches Datenmodell eingekauft, das in detaillierten Datenstrukturen ganze branchen-übliche Anwendungsgebiete beschreibt |

**Tabelle 5-1: Kombinationsansätze bei der Erstellung einer unternehmensweiten Datenarchitektur**

## 5.3.3     Bewertung der Vorgehensweisen

**Top-Down-Vorgehen**

Ein reines Top-Down-Vorgehen gibt es eigentlich nicht, da jede Modellierung immer auch auf Erkenntnissen beruht, die man dem bestehenden Informationssystem Bottom-Up entnimmt. Das Entscheidende beim Top-Down-Vorgehen ist, dass man bei der Erstellung eines neuen Modells von der Betrachtung des Geschäftes des Unternehmens ausgeht. Dabei ist nicht nur wesentlich, die gegenwärtige Situation zu analysieren, sondern auch zu versuchen, im Modell bereits die Zukunft zu adaptieren.

**Bottom-Up-Vorgehen**

Beim reinen Bottom-Up-Vorgehen, bei dem von der Analyse des bestehenden Informationssystems ausgegangen wird, erreicht man den gewünschten Integrationseffekt durch die Generalisierung spezieller Ausprägungen in den verschiedenen analysierten Datenmodellen. Man gelangt so zu allgemeineren Datenklassen, die alle Datenstrukturen und Attribute enthalten, welche über einzelne Anwendungsbereiche hinausgehen und gemeinsam von vielen Anwendungen verwendet werden können.

Bei diesem Vorgehen besteht die Gefahr, dass viele Schwächen der existierenden Datenstrukturen in das neue Modell übernommen werden und keine zukunftsweisende Datenarchitektur für das Unternehmen entsteht.

**Verwendung Referenzmodell**

Der Kauf und die Verwendung eines Referenzmodells können den Prozess der Erstellung eines eigenen Datenmodells erheblich beschleunigen und auch die Qualität des Resultats verbessern.

Die externen Modelle treffen in den Unternehmen meistens auf eine unternehmens-spezifische Terminologie, die nur schwer zu verändern ist. Dies führt zu erheblichem Analyse- und Anpassungsaufwand. Immer wenn ein Modell das Kerngeschäft des Unternehmens abbilden soll, kann ein externes Modell niemals eigene Modellierungsüberlegungen ersetzen, es kann aber als Referenz dienen, um so den eigenen Modellierungsprozess zu beschleunigen. Es wird hauptsächlich als Qualitätssicherungsinstrument verwendet werden (vgl. Abschnitt 5.6).

**Fehlender Einsatz von qualifiziertem Fachbereichspersonal**

Ein weiteres Problem bei der Erstellung eines UwDM besteht in der mangelnden Bereitschaft der Fachbereiche des Unternehmens qualifiziertes Personal für die Modellierung frei zu stellen. Dies liegt meist daran, dass die Fachbereiche nur dann qualifiziertes Personal zur Mitarbeit an Informatikprojekten abzustellen bereit sind, wenn sie einen unmittelbaren Nutzen aus ihrem Engagement ziehen können. Dieser ist bei der Erstellung eines UwDM für die Fachbereiche zunächst eher gering.

Ohne eine engagierte Mitarbeit der Fachbereiche ist die Entwicklung eines detaillierten Modells, welches das Geschäft des Unternehmens abbildet, von vornherein zum Scheitern verurteilt. Da die Mitarbeit in solchen Projekten für einen qualifizierten Mitarbeiter eines Unternehmensfachbereiches in der Regel nicht als möglicher Karrierepfad anerkannt wird, ist es in jedem Fall ein grosses Problem, entsprechendes qualifiziertes Fachpersonal zu gewinnen.

| Ansatz | Unternehmens-Datenmodell (UDM) | | unternehmensweites Datenmodell (UwDM) | |
|---|---|---|---|---|
| | **Vorteile** | **Nachteile** | **Vorteile** | **Nachteile** |
| **Top-Down** | • Unternehmensweite Normierung der Geschäftsbegriffe auf hohem Abstraktionsniveau<br>• kann neue Erkenntnisse über zukünftige Datenarchitektur bringen<br>• wirkt auf die Semantik im Unternehmen auf hohem Niveau integrierend | • ist für die geforderte Datenintegration ungeeignet, wegen fehlender Detaillierung | • theoretisch der exakte Ansatz<br>• führt zu einem umfassenden, detaillierten Datenmodell des Gesamtunternehmens<br>• modelliert das Geschäft, führt so zu einer tatsächlich neuen Datenarchitektur des Unternehmens | • aufgrund der Komplexität kaum beherrschbares Projekt<br>• kostet viel Zeit und Ressourcen<br>• mangelnde Unterstützung durch die Fachbereiche ist die Regel<br>• das Modell ist in der Regel überholt, bevor es fertig ist<br>• in der Praxis gibt es keine Erfolgsstories |
| **Bottom-Up** | • repräsentiert auf hohem Abstraktionsniveau die existierenden Datenstrukturen im Unternehmen<br>• hat einen Erklärungswert für das Ist-System<br>• normiert Begriffe | • leistet keinen Beitrag zur Datenintegration<br>• erklärt nicht das Geschäft sondern nur das Informationssystem<br>• übernimmt die Schwächen des Ist-Systems<br>• adaptiert nicht die Zukunft | • dokumentiert die existierenden Datenstrukturen im Detail<br>• deckt meist Redundanzen auf<br>• normiert Begriffe im Detail<br>• kann für neue Anwendungen integrierend wirken | • erklärt nicht das Geschäft wie es modelliert sein sollte<br>• übernimmt die Schwächen des Ist-Systems<br>• adaptiert nicht die Zukunft<br>• sehr aufwendiges Projekt im Verhältnis zum erzielbaren Nutzen |
| **Referenzmodell** | • besitzt alle Vorteile eines Top-Down-UDM<br>• beschleunigt den Entwicklungsprozess für eigenes UDM<br>• wirkt auch als Qualitätssicherung | • besitzt alle Nachteile eines Top-Down-UDM<br>• kann eigene Modellierungsüberlegungen nicht ersetzen<br>• trifft oft auf völlig andere unternehmens-interne Terminologie | • besitzt alle Vorteile eines Top-Down-UwDM<br>• beschleunigt den Entwicklungsprozess für eigenes UwDM<br>• wirkt auch als Qualitätssicherung | • besitzt alle Nachteile eines Top-Down-UwDM<br>• kann eigene Modellierungsüberlegungen nicht ersetzen<br>• trifft oft auf völlig andere unternehmens-interne Terminologie |

**Tabelle 5-2: Vor- und Nachteile**

**Aufwand und Dauer**

Bei grossen Unternehmen, etwa einer Bank oder einer Versicherung, ist die Erstellung eines detaillierten unternehmensweiten Datenmodells mit enormem Aufwand an Zeit, Personal und Ressourcen verbunden.

Unter dem heutigen Kosten-, Zeit- und Effizienzdruck sind reine Datenmodellierungsprojekte nicht mehr genehmigungsfähig. Umfangreiche Modellierungsbemühungen entstehen heute überwiegend im Zusammenhang mit dem Aufbau von Data Warehouse Systemen (vgl. Kapitel 9) oder der Integration von Standardsoftware, die der Unternehmensrealität angepasst und über Schnittstellen integriert werden muss. Auch hierfür ist eine integrative und harmonisierte Sicht auf die Daten des Unternehmens unerlässlich.

## 5.4 Das Erfolgsrezept zum Aufbau einer Datenarchitektur

### 5.4.1 Der Weg zur unternehmensweiten Datenarchitektur

Jedes geschilderte Vorgehen ist mit Vor- und Nachteilen verbunden, einen Königsweg bei der Erstellung einer unternehmensweiten Datenarchitektur scheint es nicht zu geben. Wie so häufig bietet sich auch hier eine Kombination verschiedener Vorgehensweisen an.

**Pragmatischer Ansatz**

Diesem Umstand sollte man sich schon beim Start in ein solches Vorhaben bewusst sein, und nicht auf eine bestimmte, vielleicht theoretisch sehr fundierte, aber praktisch wirkungslose Methode fixiert sein. Die wesentlichen Gründe für das praktische Scheitern vieler derartiger Projekte sind neben der enormen Komplexität, welche solch umfassenden Modellen naturgemäss eigen ist, meistens ein falsch gewählter Modellausschnitt, die mangelhafte Antizipation der Zukunft und das Fehlen von Migrationsszenarien.

**Prinzip des Kern-Datenmodells**

Aufgrund unserer Erfahrungen haben wir das Prinzip des Kern-Datenmodells entwickelt. Das Prinzip besteht aus zwei Phasen:

1. Ein Top-Down-Vorgehen zur Entwicklung eines detaillierten Datenmodells der Kerndaten, welches die Kerngeschäfte des Unternehmens unterstützten.

2. Ein organisatorisches Rahmenwerk zur Erweiterung des Kern-Datenmodells durch ein kombiniertes Top-Down- und Bottom-Up-Vorgehen mit dem langfristigen Ziel eines integrierten, zukunftsgerichteten unternehmensweiten Datenmodells.

## 5.4.2 Qualitätsmerkmale der Datenarchitektur

Bevor mit der Erstellung der Datenarchitektur begonnen wird, sollten zunächst einige Qualitätsmerkmale der neuen Architektur festgelegt werden. Einige wichtige Merkmale sind hier aufgeführt und kurz charakterisiert:

**Dokumenta-tionsqualität**

- Die Datenarchitektur ist auf allen Abstraktionsebenen durchgängig zu dokumentieren. Die Dokumentation besteht aus den Datenmodellen in einem CASE-Werkzeug sowie Beschreibungen und Herleitungen in Form von Papierdokumenten. Alle Entwurfsentscheidungen sind zu begründen und zu dokumentieren. Die Entitätsmengen und Beziehungen sind mit eindeutigen Namen, Definitionen, Beschreibungen, Beispielen und Gegenbeispielen zu versehen. Die Attribute werden mit Namen, Definitionen, Attributstypen (Text, Datum, Zahl) und mit Wertebereichen beschrieben.

**Redundanz-freiheit**

- Die Datenmodelle werden in dritter Normalform erstellt, das heisst sie sind frei von Wiederholungen und Redundanzen. Dort, wo Redundanzen unvermeidlich sind, werden sie explizit dokumentiert.

**Homonyme / Synonyme**

- Es ist darauf zu achten, dass die Datenmodelle frei von Synonymen und Homonymen sind.

**Keine Verwendung sprechender Schlüssel**

- Es werden prinzipiell keine Schlüsselattribute mit irgendwelcher Semantik (sprechende Schlüssel) verwendet, sondern ausschliesslich künstliche, technische Schlüssel. Der Grund besteht darin, dass Schlüsselattribute auf Datenbanken nur mit grösstem Aufwand geändert werden können. Die Wertebereiche der sprechenden Schlüssel drohen irgendwann „überzulaufen", d.h. es können keine neuen Schlüssel hinzugefügt werden, ohne das Format des Schlüssels zu erweitern.

**Flexibilität und Stabilität**

- Um die Datenmodelle und die darauf implementierten Anwendungen in der Zukunft möglichst stabil zu halten, müssen die Modelle in jenen Bereichen, die in der Zukunft häufigen Änderungen unterworfen sein könnten, besonders flexibel ausgestaltet werden. Flexibilität sorgt für Stabilität.

**Unterstützung durch Werkzeuge**

- Die Datenarchitektur und die Modelle müssen mit professionellen Werkzeugen entwickelt und dokumentiert werden. Auch Referenzmodelle und Modelle aus Standardsoftware müssen für solche Werkzeuge verfügbar sein. Ideal ist ein Zustand, indem auch die strategische Informationsplanung in einem Werkzeug vorliegt und mit den Modellen des Zachman-Schemas (vgl. Kapitel 3) verbunden werden kann.

**5.5**      **Beispiel zum Prinzip Kern-Datenmodell**

Das folgende Beispiel aus einer Bank soll die im Abschnitt 5.4.1 grob beschriebenen Prinzipien verdeutlichen. Die Ergebnisse können mehr oder weniger für jedes Dienstleistungs- oder Handelsunternehmen angewendet werden.

**5.5.1**      **Bestimmen der Datenklassen**

Die wesentlichen Datenklassen des Unternehmens werden auf hohem Abstraktionsniveau bestimmt. Das Ergebnis sind fünf bis fünfzehn Datenklassen, welche das Gerüst für ein UDM bilden. Dies kann je nach der im Unternehmen vorgefundenen Ausgangslage auf unterschiedliche Weise geschehen:

**Geschäftspro-zessmodell vorhanden**
- Liegt beispielsweise bereits ein Geschäftsprozessmodell vor, so kann aus diesem ermittelt werden, welche Daten von den Geschäftsprozessen erzeugt oder verwendet werden.

**Referenzmodell vorhanden**
- Man kann auch Referenzmodelle aus der eigenen Branche heranziehen und diese an die Gegebenheiten (etwa an die Terminologie) im eigenen Unternehmen adaptieren.

**Durchführung Workshop**
- Man kann auch in einem Kreativworkshop zunächst versuchen, die wesentlichen Datenklassen zu benennen.

Auf jeden Fall ist das Vorgehen Top-Down. Das Ergebnis dieses Schrittes ist ein Dokument, welches die gefundenen Datenklassen präzise definiert. Für eine Bank kann man beispielsweise folgende fünf Datenklassen finden und definieren:

**Datenklasse: Partner**

| | |
|---|---|
| Definition: | Partner sind alle natürlichen und nicht-natürlichen Personen, welche in einer Beziehung zum Geschäft der Bank stehen. Zu den nicht-natürlichen Personen gehören Organisationen oder Teile davon. Auch die Organisationseinheiten der Bank sind Partner. |
| Beispiele: | Kunden, Organisationseinheiten, Korrespondenzbanken, Nationalbank, Börse, Makler, potenzielle Kunden, Mitarbeiter, ... |
| Gegen-beispiele: | alle Personen oder Organisationen, mit denen die Bank in keiner geschäftlichen Beziehung steht |

| **Datenklasse: Produkt** | Definition: | Produkte sind die Dienstleistungen, welche die Bank am Markt ihren Kunden anbietet. Sie stellen das Angebot der Bank dar, bestimmte Geschäfte abzuschliessen. |
| --- | --- | --- |
| | Beispiele: | Führen eines Kontokorrentkontos, Ausführen eines Zahlungsauftrages, Durchführen eines Börsenauftrages, Verwahrung von Wertschriften, ... |
| | Gegenbeispiele: | Interne Dienstleistungen wie die Erstellung der Bilanz, Kantinenverpflegung, Wertpapiere, Geld, Aktien, ... |

| **Datenklasse: Handelseinheit** | Definition: | Handelseinheiten sind alle Vermögenswerte, die von Partnern und anderen Investoren in ihrem Vermögensbestand gehalten werden können und für die ein Handel möglich ist. |
| --- | --- | --- |
| | Beispiele: | Aktie, Währung, Gold, Fond, Obligation, Handelswaren wie Kaffee oder Baumwolle |
| | Gegenbeispiele: | Konto, bestimmte Geldnote, ... |

| **Datenklasse: Vertrag** | Definition: | Ein Vertrag regelt ein Geschäft eines oder mehrerer Kunden mit der Bank zu bestimmten Konditionen und Preisen. Die Konditionen und Preise sind in der Klasse Produkt beschrieben. |
| --- | --- | --- |
| | Beispiele: | ein Vertrag über die Führung eines Kontokorrentkontos, ein Hypothekarkreditvertrag, ein Börsenauftrag, ... |
| | Gegenbeispiele: | Arbeitsvertrag zwischen Bank und Mitarbeitern (gehört nicht zum Bankgeschäft) |

| **Datenklasse: Geschäftsfall** | Definition: | Ein Geschäftsfall ist ein einzelner Schritt in der Abwicklung eines Vertrages. |
| --- | --- | --- |
| | Beispiele: | der Abschluss eines Börsenauftrages, die Einbuchung der Wertpapiere in das Kundendepot, die Belastung des Kundenkontos, ... |
| | Gegenbeispiele: | die Änderung der Adresse des Kunden in der Kundendatenbank |

**5.5.2**

## Bestimmen der Beziehungen

Die gefundenen Datenklassen werden durch ihre möglichen Beziehungen untereinander ergänzt und damit wird das Unternehmens-Datenmodell (UDM) definiert.

**Abbildung 5-6:
Beispiel Unternehmens-
Datenmodell
einer Bank**

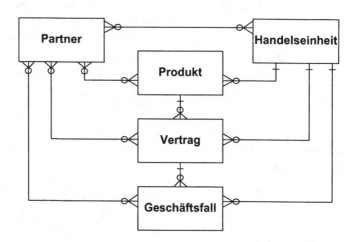

Die Beziehungen zwischen den Datenklassen des UDM sind Beziehungsaggregate. Sie repräsentieren eine Menge von möglichen Beziehungen, die zwischen Entitätsmengen auf der Detailebene des Modells bestehen können. Wichtig ist hierbei vor allem, dass in einem Dokument die Beziehungsaggregate zwischen den Datenklassen ausführlich hergeleitet und deren Bedeutung festgelegt werden. Dies soll für unser Beispiel anhand des Beziehungsaggregats zwischen Partner und Produkt dargestellt werden.

**Beziehungs-
aggregat:
Partner -
Produkt**

| | |
|---|---|
| Definition: | Beziehungen zwischen den Datenklassen Partner und Produkt stellen Zuordnungen von Personen, Personengruppen oder Organisationen zu Produkten oder Produktgruppen dar. Durch diese Zuordnungen können verschiedene Sachverhalte wie Verantwortlichkeiten, Zielgruppen oder ähnlichem dargestellt werden. |
| Beispiele: | Verantwortung des Produktmanagers für seine Produkte, Produktangebot einer bestimmten Niederlassung, Zielkundensegment für eine Produktgruppe |
| Gegenbeispiele: | die Inanspruchnahme eines Produktes durch Kunden (dies ist ein Vertrag) |

**5.5.3**    **Verifikation mit Beispielen**

Es sei hier nochmals daran erinnert, dass durch dieses Modell *das Geschäft der Bank* und nicht die Bank selbst dargestellt wird. Wollte man nun streng Top-Down das Modell zum vollständigen, integrierten unternehmensweiten Datenmodell weiterentwickeln, bestünde die Aufgabe in nichts Geringerem, als sämtliche Geschäftsbereiche der Bank zu modellieren - ein unrealistisches Unterfangen. Um zur angestrebten integrierten Datenbasis zu gelangen ist es allerdings auch gar nicht notwendig, jedes Geschäftsfeld von vornherein in das Kern-Datenmodell einzubeziehen.

**Fundamentale Entitätsmengen**

Der in Abbildung 5-7 hinterlegte Bereich des Modells mit den Datenklassen *Vertrag* und *Geschäftsfall* bildet im UDM das eigentliche Bankgeschäft ab. Die anderen Datenklassen *Partner*, *Produkt* und *Handelseinheit* existieren hingegen weitgehend unabhängig von bestimmten Geschäftsfeldern. Man nennt solche Datenklassen auch *fundamentale Entitätsmengen*. Wie das Modell zeigt, ist ein spezifisches Geschäft nur abbildbar, wenn Entitäten der fundamentalen Entitätsmengen in der Datenklasse *Vertrag* miteinander in Beziehung gesetzt werden.

**Abbildung 5-7: Beispiel Bearbeitung Vertrag und Geschäftsfall**

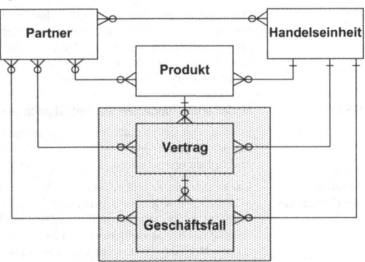

**Beispiel 1: Wertschriftenverwahrung**

Die Bank (=*Partner*) bietet das *Produkt* Verwahrung von Wertschriften an. Wenn ein Kunde (=*Partner*) bestimmte Wertpapiere (=*Handelseinheit*) bei der Bank verwahren möchte, nimmt er das angebotene *Produkt* in Anspruch. Es entsteht ein *Vertrag* zwischen Kunde und Bank. In der Entitätsmenge *Vertrag* werden nun zwei *Partner* (Kunde und Bank), ein *Produkt* (Verwahrung von Wertschriften) sowie *Handelseinheiten* (Wertpapiere) miteinander in Beziehung gesetzt.

**Beispiel 2:**
**Börsenauftrag**

Die Bank bietet an, für ihre Kunden Kauf- und Verkaufsaufträge an der Börse durchzuführen (=*Produkt*). Ein Kunde erteilt nun eine Kauforder für bestimmte Aktien (=*Handelseinheit*). Die Kauforder stellt einen *Vertrag* zwischen der Bank und dem Kunden dar. Der *Vertrag* setzt die beiden *Partner*, das beanspruchte *Produkt* sowie die involvierten *Handelseinheiten* miteinander in Beziehung. Dieser *Vertrag* kann mehrere *Geschäftsfälle* zur Folge haben, der Abschluss der Kauforder, die Abrechnung, die Lieferung der Titel, die Einbuchung ins Kundendepot sowie die Avisierung des Kunden.

**Konsequenz**
**aus den**
**Beispielen**

Diese beiden Beispiele zeigen, dass die unterschiedlichen Geschäfte, die mit der Bank getätigt werden können, unabhängig vom Geschäftstyp immer die fundamentalen Entitätsmengen als Referenzdaten benötigen. Falls das Unternehmen neben einem Kern-Datenmodell auch über ein Funktions-/Prozessmodell verfügt, kann man über eine Clusteranalyse jene Datenklassen bestimmen, welche von den meisten Funktionen und Prozessen verwendet werden.

Das bedeutet für das dargestellte Modell, dass in der konkreten Umsetzung der Datenklassen Partner, Produkt und Handelseinheit zunächst der grösste Nutzen für die zukünftige Datenarchitektur zu sehen ist und der grösste Synergieeffekt für die Anwendungsentwicklung zu erzielen ist.

### 5.5.4  Modellierung fundamentaler Entitätsmengen

Es sind also die detaillierten, konzeptionellen Datenmodelle für Partner, Produkt und Handelseinheit Top-Down zu entwickeln und in Datenbankanwendungen umzusetzen.

**Produkt-**
**modellierung**

Da im Produkt sämtliche in einer Bank denkbaren Verträge typmässig beschrieben sind, stellt diese Entitätsmenge den wahren Kern der Architektur dar und erfordert von daher eine besondere Sorgfalt bei der Modellierung und eine entsprechend hohe Qualität des Modells. Es versteht sich von selbst, dass dies nur durch eine enge Kooperation mit den Fachabteilungen erreichbar ist.

**Adaption**
**Zukunft**

Eine besondere Herausforderung besteht in der Adaption der Zukunft. Das Produktmodell muss flexibel genug sein, um auch die heute noch unbekannten Produkte, welche die Bank in einigen Jahren anbieten wird, aufnehmen zu können. Hier versagen die gängigen Modellierungstechniken, vor allem dann, wenn der

Anspruch erhoben wird, dass aus dem semantischen Datenmodell die jeweilige Produktlogik erkennbar sein muss. Bei Problemstellungen wie dieser, wo höchste Flexibilität gefordert ist, um zukünftige Modellstabilität zu gewährleisten, muss auf einer höheren Abstraktionsebene modelliert werden. Es wird also nicht mehr das Bankprodukt selbst modelliert, sondern die Elemente, aus denen ein solches Produkt bestehen kann und deren mögliche Kombinatorik. Dies kann man auch, wie in der Industrie, als Stückliste bezeichnen und ist einem Bausteinprinzip, wie wir es vom Lego-Baukasten kennen, sehr ähnlich.

**Individuelle Produkte**

Im Zusammenhang mit CRM-Systemen und e-Commerce kommt zunehmend auch der Wunsch auf, dass beispielsweise eine Bank oder eine Versicherung auch für den Massenkunden nicht einfach nur Standardprodukte anbietet, sondern dass dem Kunden bedürfnisgerecht auch individuell ein Produkt zusammengestellt werden kann. Ist man bei der Modellierung und der Implementierung der fundamentalen Entitätsmenge Produkt dem oben beschriebenen Bausteinprinzip konsequent gefolgt, ist man der Möglichkeit der individuellen Produktgestaltung schon relativ nahe gekommen. Ein ebenso flexibles Preisbildungssystem unterstützt die Individualisierung weiter.

**Modellierung Handelseinheit**

Ähnliches gilt auch für das Modell der Handelseinheit. Welche Instrumente in Zukunft am Kapitalmarkt gehandelt werden, ist heute nicht absehbar. Trotzdem ist eine hohe Stabilität des Modells nur erreichbar, wenn Datenstrukturen entwickelt werden, die genügend Flexibilität bieten, um auch komplexe Instrumente und Produkte in der Zukunft beschreiben zu können. Anstelle einer Eigenentwicklung für diesen Bereich könnte ein Branchenmodell eingesetzt werden. Ein Datenlieferant neben einem Datenmodell auch ein System zur Abnahme der Datenlieferung und der konsistenten Speicherung in der Datenbank an.

## 5.5.5 Modellierung Vertrag-Geschäftsfall

Dieser Schritt hat die Aufgabe zu ermitteln, welche Daten allen möglichen Verträgen und Geschäftsfällen gemeinsam und welche geschäftsspezifisch sind. Die gemeinsamen Daten werden in einem Vertrag-Geschäftsfall-Modell als Teil des weiterentwickelten Kern-Datenmodells beschrieben und in einer zentralen Datenbankanwendung verwaltet.

**Datengehalt**

Das Vertrag-Geschäftsfall-Modell enthält typischerweise nur wenige Attribute wie zentrale, unternehmensweit eindeutige Vertrags- und Geschäftsfall-Schlüssel, Erstellungsdatum, die Beziehungen zu den fundamentalen Entitäten. Die geschäftsspezifischen Daten werden in speziellen Anwendungen modelliert wobei im Laufe dieses Modellierungsprozesses das Vertrag-Geschäftsfall-Modell noch Erweiterungen erfahren kann.

**Beziehung zu Geschäftsdaten**

Die geschäftsfall-spezifischen Datenbanken werden mit den zentralen Vertrag-Geschäftsfalldaten in Beziehung gesetzt. Dies sollte geschehen, indem die zentralen Datenbanken gegen die Anwendungen gekapselt und Services zur Verfügung gestellt werden, die für eine Anwendung den verlangten Vertrag oder Geschäftsfall generiert und den entsprechenden Schlüssel zurückgibt.

**Beispiel einer Kreditanwendung**

Die Abbildung 5-8 zeigt ein Beispiel einer Kreditanwendung. Die Anwendung übergibt dem Service „CREATE VERTRAG" die Parameter, welche zum Eröffnen eines Vertrages notwendig sind. Diese Beispielparameter sind der Name des Kunden, der Name des Kundenberaters, das in Anspruch genommene Produkt, die relevante Kreditwährung, sowie die Deckung für den Kredit. Aufgrund dieser Parameter kann ein Vertrag erzeugt werden, welcher die gültigen Konditionen enthält. Die Anwendung erhält anschliessend die erzeugte Vertragsnummer zurück. Dieser Schlüssel wird in der Anwendung als Referenzschlüssel geführt.

**Abbildung 5-8: Kapselung der zentralen Datenbanken**

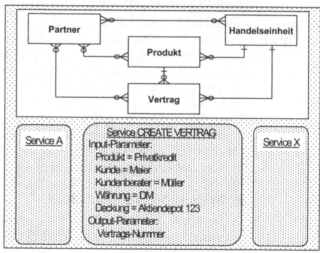

Zur Kapselung der zentralen Datenbanken kann auch objektorientierte Technologie zum Einsatz kommen. So präsentieren sich die Kerndaten mit ihren Methoden als zentrale Geschäftsobjekte. Die Kommunikation der Anwendungen mit den Kernobjekten erfolgt nur über deren Methoden. Die Kapselung der zentralen Daten ist unabhängig von der Technologie, mit der diese realisiert wird. Sie ist aber unerlässlich in einer integrierten Umgebung, in der viele Anwendungen auf diese Daten zugreifen.

**Notwendigkeit der Kapselung**

Ohne eine Kapselung greifen die geschäftsspezifischen Anwendungen direkt auf die zentralen Datenbanken zu und machen eine Änderung der zentralen Datenstrukturen faktisch unmöglich. Je mehr Programme diese Strukturen direkt referenzieren, desto aufwendiger und risikoreicher sind deren Änderungen. Wird auf die Daten aber nur über die definierte Serviceschicht zugegriffen, können die Strukturen geändert werden und die Schnittstellen zu den Anwendungen bleiben trotzdem stabil.

## 5.5.6 Die Fortentwicklung zum unternehmensweiten Datenmodell

Die Nutzung eines gemeinsamen Modells und gemeinsamer Daten bringt nur dort einen entsprechenden Ertrag, wo es tatsächlich Gemeinsamkeiten zwischen den verschiedenen Geschäftsfeldern gibt. Dort, wo dieser Ertrag nicht erzielbar ist, sollten die Entwickler in ihren Geschäftsfeldern ihre Datenmodelle föderalistisch erarbeiten dürfen, wobei sie den durch das Datenmanagement erlassenen Architekturstandard zu folgen haben.

**Integration von Anwendungen**

Der zentrale, unternehmensweit eindeutige Vertragsschlüssel integriert die Daten jedes einzelnen Geschäftes mit den fundamentalen Entitätsmengen. Mit jeder zusätzlichen Anwendung, welche diese Infrastruktur nutzt, wird die Integrität der Daten des Unternehmens weiter verbessert. Schritt für Schritt entsteht so ein implementiertes, unternehmensweites Datenmodell.

**Umsetzungsprinzip**

Das Prinzip bei der weiteren Bearbeitung des Datenmodells auf der Basis des entwickelten Kern-Datenmodells lautet daher:

> Soviel gemeinsame Top-Down-Modellierung wie nötig, soviel föderalistische, auf gemeinsamen Architekturstandards basierende Modellierung wie möglich.

**Beurteilung Vorgehen**

Ein derartiges, iteratives Vorgehen hat gegenüber der Top-Down-Entwicklung eines UwDM einige Vorteile. Zum einen wird das entstehende Modell weniger komplex und damit beherrschbarer - es leistet aber trotzdem die geforderte Datenintegration. Zum anderen wird durch die mit entsprechenden Prioritäten versehene schrittweise Einbindung von Anwendungssystemen ins Gesamtmodell frühzeitig Nutzen für die Anwender und das Unternehmen generiert. Die ständige Weiterentwicklung und Innovation des Modells und der darauf basierenden Anwendungssysteme sind diesem Modellansatz immanent.

**Abbildung 5-9:
Erweiterung
des Kern-
Datenmodells**

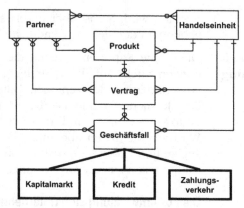

**Fünf Schritte**

Bei der Entwicklung einer neuen Anwendung (z.B. Kapitalmarkt, Kredit, Zahlungsverkehr) sind in Verbindung mit dem Kern-Datenmodell folgende Schritte zu durchlaufen:

1. Es wird geprüft, ob die für die neue Anwendung erforderlichen *Produkte* beschrieben sind. Nicht vorhandene Produkte werden im Produktsystem erfasst.

2. Es wird geprüft, ob die *Handelseinheiten* vorhanden sind, andernfalls muss die Erfassung im System erfolgen.

3. Es wird geprüft, ob alle *Partnerdaten* verfügbar sind, oder ob diese noch zur Verfügung gestellt werden müssen.

4. Für die Anwendung wird unter Berücksichtigung der Vorgaben des Kern-Datenmodells ein *semantisches Datenmodell* erstellt. Die Modelle für Vertrag/Geschäftsfall im Kern-Datenmodell müssen noch ergänzt werden, um bisher unberücksichtigte relevante Attribute und Entitätsmengen.

5. In der neuen Anwendung werden die *Schlüssel für Vertrag und Geschäftsfall* referenziert und so die Beziehung zwischen Anwendung und Kern-Datenmodell hergestellt.

**Unterstützung
Projektteams**

Beim eigentlichen Entwurf von Datenmodellen unterstützen die Datenarchitekten die Entwicklungsgruppen. Beim Projektstart helfen die Verantwortlichen des unternehmensweiten Datenmodells mit, die Datenbedürfnisse im Anwendungsgebiet zu positionieren und entsprechende Schnittstellen zu erkennen. Die Projektmitarbeiter erhalten auch Unterstützung bei der konkreten Erarbeitung des Datenmodells der Anwendung unter Berücksichtigung des vorliegenden unternehmensweiten Datenmodells.

**Abstimmung
und
Dokumentation**

Schliesslich ist das Anwendungsmodell mit Hilfe des CASE-Werkzeuges dokumentiert, mit dem Unternehmens-Datenmodell abgestimmt und in das unternehmensweite Datenmodell integriert.

## 5.6  Einsatz von Branchenmodellen und Standardsoftware

Für verschiedene Wirtschaftsbereiche sind branchen- oder funktionsspezifische Datenmodelle entstanden, welche an die Stelle eigener Modelle treten, als Referenzmodelle verwendet werden können oder die Basis für Standardsoftware bilden.

**Wettbewerbsvorteile und Branchenmodelle**

Innerhalb einer Branche ähneln sich die abgewickelten Geschäfte (z.B. der Sektor der Universalbanken) sehr. Die Abwicklung innerhalb der Unternehmen ist verschiedenartig organisiert. Das Modell muss immer das Geschäft der Branche abbilden und darf nur wenige organisatorische Aspekte enthalten. Beim Einsatz von Branchenmodellen und Standardsoftware wird das Unternehmen immer abwägen, wo das Geschäft weitgehend standardisiert abläuft und wo durch effizientere Prozesse Wettbewerbsvorteile zu erzielen sind. Individuallösungen werden häufig vorgezogen, wo sich durch den gezielten und effizienten Einsatz von Informationstechnologien Wettbewerbsvorteile erzielen lassen.

**Unternehmensübergreifende Daten**

Standardisierung ist auch dort sinnvoll, wo unternehmensübergreifend gemeinsame Daten verwendet werden.. In der Automobilbranche können Bauteile in einer Datenbank beschrieben werden, welche von Zulieferern und Automobilwerk gemeinsam genutzt wird. In der Finanzindustrie sind Wertschriftendaten von allgemeinem Interesse und es ist nur schwer einzusehen, warum nahezu jede Bank ihre eigene Wertschriftendatenbank mit eigener Bewirtschaftungssoftware unterhält. Ein Wettbewerbsvorteil ist damit nicht zu erzielen.

**Standardisierte Geschäftsprozesse**

Wo Geschäftsprozesse weitgehend standardisiert ablaufen, wie zum Beispiel im Zahlungsverkehr oder im Wertschriftenbereich, ist der Einsatz von branchenspezifischen Modellen und darauf standardisierter Software sinnvoll. Übertragen auf unsere Beispielarchitektur aus Abschnitt 5.5 bedeuten diese Überlegungen, dass die Datenklasse *„Handelseinheit"* durch ein Standardmodell abgedeckt werden sollte. Dieses Modell ist einer Individuallösung vorzuziehen. Modelle mit entsprechender Standardsoftware sind schon lange im Bankenbereich erfolgreich im Einsatz.

**Integration**

Wenn wir davon ausgehen, dass die Standardlösungen die eigene Software nicht vollständig ersetzen, sondern bereichsweise ergänzen sollen, entsteht immer das Problem der Integration in die eigene Systemwelt. Für den Datenmanager besteht die Aufgabe vor allem in der Integration in das Unternehmensdatenmodell sowie in der Abstimmung mit den Datenbeschreibungen des Data-Dictionaries und der dort verwendeten Terminologie.

**Standardsoftware und eigene Datenmodelle**

Beim Abgleich der eigenen Software mit der Standardsoftware wird der Datenmanager mit Problemen wie synonyme Bezeichnungen, homonyme Verwendungen und redundante Datenführung konfrontiert. Die eigene Welt ist bei konsequent betriebenem Datenmanagement wertvoll und darf daher nicht der Standardsoftware geopfert werden. Es ist daher erfolgsversprechender, beide Welten nebeneinander existieren zu lassen. Sie können über Brücken kontrolliert miteinander verbunden. Diese setzen voraus, dass die schnittstellen-relevanten Objekte in der zu integrierenden Standardsoftware und im eigenen Data-Dictionary identifiziert und semantisch aufeinander abgestimmt werden. Das Ergebnis des Abstimmungsprozesses ist zu dokumentieren.

**Evaluationskriterium Datenmodell**

Um den Abgleich leisten zu können, muss die Standardsoftware mit Datenmodell und Datenbeschreibungen dokumentiert sein und idealerweise über ein eigenes Dictionary verfügen. Diese Kriterien müssen bei der Evaluierung des Softwareproduktes berücksichtigt werden. Eine Schnittstellenwartung ist sonst zwischen der Standardsoftware und den eigenen Systemen bei Versionsänderungen kaum zu bewerkstelligen.

## 5.7 Unternehmensweite Datenarchitektur und Business-Process-Reengineering

**Konzentration auf die Prozesse**

Diskussionen gibt es immer wieder darüber, ob bei der Entwicklung von Informationsarchitekturen die Fokussierung auf die Daten oder eine Konzentration auf die Prozesse erfolgen soll. Zum Abschluss dieses Kapitels wird noch auf den Zusammenhang zwischen dem Konzept unternehmensweiter Datenarchitekturen und des Business-Process-Reengineerings (BPR) eingegangen.

**Business-Process-Reengineering (BPR)**

Im Gegensatz zu der unternehmensweiten Datenmodellierung ist das Konzept des BPR nicht aus der Informatik, sondern aus der Managementlehre/Betriebswirtschaftslehre entwickelt worden. Im Mittelpunkt der Betrachtung stehen die Kernprozesse des Unternehmens. Das Ergebnis dieses Prozesses besteht in der Wertschöpfung. Durch BPR wird die Reduzierung der Durchlaufzeiten, die Konzentration auf wertschöpfende Tätigkeiten und die Erhöhung der Qualität angestrebt.

**Ganzheitliche Sicht aufs Unternehmen**

Beide Ansätze, unternehmensweite Datenmodellierung und BPR, verlangen eine ganzheitliche Sicht auf das Unternehmen und das Geschäft. Eine unter diesem Prinzip entwickelte unternehmensweite Datenarchitektur löst die Unternehmensdaten aus ihrem funktionalen, anwendungsspezifischen Zusammenhang und stellt sie im Gesamtkontext des Geschäftes dar.

**Anwendungs-neutrale Datenbanken**

Aus der Umsetzung der Datenarchitektur resultieren integrierte, anwendungsneutrale Datenbanken. Anstatt ein und denselben Sachverhalt in verschiedenen Anwendungssystemen redundant und inkonsistent zu beschreiben, um die Daten mit vielen Schnittstellen- und Abgleichprogrammen wieder zusammenzuführen, gilt jetzt bei der Datenspeicherung das Prinzip "one fact, one place". Dies führt zu einer redundanz- und widerspruchsfreien Speicherung der Daten sowie einer radikalen Reduktion von Schnittstellen.

**Geschäftspro-zess und Daten**

Die Daten, welche ein Geschäftsprozess benötigt und generiert, sind weitgehend unabhängig von der Gestaltung des Prozesses. Der Geschäftsprozess "Kreditgewährung" benötigt Daten über den Kunden, die eine Bonitätsprüfung erlauben, Daten über die angebotenen Kreditdienstleistungen, Daten zu den Konditionen und aktuellen Zinssätzen sowie auch Daten zu den angebotenen Sicherheiten. Der Prozess erzeugt Daten zu einem ganz konkreten Kreditangebot und bei positiver Entscheidung einem konkreten Kreditvertrag. Die Existenz dieser Daten ist unabhängig davon, von wie vielen Schnittstellen sie bearbeitet werden.

**Integrierte IT-Lösung**

Die Umgestaltung des Prozesses im Sinne von BPR verlangt eine integrierte IT-Lösung und damit auch eine integrierte Datenhaltung. Dort wo die Geschäftsprozesse eines Unternehmens vielfältig ineinander greifen und die Prozesse gemeinsame Daten verwenden und erzeugen, muss auch der Integrationsgedanke bei den Daten über den einzelnen Geschäftsprozess hinausgehen.

**Prozess-orientierte Sichtweise**

Der Zusammenhang zwischen prozess-orientierter Sichtweise und einer unternehmensweiten Datenarchitektur ist umso enger, je mehr die Geschäftsprozesse eines Unternehmens mit Informationsflüssen und daher auch mit Datenflüssen einhergehen. Solche Unternehmen, die in den letzten Jahren in die Erarbeitung und Umsetzung unternehmensweiter Datenarchitekturen investiert haben, sollten diese Investitionen unbedingt bei der anstehenden Umgestaltung ihrer Geschäftsprozesse nutzen.

**Ganzheitliches Denken**

Unternehmen, die bisher auch immer darauf verzichtet haben, sich mit dem Thema einer unternehmensweiten Datenarchitektur auseinander zusetzen, sollten die Umgestaltung der Geschäftsprozesse zum Anlass nehmen, dies nachzuholen. Dabei muss auf jeden Fall vermieden werden, die Daten nur aus einer eingeengten Optik zu betrachten. Die Entwicklung einer unternehmensweiten Datenarchitektur wie auch die Beschreibung und Umgestaltung der Geschäftsprozesse verlangen ganzheitliches Denken.

## 5.8      Kernaussagen zur Unternehmensmodellierung

1. *Für die Optimierung der Geschäftsprozesse sowie für die erfolgreiche Entwicklung von dispositiven und analytischen Systemen müssen die Daten des Unternehmens integriert werden.*

2. *Datenintegration wird am effizientesten durch den Zugriff auf dieselben Datenbestände erreicht. Dies schliesst die Verwendung von Replikaten mit kontrollierter Redundanz nicht aus.*

3. *Um zu unternehmensweit integrierten Datenbeständen zu kommen, ist die Erstellung einer Datenarchitektur unerlässlich.*

4. *Die Erfolg versprechende Umsetzung der Datenarchitektur erfolgt durch einen kombinierten Top-Down- und Bottom-Up-Ansatz, bei dem die zu integrierenden Daten des Unternehmens in einem Kern-Datenmodell beschrieben und implementiert werden, während die geschäfts-spezifischen Daten unter Beachtung der vorgegebenen Datenarchitektur föderalistisch modelliert werden.*

5. *Die Kapselung der zentralen Daten gegen die Anwendungen ist dringend zu empfehlen, um so eine möglichst grosse Unabhängigkeit der Datenstrukturen von der Programmlogik zu gewährleisten.*

6. *Dieses, auf einem Kern-Datenmodell und der Bereitstellung von Kern-Anwendungssystemen basierende Vorgehen, stellt die ständige Weiterentwicklung und Innovation des Gesamtsystems sicher.*

7. *Die Bewertung und die Integration von Standardsoftware werden mit dem hier dargestellten Vorgehen unterstützt und gefördert.*

8. *Integrierte Daten und integrierte Geschäftsprozesse bedingen einander.*

# 6    Metadatenmanagement

In den vorangegangenen Kapiteln standen die Geschäftsdaten, deren Strukturierung und Verarbeitung im Vordergrund der Überlegungen. Im folgenden Teil betrachten wir die Einführung von Systemen, welche die Modellierung der Informationsobjekte und deren verarbeitende Systeme unterstützen sowie die beschreibenden und systemtechnischen Daten - die Metadaten - verwalten. Damit erweitern wir die Aufgaben und Funktionen des Datenmanagements durch ein umfassendes, integrales Metadatenmanagement, um eine effiziente Nutzung der Informationsobjekte zu ermöglichen.

**Abbildung 6-1: Metadatenmanagement; ein Schritt zur Datenstandardisierung**

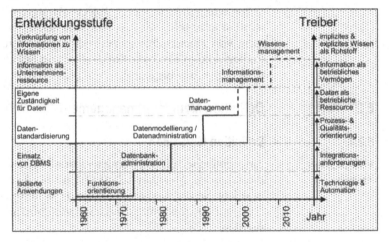

Ein wesentliches Ziel des Metadatenmanagements besteht in der Standardisierung, der Definition und der Beschreibung der Datenobjekte innerhalb eines Informationssystems, sowie in der Verfügbarkeit dieser Informationen für alle relevanten Benutzer und über den gesamten Lebenszyklus der Objekte.

## 6.1    Motivation

Die Entwicklungsstufen Datenstandardisierung und die Nutzung von Informationen als Unternehmensressourcen setzen Funktionen zur Verwaltung von Metadaten voraus. Das Metadatenmanagement ergänzt die Bemühungen der Datenarchitektur um Da-

97

tenstandards und Transparenz im unternehmensweiten Informationssystem. Diese Funktionen sind heute, in der vernetzten, durch Internet- und Objekt-Technologien geprägten Systemwelt von grosser Bedeutung. Denn nur durch eine systematische Darstellung und Beschreibung der Metadaten können Weiterentwicklungen und Anpassungen der Systeme zeitgerecht, effizient und in professioneller Qualität durchgeführt werden. Metadaten sind mittlerweile als wesentliche Komponenten von Informatiksystemen anerkannt. Nur durch ein integrales Metadatenmanagement können die oft inkompatiblen Softwaresysteme miteinander vernetzt werden.

**Standardi-
sierungen**

Wenn wir auf die internationalen Aktivitäten im Bereich Metadatenmanagement der letzten zehn Jahre zurückblicken, können wir feststellen, dass viele SW-Systeme den standardisierten Austausch von Metadaten noch nicht unterstützen. Die aktuellen Entwicklungen und Standardisierungen durch Hersteller und Vereinigungen wie der „Object Management Group" (OMG), werden in absehbarer Zeit wesentliche Impulse zur Implementierung von Metadatensystemen liefern. Die Grundlagen dazu sind mittlerweile in diversen Konzepten und Standardmodellen dargestellt [vgl. www.omg.org].

## 6.2 Definition Metadatenmanagement

### 6.2.1 Definition Metadaten

**Daten über
Daten**

Eine einfache, oft verwendete Kurzdefinition von Metadaten ist die folgende: Metadaten sind Daten über Daten. Diese Definition ist nicht falsch, bedarf aber der Erweiterung und Präzisierung, um dem ganzen Umfeld des Metadatenmanagements gerecht zu werden.

**Daten und
Modelle**

In den bisherigen Ausführungen wurde manches über Daten und Modelle geschrieben. Unter Daten wurde hierbei immer die Repräsentierung eines Sachverhaltes der Realität durch konkrete Datenwerte verstanden. Modelle wiederum beschreiben keine konkreten Werte, wie die Namen einer bestimmten Person und deren Alter, sondern eine höhere Stufe der Abstraktion. Sie zeigen zum Beispiel, dass es im Informationssystem Datenstrukturen gibt, welche Personen beschreiben, und dass zu dieser Beschreibung auch das Attribut „Alter" gehört. Voll nutzbar ist das Informationssystem erst dann, wenn die Datenwerte mit den zugehörigen Modellinformationen zusammengebracht werden. Analog dazu werden in objektorientierten Systemen Modelle verwendet, um die Eigenschaften und Interaktionsmechanismen von Objektstrukturen zu beschreiben.

**Definition**

Die Modellinformationen stellen die Ebene der Metadaten dar. Das Informationssystem besteht (vgl. hierzu Kapitel 3, Zachman-Schema) aus einer ganzen Reihe von unterschiedlichen Modellen. Zusammen zeigen diese Modelle ein exaktes Abbild des gesamten Informationssystems. Im besten Fall sind dabei auch die geschäftsrelevanten Leistungsprozesse beschrieben. Wir fassen in unseren Überlegungen diese globale Abbildung und Beschreibung eines aktuellen Informationssystems unter dem Begriff „Metadaten" zusammen und bezeichnen damit alle Fakten zur Beschreibung und Spezifikation eines Informationssystems.

**Betrieblichen und technischen Fakten**

Der hier verwendete Metadatenbegriff beschränkt sich somit nicht nur auf den Bereich des Datenmanagements, sondern umfasst alle betrieblichen und technischen Fakten im Zusammenhang mit dem Betrieb von Informationssystemen und den unterstützten Geschäftsprozessen.

### 6.2.2 Abgrenzung Daten, Metadaten und Metadatenmodell

Die Unterscheidung von Daten, Metadaten und Metadatenmodell kann am besten mit der zunehmenden Abstraktion über verschiedene Ebenen erklärt werden.

**Abbildung 6-2: Metamodel Architecture**

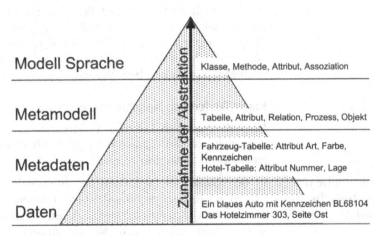

**Daten**

Die Abbildung 6-2 zeigt eine Metamodell-Architektur, die aus vier Ebenen besteht. Die unterste Ebene bilden die realen Fakten, die Daten mit ihren Ausprägungen oder Datenwerten.

**Metadaten**

Eine höhere Ebene der Abstraktion wird durch die Metadaten oder die Modellebene beschrieben. Beispielsweise zeigen die logischen und physischen Datenmodelle oder entsprechenden Objektmodelle, in welchen Datenstrukturen die Daten in den Datenbanken gespeichert werden. Die semantischen Datenmodelle beschreiben die Bedeutung der Daten im realen Kontext (Entitätsmenge „Person", Attribut „Alter").

**Meta-(daten)-modell** Diese Ebene des Metamodells besteht aus dem Modell der Metadaten, d.h. dort ist die Semantik und die Struktur der Metadaten beschrieben. Das Metamodell ist ein Modell oder eine Sprache, die verschiedene Arten von Metadaten beschreibt. Da wir unter Metadaten alle Fakten zur Beschreibung und Spezifikation eines Informationssystems verstehen, muss das Metamodell die Strukturen und die Semantik aller Elemente und Komponenten (technische, logische, organisatorische, dynamische und statische) eines Informationssystems darstellen können. Jede Datenbank zur Speicherung von Metadaten basiert logisch auf einem Metadatenmodell.

**Modellsprache** Diese Ebene umfasst die Beschreibung und die Struktur von Metamodellen. Es ist die Sprache zur Definition von Metamodellen.

Der Vorteil dieser Struktur mit verschiedenen Abstraktions- und Definitionsebenen liegt in der schrittweisen Verfeinerung der syntaktischen Konzepte. Ähnlich wie in der Mathematik werden zunächst Modelle, Strukturen und Definitionen festgelegt, bevor an der konkreten Problemstellung gearbeitet wird. Die jeweils untergeordnete Ebene enthält die konkreten Ausprägungen der darüber liegenden Ebene. Die oberste Ebene der Modellsprache definiert sich selbst, d.h. mit den Sprachkonstrukten kann man auch Modellsprachen beschreiben.

## 6.2.3 Klassifikation von Metainformationen

Metainformationen lassen sich klassifizieren. Wir unterscheiden primär die beiden Klassen der betrieblichen (fachlichen) und der technischen Metainformationen.

**Fachliche und technische Metadaten** In der Klasse der fachlichen Metainformationen fassen wir alle Fakten zusammen, welche die betrieblichen und unternehmensspezifischen Sachverhalte sowie deren Organisation und Prozesse beschreiben. Technische Metainformationen bilden Fakten aus den Informationssystemen und deren technische Implementierung ab. Die unten stehende Tabelle zeigt eine Übersicht.

**Tabelle 6-1:**
**Klassifikation**
**von Metadaten**

| Fachliche Metainformationen | Technische Metainformationen |
|---|---|
| • Organisationsstruktur | • Systemstruktur |
| • Geschäftsprozesse | • Systemkomponenten |
| • Anwenderanforderungen | • Leistungsmerkmale |
| • Datenklassen | • Netzwerkdefinitionen |
| • Datenelemente | • Schnittstellen |
| • Dateninhalte | • Objekteigenschaften |
| • Werte und Domänen | • Methoden |
| • Synonyme/Homonyme | • Datenquellen |
| • Datenverantwortung | • Datenhierarchien |
| • Dateneigentümerschaft | • Relationen |
| | • Aggregationen |
| | • Periodizität |
| | • Zugriffsberechtigung |
| | • Benutzerverwaltung |

## 6.2.4    Integrationsplattform Metadatenmanagement

Dort, wo Informatiksysteme entworfen werden sowie Daten entstehen und genutzt werden, finden wir auch Metadaten.

**Abbildung 6-3:**
**Metadaten zur**
**Daten-**
**integration**

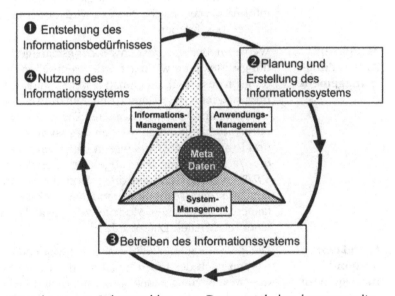

Dies kann am Lebenszyklus von Daten und den korrespondierenden Metadaten veranschaulicht werden.

**Informations-**
**bedürfnis**

1. Auf der fachlichen Seite, die wir in Abbildung 6-3 als Informationsmanagement dargestellt haben, entsteht ein Informationsbedürfnis.

**Entwicklung von Informationssystemen**

2. Dieses Bedürfnis wird mit den Informatikverantwortlichen diskutiert und resultiert in der Entwicklung eines neuen oder der Erweiterung eines bestehenden Anwendungssystems. Den hierfür verantwortlichen Bereich haben wir als Anwendungsmanagement bezeichnet.

**Betrieb von Informationssystemen**

3. Ist das Anwendungssystem technisch realisiert und produktionsreif, wird es dem Systemmanagement übergeben, um dort das System zu betreiben und zu überwachen.

**Nutzung von Informationssystemen**

4. Gleichzeitig wird das neue Informationssystem im Fachbereich (Informationsmanagement) eingesetzt. Neue Daten werden in das System eingegeben oder von anderen Systemen übernommen, die Daten werden bearbeitet und genutzt. Sie können zu einem späteren Zeitpunkt auch gelöscht werden, womit der Lebenszyklus an seinem Ende angekommen ist.

Der oben beschriebene Lebenszyklus der Daten deckt sich auch mit dem Lebenszyklus der zugehörigen Metadaten. Es ist unwesentlich, mit welcher Technologie das System erstellt wird; jedes informationstechnische System wird durch eine Menge von Metadaten beschrieben.

**Metadaten Anwendungsmanagement**

Wenn im Bereich des Anwendungsmanagements neue Anwendungssysteme entwickelt werden, entstehen durch den Modellierungsprozess (vgl. Zachman-Schema in Kapitel 3) auch Meta-Informationen, wie Daten- und Funktionsmodelle, Objektmodelle, Systemmodelle und weitere. Diese Modelle beschreiben zunächst das zukünftige Anwendungssystem aus konzeptioneller und logischer Sicht. Aus diesen logischen Modellen werden dann die Technologiemodelle abgeleitet. Bei der Verwendung eines SW-Werkzeuges können diese Modelle oft direkt generiert werden. Aus den Technologiemodellen werden schliesslich die detaillierten physischen Modelle wie etwa das physische Schema einer relationalen Datenbank.

**Metadaten Systemmanagement**

Die Technologiemodelle und ihre physischen Repräsentierungen werden nach der Inbetriebnahme des neuen Systems im Bereich des Systemmanagements genutzt. So sind viele der im Kapitel 4 geschilderten Aufgaben der Datenbankadministration auf die Metadaten des Datenbankkataloges gestützt. Dabei stehen die physischen und logischen Datenbankstrukturen ebenso zur Verfügung wie statistische Informationen über den aktuellen Zustand der Datenstrukturen und Datensätze.

**Metadaten Informationsmanagement**

Die konzeptionellen und logischen Modelle, welche während des Entwicklungsprozesses entstehen, werden von den Anwendern im Fachbereich des Informationsmanagements zu Referenzzwecken genutzt. Diese Modelle beschreiben das System aus fachlicher Sicht in einer Sprache und Struktur, welche der Anwender verstehen kann. Ein konzeptionelles, semantisches Datenmodell definiert beispielsweise die Datenzusammenhänge aus der Sicht des Fachbereiches sowie die Transformationsprozesse zur Datengewinnung. Damit sind die Anwender in der Lage, sich über die Metadaten Informationen darüber zu beschaffen, welche Daten in welcher Struktur im Informationssystem zur Verfügung stehen. Sind die fachlichen und die technischen Modelle miteinander verbunden, können die Benutzer mit Hilfe von geeigneten Werkzeugen direkt in den Datenstrukturen navigieren. Diese Funktionalität wird heute von diversen Softwaresystemen unterstützt.

**Metadaten Wartung**

Führen Änderungs- oder Erweiterungswünsche des Fachbereiches dazu, dass das System erneut im Anwendungsmanagement bearbeitet werden muss, dienen die Metadaten dazu, die Auswirkungen von Änderungen auf das System und der Schnittstellen, welche das System benötigt oder bedient, analysieren zu können. Um beispielsweise das Format eines Datenfeldes ändern zu können, muss die Verwendung dieses Feldes im gesamten Informationssystem (in Programmen, auf Bildschirmmasken, auf gedruckten Berichten usw.) bekannt sein, um die Auswirkungen dieser Änderung zu kennen und die notwendigen Anpassungen an allen betroffenen Komponenten vornehmen zu können.

**Jahr-2000-Problem**

Ein bekanntes Beispiel der Vergangenheit für die Notwendigkeit solcher Analysen war das "Jahr-2000"-Problem. Hier mussten zweistellige Jahreszahlen sowie deren Verarbeitung auf vierstellige Jahreszahlen umgestellt werden, damit die Systeme ab dem 1.1.2000 zwischen dem Jahr 2000 und dem Jahr 1900 unterscheiden konnten. Solche Umstellungen waren in integrierten Informationssystemen nur möglich, wenn die Auswirkungen auf alle Systemkomponenten bekannt waren und berücksichtigt werden konnten. Die enormen Aufwände, welche Grossanwender in die Bewältigung der Jahrtausendproblematik investiert haben, hatte gezeigt, dass im Bereich des integrierten Metadatenmanagements gravierende Defizite mit entsprechend hohen Folgekosten in deren Nachbearbeitung vorhanden waren.

**Nutzen von Metadaten**

Der volle Nutzen aus den während des Entwicklungsprozesses entstehenden Metadaten (Modellinformationen) kann für das Unternehmen nur dann entstehen, wenn die Modelle miteinander verbunden werden, aktuell sind und damit ein komplettes, integeres Modell des gesamten Informationssystems verfügbar ist. Hierfür müssen dem Metadatenmanagement die notwendigen Mittel, Prozesse und Werkzeuge zur Verfügung stehen.

## 6.3 Metadatenmanagement-System

### 6.3.1 Werkzeuge mit Metadatenverarbeitung

Bei der Erstellung, Verwaltung, Steuerung und Nutzung von Informationssystemen entstehen verschiedene Klassen von Metadaten.

**Abbildung 6-4:
Ein Metadaten-
Management-
System**

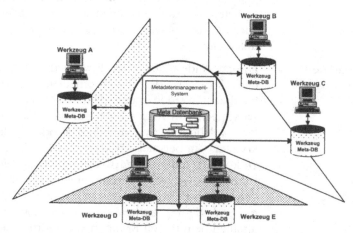

Die Erstellung und Nutzung der Metadaten erfolgt mit unterschiedlichen Methoden und Werkzeugen. Auch die Speicherung der Metainformation geschieht in werkzeugspezifischen Datenspeichern. Damit ein Metadatenmanagement mit einer umfassenden Sicht auf das Gesamtsystem realisiert werden kann, müssen die verschiedenen Metadatenverwaltungs-Systeme miteinander verbunden werden.

**Werkzeuge
in der
Anwendungs-
entwicklung**

Im Bereich des Anwendungsmanagements respektive der Anwendungsentwicklung werden die Methoden des Software-Engineerings angewendet. Diese werden unterstützt durch Entwicklungs-Werkzeuge, welche es erlauben, verschiedene Komponenten eines Anwendungssystems durch logische Modelle und Technologiemodelle zu beschreiben. Dafür kann ein einziges Werkzeug ausreichen, welches die Entwicklung aller relevanten Modelle erlaubt, oder es können für verschiedene Systemkomponenten (Datenmodelle, Datenbankstrukturen, Objektmodelle,

Prozessmodelle, usw.) unterschiedliche, spezialisierte Werkzeuge zum Einsatz kommen. Normalerweise haben diese Werkzeuge zur Speicherung ihrer Metadaten eigene Datenspeicher.

**Werkzeuge im System-management**

Im Systemmanagement werden Metadaten zur Steuerung und Überwachung des Informationssystems benötigt. Solche Daten liegen beispielsweise in Verzeichnissen von Workflow-Systemen zur Steuerung von Prozessabläufen in den Rechenzentren oder in den Katalogen der Datenbanksysteme vor. Spezielle Werkzeuge zur Systemadministration nutzen diese Metadaten. Ebenso gehören Systeme zur Datentransformation und Datenmigration in Data Warehousing Systemen in diesen Bereich.

**Werkzeuge im Informations-management**

Das Informationsmanagement setzt Werkzeuge zur Datenanalyse, Berichterstellung, Entscheidungsunterstützung und Datenmanipulation ein. Auch diese analytischen Systeme sind auf Metadaten angewiesen und besitzen für ihre speziellen Zwecke eine eigene Verwaltung ihrer Metadaten.

## 6.3.2 Typen von Metadatenverwaltungs-Systemen

Der Umfang des implementierten Metamodells sowie der Aufbau und die Funktionsweise der Verwaltungssoftware lassen eine Typisierung von Systemen zur Metadatenverwaltung zu.

**Data Dictionary Systeme (DDS)**

Data Dictionary Systeme (DDS) gelten als die ersten kommerziellen Metadatenverwaltungs-Systeme. Sie sind primär auf die Verwaltung von Datenelementen und -strukturen, meist in Verbindung mit einem entsprechenden Datenschema, ausgerichtet.

**Datenbank-Katalog**

Der Datenbank-Katalog verwaltet alle Datenbankobjekte und Systeminformationen, die vom DBMS während der Laufzeit aktiv benötigt werden. Ergänzt wird das Verzeichnis durch Angaben über den Zustand der Objekte (etwa Zeitpunkt der letzten Reorganisation, Mengenangaben, usw.).

**Repository-systeme**

Repository Systeme stellen eine Weiterentwicklung der DDS dar und sind meistens als Bestandteile von Softwareentwicklungs- und CASE-Umgebungen entwickelt worden. Sie zeichnen sich durch grosse, umfassende Metamodelle, standardisierte und vielfältige, anpassbare Schnittstellen sowie durch Möglichkeiten für benutzerdefinierte Erweiterungen aus. Sie verfügen über universelle Eigenschaften, einen grossen Funktionsumfang und veränderbare Strukturen. Ein Repository ist nicht für ein einzelnes Werkzeug entwickelt worden, sondern besitzt die Eigenschaften zur Integration von Metadaten aus verschiedenen Systemen und Anwendungsbereichen (vgl. Abschnitt 6.3.4). Das Repositorysystem verbindet verschiedene Werkzeuge und Benutzer in den Bereichen Anwendungsmanagement, Systemmanagement und Informationsmanagement und stellt dafür die nötigen Schnittstellen zur Verfügung.

Aufgrund der enormen Komplexität und Kosten solcher Repositorysysteme, von denen vor allem in den 90er Jahren viele in der Praxis gescheitert sind, besteht ein viel versprechender Ansatz in der heute verfolgten Modell- und Schnittstellenstandardisierung.

### 6.3.3 Standardisierung im Bereich Metadaten Integration

Um die Metadaten des gesamten Informationssystems über ein integrierendes System miteinander verbinden und austauschen zu können, müssen die Schnittstellen der verschiedenen Metadaten-Systeme standardisiert sein.

**Gemeinsames Metamodell**

Da die meisten Systeme ihre Metadaten in einem proprietären, werkzeug-spezifischen Metamodell gespeichert haben, muss die geforderte Standardisierung auf der Modellebene stattfinden. Auf solche Modellstandards und Datenaustauschformate müssen sich die Hersteller der Systeme einigen. Die am meisten fortgeschrittenen Standards kommen heute von der „Object Management Group (OMG)", in der ca. 300 weltweit führende Hersteller von Softwareprodukten (z.B. IBM, Oracle, Microsoft, SAS Institute, usw.) zusammenarbeiten.

Eine Notwendigkeit zur Standardisierung besteht vor allem auf der Ebene der Modellsprache und der Metamodelle bzw. der Austauschformate. Ein Austausch- oder Schnittstellenformat für Metamodelle ist seinerseits wieder ein Metamodell, das mittels der Modellsprache definiert werden kann.

**Meta Object Facility MOF**

Die Meta Object Facility (MOF) ermöglichen die Beschreibung und Erstellung von Metamodellen. Sie stellt eine abstrakte Sprache und ein Framework zur Verfügung, um plattformunabhängige Metamodelle zu definieren und zu verwalten.

**Beispiele von Metamodellbeschreibungen**

Beispiel für solche Metamodelle bilden die Unified Modeling Language (UML), die MOF selbst, die Extensible Markup Language (XML) oder das Common Warehouse Model (CWM).

Mit Hilfe dieses standardisierten Modellierungsframeworks ist es möglich, die Modellierung und Beschreibung von Metamodellen vorzunehmen. Die Darstellung abstrakter Modellsysteme und deren Implementierung in Softwaresystemen wird damit erleichtert. Da die so erstellten Metamodelle aber immer noch spezifisch auf die jeweiligen Bedürfnisse des Herstellers ausgerichtet sind, muss für eine Integration dieser Metadaten eine standardisierte Schnittstelle geschaffen werden. Eine solche Schnittstellenbeschreibung ist ihrerseits wieder ein Metamodell und kann mit den Mitteln der Metadata Architecture vorgenommen werden. Viele Hersteller unterstützen heute XML-Schnittstellen. Im Data Warehouse Bereich (vgl. Kapitel 9) wurde die XML Metadata Interchange (XMI) Schnittstelle im Rahmen des Common Data Warehouse Model (CWM) definiert, die von vielen namhaften Herstellern auf diesem Gebiet zur Metadaten-Integration genutzt wird.

**Eigene Metadaten-Integration**

Die heterogenen Systemlandschaften bei den meisten Anwendern machen eigene Bemühungen zur Metadaten-Integration erforderlich. Hierzu müssen die verwendeten Metadatenelemente und Informationsobjekte in einem gewissen Umfang selbst standardisiert und diese Konventionen innerhalb der System- und Anwendungsentwicklungs-Prozesse durchgesetzt werden. Zur Integration müssen entsprechende Schnittstellen definiert werden, über die der Metadatenaustausch organisiert wird. Es empfiehlt sich hierbei, die Standards und Möglichkeiten der Metadata Architecture und der dort definierten Beschreibungssprachen zu nutzen.

## 6.3.4    Das Metadatenmanagement-System

Bei der Schaffung einer Integrationsplattform für Metadaten ist der Aufbau einer zentralen Meta-Datenbank, basierend auf einem Metadatenmodell und entsprechender Verwaltungssoftware, notwendig.

**Abbildung 6-5:**
**Metadaten-**
**Integration**

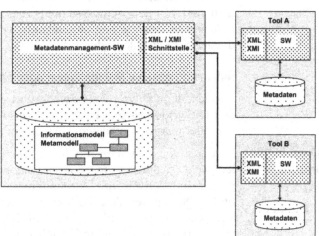

**Repository-Informationsmodell**

Falls ein zentrales Metadatenmanagementsystem (Repository) eingesetzt wird, so verfügt dieses über ein Repository-Informationsmodell (RIM). Dies ist ein Datenmodell, welches das gesamte Informationssystem mit allen Komponenten beschreibt. Je umfangreicher das Informationsmodell ist, desto vollständiger ist die Beschreibung des Informationssystems, desto komplexer ist aber das Repositorysystem insgesamt. An dieser Komplexität sind in der Vergangenheit viele Projekte gescheitert.

**Repository Datenbank**

Die zentrale Komponente des Repositorysystems ist die Datenbank, welche die Objekte (die Metadaten) gemäss dem definierten Informationsmodell aufnimmt.

**Verwaltung**

Zur Verwaltung der Metadaten auf der Datenbank verfügt das Repository über eine umfangreiche und komplexe Funktionalität. Das Versions- und Konfigurationsmanagement erlaubt, Objekte in einem integeren Zustand zu halten.

**Erweiterung Informationsmodell**

Eine wichtige Funktion stellt die Möglichkeit zur Erweiterung des Informationsmodells dar, um zusätzliche und nicht standardmässig vorhandene Informationsbedürfnisse abdecken zu können.

**Offene Schnittstelle**

Die offene Schnittstelle erlaubt die Verbindung mit anderen Werkzeugen, welche Metadaten erzeugen oder nutzen. Die Möglichkeit, Metadaten über die definierten Schnittstellen zwischen dem Repositorysystem und anderen Werkzeugen austauschen zu können, macht das Repository zur Integrationsplattform für Metadaten.

Allerdings können die Metadaten auch direkt zwischen den Werkzeugen ausgetauscht werden, wenn die Schnittstellen definiert sind. Ein Repositorysystem als zentrale Integrationsplattform reduziert in heterogenen Systemlandschaften die Zahl der individuellen Schnittstellen erheblich.

## 6.3.5 Aktive und passive Metadatenmanagement Systeme

Je nach dem Verwendungszweck und dem Integrationsgrad in den Entwicklungs- und Nutzungsprozess können Systeme als aktive oder passive Metadatenmanagement-Systeme ausgelegt sein.

**Passives System**

Von passiven Systemen reden wir, wenn das Metadaten-System lediglich zur Speicherung von Definitionen verwendet wird und primär im Bereich der Anwendungsentwicklung Verwendung findet. Die meisten Data-Dictionary-Systeme sind passiv. Die Dokumentation der Metadaten auf dem Data-Dictionary und das reale Informationssystem sind durch keine Logik miteinander verbunden und damit systemtechnisch voneinander unabhängig. Es gibt keine systemkontrollierte Konsistenz zwischen Systembeschreibung und Systemrealität.

**Abbildung 6-6: Aktive und passive Metadaten-Systeme**

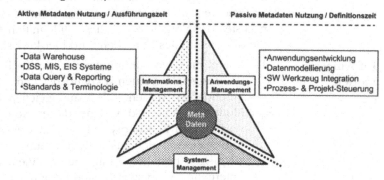

**Aktives System**

Die aktiven Systeme kann man nach ihrem Integrationsgrad im Entwicklungs- und Nutzungsprozess differenzieren. Es gibt Metadatenverwaltungs-Systeme, welche den gesamten Entwicklungsprozess von der Modellierung bis zur Generierung des lauffähigen Anwendungssystems unterstützen. Ein solches System garantiert die Konsistenz der Modelldaten mit den technischen Metadaten des Anwendungssystems, da sie auf einem gemeinsamen Metamodell beruhen und in einem definierten, durchgängigen, mehrstufigen Prozess entstanden sind.

**Systemkontrollierte Konsistenz**

Da das Anwendungssystem aus den Metadaten generiert wird, gibt es eine systemkontrollierte Konsistenz zwischen Systembeschreibung und Systemrealität. Die meisten Enzyklopädie-Systeme sind aktive Systeme im Anwendungsentwicklungsprozess.

**Aktive Metadaten-Verwaltungssysteme**

Daneben gibt es solche Systeme, die auch während der Laufzeit des Anwendungssystems aktiv sind und ein Teil der Logik des Anwendungssystems oder ein Teil der Steuerung enthalten. Datenbankkataloge, Component-Broker-Systeme aber auch Werkzeuge aus dem Data Warehouse Umfeld sind Beispiele für aktive Metadaten-Verwaltungssysteme.

## 6.4    Vorgehen bei der Metadaten-Integration

Hat man sich entschlossen, die verschiedenen Metadaten-Systeme eines Unternehmens zusammenzuführen, muss als nächstes das Vorgehen bei dieser Integration festgelegt werden. Ein praxiserprobtes Vorgehen wird hier kurz skizziert.

**Informations-modell**

1.  Zuerst muss das unternehmens-spezifische Informationsmodell festgelegt werden. Es wird bestimmt, welche Metadaten beschrieben werden sollen, aus welchen Komponenten das Modell besteht und welche dieser Komponenten relevant sind, um im Repository definiert zu werden. Da ein solches Informationsmodell aus mehreren hundert Objekten und Beziehungen bestehen kann, die zu einem grossen Teil nicht unternehmens-spezifisch sind, empfiehlt sich die Verwendung eines Referenzmodells.

**Evaluierung**

2.  Das Referenzmodell wird zur Evaluierung eines Repository-systems verwendet. Je höher der Deckungsgrad des werkzeug-proprietären Informationsmodells mit dem unternehmens-spezifisch definierten Modell ist, desto geringer ist der zu erbringende Anpassungs- und Einführungsaufwand. Der Einführung eines zentralen Repositorysystems ist auch die Alternative der direkten Schnittstellenintegration gegenüberzustellen und zu bewerten.

**Metadatenfluss**

3.  Stehen das ausgewählte Repositorysystem und die zu integrierenden anderen Metadatenverwaltungs-Systeme fest, muss der Metadatenfluss definiert werden: Wo entstehen welche Metadaten, wo werden sie gespeichert, wie kommen sie in das Repository, welche holen sie aus dem Repository ab, verwenden und verändern sie?

**Metadaten-Standards**

4.  Parallel zum Schritt 3 können die Metadaten-Standards wie Namenskonventionen, Versionsmanagement, und anderes festgelegt werden. Diese sind unabdingbar, da nur über definierte Standards die Wiederverwendbarkeit und die Austauschbarkeit von Metadaten gewährleistet werden kann.

**Schnittstellen-formate**

5.  Auf der Basis der Schritte 3 und 4 werden die Schnittstellenformate und Austauschprozesse festgelegt und die zu integrierenden Systeme priorisiert.

**Nutzung**

6.  Aufgrund der Priorisierung werden die Metadaten-Systeme über das zentrale Repositorysystem miteinander verbunden und es entsteht Schritt für Schritt ein integriertes Metadatenmanagement-System.

## 6.5 Nutzen des Metadatenmanagements

> "... Kein Maschinenbauingenieur würde eine Schraube neu kon-
> struieren, wenn sie als Normteil vorliegt. Das häufig vorgebrach-
> te Argument, Termindruck und Kosten verhindern die Einhaltung
> von Standards, muss als „Eigentor" gewertet werden. Die Be-
> schneidung der Software-Entwickler in der Möglichkeit, eigene
> Datenfelder zu kreieren, könnte in Energien umgesetzt werden,
> die besser in einem ... strukturierten Programmsystem zum Aus-
> druck kämen." [Ortner 1990]

**Standardi-
sierung**

Das oben genannte Zitat, das immer noch Gültigkeit hat, weist
auf die Problematik der oft fehlenden oder mangelhaften Ar-
beitsmethodik sowie deren Dokumentation mit entsprechend
standardisierten und allgemein verständlichen Spezifikationen
von SW-Systemen hin. Was heute für die standardisierte und klare Beschreibung eines technischen Systems in allen Ingenieurbe-
reichen als anerkanntes Arbeitsprinzip gilt, scheint in der Informatik und im Datenmanagement noch keineswegs etabliert zu
sein. Nur so ist zu erklären, dass Daten-, Prozess- und Objektmodelle in nicht normierten Darstellungen beschrieben werden,
Datenelemente in mehr oder weniger unstrukturiertem Prosatext
modelliert werden und das System-Management oft durch will-
kürliche Definitionen des jeweiligen Administrators durchgeführt
wird. Die tägliche Praxis zeigt, wie dieses fehlende und chaoti-
sche Metadatenmanagement zu Ineffizienz und Behinderungen
im Umgang mit den Informationssystemen führt. Damit verbunden sind erhöhte Entwicklungskosten, Qualitätsmängel und Fehlfunktionen der entsprechenden Systeme.

**Transparenz
und
Flexibilität**

Informationsobjekte mit allen zugehörigen Daten haben einen
Lebenszyklus. Sie entstehen bei der ersten Erfassung, werden
verändert und möglicherweise zu einem bestimmten Zeitpunkt
gelöscht oder archiviert. Bei diesen Datenmanipulationen sind
unterschiedliche Geschäftsprozesse und SW-Systeme beteiligt.
Nur wenn es gelingt, alle im Datenmanagement-Prozess eingesetzten Funktionen mit Hilfe von Metadatenmanagement-
Systemen zu erfassen und zu steuern, kann der Datenverarbei-
tungsprozess transparent dargestellt werden. Dabei hat die Analyse des Verarbeitungsprozesses eine enorme Bedeutung bei der
Vorhersage von Auswirkungen auf Systemänderungen. Oft können heute Weiterentwicklungen bestehender Systeme nur unter
grossen Schwierigkeiten erfolgen, da die Transparenz der entsprechenden Zusammenhänge nicht gegeben ist. Auch das Zu-

sammenführen verschiedener Informationssysteme wird durch die umfassende und integere Dokumentation erheblich vereinfacht oder überhaupt erst ermöglicht.

**Wiederverwendbarkeit**

Ein weiteres Problem liegt in der Wiederverwendbarkeit von Informationsobjekten und insbesondere von Datenelementen. Wiederverwendbarkeit ist nicht eine Frage der eingesetzten Methode oder Technologie, sondern wird massgeblich durch die Organisation (Vorgehensmodell, Metadatenmanagement) der Informatik-Prozesse bestimmt.

Informationsobjekte und unternehmensweite Datenstrukturen können nur dann von vielen Anwendungen und Benutzern gemeinsam verarbeitet und genutzt werden, wenn eine konsistente und jederzeit aktuelle Spezifikation der Systeme vorhanden ist. Deshalb ist die Erfassung der Metainformationen und die Pflege dieser Daten in alle Informatik-Prozesse aktiv einzubinden. Damit werden Redundanzen zuverlässig verhindert oder kontrolliert erfasst. Wer Wiederverwendbarkeit will, muss entsprechende Investitionen im Metadatenmanagement vornehmen.

**Standardisierung Systemspezifikation**

Das Metadatenmanagement erfordert die strukturierte Erfassung und Beschreibung der Systemkomponenten mit allen Metadaten-Elementen. Durch die Standardisierung der Metadaten-Elemente kann eine klare Systemspezifikation erreicht werden. Es lassen sich umfassende und vollständige Dokumentationen bereitstellen.

**Effiziente Datenmanagementprozesse**

Transparenz, Wiederverwendbarkeit und Standardisierung im Datenmanagement führen zu messbaren Kosteneinsparungen. Viele Analysen und Entwicklungsarbeiten sowie Tätigkeiten im Systemmanagement werden durch das Metadatenmanagement von wiederkehrenden Routine- und Recherchearbeiten entlastet und können somit effizienter realisiert werden.

**Qualitätsverbesserung**

Die Analyse- und Administrationsmöglichkeiten, welche durch das Metadatenmanagement eingeführt werden, machen Datenqualität erfassbar und messbar. Damit wird die Voraussetzung geschaffen, Qualität im Informationsmanagement zu messen und zu verbessern. Fehlt ein Metadatenmanagement sind Qualitätsüberlegungen im Bereich der Datenverarbeitung schwierig.

## 6.6 Kritische Erfolgsfaktoren

Warum zeigt die Realität des Metadatenmanagements bei den meisten grossen EDV-Anwendern ein so erschreckend schlechtes Bild? Warum scheitern viele Bemühungen um den Aufbau eines integrierten Metadatenmanagements? Die Praxis lehrt die folgenden wesentlichen kritischen Erfolgsfaktoren:

**Kosten-Nutzen-Betrachtung**

1. Die Einführung eines Metadatenmangementsystems stellt ein komplexes und umfangreiches Infrastrukturprojekt dar, das einer kurzfristigen Kosten-Nutzen-Betrachtung nicht standhält. Es ist für die Verfechter solcher Systeme ausserordentlich schwierig, den monetären Nutzen zu quantifizieren. Statt einer Kosten-Nutzen-Betrachtung sollte eher eine Risikoanalyse vorgenommen werden. Wie hoch ist das Risiko, durch fehlende Transparenz im Informationssystem schwer wiegende Fehler zu forcieren und unflexibel für notwendige Anpassungen zu werden? Wie hoch sind die Opportunitätskosten bei der verzögerten Einführung einer Internetlösung mit DBMS Integration?

**Notwendigkeit Standardisierungen**

2. Die Notwendigkeit für Standardisierungen wird exakt soweit akzeptiert, wie man nicht selbst dafür verantwortlich ist. Es ist allgemein anerkannt, dass Client-Server-Systeme, Komponentensoftware, unternehmens- oder weltweite Netzwerke sowie Web-Technologien und elektronischer Datenaustausch ohne Standardisierungen nicht denkbar sind. Doch unterliegen die eigenen Systeme und Prozesse häufig keinen Standards oder die vorhandenen Normierungen werden nicht durchgesetzt. Anwendungsentwickler empfinden Standards häufig als Einschränkung ihrer Kreativität und lassen nichts unversucht, diesen auszuweichen. Dabei hat uns die Industrialisierung gelehrt, dass Standardisierung der einzige Weg zur Wiederverwendbarkeit von Komponenten ist. Diese Erkenntnis ist unabhängig von der verwendeten Technologie.

**Mitarbeitermotivation**

3. Infrastrukturprojekte wie das Metadatenmanagement sind häufig sehr komplex, aber gleichzeitig selten geeignet, um sich als EDV-Spezialist zu profilieren. Das macht solche Projekte für gute Fachleute unattraktiv. Somit scheitern viele Metadatenprojekte, weil weniger qualifizierte Mitarbeiter jahrelang ohne sichtbaren Erfolg daran arbeiten. Es sollte darüber nachgedacht werden, wie die besten Mitarbeiter durch Zielfokussierung, Bonusprogramme und internationale Kontakte an Fachkongressen zur Mitarbeit motiviert werden können.

**Planung**

4. Schliesslich muss die Einführung eines integrierten Metadatenmanagements sorgfältig geplant sein, methodisch angegangen und durchgeführt werden. Als Teil einer Strategischen Informationsplanung sind die Erfolgsaussichten am besten.

## 6.7 Kernaussagen zum Metadatenmanagement

1. *Das integrierte Metadatenmanagement ergänzt die Bestrebungen der Datenarchitektur um Datenstandards und Transparenz im unternehmensweiten Informationssystem.*

2. *Metadaten beschreiben im Idealfall das gesamte Informationssystem durch konzeptionelle, logische und technologische Modelle.*

3. *Die Metadaten werden in den Bereichen der Entwicklung, des Betriebes und der Nutzung von Informationssystemen erstellt und verwendet.*

4. *Ein integriertes Metadatenmanagement führt die unterschiedlichen Modelle und Metadaten in einem Metadatenmanagement System zusammen.*

5. *Die Standardisierungen der OMG im Rahmen der Metadata Architecture sowie der Notationssprachen UML, XML und XMI sind wegweisend.*

6. *Der Nutzen des Metadatenmanagements besteht in der Standardisierung, der Förderung von Transparenz und Flexibilität, des Ermöglichens von Wiederverwendbarkeit, der Steigerung von Effizienz in den Datenmanagementprozessen sowie der Verbesserung der Dokumentations- und Datenqualität.*

7. *Metadatenmanagement vermindert Kosten und Risiken im Betrieb des Informationssystems. Der Aufbau eines integrierten Metadatenmanagements hingegen erfordert erhebliche Investitionen und ein methodisches, zielgerichtetes Vorgehen.*

8. *Unternehmensweites Datenmanagement ist ohne ein integriertes Metadatenmanagement nicht denkbar.*

# 7 Umgang mit Altlasten

Moderne Datenbankmanagementsysteme stellen die notwendige Technologie, die Disziplin der Datenmodellierung und –standardisierung den konzeptionellen Überbau zur Verfügung, um die Unternehmensressource Daten effizient erschliessen zu können. Die Migration von Alt-Systemen in neue Architekturen kann daher als ein Signal für den Übergang zur Entwicklungsstufe Datenmanagement gesehen werden.

**Abbildung 7-1: Treiber der Datenmigration**

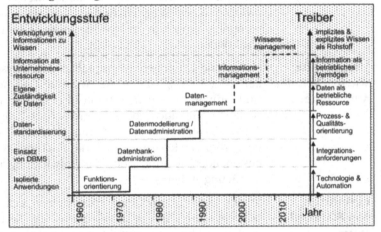

Viele Datenbestände sind im Laufe der Zeit strukturell verändert und stückweise erweitert worden. Als Resultat existieren heute in vielen Unternehmen inkonsistente und redundante Daten, die im Laufe der Zeit auf eine neue Basis gestellt werden müssen.

Die Anpassung dieser Umgebungen kann sehr unterschiedlich motiviert sein. Die Gründe können in inadäquaten Datenstrukturen liegen, in kaum noch wartbaren Anwendungssystemen, oder im Wunsch neue Datenbanktechnologie einzuführen, wie auch in der Zusammenführung mehrerer Informationssysteme zu einem einheitlichen System.

## 7.1

**Inadäquate Daten-strukturen**

## Motivation

In Kapitel 5 wurde dargelegt, wie sich inadäquate Datenstrukturen im Informationssystem auswirken. Sie führen aufgrund schlechter Datenintegration zu einer mangelhaften Unterstützung der kundenorientierten Geschäftsprozesse und der Managementprozesse des Unternehmens. Zudem wurde illustriert, welche konzeptionellen Wege es gibt, Datenstrukturen unternehmensweit zu definieren. Wir haben bei der Beschreibung des Vorgehens darauf hingewiesen, dass es bei der Modellierung neuer Datenstrukturen nicht bleiben darf, wenn das Unternehmen tatsächlich einen Nutzen aus den Modellierungsüberlegungen ziehen will. Es gibt vielerlei Gründe, welche die Unternehmen zwingen einen Weg zu finden, wie sie mit ihren Altsystemen vernünftig umgehen und sie idealerweise im Laufe der Zeit ablösen können.

**Mangelhafte Wartbarkeit der Altsysteme**

Mangelnde Dokumentationsqualität der Altsysteme, Schwerfälligkeit oder Unmöglichkeit der Wartung und hohe Betriebskosten sind Gründe für die Investition in neue Informationssysteme. Es ist keine Seltenheit, dass in grossen IT-Umgebungen 80% der Personalkosten auf den Wartungsaufwand entfallen und nur noch 20% der Ressourcen für die funktionale Weiterentwicklung bestehender Systeme oder die Entwicklung neuer Systeme zur Verfügung stehen.

**Einführung von Standard-software**

Immer mehr Unternehmen entschliessen sich, zumindest in Teilbereichen ihres Informationssystems auf die häufig teure Individualentwicklung zu verzichten und stattdessen Standardsoftware einzusetzen, also eine „Buy-before-Build-"Strategie zu verfolgen. Bekannteste Vertreter von Standardsoftware sind Peoplesoft und SAP für so genannte ERP-Systeme. ERP steht für „Enterprise Resource Planning" und bedeutet im Grunde genommen die Abdeckung der meisten Basisprozesse eines Unternehmens. Siebel ist eine bekannte Standardsoftware für das Kundenmanagement und e-Business. Andere Hersteller haben sich auf bestimmte Branchen spezialisiert, wie beispielsweise Avaloq oder Globus auf den Bankensektor. Die Integration solcher Paketlösungen ist meistens sehr aufwendig, müssen doch die Daten aus den bestehenden Altsystemen übernommen und Schnittstellen zu bestehenden Anwendungen erstellt werden.

**Einführung neuer Datenbank-technologie**

Die Einführung neuerer Datenbanktechnologie bringt eine ganze Reihe von erheblichen Vorteilen, auf die ein modernes Unternehmen, das sich auf eine leistungsfähige Informatik stützen muss, nicht verzichten kann. Trotz der zunehmenden Verbreitung von objekt-orientierten Methoden und Techniken dominiert für die breite kommerzielle Nutzung nach wie vor die relationale Datenbanktechnologie. Für Unternehmen mit grossen, zentralen Datenmengen, hohen Transaktionsraten und umfangreichen Datenanalyseprozessen ist heute und in absehbarer Zukunft das relationale Datenbankmodell die richtige Wahl. Für spezifische Anwendungen, wie beispielsweise im Rahmen des Electronic Business, drängen sich objektorientierte oder objektrelationale Erweiterungen auf, vgl. [Meier/Wüst 2003]. Damit lassen sich Datenbanken im World Wide Web einbinden und multimediale Dokumente besser abspeichern.

**Zusammen-führung von Systemen**

Wenn Unternehmensteile mit jeweils eigener Informatik zusammengelegt werden oder wenn im Zuge des Konzentrationsprozesses in der Wirtschaft Unternehmen fusionieren oder von anderen Unternehmen übernommen werden, erzwingt dies in der Regel eine Ablösung von einzelnen Teilen der zusammengeführten Informationssysteme. Dies kann geschehen, indem die Daten des einen Informationssystems in das andere übernommen werden oder indem die Daten beider Systeme in ein neues Informationssystem migriert werden [Meier/Dippold 1992].

**Investitions-schutz**

Die zentrale Aufgabe des Datenmanagements beim Umgang mit den Altlasten eines Unternehmens besteht immer darin, die getätigten Investitionen und insbesondere die Daten bestmöglich zu schützen [Meier/Haltinner/Widmer 1993] sowie bei jedem Eingriff in die Altsysteme das Risiko während des laufenden Betriebs so gering wie möglich zu halten.

**Variante Migration**

Eine mögliche Variante, sich von den Altlasten zu befreien und gleichzeitig die wertvollen Daten des Unternehmens zu schützen, besteht in der Migration der Altsysteme in neue Architekturen. Migration bedeutet soviel wie Bewegung oder Wanderung. Wenn wir von einer Migration von Informationssystemen sprechen, ist damit die Ablösung bestehender „Alt-Systeme" durch neue Systeme mit gleicher oder erweiterter Funktionalität gemeint. Wer sich bewegt oder wandert sollte wissen, wo sein aktueller Standort ist und wo sein Ziel liegt. Nur so kann der Weg vom Ist- zum Sollzustand bestimmt werden. In den folgenden Abschnitten werden die Schritte auf diesem Weg erläutert.

## 7.2
**Standort-
bestimmung**

## Analyse des Ist-Systems – eine Standortbestimmung

Da die Daten und die im Altsystem definierten Geschäftsregeln ein Vermögen des Unternehmens und damit ein wertvolles und schützenswertes Gut darstellen, muss der sicheren Übernahme der Daten als auch Teilen der Logik in das neue Informationssystem besondere Aufmerksamkeit und eine seriöse Planung gewidmet werden. Dies beginnt mit einer Standortbestimmung in drei Bereichen:

- die konzeptionelle Datenarchitektur und die Semantik der Daten,
- die Qualität der Dateninhalte,
- die Datenbanktechnologie.

## 7.2.1

## Konzeptionelle Datenarchitektur und die Semantik der Daten

Auf der konzeptionellen Ebene müssen die existierenden expliziten oder impliziten Datenmodelle analysiert werden. Unter expliziten Datenmodellen verstehen wir semantische Datenmodelle, die beispielsweise mittels eines CASE-Werkzeuges bei dem Entwurf einer neuen Datenbank erstellt wurden.

**Nach-
dokumentation**

Besonders bei älteren Datenbanken liegen solche semantischen Datenmodelle nicht vor. In diesen Fällen muss aufgrund der Datenbankstruktur das implizite Datenmodell nachdokumentiert werden. Hierfür können auch Werkzeuge mit Re-Engineering-Funktionalität eingesetzt werden. Die Datenstrukturen, die Semantik der Daten, die Verwendung der Daten in verschiedenen Anwendungssystemen ist zu dokumentieren.

**Intensive
Analyse**

Bei der Analyse ist vor allem auf strukturelle Stärken und Schwächen zu achten. Die fehlerhafte Verwendung von Datenfeldern ist beispielsweise auf Synonyme und Homonyme zurückzuführen. Diese Analyse kann nur eingeschränkt durch Re-Engineering-Werkzeuge unterstützt werden und erfordert immer einen intensiven manuellen Analyseprozess. Am Ende dieses Prozesses ist ein vollständiger Datenkatalog vorhanden, der alle für das Migrationsvorhaben relevanten Informationen über das Ist-System enthält.

**Dokumentation
im Repository-
system**

Wichtig ist vor allem, dass nicht nur die Daten und Datenstrukturen, sondern auch deren Verwendung in den Anwendungssystemen sowie die Zusammenhänge und Abhängigkeiten zwischen den Systemen genau analysiert und beschrieben sind. Der Datenkatalog wird auf einem Repositorysystem dokumentiert. Ist ein solches System nicht vorhanden, werden die sehr aufwendigen Dokumentationen rasch veralten und damit verloren gehen.

Mit diesem Verzeichnis sind die bestehenden Datenbestände zumindest auf einer strukturellen Ebene dokumentiert. Der nächste Schritt besteht in der Analyse der inhaltlichen Qualität der Daten.

## 7.2.2     Qualität der Dateninhalte

In diesem Schritt muss die Qualität der Dateninhalte analysiert und bewertet werden. Da die Übernahme von Daten mit schlechter Qualität in ein neues System wenig sinnvoll ist, muss ein Verzeichnis über bekannte Qualitätsprobleme erstellt werden, das als Basis für Verbesserungsmassnahmen dient. Die typischen Qualitätsprobleme bei älteren Datenbankanwendungen lassen sich wie folgt umschreiben:

**Homonyme Datenfelder**

- Unter Homonymen versteht man Datenfelder gleichen Namens, aber mit unterschiedlicher Bedeutung. Solche Homonyme sind ausserordentlich schwierig aufzudecken, da hierzu die Verwendung der Datenfelder in den verschiedenen Programmen und Anwendungen analysiert werden muss, ein blosser Vergleich zwischen dem Dateninhalt mit der Beschreibung des Attributes im Repository genügt nicht. Homonyme entstehen meistens dann, wenn mehrere Anwendungen dieselben Datenbanken ohne Koordination durch das Datenmanagement verwenden und jede Anwendung die Datenfelder in einer anderen Weise interpretiert.

**Codeüber- ladungen**

- Unter Codeüberladungen versteht man diskrete Wertebereiche von Attributen, die nicht disjunkt sind, das heisst deren Werte sich überlappen können. Dies führt zu komplexer und damit fehleranfälliger Interpretationslogik und schränkt die Wiederverwendbarkeit solcher Attribute ein.

**Redefinierte Felder**

- Redefinierte Felder sind ein Relikt aus der Zeit, bevor Datenbanken benutzt wurden. Damals war es schwierig oder unmöglich, den Daten ein definiertes, allgemein gültiges Format unabhängig von ihrer Verwendung in einem Programm zu geben. Solche Datenfelder enthielten meist freien Text, dessen einzelne Zeichen von Programmen in einer bestimmten, programmspezifischen Weise interpretiert wurden. So konnte beispielsweise in einem zehn Zeichen langen Textfeld das erste Zeichen aussagen, wie die restlichen neun Zeichen des Textes von einem Programm interpretiert werden sollten. Solche unstrukturierten, redefinierten Felder sind

119

aus verschiedenen Gründen in modernen Informationssystemen unerwünscht. Zum Beispiel lassen sich solche Felder durch Abfragewerkzeuge für den Endbenutzer nicht interpretieren.

**Feldmiss-brauch**

- Feldmissbrauch entsteht dann, wenn Daten in einem Datenfeld erfasst werden, die aufgrund der inhaltlichen Beschreibung des zugehörigen Attributes dort nicht hingehören; beispielsweise wird in einem mehrstelligen numerischen Feld eine Telefonnummer anstelle einer Personalnummer eingetragen.

**Vorbereitung notwendig**

Die Analyse und Bewertung der aufgeführten Qualitätsprobleme ist teilweise schwierig und zeitaufwendig. Oft helfen Stichprobenverfahren, häufig müssen auch Datenbanken und Programme analysiert werden. Trotz aller Schwierigkeiten ist diese Arbeit als Vorbereitung von Datenmigrationsvorhaben auf jeden Fall wichtig, da sonst die Gefahr besteht, einen Teil der Datenqualitätsprobleme des „Alt-Systems" mit grossem Aufwand in das neue Zielsystem einfach zu übernehmen.

## 7.2.3 Einsatz der Datenbanktechnologie

**Situation heute**

Häufig finden sich in grossen IT-Umgebungen keine einheitlichen Datenbankarchitekturen mehr, sondern unterschiedliche Datenbankmodelle auf unterschiedlichen Plattformen mit oder ohne Datenverteilung, mit oder ohne verteilte Verarbeitung.

**Standort-bestimmung**

Es muss analysiert werden, in welcher technischen Umgebung die verschiedenen Anwendungssysteme ihre Daten speichern. Insbesondere muss geklärt werden, wo relationale, wo verteilte und wo objektorientierte respektive objektrelationale Datenbanktechnologie eingesetzt werden soll.

## 7.2.4 Bewertung des Ist-Systems

Die Analyse des Ist-Systems bezweckt eine Bewertung der Stärken und Schwächen. Dies ist wichtig, weil bei einer Migration in ein neues Informationssystem die Stärken übernommen und die Schwächen eliminiert werden sollen. Folgende Tabelle zeigt ein grobes Raster für eine Stärken-/Schwäche-Analyse eines Ist-Systems aus Datenmanagementsicht.

| | **Stärken** | **Schwächen** |
|---|---|---|
| **Daten/ Daten-strukturen** | • Qualitativ gute Daten innerhalb einer Anwendung resp. Geschäftsfunktion<br>• Gute Unterstützung einzelner Geschäftsfunktionen<br>• Teilweise integrierte Daten<br>• Teilweise gute Dokumentation auf einem Data-Dictionary | • inadäquate Strukturen für effiziente Geschäfts-Prozessunterstützung<br>• inadäquate Strukturen für Managementprozess-Unterstützung<br>• Qualitätsprobleme bei Zusammenführung von Daten aus mehreren Geschäftsfunktionen<br>• häufig schlechte Dokumentationsqualität |
| **Daten-zugriffe/ Funktionen** | • Programme enthalten viel Wissen über Geschäftsregeln<br>• Robustes System<br>• Viel Wissen über Programme bei den Entwicklern vorhanden | • Programme greifen direkt auf Datenbanken zu<br>• hohe Inflexibilität zentraler Datenbanken durch mangelnde Kapselung der Datenzugriffe<br>• Redundanzen in den Geschäftsregeln<br>• häufig schlechte Dokumentationsqualität |
| **Datenbank-Tech-nologie** | • robuste, ausgereifte, auf hohe Transaktionsraten ausgerichtete Technologie<br>• zentrale Steuerung und Verwaltung der wichtigsten Anwendungssysteme auf dem Grossrechner | • nichtrelationale Datenbanksysteme erlauben keine Client/Server-Anwendungen<br>• nichtrelationale Datenbanksysteme erlauben kein End-User-Computing<br>• nichtrelationale Datenbanksysteme erlauben keinen 7x24-Stunden-Betrieb<br>• relationale Datenbanksysteme haben ein semantisch stärkeres Datenmodell als hierarchische Datenbanksysteme<br>• alle neueren Entwicklungen im Datenbankbereich basieren auf dem Relationenmodell oder dem Objektmodell |
| **Daten-qualität** | • im allgemeinen gute Datenqualität innerhalb einer Anwendung<br>• z.T. existieren institutionalisierte Qualitätsüberprüfungen und –verbesserungen | • mangelnde Dokumentation auf einem Repository oder Data-Dictionary<br>• Synonyme nicht auf einem Data-Dictionary gekennzeichnet<br>• Verwendung von Homonymen<br>• Codeüberladungen<br>• Missbrauch von Feldern für Daten, die nicht mit der Definition übereinstimmen |

**Tabelle 7-1: Stärken-Schwächen-Aufstellung des Ist-Systems**

Zusammengefasst wird man bei der Analyse des Ist-Systems in einer grossen IT-Umgebung heute einen Grossteil der Anwendungssysteme in einem renovationsbedürftigen Alter und Zustand vorfinden. Die zentralen Daten der Unternehmen werden immer noch nicht vollständig in relationalen Datenbanken geführt. Zudem sind die Datenstrukturen oft auf Einzelgeschäfte und nicht auf das Gesamtunternehmen ausgerichtet.

## 7.3     Entwurf des Zielsystems

Auf der Basis der Stärken-Schwäche-Analyse des Ist-Systems wird mit dem Entwurf eines Zielsystems begonnen. Wir gehen auf die drei Bereiche konzeptionelle Datenarchitektur, Datenqualität und Datenbanktechnologie ein.

### 7.3.1     Konzeptionelle Datenarchitektur

Die Datenbank-Technologie kann man kaufen, die Datenarchitektur in der Regel nicht. Wie man zu einer konzeptionellen Zielarchitektur kommt, wurde in Kapitel 5 dargestellt. Diese Datenarchitektur definiert nun aus der Datensicht konzeptionell das Zielsystem, in das zu migrieren ist. Ohne eine solch umfassende und übergreifende Architektur bleiben alle Migrationsüberlegungen Stückwerk, die vielleicht einige taktische Umstellungen einzelner Anwendungen erlauben, nicht aber das strategische Ziel einer wirklichen Erneuerung des Informationssystems treffen.

**Vorgehen zur Entwicklung Datenarchitektur**

Je nach der Motivation, welche der geplanten Datenmigration zugrunde liegt, kann man bei der Entwicklung der Datenarchitektur des Zielsystems auch mehr oder weniger eingeschränkt sein. Geht es beispielsweise um die schnelle Zusammenführung mehrerer Informationssysteme oder um die Übernahme der Daten eines Systems in ein anderes, ist häufig die Datenarchitektur des Zielsystems schon vorgegeben und nur noch wenig veränderbar. Dies ist auch meistens dann der Fall, wenn das Zielsystem eine Standardsoftware ist. Ob hierbei genügend Zeit zur Verfügung steht, um auch konzeptionelle Schwächen des Zielsystems zu analysieren und zu beheben, ist fraglich. Auf diese Weise kann es in solchen Fällen zu einer mehrstufigen Migration kommen. Zuerst werden die Daten der Informationssysteme in einem gegebenen Zielsystem zusammengeführt, anschliessend wird eine neue Datenarchitektur entwickelt um bestehende Schwächen zu eliminieren. Schliesslich wird das konsolidierte Informationssystem in die neue Architektur migriert.

### 7.3.2     Qualität der Dateninhalte

Für die Entwicklung des Zielsystems sollten prinzipielle Vorgehensweisen festgelegt werden, die eine hohe Qualität der Dateninhalte für die Zukunft sicherstellen. Basierend auf unseren bisherigen Überlegungen könnten einige Prinzipien wie folgt formuliert werden:

**Dokumentation im Repository**
- Alle Datenstrukturen und Attribute sind auf einem Repositorysystem zu dokumentieren. Hierfür werden Standards festgelegt. Auf dem Repositorysystem finden sich sowohl aus fachlicher wie auch aus technischer Sicht alle Definitionen und Beschreibungen in standardisierter Form. Am besten ist dies gewährleistet, wenn das Repositorysystem aktiv in den Anwendungsentwicklungsprozess integriert ist.

**Vermeiden von Synonymen und Homonymen**
- Synonyme sind zu vermeiden, Homonyme sind verboten. Dort, wo die Verwendung eines Synonyms nicht umgangen werden kann, muss dies auf dem Repositorysystem durch einen Verweis zwischen den synonymen Attributen gekennzeichnet werden. Die Bildung von Homonymen ist auf jeden Fall verboten.

**Keine Code- überladungen**
- Wertebereiche sind so zu definieren, dass disjunkte Bereiche entstehen. Die Wertebereiche sind auf dem Repository zu dokumentieren.

**Verhindern von Feldmiss- brauch**
- Es sind Validierungsregeln bei den Datenerfassungstransaktionen zu implementieren, welche die missbräuchliche Verwendung von Datenfeldern zumindest erschweren. Völlig zu verhindern ist Feldmissbrauch alleine durch technische Massnahmen nicht. Diese sind durch Ausbildungsmassnahmen für Mitarbeiter, die mit Datenerfassungs- und Datenbearbeitungsaufgaben betraut sind, zu begleiten. Dabei sollte die Bedeutung hoch-qualitativer Daten für das Unternehmen vermittelt werden.

**Kapselung der Daten**
- Keine Transaktion aus einem Anwendungssystem, welche Daten in einer zentralen Datenbank verändert, greift direkt auf die Daten zu. Die Daten der zentralen Datenbanken werden gekapselt. Veränderungstransaktionen greifen nur über diese Kapsel auf die zentralen Daten zu.

## 7.3.3 Systemarchitektur und Datenbanktechnologie

Moderne Anwendungsentwicklung folgt heute einem Verteilungskonzept. Dies stellt hohe konzeptionelle und technische Anforderungen in Bezug auf die Transaktions- und die Datensicherheit. Die Komplexität führt auch dazu, dass nach anfänglicher „Verteilungseuphorie" im Zusammenhang mit der Client-Server-Technologie heute der Trend eher wieder zurück zur zentralen Datenhaltung geht. In manchen Fällen ist aber die Verteilung von Daten aus Gründen der Leistungsfähigkeit des Systems oder der Verfügbarkeit der Daten auch bei Netzunterbruch angebracht. Dabei gilt das Prinzip: *Soviel zentrale Datenhaltung wie möglich, soviel dezentrale Datenhaltung wie nötig.* In einer solchen Architektur wird der Grossrechner immer mehr zum zentralen Daten-Server im Unternehmen, welche die Transaktionen auf den zentralen Datenbanken des Unternehmens kontrolliert.

**Kapselung der Zugriffe auf zentrale Daten**

Ganz wesentlich bei der Definition der zukünftigen technischen Datenarchitektur ist die Berücksichtigung der Überlegungen aus dem Kapitel 5 hinsichtlich der Kapselung zentraler Daten gegen direkte Datenbankzugriffe. Es sollten keinerlei direkten Zugriffe auf die *zentralen* Datenbanken mehr zugelassen werden. Nur so ist einerseits die Wiederverwendung zentraler, unternehmensweiter Regeln zu gewährleisten und andererseits wird die Wartbarkeit und Flexibilität der zentralen Datenbanken erhöht. Eine wesentliche Hilfe bei der Definition der Zugriffsschicht auf die zentralen Datenbanken liefert die Analyse der Zugriffslogik in den bestehenden Anwendungssystemen und die Isolierung dieser Logik in Zugriffsmodulen. Diese Module können in vielfältiger Weise implementiert werden, entweder gekapselt oder als „stored procedures.

**Abbildung 7-2: Mögliche Systemarchitektur**

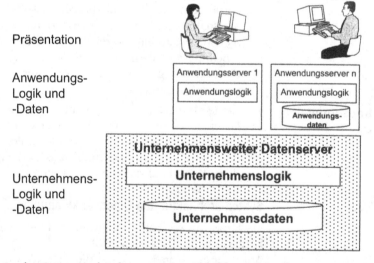

Präsentation

Anwendungs-Logik und -Daten

Unternehmens-Logik und -Daten

In der Systemarchitektur gemäss Abbildung 7-2 gibt es einen unternehmensweiten Datenserver. Dieser garantiert die Datenkonsistenz bei den zentralen Daten, hohe Transaktionsraten und die Bewältigung umfangreicher Batchverarbeitung.

Auf dem unternehmensweiten Datenserver wird ebenfalls, nahe bei den Daten, die unternehmensweit gültige und von allen Anwendungssystemen verwendbare zentrale Logik zur Verarbeitung der zentralen Daten ausgeführt. Darauf aufbauend werden Anwendungssysteme entwickelt und zur Verfügung gestellt, die je nach Anforderung einem der gängigen Verteilungsmodelle folgen.

**Realisierbarkeit** Eine solche Systemarchitektur ist durch den Einsatz relationaler Datenbanktechnologie realisierbar. Sie garantieren auch die Konsistenz der Daten bei der Verteilung über verschiedene Systeme und mehrere Plattformen. Die normierte Schnittstelle SQL erlaubt den Einsatz verschiedener Werkzeuge zur Datenpräsentation und -auswertung auf unterschiedlichen Plattformen.

## 7.4 Migrationsverfahren

Wir kennen eine ganze Reihe von technischen Möglichkeiten, welche die Migration der Daten in ein neues Informationssystem vereinfachen.

**Abbildung 7-3: Migrationsverfahren**

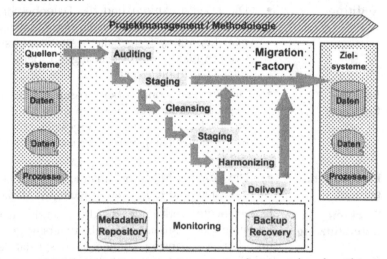

Der Ablauf einer Migration kann wie in der vorstehenden Skizze schematisiert werden. Dabei sind folgende Schritte zu durchlaufen:

**Syntaktische und semantische Prüfung**
- Die Daten werden aus den Quellensystemen gelesen und einer syntaktischen Prüfung unterzogen, teilweise können auch einfache semantische Regeln wie gültige Wertebereiche geprüft werden. Die so geprüften Daten werden in einem Zwischenspeicher, einer Staging Area, abgelegt.

**Cleansing**
- Bei einfachen Migrationen mit einfachen Daten können die Daten bereits nach diesem Schritt ab der ersten Staging Area in das Zielsystem geladen werden. Häufig sind aber noch

komplexere Datenbereinigungen durchzuführen, die auf vorher definierten Geschäftsregeln aufbauen. Hierfür werden beispielsweise Daten untereinander abgeglichen (der Inhaber eines Jugendsparkontos darf ein definiertes Alter nicht überschreiten, ein Produkt A muss immer mit einem Produkt B verkauft werden, usw.). Diese Schritte kann in mehreren Iterationen durchlaufen werden, wobei immer wieder Fehler entdeckt und verbessert werden. Die bereinigten Daten liegen dann für den nächsten Schritt in einer weiteren Staging Area bereit.

**Harmoni-**
**sierung**
- Der letzte Schritt besteht darin, die Daten in das Datenmodell des Zielsystems zu transformieren, also eine Harmonisierung mit dem neuen Modell durchzuführen. Die Daten werden danach in einer letzten Staging Area, dem Bereich „Delivery" für die Ladeprozesse des Zielsystems bereitgestellt.

**Auditing**
- Die Datenstrukturen und die Datenbeschreibungen sowohl der Quellensysteme wie auch der Zielsysteme werden in einem Repository festgehalten. Ausserdem sind dort auch die beim Auditing und Cleansing zu berücksichtigenden Geschäftsregeln hinterlegt.

**Backup**
**Recovery**
- Die Prozesse können bei grossen Migrationen sehr aufwändig sein. Daher werden Daten auch für eventuell notwendige Backup-Verfahren sichergestellt, um bei technischen Problemen nicht ganze Verarbeitungen nachfahren zu müssen.

**Projektmana-**
**gement**
- Die gesamte Migration unterliegt einem strikten Projektmanagement und folgt einer festgelegten Methodologie.

**Werkzeug-**
**unterstützung**
Es gibt heute Werkzeuge, die diese Schritte ganz oder teilweise im Sinne einer „Migrationsfabrik" unterstützen. Für das Auditing und / oder Cleansing können auch spezialisierte Softwareprodukte eingesetzt werden, beispielsweise zur Bereinigung von Adressdaten. Es kann sich auch anbieten, Werkzeuge zu verwenden, die ursprünglich für Data Warehousing Prozesse entwickelt wurden (vgl. hierzu Kapitel 9). Keinesfalls ersetzen solche Werkzeuge aber eine sorgfältige Analyse und einen sorgfältigen Design, wobei den Geschäftsregeln, die den Daten zugrunde liegen, besondere Sorgfalt zu widmen ist.

**Migrations-**
**varianten**
Auf der Basis dieses prinzipiellen Verfahrens ist es möglich, verschiedene Migrationsvarianten durchzuführen. Im nächsten Abschnitt werden vier Migrationsvarianten beschrieben.

**7.5**     **Migrationsvarianten**

Grundsätzlich lassen sich vier Varianten unterscheiden [Meier/Dippold 1992] [Meier 1997], nach denen Daten von einem System zu einem anderen migriert werden können:

**4 Varianten**

1. Die Neuentwicklung der Anwendungssysteme bzw. der Einsatz von Standardsoftware und die einmalige Migration.

2. Die Datenmigration und die Programmkonversion.

3. Die Umsetzung der prozeduralen Datenbankzugriffe auf die relationalen Datenbanken.

4. Die synchrone oder asynchrone Propagierung der Datenänderungen auf relationale Datenbanken.

Diese Varianten werden mit ihren Chancen und Risiken in den folgenden Abschnitten dargestellt und bewertet.

**7.5.1**     **Variante 1**

Die Neuentwicklung des Anwendungssystems oder die Beschaffung von einer Standardsoftware stellen die Ausgangslage für diese Variante dar. Mit einer einmaligen Datenmigration beziehungsweise Datenübernahme werden die Daten vom alten System ins neue überführt.

**Abbildung 7-4: Datenmigration**

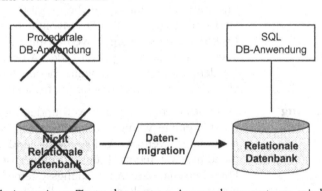

**Vorgehensweise**

Nach intensiven Tests des neuen Anwendungssystems wird die Migration vorgenommen. Hierzu müssen die zu migrierenden Altsysteme gestoppt werden, um weitere Veränderungen der Daten auf den Datenbanken während des Migrationsprozesses zu verhindern. Danach werden die Daten mit Hilfe von Extraktions- und Ladeprogrammen abbildungsregelkonform in die neuen Datenbanken überführt. Nun kann die neue Anwendung gestartet werden. Es ist zumindest für die ersten Stunden ein Parallellauf von alten und neuen Systemen vorzusehen, um bei auftauchenden Problemen mit den neuen Systemen (mangelhaftes Laufzeitverhalten, fehlende Komponenten, Fehlfunktionen, usw.) auf das alte, bewährte System zurückgehen zu können.

**Chancen**

Diese Variante ist die einzige, welche es erlaubt, das System völlig neu und ohne Kompromisse, die aufgrund von Rücksichten auf die Funktionen des bestehenden Systems eingegangen werden müssten, neu zu bauen. Die Resultate eines eingehenden Business-Process-Reengineerings könnten so in Anwendungssysteme umgesetzt werden, welche die neu entworfenen Geschäftsprozesse effizient unterstützen. Nach einem erfolgreichen Wechsel auf die neuen Anwendungssysteme können die Altsysteme eliminiert werden. Zudem werden die Wartungskosten reduziert, da kein Parallellauf beider Systeme über längere Zeit erforderlich ist.

**Risiken**

Diese Variante erfordert einen so genannten "Switchover", dies bedeutet zu einem fixen Zeitpunkt werden dann die migrierten Altsysteme auf das Zielsystem umgestellt und nach kurzem Parallellauf wird das Altsystem abgeschaltet. Ein Zurückgehen auf das Altsystem ist, ohne massiven Datenverlust nur während weniger Stunden möglich. Dies birgt das grosse Risiko in sich, dass Fehler, die erst spät entdeckt werden, nicht mehr durch ein Zurückgehen auf das Altsystem umgangen werden können. Je kritischer und transaktionsintensiver die umgestellten Anwendungssysteme sind und je grösser das Datenvolumen ist, desto grösser ist das Risiko, welches getragen werden muss. Bei dieser Variante darf auch der Ausbildungsbedarf der Anwender nicht unterschätzt werden, die mit einem völlig neuen System und der entsprechenden Benutzeroberfläche konfrontiert sind.

**Bewertung**

Das mit einem Switchover verbundene Risiko kann in der Regel nur für einige wenige, unkritische Anwendungssysteme in Kauf genommen werden. Je integrierter und umfangreicher die Anwendungssysteme sind, desto weniger ist diese Variante tragbar. Für überschaubare Anwendungssysteme, für welche das Risiko getragen werden kann, sollten die Chancen, ein völlig neu entwickeltes System zu erhalten, genutzt werden.

## 7.5.2 Variante 2

Die Variante Datenmigration und Programmkonversion ist der ersten ähnlich, geht aber von der Programmlogik und den Daten vom bestehenden System aus. Im Gegensatz zur Variante 1 werden die Programme nicht neu entwickelt, sondern es wird eine automatisierte Konversion der bestehenden Programme vorgenommen.

**Abbildung 7-5:
Datenmigration
und Pro-
grammkonver-
sion**

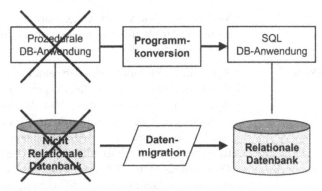

**Vorgehens-
weise**

Die prozeduralen Datenbankaufrufe eines Anwendungsprogrammes werden mit Hilfe von Konversionsroutinen teilweise automatisch in relationale Datenbankaufrufe für das Zielsystem übersetzt [Meier 2004].

In einigen Fällen müssen die Konversionen von Hand nachgebildet oder überarbeitet werden. Dies wird vor allem dort der
Fall sein, wo Laufzeitprobleme bei den Datenbankaufrufen zu
erwarten sind. Nach der erfolgreichen Konversion der Programme ist die Situation dieselbe, wie bei Variante 1. Auch hier wird
nach intensiven Tests des neuen Anwendungssystems die Migration vorgenommen. Ebenso wie bei Variante 1 müssen die zu
migrierenden Altsysteme gestoppt werden. Die Daten werden
mittels Extraktions- und Ladeprogrammen abbildungsregelkonform in die neuen Datenbanken überführt. Danach werden die
neuen Anwendungsprogramme gestartet.

Heute sind verschiedene erprobte Softwarelösungen für diese
Variante auf dem Markt vorhanden. Meist haben sich die Anbieter auf ein bestimmtes Datenbanksystem als Quelle spezialisiert.
Es gibt heute Werkzeuge verschiedener Hersteller für Migrationen aus ADABAS, IMS, IDMS oder DMS. Das Zielsystem ist i.d.R.
ein relationales DB-System. Die dabei eingesetzte Software analysiert die bestehenden Programme und baut ein Repository auf,
in welchem die Zugriffe auf die Daten und deren Verwendung
beschrieben wird. Diese Softwarelösungen können auch dazu
verwendet werden, die bestehenden Systeme zu dokumentieren,
auch wenn danach eine andere Migrationsvariante gewählt wird.

**Chancen**

Bei dieser Variante kann die Logik der bestehenden Programme
übernommen werden, lediglich die Datenbankaufrufe werden
auf das neue Zielsystem konvertiert. Dies gewährleistet einen
hohen Investitionsschutz bei qualitativ guter Software. Da ein
grosser Teil der Konversion automatisiert werden kann, ist das

Verfahren effektiv. Im Gegensatz zur Variante 1 besteht aber nicht die Möglichkeit eines echten Re-Engineerings der Prozesse und damit auch der Anwendungssysteme.

**Risiken**

Auch diese Variante erfordert einen Switchover mit den bei der Variante 1 geschilderten Konsequenzen und Risiken. Ein zusätzliches Risiko besteht darin, dass die Verarbeitung der Daten in relationalen Systemen eine prinzipiell andere ist als in traditionellen, beispielsweise bei hierarchischen Systemen. Die Verarbeitung in älteren Datenbanksystemen wie etwa dem hierarchischen Datenbanksystem IMS von IBM erfolgt satzorientiert, das heisst mit jedem Datenbankzugriff (lesen, schreiben, verändern, löschen) wird genau ein Datensatz in der Datenbank bearbeitet. Relationale Systeme arbeiten jedoch prinzipiell mengenorientiert, will heissen mit einem Datenbankzugriff können mehrere Datenbanksätze bearbeitet werden. Selbstverständlich kann auch in einem relationalen Datenbanksystem auf einzelne Datensätze zugegriffen werden. Dies kann in vielen Situationen die Verarbeitung erheblich verlangsamen. Da nun bei einer Konversion der Datenbankzugriffe von einem traditionellen beispielsweise hierarchischen auf ein relationales System häufig die satzorientierte Verarbeitungsweise erhalten bleibt, kann dies zu Leistungsverlusten führen. Das wiederum macht teilweise umfangreiche Nachbearbeitungen notwendig. Auf jeden Fall ist diesem Aspekt bei den intensiven Tests mit den konvertierten Programmen auf repräsentativen Datenmengen Beachtung zu schenken.

**Bewertung**

Das mit einem Switchover verbundene Risiko ist bereits unter der Variante 1 diskutiert worden. Der Vorteil gegenüber der Variante 1 besteht in der weit gehenden Automatisierung der Umstellung auf ein neues Datenbanksystem durch automatische Konversion der meisten Datenbankzugriffe. Erkauft wird dieser Vorteil mit dem Nachteil, dass nur eingeschränkt erweiterte Funktionalität möglich ist und dass die Programme teilweise noch manuell nachbearbeitet werden müssen. Denkbar ist in bestimmten Fällen eine Kombination der Varianten 1 und 2. In einem ersten Schritt wird ein Teil der Programme, deren Logik erhalten werden muss und deren Datenbankzugriffe relativ einfach und unkritisch sind, konvertiert. Anschliessend können notwendige funktionale Erweiterungen dieser Programme zusätzlich programmiert werden. Im nächsten Schritt wird der Rest des neuen Systems, für den sich eine Konversion entweder nicht lohnt oder die Funktionalität erneuert werden muss, völlig neu entwickelt.

**7.5.3**

## Variante 3

Hier wird das relationale Datenbanksystem um eine generelle Softwareschicht ergänzt, welche die prozeduralen Aufrufe in die relationale Sprache SQL übersetzt [Meier 1998]. Die existierenden Anwendungsprogramme können belassen und deren Datenbankaufrufe mittels der Schnittstelle auf das relationale Zielsystem umgeformt werden.

**Abbildung 7-6:
Zugriff auf relationale Daten aus bestehenden Anwendungen**

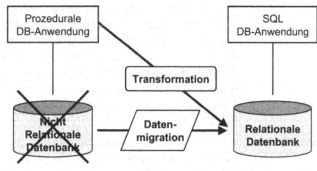

**Vorgehensweise**

Wenn die neuen Datenstrukturen entworfen sind, werden die Regeln definiert, wie die alten Strukturen auf die neuen abgebildet werden müssen. Diese Abbildungsregeln werden in einem Verzeichnis festgehalten. Die bestehenden Programme werden automatisch analysiert und die jeweiligen Datenbankzugriffe in SQL-Zugriffe umgesetzt.

**Chancen**

Der Ablauf ist einfach und es gibt Werkzeuge am Markt, welche den Prozess des Umsetzens der Datenzugriffe in bestehenden Programmen weitg ehend automatisieren. Nach der Migration der Daten in die neuen, relationalen Datenbanken und dem erfolgreichen Start der konvertierten Datenbankzugriffe, können die abgelösten Datenbanken gelöscht werden. Ein teurer und aufwendiger Parallellauf der alten und neuen Datenbanken entfällt. Es können neue Anwendungssysteme ausschliesslich auf der Basis relationaler Datenbanktechnologie entwickelt werden, und – falls erforderlich - auch Zug um Zug alte Programme auf die neuen Datenbanken umgestellt werden. Damit kann eine neue Logik und effiziente, relationale Verarbeitung in die neuen Programme eingebaut werden.

**Risiken**

Das Vorgehen hat einige gravierende Nachteile. So können die neuen Datenstrukturen nicht völlig frei entworfen werden, sondern es müssen die bestehenden Datenstrukturen und deren Verarbeitungslogik berücksichtigt werden, da nicht jede beliebige Abbildungsregel zwischen den Systemen unterstützt werden kann. Diese Einschränkung betrifft sowohl Regeln, die im Anwendungssystem begründet sind, wie auch solche, die im Datenbankzugriff selbst liegen. Nicht jeder Zugriff auf eine satz- und adressorientierte Datenbank, wie etwa IMS, kann in einen äquivalenten Zugriff eines relationalen, mengenorientierten Datenbanksystems umgesetzt werden. Häufig ist die Umsetzung nicht möglich oder sie wird durch Laufzeitprobleme erkauft.

Die erwähnten Schwierigkeiten erfordern teilweise eine manuelle Überarbeitung der Datenbankzugriffe und die Verwendung von zusätzlicher prozeduraler Logik in Form von Exitroutinen. Das Ausmass der zusätzlichen manuellen Arbeit hängt davon ab, wie intensiv die spezifischen Möglichkeiten des alten Datenbanksystems ausgenutzt wurden. Je mehr Spezifikationen in den alten Programmen vorhanden sind, desto grösser wird der Überarbeitungsaufwand.

**Bewertung**

Bei unkritischen Anwendungssystemen, bei denen die Tests überschaubar bleiben und die nur einen geringen Integrationsgrad ins gesamte Informationssystem und damit nur wenige Abhängigkeiten zu anderen Systemen aufweisen, ist dies eine denkbare Migrationsvariante. Auch in Kombination mit anderen Varianten kann dieses Vorgehen für ausgewählte Anwendungssysteme sinnvoll sein.

## 7.5.4     Variante 4

### 7.5.4.1     Grundlagen

Die synchrone oder asynchrone Propagierung ist die technisch komplexeste Variante und die einzige, welche die Datenmigration auf der Ebene des Datenbankmanagementsystems bewältigt. Wir gehen nun näher auf die synchrone Propagierung ein. Beispiele für die asynchrone Propagierung finden sich in der Literatur [Meier et al. 1994] und im folgenden Abschnitt 7.5.4.3.

**Datenredundanz durch System kontrolliert**

Diese Variante geht davon aus, dass die Daten jener Anwendungssysteme, die migriert werden sollen, zunächst *parallel und synchron* in den alten und in den neuen, relationalen Datenbanken geführt werden. Es handelt sich bei diesem Verfahren um eine systemkontrollierte Datenredundanz.

**Datenintegrität durch Transaktionsprinzip**

Der Hauptvorteil besteht darin, dass die Daten in beiden Systemen konsistent gehalten werden. Man spricht von der Sicherstellung der *Datenintegrität*. Die Datenintegrität wird bei der Verarbeitung von Daten in Datenbanken klassischerweise durch das Transaktionsprinzip garantiert.

Eine Datenbanktransaktion führt die Daten in einer Datenbank von einem konsistenten Zustand in einen anderen konsistenten Zustand über. Erst wenn die Transaktion erfolgreich endet, werden die Datenveränderungen auf der Datenbank auch tatsächlich nachgeführt. Ist der erfolgreiche Abschluss einer Transaktion aus irgendwelchen Gründen (Netzunterbruch, Verarbeitungsfehler, Fehler in der Hardware, usw.) nicht möglich, werden die Daten in ihren vorherigen konsistenten Zustand zurückversetzt.

Jede Veränderung von Daten in einer Datenbank wird nach dem Transaktionsprinzip entweder vollständig oder gar nicht durchgeführt. Das Datenbankmanagementsystem garantiert damit die Datenintegrität auf der jeweiligen Datenbank.

**Konsistenz zwischen zwei DBMS**

Das grosse Problem bei der Datenpropagierung aus herkömmlicher Datenbank in relationale Datenbanken besteht darin, dass zwei unterschiedliche Datenbankmanagementsysteme beteiligt sind. Die unabdingbare Voraussetzung für diese Variante besteht in der technischen Fähigkeit des alten und des neuen Datenbankmanagementsystems, eine Veränderung von Daten, die redundant sowohl im alten wie im neuen System vorhanden sind, so durchzuführen, als würde die Veränderung in einer einzigen Datenbanktransaktion durchgeführt. Nur so ist gewährleistet, dass die Daten von einem konsistenten Zustand in einen anderen konsistenten Zustand überführt werden.

Tatsächlich sind aber zwei unterschiedliche Datenbankmanagementsysteme beteiligt, die jeweils ihre eigenen Datenbanktransaktionen durchführen, um innerhalb ihres Systems die Datenintegrität sicherzustellen. Die zunächst jeweils unabhängigen Datenbanktransaktionen im alten und im neuen System müssen dementsprechend synchronisiert werden. Dieses erfordert einen Transaktionsmanager, der zwischen beide Systeme geschaltet ist und die Transaktionen erfolgreich überwacht (siehe Glossar 2 Phasen Commit).

**7.5.4.2**
**Synchrone Datenpropagierung**

Aufgrund des logischen und physischen Entwurfs der neuen Datenbanken müssen die Abbildungsregeln definiert und festgehalten werden, nach denen die Daten der alten Strukturen auf die Logik der neuen Strukturen abgebildet werden.

**Abbildung 7-7:**
**Daten-**
**propagierung**
**und Koexistenz**
**Phase 1**

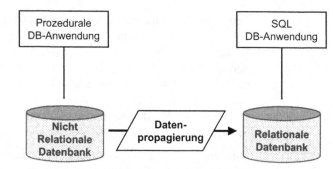

**Vorgehens-**
**weise Phase 1**

Diese Regeln werden in einem Verzeichnis des Transaktionsmanagers beschrieben, um später während der Verarbeitung für
die abbildungsgerechte Verarbeitung der Daten in beiden Systemen genutzt zu werden.

Nach der Implementierung der neuen Datenbanken werden die
alten Datenbanken, welche die zu migrierenden Daten enthalten,
gestoppt, die Daten werden mittels Extraktions- und Ladeprogrammen abbildungskonform in die neuen Datenbanken *redundant* übertragen, die Daten sind jetzt sowohl in den alten wie
auch in den neuen Datenbanken vorhanden. Nach dem Starten
der Datenbanken und des zentralen Transaktionsmanagers können die bestehenden Anwendungsprogramme im Altsystem wieder gestartet werden. Jede Datenbanktransaktion wird jetzt synchron und abbildungskonform sowie unter Wahrung der Datenintegrität in beiden Systemen sowohl in den alten wie auch in
den neuen Datenbanken durchgeführt. Man spricht in diesem
Fall von einer Ein-Weg-Propagierung (Alt nach Neu).

**Vorgehens-**
**weise Phase 2**

Damit ist die Basis für eine echte Migration gelegt. Ab jetzt sollten alle Erweiterungen oder Neuentwicklungen nur noch auf der
Basis der relationalen Datenbanken durchgeführt werden. Auf
der Seite des Altsystems werden keine Erweiterungen oder gar
Neuentwicklungen mehr erlaubt.

**Abbildung 7-8:**
**Daten-**
**propagierung**
**und Koexistenz**
**Phase 2**

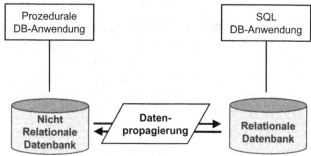

Gleichzeitig können bestehende Anwendungssysteme schrittweise vom Altsystem ins neue System migriert werden. Damit die Daten, welche auf der alten Seite in noch nicht umgestellten Anwendungen aktuell bleiben, kann die Rückwärts-Propagierung eingeschaltet werden. Dadurch werden jene Datenbankänderungen, welche auf der relationalen Seite ausgelöst werden, ins alte System propagiert. Entscheidend ist natürlich, dass für alle Daten jeweils feststehen muss, wo sich das Original sowie die nachzuführende Kopie befinden. Für jedes Datenelement ist entweder die alte oder die neue Seite führend, und die jeweils andere Seite wird propagiert. Es darf kein Datenelement geben, welches im Altsystem wie auch im Neusystem durch Anwendungssysteme verändert wird.

**Vorgehensweise Phase 3**

Die letzte Phase bildet den Abschluss der Migration. Alle Anwendungssysteme und ihre Daten sind auf das neue, relationale Zielsystem migriert, sodass die Altsysteme endgültig abgeschaltet werden können.

**Abbildung 7-9: Datenpropagierung und Koexistenz Phase 3**

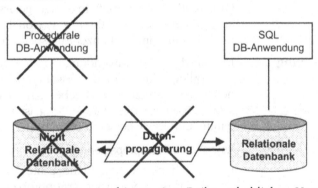

**Chancen**

Die Datenpropagierung bietet eine Reihe erheblicher Vorteile. Ein entscheidender Vorteil gegenüber allen anderen Varianten besteht darin, dass die Migration der Daten ins neue, relationale System für die alten, bestehenden Anwendungssysteme transparent ist. Es muss zunächst nichts umgestellt oder angepasst werden. Der notwendige Aufwand wird in dieser Phase weitgehend von einigen wenigen Datenbank- und Systemspezialisten erbracht. Schon in dieser Phase können die Daten in den relationalen Datenbanken genutzt werden. Die Datenpropagierung ermöglicht eine langsame und auch für sehr integrierte Daten unkritische Migration, da kein Switchover notwendig wird. Die Daten stehen sowohl im Altsystem wie im neuen Umfeld zur Verfügung, die Datenintegrität wird durch die Datenbankmanagementsysteme gewährleistet.

**Risiken**

Der wesentlichste Nachteil dieser Variante besteht in den technischen Voraussetzungen, die vorherrschen müssen und leider nur in den wenigsten Fällen gegeben sind. So gibt es bis heute nur ein einziges Produkt auf dem Markt, das eine synchrone Datenpropagierung von einem herkömmlichen Datenbanksystem in ein relationales System unterstützt (Produkt DPROP/NR von IBM). Und auch dieses Produkt unterstützt standardmässig nur eine eingeschränkte Zahl von Abbildungsregeln. Darüber hinausgehende Abbildungsanforderungen müssen individuell programmiert und an den vom Produkt zur Verfügung gestellten Schnittstellen angeschlossen werden. Da diese Module sowohl die Vorwärts- wie auch die Rückwärts-Propagierung unterstützen, ist dies keine triviale Aufgabe.

Ein weiteres Risiko muss in der technischen Komplexität gesehen werden, die bei massiver Nutzung der Vorwärts- und Rückwärts-Propagierung im täglichen Betrieb der Datenbanken bewältigt werden muss. Diese Variante kann daher nur von EDV-Organisationen ernsthaft ins Auge gefasst werden, die über gut ausgebildetes und erfahrenes Personal in der Datenbankadministration und im Rechenzentrumsbetrieb verfügen.

**Bewertung**

Überall dort, wo Anwendungssysteme mit stark integrierten Daten vorliegen und wo die erwähnten technischen sowie personellen Voraussetzungen gegeben sind, kann dieser Migrationsansatz verfolgt werden. Dieser Weg ist in einem integrierten Systemumfeld der sicherste und am besten planbare.

### 7.5.4.3 Asynchrone Datenpropagierung

Da es sich hierbei um keine echte Migrationsvariante handelt, führen wir die asynchrone Datenpropagierung hier nur der Vollständigkeit halber kurz auf.

Wir können grundsätzlich zwei verschiedene Arten der asynchronen Propagierung unterscheiden, nämlich die zeitpunktbezogene Variante (point-in-time) und die kontinuierlich-asynchrone Variante.

**Zeitpunkt bezogene Variante**

Bei der zeitpunktbezogenen Variante werden die Daten zu einem jeweils festgelegten Zeitpunkt auf der Kopie nachgeführt, also beispielsweise am Tagesende. Dieser Ansatz wird von verschiedenen am Markt verfügbaren Produkten unterstützt und häufig für das Nachführen der Daten in einem Data-Warehouse eingesetzt (vgl. Kapitel 9, ETL-Werkzeuge).

**Kontinuierlich asynchrone Variante**

Die kontinuierlich-asynchrone Variante bringt die Daten so schnell wie möglich und mit einer minimalen Verzögerung von einigen Sekunden in die Kopie. Dieser Ansatz wird oft zur Pflege der Daten in einem Katastrophen-Backup-Zentrum genutzt oder um reine, zeitnahe Auswertungsdatenbanken zu pflegen (vgl. Kapitel 9 Operational Data Store).

## 7.6 Umsetzung der Datenbankzugriffe

Bei dieser Methode handelt es sich nicht um eine Migration von einem Altsystem auf ein neues Zielsystem, sondern die Datenbanken des Altsystems bleiben erhalten. Ein herkömmliches Datenbanksystem wird durch eine generelle Softwareschicht ergänzt, welche es erlaubt, deskriptive SQL-Aufrufe zu formulieren und diese dann an das herkömmliche Datenbanksystem zu richten.

**Abbildung 7-10: Transformation SQL Zugriffe**

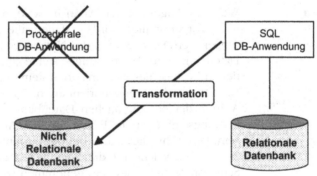

**Vorgehensweise**

Es werden die mengenorientierten Ausdrücke auf die vorhandene prozedurale Schnittstelle des herkömmlichen Datenbanksystems transformiert [Meier 1998].

Eine Datenmigration findet nicht statt, die Daten bleiben in den Datenbanken des Altsystems. Es ist nun möglich, neue Anwendungen im neuen Zielsystem zu entwickeln. Die neuen Daten werden dort in relationalen Datenbanken gespeichert, der Zugriff auf die alten Datenbestände erfolgt mittels SQL über die generelle Schnittstelle, welche die SQL-Aufrufe transformiert.

Es sind ausserdem verschiedene Abfragewerkzeuge auf dem Markt erhältlich, welche es erlauben, mit der standardisierten Sprache SQL auf Daten in nichtrelationalen Datenbanken zuzugreifen. Damit kann Endbenutzern sehr schnell und effektiv mittels der deskriptiven Sprache SQL Zugriff auf die meisten Daten des Unternehmens gegeben werden.

**Chancen**

Der Übergang auf ein neues Informationssystem geschieht sanft und allmählich, eine eigentliche Datenmigration erfolgt nicht, was das Risiko erheblich reduziert. Trotzdem kann bereits frühzeitig einer der grossen Vorteile der relationalen Systeme, nämlich die standardisierte, deskriptive Sprache SQL genutzt werden. Wenn später doch eine Migration von Daten aus dem Altsystem in die relationalen Datenbanken vorgenommen wird, bestehen in den neu entwickelten Systemen bereits viele Zugriffe auf die Daten in relationaler Logik (unter der Prämisse, dass sich die Datenstrukturen durch die Migration nicht wesentlich ändern). Der Zeitplan des Übergangs auf ein neues System ist weniger durch die Technik bestimmt als vielmehr durch die Erfordernisse, neue Anwendungssysteme mit verbesserter oder erweiterter Funktionalität entwickeln zu müssen. Dieser Umstand erleichtert häufig die Rechtfertigung der Kosten im Unternehmen.

**Risiken**

Weil eine Migration der Daten in neue, relationale Datenbanken nicht vorgenommen wird, entfallen alle strukturellen Verbesserungen der Daten. Ausser der Nutzung von SQL stehen für diese Daten und ihre Anwendungssysteme alle anderen oben diskutierten Vorteile der relationalen Systeme nicht zur Verfügung. Die Umsetzung der mengenorientierten SQL-Aufrufe in prozedurale Aufrufe der herkömmlichen Datenbanken kann mit erheblichen Leistungseinbussen in Bezug auf die Antwortzeiten verbunden sein. Dies führt dazu, dass bei der Formulierung der SQL-Aufrufe zu sehr Rücksicht auf die Eigenheiten des Altsystems und der Schnittstelle zum Altsystem genommen werden muss. Die so entstehenden SQL-Aufrufe sind dann häufig untauglich, um sie effizient auch auf ein relationales System anwenden zu können.

**Bewertung**

Diese Variante ist attraktiv in Situationen, in denen man mit den Datenstrukturen und der Funktionalität der Anwendungssysteme in der alten Systemumgebung zufrieden ist aber langsam in eine neue, auf relationaler Datenbanktechnologie basierende Zielumgebung wachsen will. In allen anderen Fällen ist eine echte Migration unumgänglich. Diese Variante unterstützt die Entwicklung von Portalen, wie sie im Electronic Business zum Beispiel für die Bereitstellung von Produktkatalogen vermehrt zur Anwendung gelangen [Meier 2001]. Verschiedene Hersteller bieten Enterprise Portale an, welche erlauben, von einer einheitlichen Oberfläche auf Datenbestände in verschiedenen Systemen zuzugreifen, ohne dass der Benutzer deren Eigenarten kennen muss. Portale sind keine Migrationshilfen, erlauben aber Datenbestände auf Altsystemen zu belassen und zu nutzen, bis sie abgelöst werden.

## 7.7    Zusammenfassung der Varianten

Wir fassen hier die diskutierten Möglichkeiten, Daten zu migrieren oder auf Altsysteme via SQL zuzugreifen zusammen:

| Variante | Szenario | Chancen | Risiken | Bewertung |
|---|---|---|---|---|
| 1 | Neuentwicklung oder Standardsoftware und einmalige Datenmigration | • Entwurf des Neusystems ohne Kompromisse<br>• Kauf einer Lösung<br>• kein langer Parallellauf, schnelle Ablösung des Altsystems | • Switchover<br>• hohes Risiko von Datenverlust | Möglich für unkritische Anwendungen, die wenig integrierte Daten verwalten |
| 2 | Datenmigration und Programmkonversion | • Investitionsschutz der bestehenden Programme<br>• teilweise automatisierbar | • Switchover<br>• DB-Zugriffe teilweise schwer umsetzbar<br>• Leistungs-Einbussen und schlechtes Laufzeitverhalten möglich | Ähnlich wie Variante 1 zu bewerten, ggf. sind beide Varianten kombinierbar |
| 3 | Umsetzung der prozeduralen Zugriffe auf die relationalen Datenbanken | • weitgehend automatisierbar<br>• schneller Nutzen der relationalen Datenbanktechnologie | • Kompromisse beim Entwurf des neuen Systems<br>• teilweise manuelle Überarbeitung nötig<br>• Leistungseinbussen und schlechtes Laufzeitverhalten möglich | Bei unkritischen, wenig integrierten Anwendungssystemen mögliche Variante |
| 4 | Synchrone Datenpropagierung | • Transparent für bestehende Anwendungssysteme<br>• System garantiert die Datenintegrität<br>• langsame und unkritische Migration möglich<br>• auch bei sehr integrierten Systemen geeignet | • sehr dezidierte technische Voraussetzungen<br>• technisch komplex<br>• hohe Anforderungen an das technische Personal | Wenn die technischen und personellen Voraussetzungen gegeben sind, bevorzugte Variante bei komplexen und integrierten Anwendungssystemen |
| | Umsetzung relationaler Zugriffe auf bestehende Datenbanken | • frühe Nutzung von SQL<br>• kein Switchover nötig<br>• bedürfnisorientierter Zeitplan möglich | • keine eigentliche Datenmigration<br>• nicht geeignet für sehr integrierte Systeme<br>• keine grosse Qualitätsverbesserung im Altsystem<br>• langer Parallellauf | Erlaubt langsames Wachsen in die relationale Datenbank-Technologie, stellt aber eigentlich keine echte Migration dar |

Tabelle 7-2: Zusammenfassung der Migrationsvarianten

## 7.8 Die Rolle der Metadaten im Migrationsprozess

Eine entscheidende Hilfe zur erfolgreichen Bewältigung eines Migrationsvorhabens ist ein funktionsfähiges Metadatensystem. Im Laufe der Analyse des Ist-Systems und des Entwurfs des Zielsystems werden wichtige Fakten über das bestehende und das kommende Informationssystem erhoben. Ohne die Dokumentation und die Pflege dieser Informationen in einem Metadatensystem bleibt es bei einer Momentaufnahme, die sehr schnell ihren Wert verliert.

**Beherrschung der Komplexität**

Ein weiterer Nutzen des Metadatensystems liegt in der Beherrschung der Komplexität des Datengebildes, das sich während der einzelnen Migrationsphasen entwickelt. Einige unternehmenskritische Daten werden durch komplexe Regeln und mit technisch anspruchsvollen Verfahren in unterschiedlichen Systemumgebungen unterhalten. Dies stellt hohe Anforderungen an die konzeptionelle und technische Administration der Daten. Eine Datenadministration ist ohne ein Metadatensystem wesentlich aufwendiger und mit erheblichen Risiken verbunden.

Das in Abbildung 7-3 dargestellte Migrationsverfahren zeigt ebenfalls die Rolle eines Metadatensystem in Form eines Repositorysystems.

**Einführen Datenstandards**

Das Migrationsvorhaben kann auch als Chance betrachtet werden, um Ordnung in die Datenbestände zu bekommen. Man kann neue oder abgeänderte Datenstandards einführen (vgl. ISO-Normierungen für Datenelemente), die Kapselung der zentralen Daten gegen direkten Zugriff durch normierte Schnittstellen durchsetzen, die Dokumentationsqualität insgesamt erhöhen oder ein umfangreiches und für den Endanwender nutzbares Metadatensystem aufbauen. Ein umfangreiches Migrationsvorhaben, welches diese Chancen nicht nutzt, verschwendet einen grossen Teil des aufgewendeten Kapitals.

## 7.9 Ein möglicher Fahrplan für die Migration

Welche Migrationsvariante gewählt wird und wie komplex die Durchführung der Migration wird, hängt von vielen Faktoren ab, die zuvor bestimmt werden müssen. Je nach der Motivation für eine Migration und nach dem Integrationsgrad des zu migrierenden Systems verändern sich die Komplexität und die Möglichkeit, bestimmte Migrationsvarianten einzusetzen.

**7.9.1**  **Bestimmung Migrationsvariante**

Betrachten wir die Komplexität von bestehenden Systemen, welche meist über 20 oder mehr Jahre gewachsen sind, ist es im Allgemeinen unrealistisch, ein ganzes Informationssystem auf einmal und mit einer einzigen Technik ablösen zu wollen. Vielmehr ist eine Migrationsstrategie zu entwickeln, welche die Balance zwischen Chancen und Risiken hält, und die je nach Teilsystem die Vorteile verschiedener Verfahren nutzt.

**Notwendige Abklärungen**

Wenn man das Ist-System sorgfältig analysiert hat und das Zielsystem bestimmt ist, sind noch weitere Abklärungen zu treffen, um schliesslich die geeignete Migrationsstrategie und damit auch die technischen Migrationsvarianten zu bestimmen. Die folgenden Punkte sind nur eine Auswahl von Fragestellungen, die noch zu bearbeiten sind:

- Wie integriert sind die Daten der zu migrierenden Anwendungssysteme im Altsystem und/oder im neuen System?
- Welche Abhängigkeiten gibt es zwischen den Systemen?
- Welche Prioritäten bestehen in den Fachabteilungen hinsichtlich der Neuentwicklung bestimmter Anwendungssysteme und welche Auswirkungen hat dies auf die Migrationsplanung?
- Wie komplex sind die Geschäftsregeln, die vom Altsystem übernommen werden müssen?
- Wie komplex sind die Abbildungsregeln zwischen den alten und den neuen Datenstrukturen?
- Bei welchen Anwendungssystemen kann das Risiko eines Switchover getragen werden und bei welchen auf keinen Fall?

Sind die offenen Fragen beantwortet, wird die geeignete Migrationsstrategie festgelegt.

**7.9.2**  **Beispiel einer Migration**

Am Beispiel eines integrierten Informationssystems einer Bank oder Versicherung, mit starken Abhängigkeiten der meisten Anwendungssysteme zu zentralen Kunden- und Vertragsdaten, wird eine solche Migrationsstrategie kurz skizziert.

**Phase 1: Ist-System dokumentieren**

Die Analyse des Ist-Systems liefert eine vollständige Dokumentation des abzulösenden Informationssystems, die soweit wie möglich auf einem Repository festgehalten und den aktuellen Veränderungen entsprechend nachgeführt wird. Der Integrationsgrad

141

der einzelnen Systeme und deren gegenseitige Abhängigkeiten sind transparent und auf dem Repository nachvollziehbar. Die strukturellen und inhaltlichen Schwächen des Ist-Systems sind aufgedeckt und dokumentiert worden. Die Stärken sind ebenfalls bekannt und werden zusammen mit den aufgedeckten Schwächen in einem Katalog festgehalten.

**Phase 2: Zielsystem entwerfen**

Das Zielsystem wird unter Berücksichtigung des Stärken-/Schwächen-Katalogs des Ist-Systems entworfen. Es werden Massnahmen zur Verbesserung und Sicherung der Datenqualität vorgesehen. Die Standards, nach denen das neue System zu entwickeln und zu dokumentieren ist (beispielsweise auch Namensstandards auf dem Repository), werden festgelegt.

**Phase 3: Konversionsregeln festlegen**

Auf der Basis der Dokumentation des Ist-Systems und dem Entwurf des Zielsystems werden die Abbildungsregeln festgelegt, nach denen die Daten von einem System auf das andere zu konvertieren sind. Dabei kann in einigen Fällen eine Überarbeitung des Zielentwurfs notwendig werden, wenn die Konversionsregeln zu komplex werden und durch eine der möglichen Migrationstechniken nicht bewältigt werden können.

**Phase 4: Migrationsvariante bestimmen**

Die geeignete Migrationsvariante ist pro Teilsystem zu bestimmen. In unserem Beispiel eines integrierten Umfelds, in dem starke Abhängigkeiten zu den zentralen Datenbanken bestehen, wählen wir für die Kerndaten des Systems die synchrone Datenpropagierung (Migrationsvariante 5). Diese Technik können wir auch für solche Daten vorsehen, die strukturell und inhaltlich in gutem Zustand sind sowie schnell und effizient in die neuen Datenbanken übernommen werden sollen.

Für alte Teilsysteme oder für Systeme aus jenen Geschäftsbereichen, die einem Business-Process-Reengineering unterzogen werden, wählen wir die Migrationsvariante 1 (Neuentwicklung).

Überall dort, wo wir mit den Systemen funktional zufrieden sind, aber relationale Datenbanktechnologie nutzen wollen, wird die Migrationsvariante 2 mit Datenmigration und Programmkonversion vorgesehen.

Durch die Möglichkeit, mittels Datenpropagierung die Daten systemkontrolliert redundant in beiden Datenbankumgebungen führen zu können, müssen die Migrationsvarianten 3 und 4, das heisst die Umsetzung von Datenbankzugriffen nicht betrachtet werden. Für die Erstellung und Pflege von Datenbanken für reine Auswertungszwecke kann bei Bedarf die asynchrone Datenpropagierung verwendet werden.

**Phase 5:
Migrations-
schritte
planen**

Die Migrationsschritte werden konkret geplant. Da in unserem Szenario die meisten Anwendungssysteme von gewissen zentralen Daten stark abhängig sind, werden diese Kerndaten mittels synchroner Datenpropagierung zuerst im neuen Umfeld zur Verfügung gestellt. Die Migration der weiteren Systeme werden aufgrund fachlicher oder technischer Priorisierungen mit der geeigneten, vorher festgelegten Migrationstechnik vorangetrieben. Auf der Basis dieser konkreten Planung werden Erweiterungen oder gar Neuentwicklungen auf der Seite des Altsystems mit dem Migrationsvorhaben so koordiniert, dass alle Synergien möglichst ausgeschöpft werden können und die Verschwendung von Ressourcen und Kapital unterbleibt.

**Phase 6:
Altes System
abschalten**

Ist die Migration erfolgreich abgeschlossen, können die alten Systeme abgeschaltet werden. Es mag erstaunen, aber gerade diese letzte Phase wird häufig nicht geplant und am Ende auch nicht durchgeführt. Aufgrund mangelhafter Ist-Analysen oder unkoordinierter Weiterentwicklung im Altsystem während der Migrationsphase besteht plötzlich grosse Unsicherheit, ob das System wirklich abgeschaltet werden kann. Dieses Verhalten wird mit einer Vergeudung von Ressourcen und Kapital bezahlt. Denn es war doch sicher nicht das erklärte Ziel des Migrationsvorhabens, am Ende neben dem neuen System auch noch das alte System zusätzlich betreuen zu müssen.

## 7.10  Weitere Integrationsvarianten

Das Bedürfnis nach integrierten Daten kann sehr unterschiedlich motiviert sein. Wir haben hier sehr ausführlich die Möglichkeiten diskutiert, operative Datenbestände von Altsystemen in neue Architekturen und Systeme zu migrieren und dort als integrierte, harmonisierte Daten zur Verfügung zu stellen. Für die in Abschnitt 7.1 aufgeführten Gründe ist dieses Verfahren die geeignete Vorgehensweise.

**EAI und EII**

Wenn das Bedürfnis der Datenintegration aus Altsystemen anders motiviert ist, so können auch andere Verfahren geeigneter sein. Der Vollständigkeit halber wollen wir daher kurz auf die Verfahren „Enterprise Application Integration (EAI)" und „Enterprise Information Integration (EII)" eingehen.

**Dispositive /
Analytische
Bedürfnisse**

Die speziellen Anforderungen und Verfahren zur Datenintegration, die aus dispositiven und analytischen Bedürfnissen entstehen, werden ausführlich in Kapitel 9 diskutiert.

**7.10.1**    **Enterprise Application Integration**

Wie bereits mehrfach dargelegt, stellt sich die über Jahrzehnte gewachsene Systemlandschaft in den meisten grossen Unternehmen als vielfach miteinander verflochtene, über unzählige Schnittstellen verbundene Ansammlung einzelner Anwendungssysteme dar, die jeweils bestimmte fachliche Funktionen des Unternehmens unterstützen. Viele dieser Anwendungssysteme verfügen auch über einen eigenen Datenbestand.

**Vergangenheit individuelle Schnittstellen**

Häufig besteht das Bedürfnis, einzelne Geschäftsfunktionen und deren Anwendungssysteme zu integrierten Geschäftsprozessen zu verbinden. In der Vergangenheit hat man dieses Problem über weitere individuelle Schnittstellen gelöst, wobei das Gesamtsystem mit jeder weiteren Schnittstelle noch unflexibler und wartungsunfreundlicher wurde.

**Modernere Lösung EAI**

Eine modernere Lösung bietet der Ansatz „Enterprise Application Integration" an. Durch die Aufteilung der Softwareumgebung in Komponenten und kontrolliert durch einen Integrationsbroker, werden die Altsysteme einbezogen, ohne sie zu migrieren.

**Abbildung 7-11: EAI-Architektur**

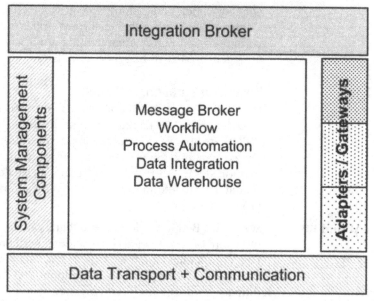

Es muss lediglich ein Adapter für das entsprechende Altsystem geschrieben werden. Die Daten werden in eine Message-Queue geschrieben und vom EAI-Broker verarbeitet. Die Logik des EAI-Brokers entscheidet, wie die Daten an das Zielsystem weiter geschickt werden. Die Daten werden dort ebenfalls über eine Message-Queue oder über eine Schnittstelle, ein API (Application Program Interface) empfangen. Erst danach wird die Ziel-Datenbank verändert.

**Bewertung**  Diese Architektur mit Komponenten- und Integrationsbroker hat sich immer mehr etabliert. Beispielsweise entwickeln verschiedene Informatiklieferanten neue Rechnerarchitekturen und Plattformen, die einen Komponenten- und Integrationsbroker unterstützen. Einige Nachteile bleiben aber in der notwendigen Datentransport-Komponente, die DBMS unabhängig ist, damit die Hilfsmittel des DBMS nicht ausnutzen kann und somit oft zu einem Engpass wird. Weiter sind solche Lösungen meist technisch sehr komplex und bedingen gute Spezialisten. EAI ist keine echte Datenintegrationslösung. Sie wird jedoch dazu verwendet.

## 7.10.2  Enterprise Information Integration

Integration von Daten und Informationen ist in den meisten Unternehmen ein immer grösseres Bedürfnis. Die Gründe wurden hier schon mehrfach genannt. Für verschiedene Bedürfnisse gibt es verschiedene Verfahren und für jedes Verfahren wiederum verschiedene Technologien von unterschiedlichen Herstellern.

**Unterschiedliche Verfahren und Technologien**  Jede Technologie hat ihre eigene Logik, ihre eigenen Systemschnittstellen und ihre eigene Entwicklungsumgebung. Dies bedeutet für die Anwender, dass sie einerseits für ihr konkretes Integrationsbedürfnis das richtige Verfahren und die richtige Technologie auswählen müssen, und dass sie dann auch noch die Systemspezialisten finden müssen, die in der Lage sind, die in der Regel komplexen technischen Integrationsaufgaben zu lösen. Häufig werden bei grossen Unternehmen für unterschiedliche Integrationsaufgaben auch unterschiedliche Verfahren und Technologien eingesetzt, was Aufwand und Kosten entsprechend erhöht.

Aus diesen Gründen wachsen bereits heute verschiedene Technologien immer mehr zusammen. Das Ziel ist es, ein integriertes Werkzeug für alle Datenintegrationsprobleme zur Verfügung zu haben, die verschiedene Verfahren unter einer einheitlichen Entwicklungsumgebung und Benutzeroberfläche vereinigt. Die Basis bildet ein gemeinsames Repository, in dem die Daten und Schnittstellen des Unternehmens beschrieben sind.

Die META Group bezeichnet dies als „Enterprise Information Integration" [META Group 2004] und sieht darin die Zukunft der Datenintegrationslösungen.

145

## 7.11 Kernaussagen zum Umgang mit Altlasten

1. *Die Motivation zur System- und Datenharmonisierung kann in inadäquaten Datenstrukturen, mangelhafter Wartbarkeit der Altsysteme, dem Wunsch nach dem Einsatz moderner Datenbanktechnologie oder der Zusammenführung mehrerer Informationssysteme liegen. Die Motivation bestimmt auch das Vorgehen, welches in vielen Fällen eine Migration sein wird, aber auch durch andere Wege erreicht werden kann.*

2. *Die seriöse Analyse des zu migrierenden Ist-Systems nach den Kriterien Datenarchitektur, Datenqualität und Datenbanktechnologie bildet die Grundlage für einen Stärken-/-Schwächen-Katalog des Ist-Systems. Dieser Katalog ist beim Entwurf des Zielsystems und beim Migrationsvorgehen zu berücksichtigen.*

3. *Der Entwurf des Zielsystems legt die neue Datenarchitektur, Massnahmen zur Sicherstellung der Datenqualität sowie die neue Datenbanktechnologie fest. Neue Datenstandards sind ebenfalls zu definieren.*

4. *Die Konversions- und Abbildungsregeln zwischen den Daten im Ist-System und den Daten im Zielsystem müssen bestimmt werden.*

5. *Die Ergebnisse der Analyse- und der Entwurfsphasen inklusive der Konversions- und Abbildungsregeln sind in einem Repository zu dokumentieren und zu pflegen.*

6. *Basierend auf den Resultaten der Analyse- und Entwurfsphasen, der Komplexität der Konversionsregeln, der technischen Gegebenheiten, der fachlichen und technischen Prioritäten sowie der Bewertung der verschiedenen Techniken ist eine Vorgehensstrategie zu entwickeln und in eine konkrete Planung umzusetzen.*

7. *Das Ziel jeder Migration muss die vollständige Ablösung des Altsystems sein.*

8. *Die Zukunft der Datenintegration besteht im Zusammenwachsen bisher unterschiedlicher Verfahren und Technologien zur „Enterprise Information Integration".*

# 8 Erfolgreiche Organisation des Datenmanagements

Wir haben bislang gesehen, dass der Treiber für den Übergang zur Stufe „Datenbankadministration" die Einführung neuer Technologie war. Der Übergang zur Entwicklungsstufe „Datenmodellierung/Datenstandardisierung" entstand durch die Forderung nach mehr Datenintegration. Der Treiber für den Übergang zur Entwicklungsstufe „Datenmanagement" ist ein anderer.

**Abbildung 8-1:**
**Treiber der Organisation Datenmanagement**

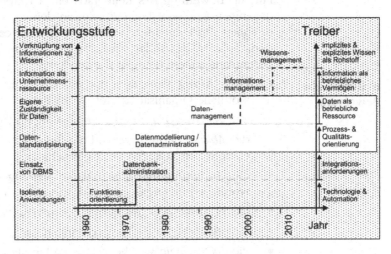

## 8.1 Motivation

Die Wahrnehmung der Daten als Unternehmensressource führt zwangsläufig zu der Konsequenz, auch Zuständigkeiten und Verantwortlichkeiten für Daten zu definieren und eine Organisationseinheit zu schaffen, die mit der Erfüllung der wesentlichen Aufgaben rund um die Daten beauftragt ist.

**Höchste Stufe** Die höchste Stufe der Verantwortung für die Daten eines Unternehmens ist erreicht, wenn in einer Organisationseinheit „Datenmanagement" die technischen Aufgaben der Datenbankadministratoren, die konzeptionellen Aufgaben der Datenarchitekten sowie die Standardisierungsaufgaben der Datenadministratoren wahrgenommen werden. In fortschrittlichen Unternehmen kommen noch andere Verantwortungsbereiche wie beispielsweise Data Warehousing hinzu.

**Voraus-
setzungen**

Allein mit der Bildung einer neuen Organisationseinheit ist allerdings das Datenproblem des Unternehmens nicht zu lösen. Das Datenmanagement kann nur erfolgreich sein, wenn die Zielsetzungen klar sind, die Kompetenzen dem Auftrag entsprechen, die ablauf- und aufbau-organisatorische Einordnung stimmt, sowie die methodischen, technischen und personellen Voraussetzungen gegeben sind. Ausschlaggebend für den Erfolg des Datenmanagements scheint uns zu sein, dass das Unternehmen insgesamt reif für diese Entwicklungsstufe ist.

## 8.2 Reifegrad des Datenmanagements eines Unternehmens

Für die Bewertung des Reifegrads eines Unternehmens müssen diejenigen Kriterien definiert sein, an denen sich die Bewertung orientiert. Im Folgenden benennen wir die wesentlichsten Kriterien, anhand derer das Entwicklungsstadium zum integrierten Datenmanagement beurteilt werden kann:

**Kriterien zur
Bewertung**

- den *Auftrag,* nach dem die jeweilige, für die Daten verantwortliche Organisationseinheit arbeitet;

- den *Auftraggeber* und dessen Stellung im Unternehmen;

- die *Ablauforganisation* und die Rolle der Datenverantwortlichen in den Abläufen des Unternehmens;

- die *Aufbauorganisation* und die Stellung der Datenverantwortlichen im Organigramm des Unternehmens;

- das *Personal,* welches für die Daten verantwortlich ist;

- die *Methodik,* nach der vorgegangen wird;

- die *Technologie,* welche jeweils im Einsatz ist;

- die *Unternehmenskultur,* in welche die Informatik als Ganzes und die Datenverantwortlichen als Teil davon eingebettet sind.

### 8.2.1 Kriterium Auftrag

Die Aufträge für die einzelnen Funktionen des Datenmanagements ändern und erweitern sich mit zunehmender Entwicklung zum integrierten Datenmanagement. Von einer mehr oder weniger isolierten Fixierung auf die technischen Aspekte des Datenbankbetriebes bis zur ganzheitlichen Verantwortung der Unternehmensressource *Daten.*

## 8.2.1.1    Entwicklungsstufe Datenbankadministration

Der Auftrag an die Datenbankadministration besteht auf dieser Entwicklungsstufe im Wesentlichen in der Sicherstellung der technischen Qualität der Datenbanken sowie der technischen Sicherheit der Daten.

## 8.2.1.2    Entwicklungsstufe Datenmodellierung/-standardisierung

Mitte der achtziger Jahre wurden in den Unternehmen Teams gebildet, die einen konzeptionelleren und funktionsübergreifenderen Auftrag hatten. Die Daten des Unternehmens sollten umfassend analysiert, neu strukturiert und standardisiert werden. Zum einen bestand der Auftrag in einer Standardisierung der Daten des Unternehmens, zum anderen darin, die Daten aus ihrer isolierten, funktions- und anwendungsspezifischen Sicht herauszulösen und in einen Gesamtunternehmenskontext zu stellen.

**Auftrag und Verantwortung**

Im Idealfall wird ein solcher Auftrag aus einem übergeordneten Auftrag zur Erarbeitung einer Strategischen Informationsplanung für das Gesamtunternehmen abgeleitet. Viele Methoden des Software- oder Information-Engineerings, für welche die Datenmodellierung einen Teilbereich darstellt, basieren auf der Erstellung einer umfassenden Informationsplanung. Nur wenn der Auftrag an ein Datenmodellierungsteam zur Erstellung einer unternehmensweiten Datenarchitektur den Datenaspekt einer Strategischen Informationsplanung abdeckt, ist auch die Abstimmung mit anderen Standardisierungsaktivitäten im Unternehmen gewährleistet. Das gesamte Vorgehen muss auf dieser Entwicklungsstufe aufeinander abgestimmt sein und einem übergeordneten Auftrag folgen.

## 8.2.1.3    Entwicklungsstufe Datenmanagement

**Lebenszyklus der Daten**

Die Erkenntnis, dass die Daten des Unternehmens eine betriebliche Ressource darstellen und infolgedessen ein verantwortliches Management über ihren gesamten Lebenszyklus wachen muss, führt zum Übergang auf die Entwicklungsstufe *„Datenmanagement"*. Es ergeht ein Auftrag an eine Organisationseinheit „Datenmanagement":

**Auftrag Datenmanagement**

> Es sind alle konzeptionellen, technischen, methodischen und organisatorischen Massnahmen zu ergreifen und durchzusetzen, um eine hohe Qualität der Daten des Unternehmens über ihren gesamten Lebenszyklus zu gewährleisten und sie ihrem grösstmöglichen Nutzen zuzuführen.

Damit werden die isolierten Aufträge an unterschiedliche Bereiche, wie etwa die Datenmodellierung und die Datenbankadministration, einem umfassenderen Auftrag „Datenmanagement" unterstellt und aufeinander abgestimmt.

## 8.2.2 Kriterium Auftraggeber

Mit dem Übergang von der Entwicklung isolierter Anwendungen ohne ausdrückliche Berücksichtigung der Datenaspekte hin zum unternehmensweiten Datenmanagement ändert sich auch die Stellung des Auftraggebers im Unternehmen.

### 8.2.2.1 Entwicklungsstufe Datenbankadministration

Häufig ist die Datenbankadministration aus der Systemprogrammierung oder dem Rechenzentrumsbetrieb hervorgegangen. Der Auftraggeber für die Datenbankadministration ist daher bei der Produktionsverantwortung zu finden. Oft ist es der Leiter des Rechenzentrumsbetriebes oder einer separaten Abteilung „Systemtechnik" oder „Systemplanung", der als Mittler zwischen Anwendungsentwicklung und Rechenzentrumsbetrieb etabliert ist und für Infrastrukturbelange zuständig ist.

### 8.2.2.2 Entwicklungsstufe Datenmodellierung/-standardisierung

Wer der Auftraggeber eines Datenmodellierungs- und/oder Datenadministrationsteams ist, hängt meist von der Organisation des Informatikbereiches des Unternehmens zum jeweiligen Zeitpunkt ab sowie davon, ob der Auftrag tatsächlich Teil einer umfassenden Strategischen Informationsplanung ist. In diesem Fall ist der Auftraggeber möglicherweise gar der Leiter des Informatikbereiches selbst, was aus den bereits im Abschnitt 8.2.1.2 dargestellten Gründen typischerweise nicht der Fall ist.

**Auftraggeber in Abteilung SW-Entwicklung** Wir finden Auftraggeber daher häufiger in der eigentlichen Entwicklungsabteilung, in einer Abteilung „Systemplanung" oder in einer Abteilung „Methoden und Verfahren". Da der Auftrag an die Datenmodellierung und -administration auch Standardisierungsaufgaben enthält, die einmal definierten Standards aber im Entwicklungsprozess durchgesetzt werden müssen (=Legislative), hat ein Auftraggeber in der Regel einen schweren Stand. Ihm fehlt die notwendige Unabhängigkeit zum eigentlichen Entwicklungsprozess.

### 8.2.2.3 Entwicklungsstufe Datenmanagement

Der Auftraggeber für ein umfassendes Datenmanagement muss unabhängig von funktions-orientierten Interessen innerhalb des

Informatikbereiches sein. Solche Interessen verfolgen etwa die Leiter von Entwicklungsabteilungen, die in erster Linie ihre Projekte termin- und budgetgerecht abschliessen wollen. Dieses Interesse ist legitim, führt aber häufig dazu, dass Standardisierungsmassnahmen, Vorgehensmodelle oder bestimmte vorgeschriebene Methoden als hinderlich und Zeit raubend betrachtet und daher missachtet werden.

**Leiter des Informatikbereiches als Auftraggeber**

Soll das Datenmanagement in die Lage versetzt werden, seinen Auftrag erfolgreich zu erfüllen, muss der Auftraggeber für das Datenmanagement hierarchisch hoch genug angesiedelt sein, um über solchen funktions-orientierten Interessen zu stehen und das Gesamtinteresse vor Augen zu haben. In der Regel eignet sich daher der Leiter des Informatikbereiches als Auftraggeber. Auf diese Weise bestehen bei echten Konflikten zwischen Datenmanagement und anderen Funktionsbereichen der Informatik auch Eskalationsmöglichkeiten mit dem Ziel eines Interessenausgleiches. Eine andere Möglichkeit besteht darin, dass der Auftraggeber aus einem Ausschuss der Geschäftsleitung kommt. Diese Organisation bietet den Vorteil, dass die Fachbereiche des Unternehmens besser in die Auftragserteilung an das Datenmanagement eingebunden sind und diese direkter beeinflussen können.

## 8.2.3 Kriterium Ablauforganisation

Die Ablauforganisationen der Unternehmen und anderer grosser Organisationen haben sich in den letzten Jahren im Zuge der verstärkten Ausrichtung auf die Kunden teilweise dramatisch geändert oder sind noch mitten in diesem Änderungsprozess. War die Informatik früher vor allem selbst der Auslöser von organisatorischen Veränderungen in den verschiedenen Unternehmensbereichen, so ist sie heute selbst zunehmend Gegenstand massiver organisatorischer Veränderungen.

### 8.2.3.1 Entwicklungsstufe Datenbankadministration

Mit der Einführung von Datenbankmanagementsystemen erhöht sich die technische Komplexität der Anwendungen im Vergleich zur Verarbeitung von Datensätzen ganz erheblich.

**Spezialisierung der Mitarbeiter**

Dies verlangt die Spezialisierung einzelner Mitarbeiter auf diese Technologie. Die Folge ist die Einführung einer Stelle „Datenbankadministration". Damit sind die Anwendungsentwickler nicht mehr alleine für die technische Qualität ihrer Anwendungen verantwortlich. Vielmehr ist für alle Datenbankbelange diese Stelle dem eigentlichen Produktionsbetrieb vorgeschaltet. Somit ist mit der Einführung dieser Stelle auch eine Änderung der Ablauforganisation verbunden. Die Entwickler müssen alle Datenbankentwurfsentscheidungen der Datenbankadministration vorlegen und von dieser genehmigen lassen.

**Zusammen-**
**arbeit mit**
**Spezialisten**
**des Datenbank-**
**teams**

In einigen Unternehmen wird der Datenbankentwurf auch ausschliesslich durch die Spezialisten des Datenbankteams vorgenommen. Davon ist im Allgemeinen abzuraten, da für einen guten Datenbankentwurf die Kenntnis der gesamten Anwendung unabdingbar ist. Diese Phase sollte kollektiv mit den Entwicklern durchlaufen werden. Neben den Entwicklern haben die Datenbankadministratoren auch den Rechenzentrumsbetrieb als Schnittstelle. Hier ist die Datenbankadministration dem Produktionsbetrieb für die technische Qualität der Datenbanken verantwortlich. In Zusammenarbeit mit den Produktionsverantwortlichen sind Einführungen und technische Massnahmen in der Produktion zu koordinieren und gemeinsam durchzuführen.

## 8.2.3.2 Entwicklungsstufe Datenmodellierung/-standardisierung

Mit der Einführung der Datenmodellierung als eigenständige Disziplin im Entwicklungsprozess und einer Organisationseinheit, welche für die Integration der verschiedenen Anwendungs-Datenmodelle in eine übergreifende Datenarchitektur verantwortlich ist, ändert sich auch die Ablauforganisation bei der Entwicklung von Informationssystemen. Auf dieser Entwicklungsstufe finden sich drei Modelle zur Integration der Datenmodellierung in die Ablauforganisation:

**Zentrale**
**Gruppe Daten-**
**modellierung**

1. Die Gruppe Datenmodellierung ist zentral für die Erstellung aller Datenmodelle zuständig. Bei diesem Modell findet Datenmodellierung nicht (mehr) in den Entwicklungsteams statt, sondern nur noch zentral bei den Spezialisten des Datenmodellierungsteams.

   Dieses Modell hat den Vorteil, dass der Integrationsauftrag am konfliktfreiesten durchgesetzt werden kann. Das Team, welches ausschliesslich für den Datenentwurf zuständig ist, verfolgt primär diesen Integrationsauftrag. Bei diesem Modell überwiegt jedoch der Nachteil der zentralen Einheit, welche meist einen Engpass darstellt. Dieser Engpass kann auch durch eine ausreichende personelle Ausstattung nur vordergründig behoben werden. Neben der Anzahl der Mitarbeiter ist zudem deren fachlicher Hintergrund entscheidend. In einem grossen Unternehmen gibt es so viele unterschiedliche Fachbereiche, dass es praktisch unmöglich wird, in einer zentralen Einheit das Detailwissen über die verschiedenen Geschäfte des Unternehmens zu bündeln.

**Datenmo-
dellierung in
Entwicklungs-
teams**

2. Datenmodellierung findet ausschliesslich in den Entwicklungsteams statt. Die Datenmodellierungsgruppe ist nur für die Abnahme der erarbeiteten Datenmodelle zuständig. Dies ist ein Modell, das sich auf dieser Entwicklungsstufe in den Unternehmen häufig findet.

Ein Datenmodellierungsteam, das zur reinen Abnahmeinstanz degradiert ist, wird sehr rasch jedes Wissen über das Geschäft des Unternehmens verlieren - falls es jemals vorhanden war - und nur noch einen rein formalen, an erlassenen Standards orientierten Verwaltungsakt durchführen. Zur angestrebten Datenintegration wird diese Organisation aufgrund des auf Dauer fehlenden Verständnisses für die fachlichen Zusammenhänge ebenso wenig beitragen wie zur Motivation guter Mitarbeiter, eine Aufgabe im Datenmodellierungsteam zu übernehmen.

**Datenmo-
dellierungs-
team als
Dienstleister**

3. Die dritte Variante besteht aus einer Verbindung der beiden ersten Modelle und die jeweiligen Schwächen fallen weg. Durch den jeweiligen Entwicklungs-Projektleiter werden Mitarbeiter des Datenmodellierungsteams für einige Zeit in das Entwicklungsteam integriert, um den Datenmodellierungsprozess zu leiten. Das Datenmodellierungsteam tritt als Dienstleister auf.

Das fachliche Wissen über den Modellierungsgegenstand bringen die Entwicklungsteams und die Mitarbeiter aus dem jeweiligen Fachbereich mit ein, der Datenmodellierungsspezialist ergänzt dies durch seine Methodenkenntnisse und die Erfahrungen mit der unternehmensweiten Datenarchitektur. Gemeinsam wird das Datenmodell der Anwendung entworfen und mit der Datenarchitektur abgestimmt. Eine formale Abnahme durch die Datenmodellierungsgruppe erübrigt sich, weil die Beachtung aller Standards und ein methodisches Vorgehen durch die aktive Mitarbeit der Datenmodellierungsgruppe gewährleistet ist.

**Qualität**

Die Qualität der Ergebnisse liegt im Entwicklungsprozess selbst und muss nicht am Ende „erprüft" werden. Das Dienstleistungsangebot wird auf dieser Entwicklungsstufe und in diesem Organisationsmodell häufig ergänzt durch die Abhaltung von Datenmodellierungsseminaren. In diesen werden Informatikmitarbeiter und Mitarbeiter aus den Fachbereichen gemeinsam in die Prinzipien der semantischen Datenmodellierung eingeführt. Der Sinn und der Zweck einer unternehmensweiten Datenarchitektur wird erklärt und die unternehmensspezifische Architektur vorgestellt.

**8.2.3.3**
**Daten-**
**management**
**Auftrag**

### Entwicklungsstufe Datenmanagement

Die „richtige" Ablauforganisation für das Datenmanagement muss sich am Datenmanagement-Auftrag orientieren. In Abschnitt 8.2.1.3 „Entwicklungsstufe Datenmanagement" wurde der Auftrag wie folgt skizziert: *„Es sind alle konzeptionellen, technischen, methodischen und organisatorischen Massnahmen zu ergreifen und durchzusetzen, um eine hohe Qualität der Daten des Unternehmens über ihren gesamten Lebenszyklus zu gewährleisten und sie ihrem grösstmöglichen Nutzen zuzuführen."* Zunächst ist daher zu klären, wie der Lebenszyklus von Daten aussieht und welchen Einflussfaktoren die Daten in den verschiedenen Lebensphasen unterworfen sind.

**Abbildung 8-2:**
**Phasen im**
**Lebenszyklus**
**von Daten und**
**Informationen**

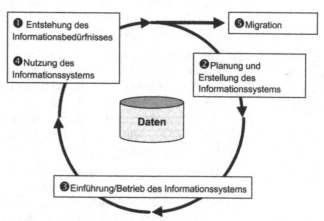

Der Lebenszyklus von Daten und Informationen ist im Wesentlichen geprägt durch folgende Phasen:

**Informations-**
**bedürfnis**

1.  Zunächst entsteht irgendwo im Unternehmen ein Informationsbedürfnis, welches durch die vorhandenen Informationssysteme nicht oder nicht ausreichend erfüllt werden kann. Das Informationsbedürfnis ist immer auch verbunden mit dem Bedürfnis nach zusätzlichen Daten oder einer anderen Strukturierung, Darstellung, Aggregierung, Erschliessung der Daten.

**Auftrag**

2.  Das Bedürfnis wird formuliert und mit den EDV-Verantwortlichen besprochen. Es entsteht ein Auftrag, zur Erstellung, Änderung, Erweiterung oder Verbesserung eines Informationssystems. Zur Erstellung des Informationssystems

gehören auch alle Datenaspekte und die Bereitstellung der Daten im System.

**Einführung**

3.  Nachdem das Informationssystem fertig gestellt ist, wird es im Unternehmen eingeführt und technisch betrieben.

**Nutzung**

4.  Schliesslich kann das Informationssystem vom Anwender genutzt werden. Damit verbunden ist immer eine Nutzung der Daten. Diese kann im Laufe der Zeit zu weiteren Informationsbedürfnissen führen, womit eine weitere Iteration des Lebenszyklus erreicht ist.

**Migration**

5.  Irgendwann wird das Informationssystem ersetzt. Dies beendet dann zwar den Lebenszyklus des Informationssystems, selten aber denjenigen der Daten, weil diese generell in einem neuen System genutzt werden. Die Daten stellen den stabilen Kern des Systems dar, unabhängig von der technischen Implementierung und der Art ihrer Nutzung.

Eine Ablauforganisation des Datenmanagements, welche sich an diesen Prozessen orientiert, sieht dann wie folgt aus:

**Abbildung 8-3: Schematische Ablauforganisation im Datenmanagement**

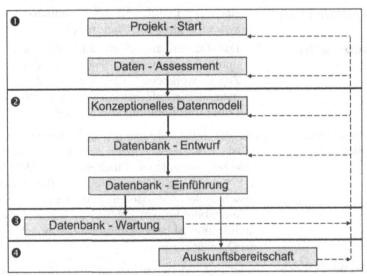

Diese Organisation unterstützt den Lebenszyklus von Daten und Informationen über die vier oben dargestellten Stadien folgendermassen:

**Projektstart**

1.  Bereits bei der Definition und dem Start eines Projektes wird das Datenmanagement involviert (Projekt-Start). Die Verantwortlichen des Datenmanagements erheben das Bedürfnis nach neuen Daten oder veränderter Datenbereitstellung.

Dies gleichen sie anschliessend mit dem vorhandenen unternehmensweiten Datenmodell ab und geben eine Abschätzung der Möglichkeiten und des Aufwandes seitens des Datenmanagements zur Befriedigung des Bedürfnisses. Gemeinsam mit dem Auftraggeber und den Entwicklungsverantwortlichen wird eine Projektplanung erstellt (Datenmanagement-Assessment).

**System-Entwicklung**

2. Das Informationssystem wird entwickelt. Aus dem Datenmanagement nehmen Spezialisten zur Datenmodellierung teil, die unter anderem für die Datenstandardisierung, die Definition neuer Daten im Repository und die Beachtung der unternehmensweiten Datenarchitektur (Wiederverwendung von Daten, Erweiterung des unternehmensweiten Datenmodells) verantwortlich sind. Nach der Erstellung des konzeptionellen Datenmodells erfolgt durch die Datenbankspezialisten der Datenbankentwurf, die Festlegung der Prozesse zur technischen Datensicherheit sowie die technische Einführung der Datenbanken und Prozesse.

**Wartungsphase**

3. Nach der Einführung der Datenbanken in das Produktionssystem beginnt die Wartungsphase für die Datenbanken.

**Nutzung der Daten**

4. Das Datenmanagement unterstützt unter Verwendung des unternehmensweiten Repositorysystems und verschiedener Zugriffswerkzeuge die Nutzung der Daten im unternehmensweiten Informationssystem durch die Bereitstellung der Daten und Beratung von Anfragen.

**Effizienz und Qualität**

Jede der oben schematisch aufgezeigten Phasen im Ablauf innerhalb des Datenmanagements ist mit einer Vielzahl von teilweise sehr komplexen Tätigkeiten und Aktivitäten verbunden. Je nach Grösse des Unternehmens laufen viele Projekte parallel, müssen viele Datenbanken gewartet und viele Anwender in der Auskunftsbereitschaft unterstützt werden. Nur eine gute und durchdachte Ablauforganisation kann schliesslich für Effizienz und Qualität sorgen.

**DM als Teil des Prozesses**

Leider ist es in vielen Unternehmen immer noch so, dass die verschiedenen an der Anwendungsentwicklung beteiligten Stellen nicht prozessorientiert arbeiten, sondern sehr arbeitsteilig organisiert sind. Dies führt zu unterschiedlichen, funktionsorientierten Zielsetzungen und ineffizienten Abläufen, welche dadurch geprägt sind, dass das Datenmanagement und seine Funktionsträger als Instanz und nicht als wesentlicher Teil des Prozesses wahrgenommen werden. Ein erster, wichtiger Schritt, dies zu ändern, besteht darin, im Datenmanagement selbst zu prozessorientierten Abläufen zu kommen, den ganzen Entwicklungsprozess als Qualitätsprozess zu begreifen und die Entwicklungsteams dahingehend zu unterstützen und zu beraten.

## 8.2.4    Kriterium Aufbauorganisation

Eine gute und durchdachte Aufbauorganisation berücksichtigt immer zuerst die Ablauforganisation. Mit anderen Worten: *die Aufbauorganisation folgt den Prozessen*. Damit sind auch je nach Ablauforganisation und Grösse des Unternehmens verschiedene aufbau-organisatorische Szenarien denkbar.

### 8.2.4.1    Entwicklungsstufe Datenbankadministration

Häufig findet man auf dieser Entwicklungsstufe generell in der Informatik eine Unterteilung der Zuständigkeiten in zwei, drei oder vier Bereiche. Es gibt eine generelle Trennung zwischen Produktionsbetrieb einerseits und Anwendungsentwicklung andererseits. Oft wird noch weiter unterteilt in den reinen Produktionsbetrieb und eine zusätzliche Abteilung „Systemtechnik" oder „Systemplanung", die für Infrastrukturbelange verantwortlich ist. Auch innerhalb der Anwendungsentwicklung findet häufig eine weitere Unterteilung in einen Organisationsbereich und einen eigentlichen Entwicklungsbereich statt.

**Organisatorische Eingliederung**

Je nach Organisation der Informatik im Unternehmen ist die Datenbankadministration auf dieser Entwicklungsstufe organisatorisch dem Rechenzentrumsbetrieb oder einer separaten Abteilung „Systemtechnik" oder „Systemplanung" zugeordnet. Sie ist auf jeden Fall dem technischen Bereich unterstellt und von den späteren Anwendern der Informationssysteme relativ weit entfernt.

**Abbildung 8-4: Beispielhafte Aufbauorganisation Datenbankadministration**

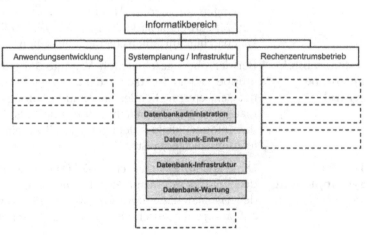

Je nach organisatorischer Ausgestaltung der Informatik vereint die Datenbankadministration sowohl die Verantwortung für den Datenbankentwurf und für die Datenbankinfrastruktur als auch für die Datenbankwartung. Möglich ist auch, dass die eigentliche produktive Verantwortung für den Datenbankbetrieb beim Rechenzentrumsbetrieb liegt.

Innerhalb der Datenbankadministration werden drei Funktionsbereiche unterschieden.

**Datenbank Entwurf**

- Es gibt ein Team, das sich ausschliesslich mit dem Entwurf von Datenbanken in Zusammenarbeit mit den Anwendungsentwicklern der Funktionsbereiche beschäftigt.

**Datenbank Wartung**

- Das Wartungsteam, welchem die Datenbanken vom Entwurfsteam zur produktiven Einführung übergeben werden, ist unter anderem dafür zuständig, das Verhalten der Datenbanken im Produktionsbetrieb zu beobachten. Das Wartungsteam steuert die Prozesse zur Gewährleistung der technischen Datensicherheit, überwacht die Leistungsfähigkeit der Datenbanken und ergreift die Korrekturmassnahmen.

**Datenbank Infrastruktur**

- Ergänzt wird die Datenbankadministration mit einem Team, welches die Datenbankinfrastruktur bereitstellt und auf dem technisch neuesten Stand hält. Zur Infrastruktur zählen Werkzeuge für den Datenbankentwurf, für die technischen Einführungen und Änderungen von Datenbanken, für die Überwachung und Analyse des Leistungsverhaltens von Datenbanken sowie zur Sicherstellung der technischen Datensicherheit.

## 8.2.4.2 Entwicklungsstufe Datenmodellierung/-standardisierung

Abhängig von der in Abschnitt 8.2.3.3 beschriebenen Variante der Ablauforganisation kann auch die Aufbauorganisation der Datenarchitektur unterschiedlich aussehen.

**Datenarchitekturgruppe zentral**

Bei der oben geschilderten Variante 1 ist die Datenarchitekturgruppe zentral für die Erstellung aller Datenmodelle zuständig mit dem entsprechenden Integrationsauftrag. In einer solchen Situation ist die Datenarchitekturgruppe als Teil einer Stabsstelle des Informatikleiters denkbar, die allgemein für Informatikarchitekturen zuständig ist.

**Teil der Systemplanung**

Die Variante 2, in welcher die Datenmodelle ausschliesslich in den Entwicklungsteams erstellt und anschliessend nur noch von der Datenarchitekturgruppe abgenommen werden, kann man aufbauorganisatorisch ebenso wie die Variante 1 (als Stabsstelle) lösen. Die Datenmodellierungsgruppe kann in der Infrastruktur-abteilung „Systemplanung" implementiert werden, dadurch entzieht sich die Datenarchitektur als Abnahmeinstanz den Einflüssen des Leiters der Anwendungsentwicklung.

**Datenmodellierung als Dienstleister**

Die von uns favorisierte Variante 3, die Datenmodellierung als Dienstleister zu verstehen und aktiv in den Entwicklungsprozess einzubeziehen, führt ebenfalls zum Vorschlag, die Datenarchitekturgruppe einer Infrastrukturabteilung zuzuordnen.

**Abbildung 8-5: Beispielhafte Aufbauorganisation Datenarchitektur**

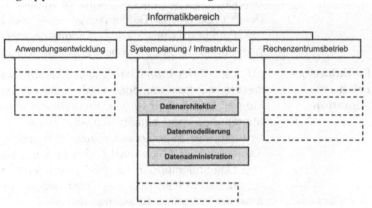

**Datenarchitekturgruppe**

Die Datenarchitekturgruppe – sie ist insgesamt verantwortlich für die Integration der Unternehmensdaten in einer unternehmensweiten Datenarchitektur - unterteilt sich in die Datenmodellierung und die Datenadministration. Erstere unterstützt die Projektgruppen in der konzeptionellen Datenmodellierung und pflegt das unternehmensweite Datenmodell. Letztere ist für die Datenstandardisierung und die Definitionen der Daten im Repository verantwortlich.

### 8.2.4.3 Entwicklungsstufe Datenmanagement

Wie bereits erwähnt, folgt eine gute Aufbauorganisation den in der Ablauforganisation definierten Prozessen.

**Abbildung 8-6: Beispielhafte Aufbauorganisation Datenmanagement**

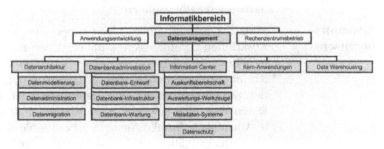

**Grosse
Unternehmen**

Nehmen wir nun das in Abschnitt 8.2.3.3 gezeigte Ablaufschema als Grundlage für die Herleitung der beispielhaften Aufbauorganisation des Datenmanagements Die in Abbildung 8-6 dargestellte Unterteilung in verschiedene Funktionsbereiche des Datenmanagements ist typisch für grosse Unternehmen. Die Zusammenfassung einzelner Funktionsbereiche ist, angepasst an die Grösse des Unternehmens und die Anzahl der Mitarbeiter des Datenmanagements, jederzeit möglich. Die Ergänzung um den Funktionsbereich „Data Warehouse" wird im Kapitel 9 erläutert. In einem derart organisierten Datenmanagement-Bereich sind die wichtigsten Funktionsbereiche des Datenmanagements gemäss der in Abschnitt 8.2.3.3 beschriebenen Abläufe zusammengefasst.

**Funktionsbereich
Migration**

Zu den auf der *Entwicklungsstufe Datenmodellierung/-standardisierung* wahrgenommenen Funktionen der Datenarchitektur wird auf der *Entwicklungsstufe Datenmanagement* noch eine spezielle Migrationsgruppe hinzugefügt, die sich vor allem mit der Ausarbeitung von Migrationsszenarien beschäftigt. Aufgrund der im Kapitel 7 über Migration beschriebenen besonderen Bedeutung von Datenmigrationen hat eine gesonderte Einheit im Datenmanagement, welche sich mit dieser besonderen Problematik auseinander setzt, ihre Berechtigung.

**Funktionen
Datenbank-
administration**

Im technischen Datenbankbereich unterscheiden wir jene drei Unterfunktionen, die auch bereits auf der *Entwicklungsstufe Datenbankadministration* ihre Berechtigung hatten.

**Funktions-
bereich
Information
Center**

Mit diesen bisher beschriebenen Funktionsbereichen sind die „klassischen" Funktionen des Datenmanagements abgedeckt. Zur Erfüllung der Aufgaben des Datenmanagements in der Phase 4 „Nutzung des Informationssystems" muss jedoch ein zusätzlicher Funktionsbereich in die Datenmanagementorganisation aufgenommen werden. In diesem Bereich, der hier als Information Center bezeichnet wird, sollten Funktionen zusammengefasst werden, welche die Nutzung des unternehmensweiten Informationssystems unterstützen.

**Auskunfts-
bereitschaft**

Zunächst ist eine Stelle oder Gruppe für die Bereitstellung von Auskünften zu organisieren, die etwa den Endanwendern im Unternehmen bei der Erstellung von Berichten, der Suche nach Daten und Informationen, der Erschliessung neuer Datenquellen, der Zusammenführung von Daten oder der Interpretation von Daten hilft. Eine solche Auskunftsbereitschaft fungiert als zentrale Anlaufstelle für alle Anwender bei Problemen mit der Auswertung, Interpretation und Analyse von Daten. Es empfiehlt sich bei grossen Unternehmen mit vielen unterschiedlichen Geschäftsbereichen, diese zentrale Stelle durch dezentrale Organisationseinheiten in den Geschäftsbereichen zu ergänzen, welche das jeweilige Geschäft des Bereiches besser verstehen als dies eine zentrale Einheit jemals leisten könnte. In diesem Falle könnte sich die Auskunftsbereitschaft auf die Verantwortung für die zentralen Unternehmensdaten gemäss dem unternehmensweiten Datenmodell reduzieren.

**Auswertungs-Werkzeuge**

Auf jeden Fall aber ist das Information Center des Datenmanagements verantwortlich für die Bereitstellung der benötigten Infrastruktur zur Erschliessung der unternehmensweiten Datenquellen. Hierzu zählen vor allem Werkzeuge zur Auswertung und Analyse von Daten sowie zur Erstellung von Berichten und Grafiken.

**Metadaten - Systeme**

Ein zentrales Werkzeug stellt das unternehmensweite Metadatensystem (Repositorysystem) dar. Hier ist das gesamte Informationssystem des Unternehmens sowohl aus fachlicher wie auch aus technischer Sicht beschrieben. Ein solches Metadatensystem ist unerlässlich, wenn Endanwender und Information Centers einen vollständigen Überblick über die Daten des Unternehmens haben sollen.

**Datenschutz**

Da nicht jeder Anwender alle Daten sehen darf, wird das Information Center um einen Funktionsbereich ergänzt, welcher den Datenschutz gewährleistet und die verwendeten Zugriffsmechanismen nach den Regeln des Datenschutzes organisiert und überwacht.

**Funktions-bereich Kern-anwendungen**

Ungewöhnlich an der vorgeschlagenen Aufbauorganisation ist vor allem der Funktionsbereich Kernanwendungen. Hier sind jene Entwicklungsteams vereint, welche für die Entwicklung der zentralen Datenanwendungen gemäss dem definierten Unternehmensdatenmodell verantwortlich sind. Diese Teams entwickeln nicht nur die zentralen Datenanwendungen, sondern sie definieren auch die Migrationsregeln von alten Anwendungen in die neuen. Idealerweise führen sie diese Migrationen durch.

**Nutzen**

Wenn dem Datenmanagement die Verantwortung für solche Anwendungen gegeben wird, ist dies aus unserer Erfahrung ein entscheidender Schlüssel für die erfolgreiche Umsetzung einer Zielarchitektur. Damit wird das Datenmanagement nicht nur zum Architekten einer neuen Datenarchitektur, sondern auch direkt und operativ mit der Verantwortung für deren Umsetzung betreut. Den anderen Entwicklungsteams im Unternehmen gegenüber wird das Datenmanagement zum Dienstleister, der nicht nur Architekturen und Konzepte anzubieten hat sondern auch konkrete Lösungen. Die Art sowie das Tempo der Umsetzung der Datenarchitektur in neue Informationssysteme wird damit massgeblich durch das Datenmanagement bestimmt. Die Verantwortung für den Entwurf der neuen Zielarchitektur, der Entwicklung der Kern-Datenanwendungen, der Migration in diese neuen Anwendungen und den Anschluss neuer Informationssysteme an diese Kernsysteme liegt somit in einer Hand. Sie ist dadurch besser planbar und kontrollierbar.

**Erfahrung**

Die Erfahrung zeigt, dass es wenig zielführend ist, den Entwurf einer unternehmensweiten, auf dem Prinzip eines Kern-Datenmodells basierenden Datenarchitektur, dem Datenmanagement zu überlassen und die Umsetzung an andere Ressorts zu delegieren. Diese verfolgen im Gegensatz zum Datenmanagement häufig kurzfristige Ziele.

**Funktions-
bereich Data
Warehousing**

Die organisatorische Angliederung eines Funktionsbereiches Data Warehousing mag dort sinnvoll sein, wo umfangreiche Data-Warehouse-Systeme zentral entworfen und betrieben werden sollen. Das Thema Data Warehousing wird im Kapitel 9 ausführlich behandelt.

## 8.2.5 Kriterium Personal

Mit zunehmender Entwicklung von der ausschliesslich technischen Ausrichtung über die Ergänzung durch konzeptionelle Aspekte zum ganzheitlichen Datenmanagement erweitern sich auch die Profile der Mitarbeiter in diesen Bereichen.

### 8.2.5.1 Entwicklungsstufe Datenbankadministration

Mit dem Aufkommen der Datenbanktechnologie in den 70er Jahren waren nicht sofort überall Datenbankspezialisten in ausreichendem Umfang vorhanden.

**Rekrutierung**

Allerdings hatten die meisten grossen Unternehmen bereits eigene Gruppen von Systemprogrammierern und Produktionsverantwortlichen, deren Aufgabenspektrum aufgrund ihrer bisherigen Zuständigkeiten um die Aufgaben der Datenbankadministration erweitert werden konnten. Aus diesem Spezialistenpool wurde schliesslich die Gruppe „Datenbankadministration" gebildet. Je länger Datenbankmanagementsysteme auf dem Markt waren, desto mehr standen „reine" Datenbankspezialisten zur Verfügung, welche ohne den Umweg über andere technische Bereiche in die Datenbankadministration hineinwuchsen.

**Mischung Erfahrungen**

Eine gute Mischung aus Personal mit verschiedenem Erfahrungshintergrund war die beste Voraussetzung, um die nächste Entwicklungsstufe auch personell gut zu adaptieren.

**8.2.5.2** **Entwicklungsstufe Datenmodellierung/-standardisierung**

Die Datenmodellierung als weniger technische, sondern eher methodisch und betriebswirtschaftlich orientierte Disziplin, stellt andere Anforderungen an das Qualifikationsprofil der Mitarbeiter. Ein Mitarbeiter des Funktionsbereichs Datenarchitektur muss gleichermassen methodische Fähigkeiten, betriebswirtschaftliche Kenntnisse und Wissen über Datenbanktechnologie mitbringen.

**Soziale Kompetenzen**

Da die Datenmodellierung gemäss den oben gemachten organisatorischen Vorschlägen aktiv in den Entwicklungsprozess der verschiedenen Anwendungen einbezogen werden soll, müssen darüber hinaus Moderationstalent, Kommunikations- und Teamfähigkeiten vorausgesetzt werden. Die Anliegen der Datenarchitektur im Unternehmen sind nur von Personen überzeugend zu vertreten, deren soziale Kompetenzen mindestens ebenso stark ausgeprägt sind wie ihre fachlichen Qualifikationen.

**8.2.5.3** **Entwicklungsstufe Datenmanagement**

Obwohl die verschiedenen Funktionen des Datenmanagements teilweise sehr unterschiedliche Anforderungen stellen - eher methodische und betriebliche an den Administrator und Architekten sowie eher technische an den Datenbankadministrator - wirkt aus der Sicht des Entwicklungsprozesses die funktionale Aufteilung hinderlich. Im Extremfall hätte es ein Entwickler im Datenmanagement mit drei oder vier verschiedenen Anlaufstellen zu tun:

**Verschiedene Anlaufstellen**

- mit dem Datenadministrator für Data-Dictionary-Fragen,
- mit dem Datenarchitekten für Modellierungsfragen,
- mit dem Datenbankadministrator für Fragen des physischen Designs und der Implementierung von Datenbanken sowie
- mit dem Tuningspezialisten zur Verbesserung des Laufzeitverhaltens.

**Projektpate des Entwicklungsprojekts**

Es fehlt eigentlich das Berufsbild des „Allrounders", welcher gestützt auf die Spezialisten im Datenmanagement, ein Entwicklungsprojekt als Projektpate des Datenmanagements begleiten kann. Dies würde unsere ablauforganisatorischen Überlegungen am ehesten unterstützen. Leider gibt es solche „Allrounder" kaum, zumal eine solche Funktion doch jahrelange Erfahrung in den verschiedenen Disziplinen des Datenmanagements voraussetzt. Zur Minimierung der negativen Auswirkungen dieses Mangels muss der Wille zur Zusammenarbeit zwischen den Gruppen des Datenmanagements ausgeprägt und die Kommunikation optimal gestaltet sein. Dies setzt Fähigkeiten und Kompetenzen bei den Mitarbeitern voraus, welche bei der Auswahl des Personals für das Datenmanagements mindestens ebenso stark beachtet werden sollten wie die fachlichen Qualifikationen.

**Auswahl von Mitarbeitern**

Die wesentlichsten Kriterien zur Auswahl von Datenmanagement-Mitarbeitern finden sich jedoch selten in den Beschreibungen solcher Berufsbilder. Diese „weichen" Kriterien sind nach unserer Erfahrung vor allem

- starkes Abstraktionsvermögen,
- technisches, methodisches und betriebliches Verständnis,
- Systemdenken,
- schnelle Auffassungsgabe,
- soziale Kompetenz,
- Teamfähigkeit,
- Moderationstalent,
- gute Ausdrucksfähigkeit,
- Mehrsprachigkeit (zumindest in internationalen Konzernen),
- Verhandlungsgeschick,
- Überzeugungskraft,
- Präsentations- und Verkaufstalent,
- Flexibilität und Bereitschaft zum lebenslangen Lernen.

Vor allem der letzte Punkt ist hinsichtlich des permanenten technologischen Wandels und der Tatsache, dass die Halbwertszeit unseres Wissens immer mehr abnimmt, von herausragender Bedeutung.

**Die besten Mitarbeiter**

Wir erwarten für das Datenmanagement keine „Übermenschen" als Mitarbeiter. Wir stimmen jedoch [Brönnimann/Peters 1990] zu, wenn sie fordern: *"Weg mit den stillen und akademischen Methodiker-Grüppchen, von denen man nie etwas hört und von denen man nie etwas hören will. Die besten Leute sind gerade gut genug, um Standards zu erarbeiten und durchzusetzen, oder um das Datenmanagement einer Unternehmung aufzubauen."*

## 8.2.6 Kriterium Methodik

Nicht nur die Technologie entwickelt sich in der Informatik rasant, sondern auch auf der methodischen Seite hat sich in dem betrachteten Zeitraum viel verändert.

**Problem und Methodik**

Grundsätzlich geht es bei der Anwendungsentwicklung darum, ein Problem der realen Welt mit Hilfe von Computersystemen zu lösen. Hierfür müssen Konzepte zur Verfügung stehen, wie das reale Problem in eine algorithmische Form übersetzt werden kann, sodass das Ergebnis auf einem Rechner ausführbar ist. Auf dem Weg vom realen Problem zum ausführbaren Programm werden zunächst zwei Zwischenschritte durchlaufen. Zuerst wird das Problem in einer abstrakten Form beschrieben, will heissen dass präzisiert wird, *was* das System leisten soll. Daraus leitet sich der Algorithmus ab, der festlegt, *wie* das Ergebnis erzielt wird. In den frühen Jahren der EDV-Entwicklung standen die Bewältigung kleinerer, abgrenzbarer, und durch einzelne Programme lösbarer Probleme im Vordergrund. Aufgrund der technischen Einschränkungen bei Rechnerleistung und Speicherkapazität wurde dabei das Augenmerk vor allem auf das *Wie*, also den Algorithmus, sowie die effiziente Ausnutzung der nur beschränkt vorhandenen Systemressourcen gelegt.

**Softwarekrise**

Dieses Vorgehen führte bis Mitte der 60er Jahre zur so genannten Softwarekrise. Sie kennzeichnete sich dadurch aus, dass die Softwareentwickler mit den vorhandenen Methoden, Techniken und Werkzeugen kaum noch in der Lage waren, die immer komplexeren Aufgabenstellungen termingerecht, budgetgerecht und qualitätsgerecht zu erfüllen. Diese Krise sowie die Möglichkeiten, mit neuen Rechnergenerationen und effizienten Speichermedien noch grössere kommerzielle, wissenschaftliche und technische Problemstellungen mit den Mitteln der EDV angehen zu können, führte zur Herausbildung von Methoden und Techniken, die unter dem Begriff „Software-Engineering" zusammengefasst werden.

**Einführung Software-Engineering**

Im Prinzip ging es bei der Einführung des Software-Engineerings um die Ablösung der handwerklichen, künstlerischen „Freistil"-Entwicklung von Software, welche durch wenige hoch qualifizierte Experten durchgeführt wurde. Stattdessen soll Software durch ein ingenieurmässiges, methodisches und geplantes Vorgehen entwickelt werden, das die Erstellung auch umfangreicher und sehr komplexer Informationssysteme durch heterogene Teams von Spezialisten in einem arbeitsteiligen Prozess erlaubt. Hierzu gehört auch die Anwendung von Managementdisziplinen wie die Organisation grosser Projekte mit entsprechender, aufwendiger und seriöser Planung sowie strikter Kosten-, Termin- und Erfolgskontrolle.

**8.2.6.1**     **Entwicklungsstufe Datenbankadministration**

Der Übergang zur Entwicklungsstufe „Datenbankadministration" fällt zeitlich zusammen mit dem Aufkommen des „Software-Engineerings" Anfang bis Mitte der 70er Jahre. Die Anfangszeit der Datenbankadministration war noch wesentlich geprägt durch Effizienzüberlegungen bezüglich Rechnerleistung und Speicherplatzausnutzung. Auch hier stand vor allen Dingen noch das „Wie" im Vordergrund. Das methodische Rüstzeug zum Datenbankentwurf bestand vornehmlich aus den Empfehlungen der jeweiligen Hersteller.

**Einfluss des Software-Engineerings**

Die Datenbankadministration wurde jedoch immer mehr Teil des Anwendungsentwicklungs-Prozesses (siehe auch Abschnitt 8.2.3.1), wenn auch ein sehr technischer und somit organisatorisch eher der Produktion als der Entwicklungsabteilung zugeordneter Teil. Der Einfluss des Software-Engineerings in fortschrittlichen Unternehmen wurde zunehmend in der Datenbankadministration spürbar. Vor allem dort, wo man die Einführung der neuen Technologie der Datenbankmanagementsysteme dazu nutzte, das Informationssystem von einer ausschliesslichen Batch-Verarbeitung auf eine weit gehende Online-Verarbeitung umzustellen, mussten aufgrund der Komplexität der Aufgabe die Methoden des Software-Engineerings Anwendung finden.

**Was versus Wie**

Die Datenbankadministratoren hatten sich zunehmend nicht nur mit dem „Wie", respektive der effizienten Implementierung eines Systems in einer gegebenen technischen Umgebung, sondern auch mit dem „Was", also der Problemstellung selbst zu beschäftigen. Da die Verantwortung des Datenbankadministrators letztlich die Effizienz der Datenbank und ihre technische Sicherheit war, stand trotz allem das „Wie" im Vordergrund. Trotzdem hat sich in fortschrittlichen Unternehmen die Datenbankadministration auch methodisch so weiter entwickelt, dass das Aufkommen der relationalen Datenbankmanagementsysteme und der durch Integrationsanforderungen erzwungene Übergang zur nächsten Entwicklungsstufe auch methodisch bewältigt werden konnte.

## 8.2.6.2

**Anwendung der semantischen Datenmodellierung**

## Entwicklungsstufe Datenmodellierung/-standardisierung

Die *Entwicklungsstufe Datenmodellierung/-standardisierung* ist methodisch vor allem durch die Anwendung der semantischen Datenmodellierung in Form von Entity-Relationship-Modellen geprägt. Die Anforderungen nach integrierter Datenhaltung als Antwort auf das Datenchaos einerseits (vgl. hierzu das Kapitel 5 zur Unternehmensmodellierung) und die strengen theoretischen Konzepte des Relationenmodells andererseits erzwangen eine Fokussierung auf die Daten; weg von der Fokussierung auf die Funktionen eines Anwendungssystems. Es traten also mehr die statischen Strukturen eines Anwendungssystems und des ganzen Informationssystems des Unternehmens in den Vordergrund als dessen dynamische Eigenschaften.

**Methodische und formale Kriterien**

Leider haben einige Datenarchitekten im Laufe der Zeit ein Verständnis von ihrer Disziplin entwickelt, welches die Qualität eines Datenmodells nur noch an methodischen und formalen Kriterien misst. Ein Datenmodell ist danach nur dann ein gutes Datenmodell, wenn es schlussendlich zwingend in der 3. Normalform vorliegt. Ein Datenmodell, welches auf eine Datenbankanwendung übertragen werden soll, dient eben nicht ausschliesslich der Beschreibung der Realität. Dagegen soll es die Realität derart darstellen, wie sie auf einem Informationssystem abgebildet werden soll. Dies stellt einen Abstraktionsschritt im Sinne des Software-Engineerings dar. Das Datenmodell in 3. Normalform kann danach das endgültige Modell sein muss es aber nicht. Weitere Abstraktionsschritte hin zur Datenbankimplementierung sind erlaubt, wenn sie zielführend sind.

**Termindruck der Anwendungs-entwickler**

Ein falsches Methodenverständnis hat oft auch zu erheblichen Konflikten zwischen den unter Termindruck stehenden Anwendungsentwicklern und Datenmodellierern geführt, die auf ihre Methode fixiert waren, und so auch in vielen Betrieben das Anliegen der Datenarchitektur insgesamt in Misskredit gebracht haben.

## 8.2.6.3

**Methode semantische Datenmodel-lierung**

## Entwicklungsstufe Datenmanagement

Die herausragende Methode des Datenmanagements ist immer noch die semantische Datenmodellierung. Allerdings setzt sich ein fortschrittliches Datenmanagement auch mit anderen Modellierungsmethoden, wie etwa objekt-orientierten Methoden und dem Abbilden von Objektmodellen auf Datenmodelle und vice versa auseinander. Die Erfahrung hat gezeigt, dass es Fachbereichsvertretern generell erheblich leichter fällt, Objektmodelle in Arbeitssitzungen mitzugestalten als dies bei Datenmodellen der

167

Fall ist. Der Grund liegt darin, dass in Objektmodellen nicht nur die statischen Eigenschaften eines Systems, sondern auch dessen dynamische Eigenschaften beschrieben werden. Diese dynamischen Eigenschaften liegen Fachbereichsvertretern aber naturgemäss näher als statische Eigenschaften. Es ist für sie einfacher zu erklären, *was* sie tun, als *womit* sie ihre Aufgaben erfüllen, zumal das *womit*, wie beispielsweise die Daten, zumeist abstrakt ist.

**Verteiltes Systemumfeld**

Eine weitere methodische Ergänzung erfährt die Datenmodellierung durch die Notwendigkeit, dass in einem verteilten Systemumfeld nicht nur die Struktur der Daten, sondern auch der Ort ihrer Speicherung festzulegen sind. Hierfür müssen, aufbauend auf logischen Datenmodellen, Funktions- und Lokationsmodellen entsprechende Verteilungsmodelle entworfen werden, die festlegen, wo welche Daten eventuell auch redundant gespeichert werden sollen.

**Prozessmodellierung**

Auf die Bedeutung des Business-Process-Reengineerings und dessen Zusammenhang wurde bereits im Kapitel 5 hingewiesen. Die Beherrschung der Prozessmodellierung mit Hilfe von Workflow-Werkzeugen ist daher auch für das Datenmanagement von zunehmender Bedeutung.

**Migrationen**

Die Entwicklung von Migrationsszenarien, die Bereitstellung und Beherrschung der notwendigen Technologie zur erfolgreichen Migration von Informationssystemen, gehört heute zu den Kernaufgaben eines fortschrittlichen Datenmanagements.

## 8.2.7 Kriterium Technologie

**Technologie-Entwicklung**

Kaum ein Gebiet in der Informatik hat sich in den letzten Jahren so rasant entwickelt und verändert wie dasjenige der Datenbanktechnologie. Ein Ende dieser Entwicklung ist nicht abzusehen und auch das Tempo wird wahrscheinlich mehr zunehmen als abnehmen. Für Unternehmen, die bisher bei der Einführung neuer Technologien eher konservativ agierten, wird es aufgrund der rasanten Entwicklung immer schwerer, herausfordernde Technologien im eigenen Unternehmen Erfolg versprechend einzuführen.

**Stetigen Entwicklungsprozess**

Zur Beherrschung der Technologie gehört auch eine gewisse Reife in anderen Gebieten, die in diesem Kapitel diskutiert werden, wie zum Beispiel Organisation, Personal oder Methodik. Die Einführung neuer Technologien will gelernt und erprobt sein. Daher scheinen auf diesem Feld jene Unternehmen, die im

Laufe der Jahre einen stetigen Entwicklungsprozess durchlaufen haben, die besten Voraussetzungen mitzubringen.

## 8.2.7.1 Entwicklungsstufe Datenbankadministration

Auf dieser Entwicklungsstufe war die Datentechnologie geprägt vom Übergang von Dateisystemen auf Datenbanksysteme, die entweder dem hierarchischen Datenbankmodell folgten wie etwa IMS von IBM oder dem Netzwerk-Datenbankmodell wie CODA-SYL. Um diese Datenbanksysteme zu beherrschen, mussten die Datenbankadministratoren sehr viel von der zugrunde liegenden Speichermethode verstehen.

**Eigene Werkzeuge**

Die Administrationshilfsmittel zur Steuerung und Überwachung der Systeme waren vielmehr einfach und mehr oder weniger die gleichen, welche schon zuvor zur Produktions- und System-überwachung eingesetzt wurden. Einige Datenbankadministratoren gingen damals dazu über, sich ihre eigenen Werkzeuge zu schaffen. Einige dieser Werkzeuge wurden von den Datenbankherstellern selbst in Lizenz weiterentwickelt und vertrieben. Das Ende dieser Entwicklungsstufe ist technologisch gekennzeichnet durch das Aufkommen der relationalen Datenbankmanagementsysteme Mitte der achtziger Jahre. Auf dieser Entwicklungsstufe wurden bei modernen Unternehmen bereits erste Data-Dictionary-Systeme zur Dokumentation der logischen und physischen Struktur der Datenbanken eingesetzt.

## 8.2.7.2 Entwicklungsstufe Datenmodellierung/-standardisierung

**Datenbanktechnologie mit theoretischer Grundlage**

Der Aufbau einer Organisationseinheit „Datenarchitektur" fällt in den meisten Unternehmen zusammen mit dem Aufkommen der relationalen Datenbanktechnologie in diesen Unternehmen. Das zugrunde liegende Relationenmodell gab der relationalen Datenbanktechnologie zum ersten Mal eine feste theoretische Grundlage. Diese Theorie erforderte auch einen an den entsprechenden Methoden (z.B. den Normalisierungsregeln) orientierten Datenbankentwurf. Die relationale Datenbanktechnologie war auf dieser Entwicklungsstufe allerdings nicht nur für die Methodiker, sondern vor allem auch für die Datenbankadministratoren eine herausfordernde Aufgabe.

**Nutzung relationaler Datenbank**

Mitte der achtziger Jahre gab es noch viele Stimmen, die es für unmöglich hielten, dass jemals mit relationalen Datenbanken hohe Transaktionsraten in einem operativen Systemumfeld verarbeitet werden könnten. Jene Skeptiker verbannten diese Technologie ausschliesslich in den Bereich der Auswertungsdatenbanken. Im Laufe der Zeit wurde zum einen die Technologie immer effizienter (bessere Optimizer, bessere Indizierungsmöglichkeiten, effizientere Speichertechniken, etc.), vor allem aber wuchsen die Datenbankadministratoren in den Unternehmen an ihrer Aufgabe. So ist es heute nichts ungewöhnliches mehr, dass etwa der Zahlungsverkehr einer Grossbank, der gewöhnlich durch eine Anwendung mit sehr hohen Transaktionsraten realisiert wird, auf einer relationalen Datenbank basiert.

**Einsatz von CASE-Werkzeugen**

Auf der methodischen Seite werden die Datenmodellierer durch CASE-Werkzeuge unterstützt. Diese basieren auf den Methoden des Software-Engineerings (vgl. Abschnitt 8.2.6) und unterstützten die Erstellung umfangreicher Datenmodelle auf der Basis von Integrationsmodellen. Die Modelle werden gemäss den Regeln der semantischen Datenmodellierung als Entity-Relationship-Modelle entworfen und auf den Enzyklopädien der CASE-Werkzeuge abgespeichert. Um unternehmensweit nicht nur die logischen und physischen Strukturen von Datenbanken auf den traditionellen Data-Dictionary-Systemen, sondern auch die semantischen, mit CASE-Werkzeugen entwickelten Modelle dokumentieren zu können, können Repositorysysteme zum Einsatz kommen, welche die Verknüpfung von Modellen und ihrer technischen Repräsentation auf Datenbanken erlauben.

## 8.2.7.3 Entwicklungsstufe Datenmanagement

**Heterogene Datenbanktechnologie**

Auf der Entwicklungsstufe *Datenmanagement* dominiert heute die relationale Datenbanktechnologie. Zwar gibt es auch noch ältere Datenbanksysteme in den Unternehmen. Aber Unternehmen investieren heute nur noch nennenswert in relationale und postrelationale Technologie. In einem modernen Unternehmen ist das Datenmanagement mit unterschiedlicher, heterogener Datenbanktechnologie konfrontiert wie:

- hierarchischen Datenbanksystemen,

- relationalen Systemen auf dem Grossrechner,

- relationalen Systemen auf verschiedenen dezentralen Servern und unterschiedlichen Plattformen,

- massiv-parallelen Systemen im Data Warehouse Umfeld,

- objekt-orientierten Datenbanksystemen, die komplexere Datenstrukturen zulassen und gewisse Konzepte der Objektorientierung bedienen oder

- multi-dimensionale Datenbanken, die spezielle, vor allem bei Analyse- und Entscheidungs-Unterstützungs-Anwendungen zum Einsatz kommen können.

**Daten-
verteilung**

Ergänzt wird diese herausfordernde Aufgabe durch die Datenverteilung über verschiedene Systeme und Plattformen mit all ihren
Sicherheitsproblemen. Bei aller Rasanz der technischen Entwicklung erweist sich interessanterweise das relationale Datenbankmodell als erstaunlich robust. Auch die neusten Generationen
von Datenbankmanagementsystemen, die *Universal Databases*,
basieren alle auf einem erweiterten Relationenmodell. Trotz dieser gewissen Konstanz des führenden Datenbankmodells der
letzten 15 Jahre ist das Datenmanagement mit einem ständigen
technologischen Wandel konfrontiert, den es organisatorisch,
methodisch, personell und technisch bewältigen muss.

**Werkzeuge zur
objektorientier-
ten Analyse**

Zur Unterstützung der Methodik wird der Einsatz herkömmlicher
CASE-Werkzeuge erweitert um Werkzeuge zur objekt-orientierten
Analyse und Design, Workflow-Managementsysteme zur Prozess-
Modellierung. Neue Werkzeuge können für die Definition von
Abbildungsregeln eines Quellendatensystems auf ein Zieldaten-
system und deren Migrationsregeln eingesetzt werden.

## 8.2.8 Kriterium Unternehmenskultur

Die Informatikabteilungen sowie auch die auf den verschiedenen
Entwicklungsstufen für die Daten verantwortlichen Gruppen,
werden geprägt durch die Kultur des Unternehmens, in dem sie
ihre Aufgaben erfüllen. Die Kultur eines Unternehmens findet ihren Ausdruck in verschiedenen Aspekten. Dazu gehört beispielsweise die Ablauf- und Aufbauorganisation, die Beachtung
der Informatik als reine Unterstützungsfunktion für andere Unternehmensbereiche oder als Wettbewerbsfaktor, welcher für die
Wettbewerbsfähigkeit des eigenen Unternehmens von entscheidender Bedeutung ist. Zudem hat sie, speziell aus der Sicht des
Datenmanagements, Einfluss auf die Bewertung von Daten und
Informationen entweder als *„freies Gut"*, das nichts kostet, oder
als *Unternehmensressource,* die es professionell zu organisieren
gilt.

## 8.2.8.1 Entwicklungsstufe Datenbankadministration

**Arbeitsteilige
Strukturen**

Auf dieser Entwicklungsstufe zeichnen sich die grossen Unternehmen durch zentralistische, hierarchisch geprägte und stark
arbeitsteilige Strukturen aus. Karriere ist gleichbedeutend mit einem Aufstieg in der Hierarchie der Aufbauorganisation. Die Arbeitsabläufe sind aufgrund der starken Arbeitsteilung streng ge-
regelt, jede Abteilung und jeder Mitarbeiter hat eine wohl definierte „Zuständigkeit".

**Automatisier-ung im Mittelpunkt**

Die Informatik hat im Wesentlichen eine Unterstützungsfunktion. Ihre Aufgabe besteht vor allem darin, bestimmte betriebliche Funktionen zu automatisieren und zu rationalisieren. Nicht die Information steht im Mittelpunkt, sondern die Automatisierung der im Unternehmen definierten Abläufe.

### 8.2.8.2 Entwicklungsstufe Datenmodellierung/-standardisierung

Wie in diesem Buch schon an verschiedenen Stellen erwähnt wurde, änderte sich diese Betrachtungsweise der Informatik Anfang der achtziger Jahre. Aufgrund der weltweit schwieriger werdenden Wirtschaftslage und des zunehmenden Konkurrenzdruckes ist es heute wichtig, nicht nur Abläufe zu optimieren, sondern auf der Managementebene Daten und Informationen über das eigene Unternehmen und die Märkte in einer konsistenten und glaubwürdigen Form zur Verfügung zu stellen.

**Daten als Unternehmens-ressource**

Mit welchen Problemen die Datenverantwortlichen durch diese Erweiterung des Anspruches an die Informatik konfrontiert sind, ist in vorherigen Kapiteln ausführlich beschrieben worden. Immerhin tritt über die Jahre in den Unternehmen bis in die oberste Unternehmensspitze ein Bewusstsein dafür ein, dass Informatik nicht nur ein technisches Vehikel zur Effizienzsteigerung der operativen Funktionen darstellt, sondern dass die Daten des Unternehmens eine Unternehmensressource sind, für die es eine umfassende Verantwortung - wie für jede andere Unternehmensressource auch - geben muss. Es wird erkannt, dass Daten eben kein *freies Gut* sind, welches nichts kostet. Dies ist in jenen Unternehmen, bei denen dieser Erkenntnisprozess erfolgreich ist, die Geburtsstunde des Datenmanagements.

### 8.2.8.3 Entwicklungsstufe Datenmanagement

Seit Anfang der neunziger Jahre verändern sich die Unternehmen in vielfältiger Art. Zunächst langsam und ab Mitte der neunziger Jahre mit immer grösserem Tempo. Die Tendenz in den grossen Unternehmen geht eindeutig in Richtungen, die mit den Stichworten „Flache Hierarchien", „Prozessorientierung", „Kundenorientierung", „Fokussierung auf das Kerngeschäft" oder „Just-in-Time" beschrieben werden können. Was bedeutet dies für die Kultur im Unternehmen und welche Konsequenzen haben solche Entwicklungen für die Informatik und das Datenmanagement?

**Herrschafts-
wissen auf
Hierarchie-
stufen**

Die unter dem Begriff „Taylorismus" bekannte, stark arbeitsteilige Organisation in unseren Unternehmen bedingt eine Zergliederung der Arbeit in kleine Schritte, die von spezialisierten Arbeitskräften ausgeführt werden und letztendlich auch zu einer starken Zergliederung der Aufbauorganisationen mit vielen Hierarchiestufen führt. Die Instanzenträger auf den einzelnen Hierarchiestufen haben einerseits die Aufgabe, das notwendige Wissen zum Ausführen der Arbeiten in ihrem Verantwortungsbereich zu sammeln und an die Mitarbeiter je nach Notwendigkeit weiterzugeben, andererseits müssen sie die Arbeiten verteilen und deren Ausführung kontrollieren. Der Informationsfluss in einem derart organisierten Unternehmen ist typischerweise vertikal ausgerichtet. Auf den verschiedenen Hierarchiestufen entsteht das berühmte „Herrschaftswissen". Die Erkenntnis, dass eine solche Arbeitsorganisation viele, im Sinne des Kerngeschäftes des Unternehmens unproduktive oder gar überflüssige Arbeitsabläufe und viel Leerlauf mit sich bringt, hat in vielen Unternehmen ein so genanntes Business-Process-Reengineering zur Konsequenz.

**Kommunika-
tionsnetzwerk
zwischen den
Arbeitsgruppen**

Dies führt zu einer Ausrichtung der Arbeitsorganisation an den Geschäftsprozessen des Unternehmens. Ausserdem werden zunehmend einzelne Teilprozesse an Arbeitsgruppen delegiert. Diese Form der Arbeitsorganisation macht einige Hierarchiestufen im Unternehmen überflüssig. Das zur Durchführung der Aufgaben notwendige Wissen muss nun jedem Mitarbeiter der Arbeitsgruppe zugänglich sein. Zwischen den Arbeitsgruppen entsteht ein Kommunikationsnetzwerk, das jedem Mitarbeiter erlaubt, sich jederzeit Informationen über den Geschäftsprozess, an dem er beteiligt ist, zu beschaffen.

**Wissen und
Können als
Ganzes
erschliessen**

Das Sammeln von Herrschaftswissen ist für eine solche Arbeitsorganisation absolut untauglich und muss daher entfallen. Karriere bedeutet in einem solchen Unternehmen nicht mehr ausschliesslich Aufstieg in der Hierarchie, sondern der Besitz von Wissen und Können. Das Wissen und Können des Einzelnen, der Gruppe und des Unternehmens als Ganzes zu erschliessen und effizient zu organisieren, stellt für Unternehmen eine der grossen Herausforderungen der kommenden Jahre dar. Wer diese Herausforderung am schnellsten und effektivsten meistert, wird einen grossen Wettbewerbsvorteil erzielen können.

In Anlehnung an Leo A. Nefiodow [vgl. Nefiodow 2001] lassen sich die unterschiedlichen Organisationsgrundsätze folgendermassen darstellen:

**Abbildung 8-7: Organisation und Informationsflüsse**

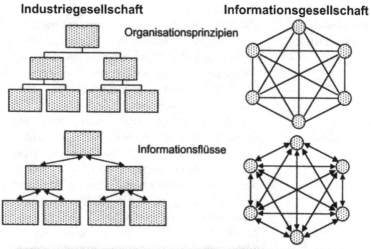

| | **Industriegesellschaft** | **Informationsgesellschaft** |
|---|---|---|
| Vorherrschendes Organisationsmuster | Hierarchie | Netzwerk |
| Hierarchiestufen | Viele | wenige |
| Arbeitsteilung | Weit reichend | gering |
| Stellung des Mitarbeiters | Austauschbar, gehorsam, angepasst | engagiert, loyal, gut informiert, selbstständig |
| Vernetzung | Gering | hoch |
| Arbeitsabläufe | streng geregelt; starre Abteilungen und Zuständigkeiten | flexibel; ad-hoc-Komitees, Projektorganisation auf Zeit |
| Einfluss und Macht | abhängig von Hierarchieebene | abhängig von Wissen und Können |
| Umfang der Mitwirkung | Gering | gross |
| Ausrichtung der Organisation | Betriebswirtschaftlich | Eigeninteresse, Betrieb und Gemeinschaft |
| Wichtigstes Ziel | Output maximieren | Nutzenoptimierung |
| Informationsfluss | indirekt, über die Hierarchieebenen | direkt, im Netzwerk |
| Informationsqualität | Qualitätsverlust wegen vieler beteiligten Stellen | hohe Qualität durch wenige beteiligte Stellen |

**Tabelle 8-1: Unterschiedliche betriebliche Informationsflüsse und Organisationsgrundsätze**

**Entwicklungsprozess**

Diese sehr grundsätzlichen Veränderungen der Kultur grosser Unternehmen vollziehen sich nicht schlagartig, sondern unterliegen einem Entwicklungsprozess. Das Datenmanagement spielt bei dieser Entwicklung eine tragende Rolle. Die notwendige Vernetzung des Wissens der Organisation ist bekanntlich weniger ein technisches als ein inhaltliches, das heisst ein qualitatives Problem. Wie zuverlässig sind die Informationen, die über das Netz verbreitet werden bezüglich Aktualität, Konsistenz, Richtigkeit und Vollständigkeit.

| **Datenmanage-** | Das Datenmanagement in einem den beschriebenen Verände- |
|---|---|
| **ment im** | rungsprozessen unterliegenden Unternehmen befindet sich im |
| **Wandel** | Spannungsfeld zwischen der Bewältigung der so genannten Alt- |

Das Datenmanagement in einem den beschriebenen Veränderungsprozessen unterliegenden Unternehmen befindet sich im Spannungsfeld zwischen der Bewältigung der so genannten Altlasten, der Aufrechterhaltung des laufenden, operativen Geschäftes und des Übergangs vom reinen Daten- zum umfassenden Informationsmanagement. Fragestellungen wie die Beurteilung und Gewährleistung der Datenqualität oder die Organisation des unternehmensinternen Wissens müssen offensiver und entschlossener angegangen werden als bisher. Das Datenmanagement ist aufgefordert, die Voraussetzungen für den Wandel der Unternehmen in der Informationsgesellschaft zu schaffen.

## 8.3 Bewertung des Reifegrades - das Datenmanagement-Assessment

Wir haben im vorherigen Abschnitt erörtert, an welchen Kriterien der Reifegrad des Datenmanagements im Unternehmen gemessen werden kann und wie die Ausprägungen hinsichtlich ihrer jeweiligen Entwicklungsstufe sind. Wir fassen die Ergebnisse dieser Überlegungen im Überblick in folgendem Schema zusammen:

| Entwick-lungsstufe  Kriterium | Datenbank-administration | Datenmodellierung/-standardisierung | Datenmanagement |
|---|---|---|---|
| **Auftrag** | Sicherstellung der technischen Qualität der Datenbanken | Datenintegration über den Aufbau und die Nutzung von Integrationsmodellen | Ergreifung aller konzeptionellen, technischen, methodischen und organisatorischen Massnahmen zur Gewährleistung einer hohen Qualität der Daten des Unternehmens über den gesamten Lebenszyklus der Daten |
| **Auftraggeber** | Rechenzentrumsbetrieb oder eine Abteilung Systemtechnik/ Systemplanung | Abteilung Systemplanung oder Methoden & Verfahren, o.ä. | Informatikleitung oder ein Ausschuss der Geschäftsleitung |
| **Ablauf-organisation** | Die DBA wird in den Entwicklungsprozess einbezogen und ist verantwortlich für die technische Qualität der Datenbanken | Die Datenmodellierung sollte in den Entwicklungsprozess frühzeitig und aktiv einbezogen werden und so die Datenintegration und -standardisierung gewährleisten | Das Datenmanagement ist an allen Aktivitäten im Lebenszyklus der Daten aktiv beteiligt |
| **Aufbau-organisation** | Die DBA ist dem Rechenzentrumsbetrieb oder in der Abteilung Systemtechnik/Systemplanung angegliedert | Die Datenmodellierung ist einer Infrastrukturabteilung „Systemplanung" oder „Methoden & Verfahren" zugeordnet | Das Datenmanagement ist direkt der Informatikleitung unterstellt und deckt die Bereiche DBA, Datenarchitektur, Information Center, Kernanwendungen ab |
| **Personal** | Technisches Personal, überwiegend aus der Systemprogrammierung her- | Technisches, betriebswirtschaftlich-orientiertes Personal mit vertieften Metho- | Technisches, betriebswirtschaftlich-orientiertes Personal mit vertieften Methoden- |

| Entwick-lungsstufe Kriterium | Datenbank-administration | Datenmodellierung/-standardisierung | Datenmanagement |
|---|---|---|---|
| | vorgegangen | denkenntnissen | kenntnissen, sowie ausgeprägten sozialen Kompetenzen |
| **Methodik** | häufig sehr stark geprägt durch die Hersteller der Datenbankmanagementsysteme | Software-Engineering, semantische Datenmodellierung, Relationentheorie | Software-Engineering, semantische Datenmodellierung, Relationentheorie, objektorientierte Analyse und Design, Process-Engineering |
| **Technologie** | erste Datenbankgenerationen, hierarchisches Datenbankmodell und Netzwerkmodell vorherrschend | Relationales Datenbankmodell, weiterhin aber auch Datenbankmodelle der ersten Generation | Relationales Datenbankmodell, verteilte Datenbanken, massiv-parallele Systeme, multi-dimensionale Datenbanken, post-relationale Datenbankmodelle wie das objekt-orientierte oder erweiterte relationale, Replikations- und Migrations-technologien |
| **Unternehmenskultur** | Zentralistisch, hierarchisch; Informationsfluss durch die Hierarchien | zunehmend auch dezentralisierte Strukturen, hierarchisch; Informationsfluss durch die Hierarchien | Abbau von Hierarchien, zunehmende Arbeit in autonomen Arbeitsgruppen; Informationsfluss direkt zwischen den Arbeitsgruppen |

**Tabelle 8-2: Schema zur Bewertung des Reifegrades**

**Datenmanagement-Assessment**

Anhand dieses Schemas lässt sich nun für ein spezifisches Unternehmen der Reifegrad über alle Dimensionen bestimmen. Wir nennen dies das Datenmanagement-Assessment. In der Regel wird das Assessment aufzeigen, dass sich das Datenmanagement eines Unternehmens nicht eindeutig einer Entwicklungsstufe zuordnen lässt, sondern dass es einzelne Kriterien geben wird, die auf einer höheren Entwicklungsstufe stehen als andere. Das Ergebnis eines solchen Datenmanagement-Assessments ist dann nicht nur eine Standortbestimmung, sondern daraus abgeleitet ein Handlungskatalog, welcher die notwendigen Massnahmen zur Erreichung eines vorher bestimmten Zielzustandes beschreibt.

**Beispiel aus der Bankenbranche**

Nehmen wir als Beispiel ein Unternehmen aus der Bankenbranche, das eine Organisationseinheit „Datenmanagement" gebildet hat, wie sie für manche Unternehmen dieser Branche heute typisch ist und sich wie folgt darstellt:

**Auftrag**

Der Auftrag an das Datenmanagement lautet: „Das Datenmanagement erstellt, pflegt und erweitert das Unternehmens-Datenmodell. Es sorgt durch die Unterstützung der Anwendungsentwicklung bei der Datenmodellierung für die Beachtung des Unternehmens-Datenmodells in den Anwendungsmodellen und fördert so die Integration der Unternehmensdaten. Die Datenmodellierung basiert auf der Entity-Relationship-Methode und dem Relationenmodell. Die Datenmodelle, die Datenbanken und die Datenelemente werden auf dem Repositorysystem dokumentiert. Es ist eine grösstmögliche Wiederverwendung von Datenelementen anzustreben. Die Anwendungsentwicklung und der Rechenzentrumsbetrieb sind in allen technischen Datenbankfragen zu unterstützen. Insbesondere ist das Datenmanagement verantwortlich für die Qualität des physischen Datenbankentwurfs, die termingerechte Einführung von neuen Datenbanken oder Datenbankänderung in den Produktionsbetrieb sowie die technische Sicherstellung der Datensicherheit. Die zum sicheren Betrieb und der Überwachung der Datenbanken notwendige Datenbankinfrastruktur ist bereitzustellen. Die Anwendungsentwickler sind in den Konzepten der semantischen Datenmodellierung und in der entwicklungs-orientierten Datenbankinfrastruktur zu schulen."

**Abbildung 8-8: Unternehmens-Beispiel: Datenmanagement Aufbauorganisation**

Die Aufbauorganisation des Datenmanagements ist durch folgendes Organigramm repräsentiert.

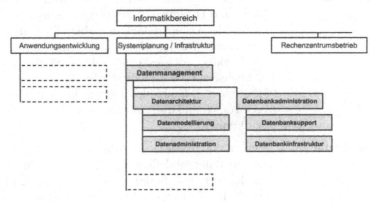

**Auftraggeber**

Der Auftraggeber des Datenmanagements ist der Leiter einer Abteilung Systemplanung/Infrastruktur. Der Leiter des Datenmanagements ist innerhalb des Informatikbereiches auf der dritten Leitungsebene zu finden. Seine Abteilung deckt die beiden klassischen Datenmanagementaufgaben, Datenbankadministration und Datenarchitektur ab. Innerhalb der Datenbankadministration werden Unterstützungsaufgaben für die Anwendungsentwickler wahrgenommen sowie die zum Betrieb und der Überwachung der Datenbanken notwendige Infrastruktur zur Verfügung gestellt. Die Datenarchitektur ist innerhalb der Datenmodellierung für die Erstellung, Pflege und Erweiterung des Unternehmens-Datenmodells sowie die Unterstützung der Anwendungsentwickler verantwortlich. Zudem hat sie im Bereich Datenadministration für die Wiederverwendung von Datenelementen und die Standardisierung der Daten des Unternehmens insgesamt zu sorgen. Das Datenmanagement bietet darüber hinaus auch Schulungen für Datenmodellierung und Datenbankinfrastruktur an.

**Ablauforganisation**

Die Ablauforganisation sieht vor, das Datenmanagement erst bei der Erstellung des konzeptionellen Datenmodells mit einzubeziehen. Gemeinsam mit den Anwendungsentwicklern wird das Anwendungsmodell erstellt, mit dem Unternehmensmodell abgeglichen, auf dem Repositorysystem dokumentiert und anschliessend dem Datenbanksupport-Team übergeben. Dort wird der physische Datenbankentwurf durchgeführt, die Sicherstellungsprozesse festgelegt, und schliesslich die Datenbank im Produktionsumfeld installiert. Beim physischen Datenbankentwurf werden aber häufig die konzeptionellen Vorarbeiten zu wenig beachtet, sondern überwiegend technische Effizienz in den Vordergrund gestellt.

**Personal**

Das Personal setzt sich, je nach Aufgabenbereich, aus Methodikern und Datenbankspezialisten zusammen. Die Methodikspezialisten der Datenarchitektur haben Erfahrungen aus der Anwendungsentwicklung, aber keine spezifischen Kenntnisse der Datenbanktechnologie. Umgekehrt fehlt den Datenbankspezialisten teilweise auch das methodische Rüstzeug, um die Umsetzung der logischen Datenbankschemata in den physischen Datenbankentwurf konfliktfrei mit den Anwendungsentwicklern diskutieren zu können.

**Methodik**

Die Methodik sieht die Entity-Relationship-Methode zur semantischen Datenmodellierung und die Erstellung von Relationenmodellen vor. Aus diesen wird der physische Datenbankentwurf erstellt. In der Datenarchitektur befasst man sich auch bereits mit objekt-orientierten Modellierungsansätzen. Migrationsüberlegungen werden noch nicht angestellt.

**Technologie**

Die Technologie besteht im Datenbankbereich aus dem Einsatz von einem hierarchischen und einem relationalen Datenbankmanagementsystem auf dem Grossrechner, sowie einem relationalen Datenbankmanagementsystem auf dezentralen Servern. Die vom Grossrechner benötigten Daten werden mit Filetransfertechnologie auf die dezentralen Server übertragen, es besteht keine echte verteilte Verarbeitung zwischen zentralem Grossrechner und dezentralen Servern. Die Replikationstechnologie zur kontrollierten Verteilung von Daten über verschiedene Systeme oder zur Migration aus dem alten hierarchischen System auf offenere relationale Datenbanken kommt noch nicht zum Einsatz. Für die konzeptionellen Arbeiten wird ein CASE-Werkzeug gebraucht, das mit dem ebenfalls vom Datenmanagement betreuten zentralen Repository verbunden ist.

**Unternehmenskultur**  Das Unternehmen ist gerade in einer Restrukturierungsphase. Die traditionelle, produkt-orientierte Organisation soll ersetzt werden durch eine kunden-orientierte und auf die Geschäftsprozesse ausgerichtete Organisation. Als Ergebnis einer Geschäftsprozess-Analyse sollen Hierarchiestufen abgebaut, grössere Funktionsbereiche zusammengefasst und die Kompetenzen der Mitarbeiter gestärkt werden. In einigen Bereichen wird bereits mit anderen Formen der Arbeitsorganisation unter Verwendung von Workflowmanagementsystemen experimentiert. Das Unternehmen soll verstärkt ergebnisorientiert geführt werden. Eine genaue Analyse der Profitabilität nach Produkten, Kunden und Märkten fällt aber aufgrund mangelhafter Integrationsmöglichkeiten der benötigten Daten aus den verschiedenen Geschäftsbereichen schwer. Das Management hat die Informatik als Wettbewerbsfaktor erkannt und ist bereit, in diesen Bereich zu investieren, um Informationen und Daten als Unternehmensressourcen besser organisieren und nutzen zu können.

**Zusammenfassung**  Überträgt man diese Kurzanalyse in das Bewertungsschema aus Tabelle 8-2, werden die grau schraffierten Bereiche abgedeckt:

| | Datenbankadministration | | Datenmodellierung/-standardisierung | | Datenmanagement | |
|---|---|---|---|---|---|---|
| | 0% | 100% | 0% | 100% | 0% | 100% |
| Auftrag | | | | | | |
| Auftraggeber | | | | | | |
| Ablauforganisation | | | | | | |
| Aufbauorganisation | | | | | | |
| Personal | | | | | | |
| Methodik | | | | | | |
| Technologie | | | | | | |
| Unternehmenskultur | | | | | | |

**Tabelle 8-3: Unternehmens-Beispiel: Bewertung des Reifegrades**

**Auswertung**  Diese Bewertung zeigt, dass das Unternehmen als Ganzes in seiner Entwicklung weiter ist, als das Datenmanagement. In den meisten Bereichen befindet sich das Datenmanagement eigentlich noch auf der Entwicklungsstufe *Datenmodellierung/-standardisierung.* Nur in der Methodik ist man aufgrund der Beschäftigung mit der Objektorientierung schon etwas weiter. Die Ablauforganisation und teilweise auch das Personal sind besonders verbesserungsbedürftig.

**Handlungskatalog zu:**

Der Handlungskatalog lässt sich folgendermassen zusammenfassen:

**Auftrag erweitern**

- Der Auftrag des Datenmanagements ist so zu erweitern, dass die Verantwortung für die Daten über den gesamten Lebenszyklus inklusive der Datennutzung wahrgenommen werden soll.

**Auftraggeber Leiter Informatikbereich**

- Die Stellung des Datenmanagements sollte auch aufbauorganisatorisch gestärkt werden. Der Auftrag muss daher direkt von der Informatikleitung erteilt werden, der Auftraggeber ist zukünftig der Leiter des Informatikbereiches. Der Leiter des Datenmanagements ist dem Informatikleiter direkt verantwortlich.

**Ablauforganisation anpassen**

- Die Ablauforganisation sollte zukünftig die frühzeitige Einbeziehung des Datenmanagements in die Strategieüberlegungen der Informatik und in die Projektinitiierung der Geschäftsbereiche vorsehen. Der Übergang von der konzeptionellen Datenmodellierung zum physischen Datenbankentwurf ist effizienter zu organisieren. Die spätere Nutzung der Datenbanken durch die Fachbereiche muss durch das Datenmanagement zukünftig besser unterstützt werden.

**Aufbauorganisation erweitern**

- Die innere Aufbauorganisation des Datenmanagements ist mindestens um die Funktionsbereiche „Information Center" und „Datenmigration" zu erweitern. Zu empfehlen gilt darüber hinaus, dem Datenmanagement die Verantwortung für die zentralen Datenbankanwendungen zu übertragen.

**Personal weiterbilden**

- Das Personal muss methodisch (Objektorientierung, Prozessmodellierung) und technisch ständig weitergebildet werden. Es muss dafür gesorgt werden, dass alle Mitarbeiter des Datenmanagements unabhängig von ihrer Spezialaufgabe ein technisches und methodisches Wissen besitzen. Neben traditioneller Ausbildung sind auch zeitlich begrenzte „Praktika" in allen Funktionsbereichen des Datenmanagements ein bewährtes Mittel. Vor allem hat das Personal lernen, Datenstrategien zu entwickeln, welche die Unternehmens- und Informatikstrategien unterstützen.

**Methodik-Repertoire erweitern**

- Das Methodik-Repertoire des Datenmanagements muss sich vor dem Hintergrund der Entwicklungen (Objekt-Orientierung, Data Warehouse, Prozess-Orientierung, u.a.m.) weiterentwickeln. Vor allem hat sich das Datenmanagement unseres Beispielunternehmens das methodische Rüstzeug zur Entwicklung von Migrationsszenarien zuzulegen, um den Übergang von traditionellen, funktions-orientierten Datenstrukturen und Anwendungssystemen zu einem integrierteren Informationssystem erfolgreich mitgestalten zu können.

**Technologie-Rüstzeug verstärken**

- Das Technologie-Rüstzeug des Datenmanagements ist vor allem auf zwei Gebieten deutlich zu verstärken. Es muss eine echte verteilte Datenhaltung in einem heterogenen Datenbankumfeld auf zentralen und dezentralen Plattformen unterstützt werden, und ausserdem haben Replikations- und Migrationstechnologie zur Verfügung zu stehen, um die Umsetzung von Migrationsszenarien technisch zu ermöglichen.

**Änderungsprozess Unternehmenskultur**

- Die einem Änderungsprozess unterliegende Unternehmenskultur verlangt zukünftig ein engagiertes, pro-aktives, unternehmerisch denkendes und handelndes Informations- und Datenmanagement. Hierzu muss von der Unternehmensleitung der Informatikbereich frühzeitig in alle planerischen Aktivitäten mit einbezogen werden, die Auswirkungen auf die Informationsverarbeitung sowie die Informationsbereitstellung haben könnten. Die Erkenntnis, dass die Daten eine wesentliche Unternehmensressource darstellen, hat unbedingt dazu zu führen, dem Datenmanagement alle organisatorischen und technischen Mittel zur Verfügung zu stellen, um die Defizite im Datenbereich zu verringern und langfristig zu beseitigen.

**Beurteilung**

Dieses knappe Beispiel veranschaulicht, wie das obige Bewertungsschema genutzt werden kann, um in einem konkreten Fall das Entwicklungsstadium des Datenmanagements zu bestimmen, Schwachstellen und Handlungsfelder zu erkennen, und einen Handlungskatalog abzuleiten. Das strukturierte Vorgehen unter Einbezug von Aspekten des Gesamtunternehmens erleichtert es auch, das Management von der Notwendigkeit zusätzlicher Investitionen ins Datenmanagement und den damit verbundenen organisatorischen Veränderungen zu überzeugen.

**8.4**  **Kernaussagen zur Datenmanagementorganisation**

1. *Der Entwicklungsstand des Datenmanagements eines Unternehmens lässt sich an den Kriterien Auftrag, Auftraggeber, Ablauforganisation, Aufbauorganisation, Personal, Methodik, Technologie und Unternehmenskultur bewerten.*

2. *In einem Unternehmen, in dem Daten und Informationen als Unternehmensressource wahrgenommen werden, muss der Auftrag an das Datenmanagement die Gewährleistung einer hohen Qualität der Daten über ihren gesamten Lebenszyklus beinhalten.*

3. *Das Datenmanagement muss organisatorisch, personell, technisch und methodisch in die Lage versetzt werden, seinen Auftrag auf hohem Niveau zu erfüllen.*

4. *Das vorgeschlagene Bewertungsschema kann bei der Beurteilung des Status Quo sowie bei der Aufstellung eines Handlungskatalogs zum Aufbau resp. Ausbau eines schlagkräftigen Datenmanagements herangezogen werden.*

5. *Die besten Leute sind gerade gut genug, um das Datenmanagement des Unternehmens aufzubauen und zu betreiben.*

6. *Auch das Datenmanagement muss sich den ständigen Veränderungen innerhalb und ausserhalb des Unternehmens stellen, neue Methoden und Technologien frühzeitig erkennen und nutzen sowie sich selbst permanent qualitativ auf allen genannten Handlungsfeldern weiterentwickeln.*

7. *Ein leistungsfähiges und integriertes Datenmanagement bietet die besten Voraussetzungen, um sich neuen Herausforderungen wie etwa dem Aufbau eines Data Warehouse erfolgreich zu stellen.*

# 9

## Data Warehousing - strategisch betrachtet

Aus der Sicht des Datenmanagements stellt der Data Warehouse Ansatz und dessen Erweiterung zu einer umfassenden Corporate Information Factory den Übergang vom reinen Datenmanagement zur höheren Entwicklungsstufe des Informationsmanagements dar.

**Abbildung 9-1:**
**Übergang zum**
**Informations-**
**management**

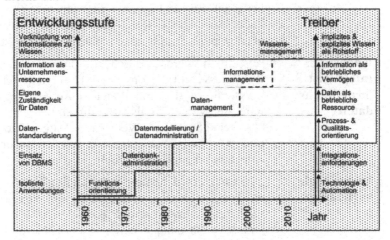

In diesem Kapitel gehen wir ausführlich auf das Data Warehousing ein, erläutern die Architektur der Corporate Information Factory, schlagen ein Vorgehen beim Aufbau eines solchen Systems vor und gehen auf die kritischen Erfolgsfaktoren ein. Den Abschluss des Kapitels bilden einige strategische Betrachtungen über den Wert eines Data Warehousing Systems im Gesamtkontext des Unternehmens.

## 9.1 Motivation

Obwohl das Data Warehouse Konzept in Fachkreisen bereits seit rund 20 Jahren diskutiert wurde, ist es erst in der zweiten Hälfte der neunziger Jahre zu einem zentralen Thema nicht nur in den IT-Abteilungen der Unternehmen, sondern bis hinauf in das Topmanagement geworden. Der Hauptgrund dafür war schlicht der, dass in vielerlei Hinsicht die Zeit dafür reif war.

**Leidensdruck auf der Managementebene**

Der Leidensdruck auf der Managementebene der Unternehmen war inzwischen gross genug, um die Bereitschaft zu grossen Investitionen in ein umfangreiches Data Warehouse Projekt zu fördern. Das Leiden entsteht, wie schon in anderen Kapiteln dargelegt, durch die Diskrepanz zwischen einer immer grösseren Datenmenge bei gleichzeitigem Informationsdefizit in den Unternehmen (vgl. hierzu Kapitel 5). Darüber hinaus sind die Rationalisierungspotenziale durch den Einsatz von IT in den operativen Geschäftsprozessen weit gehend ausgeschöpft. Die Managementprozesse boten und bieten nach wie vor viel Potenzial, durch intelligente Lösungen effektiver gestaltet zu werden. Ähnliches gilt für die Prozesse rund um den Kunden und die Lieferkette (Stichworte: Kundenorientierung, Customer Relationship Management, Supply Chain Management).

**Wachstumsraten der Unternehmensdaten**

Ausserdem werden durch das immer bedeutender werdende E-Business und E-Commerce unvergleichlich mehr Daten erzeugt, als in den traditionellen Anwendungssystemen. Wachstumsraten von mehr als 50% jährlich bei den Unternehmensdaten sind keine Seltenheit. Wenn diese Datenschätze gehoben werden und Wert steigernd eingesetzt werden sollen, müssen sie entsprechend organisiert werden.

**Technologie vorhanden**

Des weiteren ist heute die Technologie vorhanden, um komplexe Data Warehouse Architekturen und ehrgeizige Data Warehouse Projekte umsetzen und realisieren zu können. Diese Technologie war vor einigen Jahren noch nicht verfügbar oder nicht robust genug, um kritische Informationssysteme damit entwickeln und betreiben zu können. Das gilt vor allem für die Datenbanktechnologie, welche heute die Verarbeitung sehr komplexer Analyseprozesse auf grossen Datenmengen erlaubt. Aber auch für die anderen Komponenten eines Data Warehousing Systems stehen immer leistungsfähigere Werkzeuge zur Verfügung, welche die Entwicklung und den Betrieb grosser Data Warehouse Anwendungen effizient unterstützen.

**Kurzfristige Lösungen für langfristige Probleme**

Aber auch der fatale Hang für langfristige Probleme nach kurzfristigen Lösungen zu suchen ist dem Data Warehouse Gedanken förderlich. Zu oft wird leider mit einem initialisierten Data Warehouse Projekt die Vorstellung verbunden, mit neuer Technologie und einem neuen Konzept kurzfristig die Daten- und Informationsprobleme eines ganzen Unternehmens oder zumindest eines Unternehmensbereiches lösen zu können. Unterstützt wird diese Auffassung von einigen Werkzeanbietern, die propagieren, ein

Data Warehouse Projekt sei in wenigen Monaten erfolgreich durchführbar und reduziere sich im Wesentlichen auf die Einführung neuer Technologien. Diese Einstellung ist, wie wir noch sehen werden, falsch und kann zu grossen Fehlinvestitionen führen. Die Tatsache, dass es heute in vielen Unternehmen Projekte gibt, die die Konsolidierung von unterschiedlichen Data Warehouse Systemen zum Ziel haben, unterstützt diese These.

Ein gut geplantes, auf eine strategische Informationsplanung abgestütztes Data Warehouse wird aber einen grossen, messbaren Beitrag zur effektiven Nutzung der Unternehmensressourcen Daten und Information leisten.

## 9.2 Was ist ein Data Warehouse ?

Bevor die strategische Bedeutung des Data Warehouse Konzeptes sowohl aus der Unternehmenssicht wie auch aus IT- und speziell Datenmanagementsicht diskutiert werden kann, muss definiert sein, was wir unter einem Data Warehouse verstehen und wie es gegen Executive-Informations-Systeme (EIS) und Decision-Support-Systeme (DSS) abgegrenzt wird.

**Executive-Informations-Systeme**

Ein EIS ist eine Anwendung, die speziell für die Verwendung durch das Top-Management des Unternehmens entwickelt wird, sich durch einfache Benutzerführung und die grafische Präsentation hoch-aggregierter und summierter Unternehmensdaten auszeichnet. Teilweise werden in einem solchen System Möglichkeiten angeboten, über so genannte „Drill-Down-Mechanismen" von höheren Aggregierungsstufen auf detailliertere Daten zuzugreifen und diese zu analysieren. Je nach speziellem Anwendungsgebiet (Controlling, Kreditrisikoanalyse, etc.) werden unterschiedliche Anwendungssysteme zur Verfügung gestellt.

**Decision-Support-Systeme (DSS)**

Ein DSS ist ein System, welches für die taktische und strategische Entscheidungsunterstützung zur Verfügung gestellt wird, im Gegensatz zu den operativen Systemen, welche der täglichen Geschäftsabwicklung dienen. Auch einem DSS stehen die Daten üblicherweise nicht in ausreichend detaillierter Form zur Verfügung, sondern sie sind ebenfalls aggregiert und summiert. Techniken wie Sensibilitäts- oder What-If-Analysen stehen im Vordergrund solcher Anwendungen. Je nach speziellem Anwendungsgebiet (Liquiditätsmanagement, Portfoliomanagement, Bonitätsprüfung, etc.) werden wieder unterschiedliche Anwendungssysteme entwickelt.

**Extrahieren von Rohdaten**

Die Rohdaten für EIS- und DSS-Systeme stammen aus den operativen Anwendungen des Unternehmens. Diese Daten werden periodisch, beispielsweise einmal im Monat oder einmal im Quartal, aus den operativen Datenbanken extrahiert und mit teilweise sehr komplexen Prozessen aufeinander abgestimmt, aggregiert, summiert, bewertet und schliesslich in die Datenbank des nachgelagerten Systems geladen. Diese Systeme sind in den späten achtziger und frühen neunziger Jahren in verschiedenen Anwendungsgebieten entwickelt worden.

**Beurteilung EIS/DSS**

Aber allen diesen Systemen haftet ein entscheidender Nachteil an. Da sie im Prinzip ähnlich entwickelt wurden, wie die operativen Systeme Jahre zuvor, nämlich funktions- und anwendungsbezogen und nicht integriert, fehlt ihnen die gemeinsame, integrierte Sicht auf die Daten des Unternehmens. Dies führt dazu, dass in solchen Systemen zu ein und demselben Sachverhalt widersprüchliche Aussagen produziert werden oder die Analysen in sich selbst bereits unglaubwürdig sind.

Da viele dieser Systeme häufig nicht nur ein eigenes Verständnis von der Semantik der Unternehmensdaten entwickeln, sondern auch von den Geschäftsregeln, die beispielsweise bei der Berechnung einer Produktprofitabilität angewendet werden sollten, sind die Resultate der Analysen kaum noch vergleichbar und nachvollziehbar.

**Strategische Projekte (EIS/DSS), taktisches Vorgehen**

Auch wenn die Entwicklung solcher Systeme, vor allem im EIS-Bereich, aufgrund des Auftraggebers aus dem Top-Management oft als *strategische* Projekte bezeichnet werden, ist das Vorgehen doch eher *taktisch* geprägt. Auf die Herstellung einer konsistenten, integrierten Sicht auf die Unternehmensdaten wird verzichtet und jede Entwicklung findet weitgehend isoliert von anderen statt. Damit werden auf der taktisch-strategischen Ebene exakt die Fehler wiederholt, welche in den siebziger Jahren auf der operativen Ebene bereits gemacht wurden (vgl. Kapitel 5).

Ist die Handlungsweise aus den siebziger Jahren wegen des damals anders lautenden Auftrages aber verständlich und nachvollziehbar, so erstaunt es doch, dass man sich in den IT-Abteilungen und in den Unternehmen insgesamt den Luxus leistet, dieselben Fehler auf einer anderen Ebene noch einmal zu begehen. Nur eine vorausschauende und integrative Vorgehensweise garantiert dauerhafte strategische Vorteile bei der Nutzung der Unternehmensdaten für dispositive und analytische Zwecke.

**Abbildung 9-2: Analysesysteme ohne zentrale Komponente**

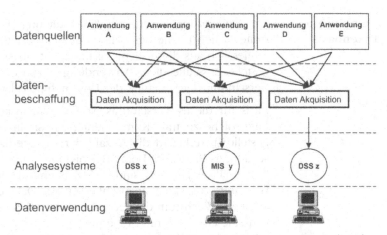

**Konsequenzen, taktisches Vorgehen**

Die Abbildung 9-2 zeigt, wie die Anzahl der zu unterhaltenden Schnittstellen zwischen den Anwendungssystemen auf der operativen Ebene sowie den Anwendungen auf der Analyse- und Berichtsebene mit jeder neuen Anwendung auf der einen oder anderen Ebene multiplikativ wächst. Bei drei Analysesystemen, die ihre Daten jeweils aus fünf operativen Systemen beziehen, müssen 3*5=15 Prozesse aufgebaut und unterhalten werden. Kommt eine weitere Datenquelle hinzu, so erhöht sich die Anzahl der Prozesse auf 3*6=18.

**Ziel Data Warehouse**

Das Ziel eines Data Warehouse ist es, die Mängel der oben beschriebenen EIS- und DSS-Anwendungen dadurch zu beseitigen, dass zunächst einmal für alle Anwendungen aus diesem Anwendungsbereich eine konsistente, integrierte und qualitätsgesicherte Datenbasis zur Verfügung gestellt wird - das Data Warehouse.

**Abbildung 9-3: Analysesysteme mit zentraler Komponente**

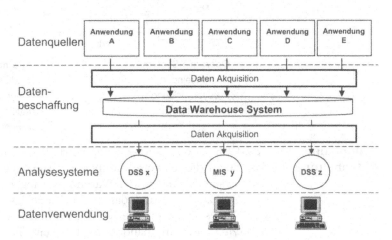

**Gemeinsame Datenbasis**

Ein Anwendungssystem zur Unterstützung der taktischen oder strategischen Ebene des Unternehmens bezieht seine Daten ausschliesslich aus dieser gemeinsamen Datenbasis. Damit ist sichergestellt, dass alle diese Anwendungen von einem gemeinsamen Verständnis der Semantik der Unternehmensdaten ausgehen.

Basis für dieses Verständnis ist ein gemeinsames Datenmodell. Eine solche zentrale Komponente, wie sie in Abbildung 9-3 dargestellt ist, reduziert die Anzahl der zu unterhaltenden Datenbeschaffungs-Prozesse. Beim Beispiel mit fünf Datenquellen und drei Analysesystemen sind 3+5=8 Schnittstellen zu unterhalten. Bei einer zusätzlich anzuschliessenden Datenquelle ist nur ein additives Wachstum der Prozesse zu bewältigen, es kommt lediglich eine einzige Schnittstelle hinzu.

## 9.3 Prinzipien eines Data Warehouse

Das grundlegende Prinzip eines Data Warehouse ist die Trennung von operativen Daten für die tägliche Geschäftsabwicklung von solchen Daten, die die Managementprozesse unterstützen. Sie werden für Zwecke des Berichtwesens, der Entscheidungsunterstützung, der Geschäftsanalyse sowie des Controlling und der Unternehmensführung verwendet.

**Abbildung 9-4: Verschiedene Daten für verschiedene Anwendungen**

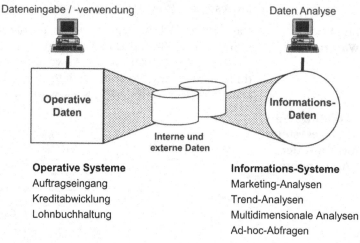

Dateneingabe / -verwendung                    Daten Analyse

Operative
Daten

Interne und
externe Daten

Informations-
Daten

**Operative Systeme**
Auftragseingang
Kreditabwicklung
Lohnbuchhaltung

**Informations-Systeme**
Marketing-Analysen
Trend-Analysen
Multidimensionale Analysen
Ad-hoc-Abfragen

**Redundante Datenhaltung**

Aus der Sicht des Datenmanagers mag man zunächst einwenden, dass durch die teilweise redundante Datenhaltung in den operativen Systemen und in der Warehouse-Umgebung die Datenproliferation zunimmt und damit das Datenchaos meist verschärft wird. Da es sich aber, wie wir noch sehen werden, um eine *kontrollierte* Redundanz handelt, ist dies kein Grund, welcher gegen

188

die Trennung der Daten und Anwendungen spricht. Die Idee, die unter anderem mit der relationalen Datenbank-Technologie verbunden wurde, die operativen Anwendungen und die Analyse-Anwendungen auf dieselben Datenbestände zugreifen zu lassen, hat sich als unrealistisch erwiesen.

Für eine getrennte Speicherung der Daten sprechen die folgenden essenziellen Gründe:

**Verschiedene Sichten auf die Daten**

- Analysesysteme erfordern eine andere Sicht auf die Daten als operative Systeme. In operativen Systemen wird streng auf Redundanzfreiheit der Daten geachtet, um die Gewährleistung der Datenkonsistenz (darunter versteht man die Freiheit von logischen Widersprüchen) weitgehend dem Datenbankmanagementsystem überlassen zu können. Bei reinen Auswertungssystemen kann die Datenkonsistenz durch die Ladeprozesse sichergestellt werden. Diese Datenredundanz ist in diesen Auswertungssystemen erlaubt, um einfachere Datenstrukturen zu erreichen, welche für reine Auswertungsanwendungen besser geeignet sind.

**Zusätzliche Daten**

- In Analysesystemen werden zusätzliche Daten benötigt, die in den operativen Systemen nicht vorhanden sind. Solche Daten sind vor allem historische Daten, aber auch Daten aus externen Quellen wie demografische Daten oder unstrukturierte Daten wie Dokumente, Berichte und Bilder. Die Verknüpfung dieser Daten mit jenen, welche den operativen Quellen entnommen werden, muss durch das Datenmodell und das Datenbankmanagementsystem sichergestellt werden.

**Aggregationen von Daten**

- Die Aggregationen von Daten, welche für Analysesysteme notwendig sind, müssen erst aus den Daten der operativen Anwendungen erzeugt werden. Die dafür notwendigen Aggregierungsstufen über Organisationshierarchien, regionale Unterteilungen und Zeithierarchien sind oft in den operativen Systemen nicht vorhanden und müssen vor dem Laden der Daten in das Data Warehouse System erst noch gebildet werden.

**Zeitpunkt-bezogene Daten**

- Die Daten in den operativen Systemen unterliegen dauernden Veränderungsoperationen (Einfügen, Löschen, Verändern). Diese kontinuierliche Veränderung im Zeitverlauf würde dazu führen, dass eine Datenanalyse, die um 10:00 Uhr durchgeführt wird, ein anderes Resultat liefert, wie dieselbe Analyse am Nachmittag um 16:00 Uhr. Welches Resultat wäre nun das richtige? Die Antwort ist, dass beide Resultate richtig, aber nicht miteinander vergleichbar und in ihrem

Aussagewert gering wären. Für Zwecke der Analyse, des Berichtwesens und der Planung müssen die Daten zu einem fixen Zeitpunkt (Tagesende, Monatsende, Quartalsende, Jahresende) in einem konsistenten und nicht mehr veränderbaren Zustand vorliegen, damit Analysen zuverlässig und in sich widerspruchsfrei durchgeführt werden können. Nur so sind beispielsweise auch Vergleiche zwischen Ist- und Plandaten zu einem gegebenen Zeitpunkt möglich.

**Physische Implementierung**

- Analysesysteme verlangen nicht nur einen anderen logischen Datenentwurf, sondern auch eine andere physische Implementierung als operative Systeme. Falls operative Systeme und Analysesysteme auf derselben physischen Datenbank realisiert sind, führt dies beim physischen Datenbankentwurf zu Kompromissen, die weder der einen noch der anderen Anwendung gerecht werden.

**Spezielle Datenbankmaschinen**

- Operative Datenbanken werden mit dem Ziel entworfen, dass sie sehr schnell einfache Datenbankoperationen auf einer kleinen Datenmenge unter Gewährleistung der Datenintegrität ausführen können. Im Gegensatz dazu führen Analysesysteme auf grossen Datenmengen komplexe Abfragen durch. Hierfür stehen heute spezielle Datenbankmaschinen für eine parallele Verarbeitung der Datenbankoperationen zur Verfügung. Mit einem speziellen Datenbankentwurf kann die parallele Verarbeitung noch unterstützt werden. Für ein Analysesystem mit grosser Datenmenge und komplexen Datenbankabfragen sollte eine andere, besser geeignete technische Implementierung gewählt werden.

**Dynamische Datenbankabfragen**

- Abfragen auf die Unternehmensdaten sind oft nicht planbar und daher auch nicht im voraus programmierbar. Für diese Zwecke können ausgereifte Abfragewerkzeuge in den Unternehmen eingesetzt werden, welche auf der Basis von dynamischem SQL arbeiten, es auch dem ungeübten Anwender erlauben sollen, ohne Kenntnisse der Sprache SQL seine Datenbankabfragen zu formulieren und sein gewünschtes Ergebnis zu erhalten. Die Anwendung von dynamischem SQL ist aber sowohl aus Gründen des Datenschutzes wie auch der hohen Inanspruchnahme der Prozessorzeit nicht unproblematisch. Aus diesem Grund ist es in vielen Unternehmen höchst unerwünscht, mit Anwendungen, die dynamisches SQL verwenden, auf operativen Datenbeständen zu arbeiten.

**Business
Information
Directory**

- Die korrekte Interpretation der Daten und deren Präsentation werden bei statisch programmierten Datenbankabfragen dem Anwendungssystem überlassen. Falls Endbenutzer Analysewerkzeuge verwenden, welche die dynamische Abfrage von Daten aus dem Data Warehouse erlauben, muss ein so genanntes Business Information Directory (BID) zur Verfügung gestellt werden, welches den Benutzer bei der Suche und Interpretation der benötigten Daten unterstützt.

Zusammenfassend kann man die Unterschiede zwischen operativen Systemen und Daten einerseits sowie Informationssystemen und -daten andererseits wie folgt charakterisieren:

**Tabelle 9-1:
Unterschiede
zwischen
operativen
Systemen und
Informations-
systemen**

|  | **Operative Systeme** | **Informations-systeme** |
|---|---|---|
| **Prioritäten** | • hoher Datendurchsatz<br>• hohe Verfügbarkeit | • einfache Benutzung<br>• flexibler Datenzugriff |
| **Benutzung** | • weitgehend gleich bleibend | • ungleich, mit Spitzen |
| **Antwortzeit** | • unterhalb der Sekundengrenze | • Sekunden bis Minuten |
| **Datenbank-modell** | • hierarchisch<br>• relational<br>• Netzwerk<br>• Dateien | • Relational<br>• multi-dimensional |
| **Datenbank-operationen** | • einfügen<br>• verändern<br>• löschen<br>• lesen | • lesen<br>• einfügen (nur durch kontrollierte Prozesse zum Laden oder kontrolliertes „Write Back") |
| **Natur der Daten** | • dynamisch<br>• ständige Veränderung | • historisch abgelegt<br>• Zeitpunkt bezogen<br>• periodisch geladen |
| **Endbenutzer** | • Mitarbeiter aus der operativen Geschäftsabwicklung | • Informationsnutzer<br>• „Wissens-Arbeiter"<br>• Entscheidungsträger |

**Mehrstufige
Architektur**

Ein Data Warehousing System, mit einer mehrstufigen Architektur und mit einem Data Warehouse als einer zentralen Komponente, beseitigt die gravierenden Nachteile vieler Informationssysteme wie sie hier beschrieben wurden. Ein solches Data Warehouse stellt die Unternehmensdaten zentral, konsistent und qualitätsgesichert gemäss einem zuvor definierten Datenmodell zur Verfügung. Das Datenmodell muss das Geschäft des Unternehmens repräsentieren, skalierbar und flexibel anpassbar sein. Referenzmodelle können hier wertvolle Hilfen darstellen.

## 9.4 Operational Data Store

Neben dem Data Warehouse wird immer häufiger auch der Begriff „Operational Data Store (ODS)" verwendet. Wir wollen den Zweck eines Operational Data Store erläutern und später den ODS in einer Gesamt-Architektur positionieren.

**Zeitpunkt bezogenes Laden im DWH**

In ein Data Warehouse werden die Daten zu definierten Zeitpunkten durch Daten-Akquisitionsprozesse aus den operativen Quellensystemen übertragen und dort zeitpunkt-bezogen abgelegt. Zwischen zwei solchen definierten Zeitpunkten verändert sich der Zustand des Data Warehouse nicht mehr. Es stehen mehrere Generationen von Daten in einem konsistenten und stabilen Zustand für Auswertungen und Analysen zur Verfügung. Je grösser der Zeitraum zwischen zwei Ladeprozessen in ein Data Warehouse ist (eine Woche, ein Monat, ein Quartal), desto älter, oder weniger aktuell, ist die jüngste Datengeneration, welche den Benutzern des Data Warehouse zur Verfügung steht.

**Aktualität der DWH-Daten**

Für manche Analysen und Auswertungen werden sehr aktuelle Daten benötigt, die trotzdem über einen gewissen kurzen Zeitverlauf zurückverfolgt werden können. Dies ist beispielsweise bei kurzfristigen Recherchen der Fall. Eine ganz wesentliche Anwendung eines ODS ist die Integration kundenzentrierter, zeitnaher Daten in einem Customer Relationship Management System (CRM-System). Wir werden auf das Thema Customer Relationship Management im nächsten Kapitel näher eingehen. Hier sei nur festgehalten, dass in CRM-Systemen die Daten rund um den Kunden gruppiert sind und möglichst aktuell sein müssen. Solche Daten stellt weder das Data Warehouse wegen der mangelnden Aktualität noch ein operatives System wegen der fehlenden Integration und fehlender Historie zur Verfügung. Ähnliches gilt auch für Anwendungen aus den Bereichen E-Business und E-Commerce. Wer schon einmal beispielsweise bei Amazon eingekauft hat, wird festgestellt haben, wie zeitnah einerseits, und wie integriert andererseits die Daten über Kunden und deren Profile (Einkaufsverhalten, Interessen, Vorlieben) zur Verfügung stehen.

**Definition ODS**

Unser Verständnis von einem ODS geht davon aus, dass mit einem ODS genau dieser Mangel behoben werden kann. Es wird neben den operativen Systemen ein grosser Datenspeicher zur Verfügung gestellt, in welchen Daten ereignisbezogen übertragen werden. Beispielsweise wird von definierten Datenbanken jede Datenbank-Transaktion synchron oder asynchron in einen ODS repliziert und in einer dem Verwendungszweck entsprechenden Datenstruktur gespeichert. Dort werden die Originaldaten nicht überschrieben, sondern durch einen neuen Datensatz ergänzt. Daraus entsteht eine kurzfristige und sehr zeitnahe Historie der Daten.

**Transaktionsvolumen und Datenmenge**

Aufgrund der vielen Transaktionen, die in einen ODS repliziert werden, entstehen in kurzer Zeit sehr grosse Datenmengen, so dass die Daten des ODS häufig und rollend (d.h. die ältesten Datensätze zuerst) wieder gelöscht oder in aggregierter Form in das Data Warehouse übertragen werden müssen. Eine langfristige Historie kann so nicht aufgebaut werden. Ausserdem sind durch den sehr kurzen, im Sekunden- oder Minutenbereich liegenden Datenfluss zwischen den Quellensystemen und dem ODS nur sehr eingeschränkt Verbesserungen im Datenmodell oder der Datenqualität zu erzielen. Das Datenmodell des ODS repräsentiert somit die Daten mehr oder weniger in derselben Semantik, in einer ähnlichen Struktur und in nur wenig verbesserter Qualität wie sie auch den Originalsystemen zur Verfügung stehen.

**Kritische Betrachtung**

Ein ODS ist für bestimmte Anwendungen wie wir sie oben genannt haben sinnvoll. Für umfangreiche Analysen ist ein ODS nicht geeignet. Solche Analysen benötigen einen konsistenten und stabilen Zustand der Daten, den nur das Data Warehouse bietet. Ein ODS verändert aufgrund der laufenden Datenbanktransaktionen seinen Zustand ständig. Aus diesem Blickwinkel ist der Charakter eines ODS einem operativen System viel ähnlicher als einem Data Warehouse. Ein ODS-System ist teuer und technisch komplex. Ob ein Unternehmen diese Investition vornehmen sollte und einen adäquaten Nutzen daraus erzielen kann, muss die strategische Informationsplanung ergeben.

## 9.5 Eine idealtypische Architektur: die Corporate Information Factory

In einem Unternehmen müssen Daten für unterschiedliche Zwecke in geeigneter Form zur Verfügung gestellt werden. Für die Gesamtheit dieser Informationssysteme hat sich der Begriff der „Corporate Information Factory" in Anlehnung an das Data Warehouse Institute [TDWI 5/2000] und Bill Inmon [Inmon 1998] etabliert. Ausgehend von den Prinzipien und den Anforderungen an ein Data Warehouse und einen Operational Data Store ODS entsteht eine idealtypische Architektur einer Corporate Information Factory, welche in Abbildung 9-5 dargestellt ist:

**Abbildung 9-5:**
**Corporate**
**Information**
**Factory**
**Architektur**

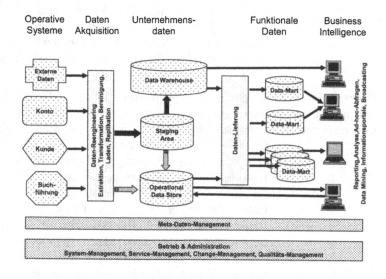

| Operative Systeme | Daten Akquisition | Unternehmens-daten | Funktionale Daten | Business Intelligence |

**Operative Systeme**

Über die Ebene der operativen Datenquellen wird das tägliche operative Geschäft abgewickelt z.B. Kontoführung, Buchführung.

**Externe Daten**

Die Integration externer Datenquellen in das Data Warehousing System ist generell unerlässlich, um für Analysesysteme Marktdaten, demographische Daten und ähnliche zur Verfügung stellen zu können. Teilweise sind externe Datenquellen auch bereits in den operativen Anwendungen vorhanden (z.B. Kursinformationen in einem Börsensystem), andere müssen spezifisch für Analyseanwendungen beschafft und ins Data Warehouse integriert werden.

**Betrieb und Administration**

Der reibungslose Betrieb und die Administration der Corporate Information Factory müssen durch spezifische Prozesse und den Einsatz geeigneter Werkzeuge gewährleistet werden:

- Um die verschiedenen, komplexen Prozesse kontrollieren zu können sowie einen effizienten und sicheren Betrieb des Systems sicherzustellen, sind *Systemmanagementwerkzeuge* notwendig. Diese sollen vor allem die Datenbanken, die Basissysteme, die Extraktions-, Transformations- und Ladeprozesse überwachen und steuern.

- Das *Servicemanagement* unterstützt die Endbenutzer bei ihrer täglichen Arbeit mit dem umfangreichen Informationssystem.

- Das *Changemanagement* überwacht und steuert jede Veränderung in den Datenstrukturen, den Prozessen und den

Softwarekomponenten. Dies ist notwendig, um in diesem komplexen System Änderungen jeglicher Art in einer organisierten und gesicherten Weise durchzuführen. Auf eine andere Art ist die Stabilität des Systems nicht zu gewährleisten.

• Das *Qualitätsmanagement* überwacht und steuert die Qualität der Daten, die von den verschiedenen Quellensystemen in die Zielsysteme transformiert werden.

**Meta-Daten-Management**

Das Meta-Daten-Management enthält die Metadaten, welche speziell für die Corporate Information Factory benötigt werden. Hier werden die Metadaten typischerweise in verschiedenen Datenverzeichnissen der unterschiedlichen technischen Komponenten - wie die Datenbankmanagementsysteme, die Extraktionswerkzeuge, die Analysewerkzeuge oder Werkzeuge des Systemmanagements - gespeichert.

Es gilt, eine integrierte Sicht auf die Metadaten des Gesamtsystems herzustellen (vgl. Kapitel 7). Diese Sicht kann durch ein zentrales Meta-Daten-Repository hergestellt werden oder über eine Middleware erzeugte Verbindung der unterschiedlichen Datenverzeichnisse im Gesamtsystem. Hierfür empfiehlt sich z.B. die Nutzung des Common Datawarehouse Models (CWM) und der XMI-Schnittstellendefinitionen, wie sie in Kapitel 7 beschrieben sind. Bei der Evaluierung von Werkzeugen muss auf die Unterstützung solcher Standards geachtet werden. Die Metadaten können folgendermassen klassifiziert werden:

**Transformations Informationen**

• Hier wird definiert und beschrieben, wie die Daten aus den Datenquellen in das Datenmodell des Data Warehouse abgebildet werden, wie sie transformiert und in welcher Periodizität sie selektiert respektive geladen werden.

**Technische Informationen**

• Hier sind die Beschreibungen der Datenbankschemata und der technischen Implementierung der Quellen- und Zielsysteme zu finden. Informationen über die Benutzung des Data Warehouse und den Datenzugriffsschutz fallen ebenfalls unter diese Kategorie.

**Logische Informationen**

• Mit diesen Informationen kann der Data Warehouse Benutzer die Verfügbarkeit, die Semantik und den Zusammenhang der im Warehouse vorhandenen Daten ermitteln. Sie versetzen den Benutzer gemäss den definierten Zugriffsregeln in die Lage, möglichst frei im Data Warehouse zu navigieren, gezielt Informationen zu finden und abzurufen.

Das Meta-Daten-System kann zusätzlich auch die Basis für das oben beschriebene Warehousing System-Management bilden.

| | |
|---|---|
| **Daten-Akquisitions-prozesse** | Die Prozesse, welche die Daten aus den Datenquellen (operative Systeme, externe Daten) in die Corporate Information Factory transferieren, werden als Daten-Akquisitionsprozesse bezeichnet. Diese Prozesse umfassen die Selektion der Datenquellen, die Datenübertragung in das Data Warehousing System, die *Bereinigung* der Daten basierend auf ihrer Meta-Beschreibung, die *Transformation* der Daten in das Datenmodell des Data Warehouse, die Aggregationen und Summierungen von Detaildaten sowie das *Laden* des Data Warehouse und den Operational Data Store. |
| **Detaildaten mit die Dimension „Zeit" ergänzen** | Üblicherweise ist in den operativen Systemen die zeitbezogene Sicht nicht vorhanden. Die Daten-Akquisitionsprozesse müssen daher den Detaildaten die Dimension „Zeit" hinzufügen, damit im Data Warehouse Auswertungen über diese Dimension möglich sind. Diese Prozesse stützen sich auch auf die Definitionen der Daten und der Geschäftsregeln im Meta-Daten-Management. |
| **Daten-Reengineering** | Daten-Reengineering beschreibt den Prozess, Daten aus den Quellensystemen bei der Transformation in die Zielsysteme zu standardisieren und zu bereinigen. |
| **Replikations-software** | Replikationssoftware kann eingesetzt werden, um Daten ereignisbezogen synchron oder asynchron zu übertragen, beispielsweise bei einer Datenbanktransaktion von einem Quellensystem in ein Zielsystem, vor allem aber zeitnah in den ODS. |
| **Pull- vs. Push-Strategie** | Prinzipiell ist beim Entwurf der Architektur einer Corporate Information Factory festzulegen, wo eine sogenannte Pull- und wo eine Push-Strategie sinnvoll ist. Pull-Strategie bedeutet, dass das Zielsystem über seine Daten-Akquisitionsprozesse entscheidet, zu welchem Zeitpunkt oder nach welchem Ereignis die Daten aus den Quellensystemen extrahiert werden sollen. Das Quellensystem muss hierfür keine eigene, komplexe Logik zur Verfügung stellen. Bei der Push-Strategie dagegen werden vom Quellensystem die Daten aufgrund eines Ereignisses oder zu einem definierten Zeitpunkt aktiv an das Zielsystem geliefert. |
| **Staging Area** | Die Staging Area dient dazu, die Daten aus den Quellensystemen aufzunehmen (pull oder push) und dort ggf. in mehreren Iterationen zu validieren, ggf. zu korrigieren, zu harmonisieren, in ein konsistentes Datenmodell zu überführen und mit künstlichen Schlüsseln zu versehen. Häufig hat die Staging Area selbst eine Hierarchie. In einer Staging Area 1 (Landing Area) werden die Daten aufgenommen und dann je nach Bearbeitungsschritt in anderen Staging Areas zwischengespeichert. Erst die validierten, |

bereinigten und harmonisierten Daten werden in das Data Warehouse bzw. auch in den ODS geladen. Die Staging Areas werden nach dem erfolgreichen Laden der Daten wieder gelöscht. Falls kein ODS vorgesehen ist, kann auch eine sogenannte Persistent Staging Area Daten über eine gewisse Zeit speichern.

**Data Warehouse**

Das Data Warehouse enthält die historisierten, nach einem einheitlichen Datenmodell und einer standardisierten Logik zentral verwalteten Unternehmensdaten, welche den nachgelagerten Anwendungssystemen für Analyse- und Berichtszwecke zur Verfügung gestellt werden. Das Datenmodell des Data Warehouse präjudiziert keine bestimmte Verwendung der Daten. Daher sind im Data Warehouse vor allem Detaildaten vorhanden, da jede Aggregation oder Summierung bereits wieder die Verwendbarkeit der Daten einschränken würde.

**Vorteile Speichern von Aggregationen im DWH**

Trotzdem werden im Data Warehouse neben den Detaildaten auch häufig benötigte Aggregationen, bewertete Daten oder anders abgeleitete Daten, wie Summen oder Durchschnittswerte, gespeichert. Dieses Vorgehen hat folgende Vorteile:

- das Data Warehouse stellt die gemeinsame, konsistente und integrierte Sicht aller Analysesysteme auf die Unternehmensdaten zur Verfügung;
- aus diesen Daten kann jede spezielle, funktionale Sicht auf die Unternehmensdaten abgeleitet werden;
- wenn jede funktionale Sicht eines Analysesystems auf die Unternehmensdaten ausschliesslich aus den Daten des Data Warehouse abgeleitet wird, sind die Daten und Ergebnisse der einzelnen Analysesysteme miteinander vergleichbar und integer;
- bei dem Anschluss weiterer Datenquellen oder neuer Informationssysteme, ist das Wachstum der zusätzlich benötigten Prozesse nur additiv und nicht multiplikativ wie es ohne ein Data Warehouse der Fall ist.

**Data Mart**

Data Marts stellen spezielle, funktionale Sichten auf die Daten des Unternehmens dar, um spezifische Geschäftsfunktionen wie das Controlling, das Berichtswesen oder das Marketing zu unterstützen. Diese Extrakte sind oft nötig, da nur bestimmte Daten und Aggregationen, Bewertungen, Zusammenfassungen und weitere für die Analysen und Berichte in spezifischen Anwendungsgebieten verwendet werden und solche Sichten nicht jederzeit dynamisch aus der gesamten Datenmenge des Data Warehouse erstellt werden können.

| | |
|---|---|
| **Business Intelligence** | Auf dieser Ebene ist die Benutzerschnittstelle in das Data Warehousing System zu finden. Die Werkzeuge, welche diese Schnittstellen bilden, können von einer zur anderen Problemstellung sehr unterschiedlich sein. Von einfachen Abfrage- und Berichtsystemen, über mehrdimensionale Analysewerkzeuge bis hin zu komplexen Datenvisualisierungstechniken oder Data-Mining-Prozessen müssen die Anwender der unterschiedlichen Data Warehouse Systeme jede Möglichkeit erhalten, ihre spezifischen Aufgaben effizient durchführen zu können. |
| **IntraNet, ExtraNet und InterNet-Integration** | Die effizienteste Technologie, um grosse Mengen von Informationen einem grossen Kreis von Anwendern zugänglich zu machen, ist die Web-Technologie. So kann auch ein in ein Intranet integriertes Data Warehouse via internes Netz und Web-Browser Daten und Informationen ohne grossen technischen und organisatorischen Aufwand effizient verteilen. Aber auch Benutzern ausserhalb der Organisation, wie Kunden und Lieferanten, können Daten aus dem Data Warehousing System über Extranet und Internet zur Verfügung gestellt werden. Web-Technologie kann dabei die strukturierten Informationen aus dem Data Warehousing System (Daten) mit unstrukturierten Informationen wie Texten und Bildern verknüpfen und damit den Informationswert steigern. |
| **Informations-Portal** | Informationsportale integrieren Informationen unterschiedlicher Art und Herkunft. Die besondere Stärke von Informations-Portalen besteht neben der Fähigkeit der Integration von Informationssystemen vor allem in der möglichen Personalisierung des Informationszugangs respektive der Informationsbereitstellung. Jeder Benutzer kann individuell sein persönliches Informationsprofil definieren. Er erhält dann jeweils die seinem Profil entsprechenden Informationen teilweise aktiv geliefert, ohne explizit danach zu suchen oder zu fragen. |
| **Mobile Business Intelligence und Broadcasting** | Heute sind die meisten Berichte und Analysen, die ein Business Intelligence System liefert, natürlich auch auf mobilen Geräten verfügbar. Die Verteilung kann über das Internet oder Email erfolgen. Ein sogenanntes Broadcasting ist ebenso möglich. Der Adressat erhält über ein Medium seiner Wahl eine Nachricht, dass neue Berichte oder die Ergebnisse einer Analyse vorliegen und über die definierten Pfade und Schnittstellen abgerufen werden können. |

**9.6**

## Data Warehouse Technologie

Für alle oben beschriebenen Komponenten einer Data Warehouse Architektur steht heute leistungsfähige Technologie zur Verfügung, die in vielen umfangreichen und komplexen Anwendungen erprobt ist.

**Integration
Technologie-
komponenten**

Das Problem besteht weniger in der Zuordnung der Technologie zu den verschiedenen Komponenten, als viel mehr in der Integration der Technologiekomponenten untereinander. Nur wenn die Werkzeuge innerhalb des Data Warehousing Systems miteinander integriert sind, ist ein leistungsfähiges System möglich. Die Integration des Datenmanagements der Komponenten findet über den Austausch der Meta-Informationen statt, die jedes Werkzeug in einer eigenen Metadatenbank speichert. Im Idealfall ist die Integration der Metadaten über ein integriertes Meta-Daten-System möglich, welches als „Single Point of Control" dienen kann. Ähnlich verwenden wir das Data Warehouse zur Integration von Geschäftsdaten, um einen „Single Point of Truth" zu erhalten.

**Abbildung 9-6:
Daten- und
Metadaten-
Integration im
Warehousing
System**

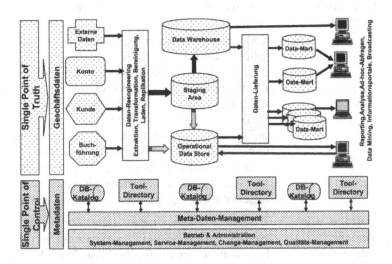

Die zentralen Technologien, welche in einem Warehousing System zum Einsatz kommen, sind neben den Directory- und Metadatensystemen, die primär der Überwachung von Datenflüssen, Datenspeicherung und Datennutzung benötigt werden, vor allem die in den folgenden Absätzen beschriebenen Werkzeuge.

| | |
|---|---|
| **Datenbank-Management-systeme** | Zur Datenverwaltung werden im Data Warehouse Datenbank-Management-Systeme (DBMS) eingesetzt, die parallele Verarbeitung von komplexen Datenbankprozessen erlauben. Abhängig von der Grösse der Datenbank und der Komplexität der Prozesse werden sie auch für funktionale Data Warehouse Anwendungen eingesetzt. Besondere, auf die Anforderungen von Warehousingsystemen abgestimmte Indexierungstechniken, wie etwa Bit-Map-Indexing erhöhen die Leistungsfähigkeit solcher Datenbankmanagementsysteme zusätzlich. |
| **Multi-Dimensionale Datenbank-Management-systeme** | Bei funktionalen Data Marts kommen zur multi-dimensionalen Speicherung der Daten und Abfragen nach dimensionalen Kriterien auch Multidimensionale-Datenbankmanagement-Systeme (MDBMS) zum Einsatz. Spezialisierte MDBMS verarbeiten heute auch sehr grosse Datenmengen sehr effizient. Die meisten Daten liegen allerdings in RDBMS-Systemen, wobei einige Data Warehouse Datenbanken inzwischen jenseits der 10 Terabyte Grenze liegen, einige sogar deutlich darüber. Universal-Databases erlauben die Speicherung auch komplexer Datenstrukturen wie Texte, Dokumente, Bilder, etc. |
| **Extraktions-werkzeuge** | Für die Daten-Akquisitions-Komponente werden Extraktions-Werkzeuge eingesetzt, die es erlauben, automatisch Extraktions- und Transformationsprozeduren zu generieren. Mit Hilfe grafischer Benutzeroberflächen erfolgt die Festlegung der Abbildungs- und Transformationsregeln auf der Basis der Meta-Informationen des Ziel-Datensystems und des Quellsystems. Aufgrund der zu bewältigenden Komplexität erhalten diese Werkzeuge immer grössere Bedeutung gegenüber den traditionell programmierten Verfahren. Komplexe Data Warehouse Systeme sind ohne solche Werkzeuge heute weder mit vernünftigem Aufwand aufzubauen noch zu betreiben. Ergänzt wird dieser Teil des Data Warehousing Systems durch Werkzeuge zur Datenbereinigung auf der Basis zuvor definierter Regeln. |
| **Abfrage- und Visuali-sierungs-werkzeuge** | Zur multi-dimensionalen Darstellung und Analyse der Daten werden Abfrage- und Visualisierungswerkzeuge eingesetzt. Sie bauen auf einer multi-dimensionalen oder einer relationalen Datenbank auf. Diese Werkzeuge unterstützen den Anwender bei der Informationsverarbeitung im Data Warehousing System. |
| **Intra-Net, Extra-Net, Portale** | Immer wichtiger wird die Einbindung des Data Warehousing Systems in das unternehmens-interne Netzwerk (Intra-Net) und die Anwendung von Browser-Technologie, um einer grossen Benutzergemeinde im Unternehmen Daten und Berichte effizient zur Verfügung stellen zu können. Die Einbindung des Internets |

als zusätzlicher Informationsquelle gewinnt ebenfalls an Bedeutung. Über diesen Weg sind natürlich auch Kunden und Lieferanten oder andere externe Stellen an das System anbindbar.

**Data-Mining Werkzeuge**

Die Anwendung von Data-Mining-Techniken erhält immer grössere Beachtung. Unter Data-Mining versteht man werkzeuggestützte Analyse-Prozesse auf grossen Datenmengen, um Muster in den Daten zu erkennen und die Daten anschliessend zu klassifizieren. Data-Mining-Techniken finden beispielsweise Anwendung bei der Segmentierung von Kunden, Bonitäts- und Marktanalysen, Betrugserkennung, Entwicklung von Marketingstrategien, aber auch beim Erkennen von systematischen Fehlern in den Daten. Die Data-Mining-Technologie kann auch die Bereinigung der Daten vor dem Laden in das Data Warehousing System unterstützen.

## 9.7 Datenarchitektur in der Corporate Information Factory

Die oben dargestellte Corporate Information Factory (vgl. 9.5) zeigt, dass das System aus mehreren Ebenen besteht, dem Data Warehouse, dem Operational Data Store sowie verschiedenen funktional ausgerichteten Data Marts. Auf diesen Ebenen sind die Daten in unterschiedlichem Detaillierungsgrad, in diverser Breite, mit verschiedenen Modellierungstechniken für unterschiedliche Zwecke abgebildet.

**Daten Ebenen**

Unternehmensdaten werden in unterschiedlichem Detaillierungsgrad über verschieden lange Zeiträume für unterschiedliche Zwecke benötigt.

**Abbildung 9-7: Datenlandkarte und Corporate Information Factory**

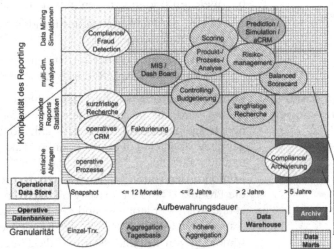

201

Welcher Datenspeicher in der Corporate Information Factory für welche Kategorie von Daten der geeignete ist, lässt sich anhand der Datenlandkarte des Unternehmens, die wir bereits in Kapitel 3 eingeführt haben, gut darstellen. In manchen Fällen ist die Zuordnung nicht eindeutig, hier muss beispielsweise entschieden werden, ob die Daten aus dem Data Warehouse geholt werden oder ob ein separater Data Mart aufzubauen ist. Für andere Anwendungsfälle werden die Daten tatsächlich in mehreren Datenspeichern zu finden sein.

**Festlegen der Datenarten durch typische Fragestellungen**

Von welcher Art die Daten sind, die in einem Data Warehouse und den Data Marts verfügbar sein müssen, lässt sich am besten klären, wenn man von den typischen Fragestellungen ausgeht, die in Analyse- und Berichtssystemen beantwortet werden sollen. Beispiele hierfür sind:

1. Welchen Deckungsbeitrag hat ein bestimmtes Produkt im letzten Quartal in einer definierten Region in einem bestimmten Kundensegment erzielt?

2. Wie profitabel war eine bestimmte Produktgruppe im letzten Berichtsjahr?

3. Welche Kunden reagieren auf ein gegebenes Produktangebot mit einer Wahrscheinlichkeit von über 90% positiv?

4. Welches sind die wesentlichen Attribute, welche Kunden klassifizieren, einer bestimmten Kunden- oder Verhaltensgruppe anzugehören?

5. Welche Kunden haben die höchste Profitabilität?

6. Welche Kunden gehören in welche Risikoklasse?

7. Wie ist die Performance des Kundenportfolios verglichen mit einem Referenzportfolio?

8. Wie verändert sich der Umsatz eines Produktes bei bestimmten Preisänderungen (Sensitivitätsanalyse)?

**Fakten und Dimensionen**

Kennzeichnend für solche Fragestellungen ist, dass nach Fakten gefragt wird, die an bestimmten Einflussgrössen oder Dimensionen festgemacht sind, oder dass anhand der Fakten Analyseergebnisse abgeleitet werden können. Fakten aus den oben genannten Beispielen sind etwa das Kundenportfolio, das Marktportfolio, der Umsatz. Dimensionen werden repräsentiert durch die Produkte, die Zeit, die Region, die Kunden, den Markt. Abgeleitete Analyseergebnisse sind der Deckungsbeitrag, die Profitabilität, die Wahrscheinlichkeit, die Kundensegmentierung, die Bestimmung von Risikoklassen und die Einteilung der Kunden, die

Performance des Kundenportfolios, die Preissensitivität des Produktumsatzes. Die Dimensionen können in sich selbst eine Hierarchie besitzen, Produkte gehören zu Produktgruppen, Kunden sind in Kundensegmente eingeteilt, die Zeit hat eine Hierarchie ebenso wie die regionale Marktunterteilung.

**Dimension Zeit**

Im Data Warehouse werden die für diese Analysen notwendigen Rohdaten im grösstmöglichen Detaillierungsgrad zur Verfügung gestellt. Wesentlich ist, dass diesen Rohdaten die Dimension „Zeit" hinzugefügt wird. Die bestehenden Daten des Data Warehouse werden beim periodischen Laden neuer Daten auf gar keinen Fall überschrieben, wie dies bei Transaktionssystemen im operativen Umfeld der Fall ist. Sie werden durch eine jüngere Generation der Daten ergänzt. So sind im Laufe der Zeit über alle wesentlichen Daten des Unternehmens auch zeitbezogene Sichten und Analysen möglich.

**Modellierung Zeit**

Damit diese Sichten konsistent, also ohne Widersprüche aufgebaut werden können, muss zunächst die Abbildung der Dimension Zeit „modelliert" werden. Diese Modellierung sieht anders aus, als etwa die Modellierung der Dimension „Produkt". Da die Zeit eine dynamische, aber auch eine relative Grösse ist, muss ein Konzept erstellt werden, wie die logische und die technische Darstellung der Zeit im Data Warehouse erfolgen soll.

**Fragestellungen zum Zeitkonzept**

Da alleine die Darlegung aller damit verbundenen Fragestellungen und möglichen Lösungen ein Buch füllen könnte, belassen wir es an dieser Stelle bei einigen Hinweisen, welche Fragestellungen mit einem Zeitkonzept verbunden sind:

- Welches sind langsam („slowly changing dimensions")oder auch schnell ändernde Daten, welches sind Referenzdaten und wie sollen die unterschiedlichen Datenkategorien historisiert werden?

- Soll eine geschlossene Zeitreihe aufgebaut werden oder genügen Zeit-Versionen?

- Wie soll mit rückwirkenden Datenveränderungen umgegangen werden?

- Wie wird mit unterschiedlichen Zeitzonen umgegangen?

- Wie soll mit Strukturänderungen im Zeitverlauf umgegangen werden?

- Wann und nach welchen Kriterien wird archiviert?

- Werden auch die Metadaten historisiert, die die Daten in ihrem jeweiligen Zeitzustand beschreiben?

Wir betonen nochmals, dass die Erarbeitung eines „Zeit-Konzeptes" für eine erfolgreiche Data Warehouse Implementierung absolut unerlässlich ist und von vielen Projektmanagern und Auftraggebern völlig unterschätzt wird.

**Surrogate-Key**

Ein Surrogate-Key ist ein künstlicher physischer Schlüssel auf der Datenbank, welcher im Data Warehousing System die Schlüssel aus den Quellensystemen ersetzt. Die Schlüssel tragen aus historischen Gründen meist eine Semantik, welche dazu führen kann, dass diese Schlüssel im Quellensystem eventuell geändert werden müssen. Würden diese semantischen Schlüssel ins Zielsystem des Data Warehouse übernommen, müsste man hier mit Änderungen rechnen. Bei den dort anfallenden grossen, historischen Datenmengen könnte es zu erheblichen technischen Problemen führen. Daher ist es dringend zu empfehlen, im Data Warehousing System nur künstliche, technisch vergebene Schlüssel zu verwenden, die stabil gehalten werden können. Die Vergabe des Surrogate-Key erfolgt in der Daten-Akquisitionskomponente. Viele leistungsfähige Werkzeuge des Daten-Akquisitionsbereichs unterstützen die automatische Bildung von künstlichen Schlüsseln.

**Gründe für ERM als Datenmodell**

Das Datenmodell des Data Warehouse ist typischerweise ein klassisches Entity-Relationship-Modell. Dies hat im wesentlichen zwei Gründe:

1. Die meisten Endbenutzer arbeiten nicht mit den Daten des Data Warehouse, sondern mit funktionalen Warehouse-Daten, die einem für diesen Zweck besser geeigneten Datenmodell folgen. Die Endbenutzer sind demnach nicht mit der strukturellen Komplexität des ER-Modells konfrontiert.

2. Das ER-Modell ist aufgrund der Redundanzfreiheit flexibel für Änderungen und vor allem Erweiterungen. Flexibilität ist eine der wesentlichen Erfolgsfaktoren einer Data Warehouse Implementierung.

Für das Datenmodell des Data Warehouse ist es vor allem wichtig, dass keine bestimmte Verwendung der Detaildaten in einer betrieblichen Funktion präjudiziert werden darf. Die Daten müssen anwendungsneutral abgebildet sein.

**Dimensionale Datenmodelle für Data Marts**

Anders sieht ein Datenmodell für einen Data Mart aus. Hier gilt es ja gerade, eine bestimmte Geschäftsfunktion mit ihren spezifischen Datenanforderungen zu unterstützen. Da die Fragestellungen, die hier bearbeitet werden, sich an Dimensionen orientieren und Fakten analysieren, werden die Daten auch in Form von

Dimensionen und Fakten modelliert. Es wird ein mehr-dimensionales Datenmodell erstellt. Kommt ein Multi-Dimensionales-Datenbank-Managementsystem zum Einsatz, so kann dieses multi-dimensionale Modell auch direkt in das Datenbank-Schema übertragen werden.

**Star- und Snow-Flake Schema**

Beim Einsatz eines relationalen Systems wird ein sogenanntes Star-Schema-Modell erstellt. Diese Form eines Datenmodells wird als „Star-Schema" bezeichnet, weil seine grafische Form mit den um die Fakten angeordneten Dimensionen-Entitäten an einen Stern erinnert. Haben die Dimensionen in sich noch Hierarchien, so wird das entstehende Modell „Snowflake-Schema" genannt, da die grafische Form an eine Schneeflocke erinnert (vgl. Anhang).

**Abbildung 9-8:**
**Abbildung von Dimensionen**

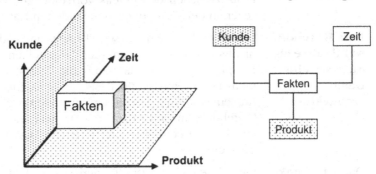

**UDM als Basis für DWH**

Wie gross der Aufwand ist, die Daten aus den operativen Daten-quellen in dieses dimensionen-orientierte Data Warehouse Modell zu transformieren, mit welcher Qualität dies gelingt und welchen Restriktionen diese Transformationen unterliegen, hängt entscheidend davon ab, wie gut die Daten in den Datenquellen bereits an einer unternehmensweiten Datenarchitektur ausgerichtet sind.

**Abbildung 9-9:**
**Transformation des UDM in ein Dimensionen-modell**

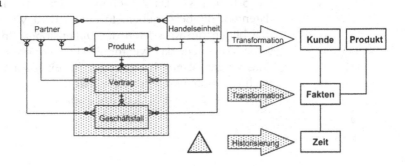

Wenn wir uns das Beispiel eines Unternehmens-Datenmodells (UDM) einer Bank aus dem Kapitel 5 in Erinnerung rufen, so wäre ein solches Muster bereits eine exzellente Grundlage für eine Data Warehouse Implementierung.

Einige Teile des UDM (wie z.B. Partner, Produkt) repräsentieren die Dimensionen im Data Warehouse Modell, die Entitäten „Vertrag" und „Geschäftsfall" werden zu Fakten transformiert.

Die Dimension Zeit ist im UDM nicht modelliert. Hierfür muss ein spezielles Zeitkonzept erarbeitet werden. Basierend auf diesem Konzept wird diese Dimension bei jedem Laden einer neuen Generation von Daten ins Data Warehouse, respektive dem Delta zwischen den bereits vorhandenen Daten und den inzwischen in den Datenquellen veränderten Daten, weiter ausgebaut.

**Data Warehouse Initiative als Auslöser einer Datenarchitektur**

Leider sind in den meisten Unternehmen die Voraussetzungen nicht so ideal, wie in dem hier dargestellten Fall. Denn in diesem Beispiel wurde bereits durch die Erarbeitung eines Unternehmens-Datenmodells die Basis für eine erfolgreiche Warehouse-Implementierung geschaffen. In anderen Fällen muss die Data Warehouse Initiative dafür genutzt werden, eine solche Datenarchitektur zu erarbeiten und in einem Data Warehouse zu implementieren.

**Datenarchitektur als Voraussetzung für Datenintegration**

Eine Datenarchitektur ist unerlässlich, damit die im Data Warehouse angestrebte Datenintegration erreicht wird. Um das Data Warehousing Vorhaben aber nicht an einer endlosen Modellierungsübung scheitern zu lassen, wird auch hier das im Kapitel 5 diskutierte Vorgehen zum Aufbau eines Kern-Datenmodells empfohlen.

**Dimensionen und Kerndaten**

Wie wir gesehen haben, müssen für ein Data Warehouse Datenmodell zunächst die Dimensionen definiert werden, nach denen Auswertungen und Analysen durchgeführt werden. In Kapitel 5 haben wir das Vorgehen bei der Entwicklung eines Kerndatenmodells beschrieben. In einem Data Warehouse Datenmodell bilden die Kerndaten die Dimensionen. Insofern kann dasselbe Vorgehen, das wir für die Erstellung eines Kerndatenmodells vorgeschlagen haben, auch für ein Data Warehouse erfolgreich übernommen werden, wobei die Dimension „Zeit" im Data Warehouse eine besondere Rolle spielt.

## 9.8     Die kritischen Erfolgsfaktoren

Die Einführung eines unternehmensweiten Data Warehousing Systems kann ein ähnlich ambitioniertes Vorhaben sein wie der Aufbau einer neuen operativen Systemumgebung. Dies geschieht nicht über Nacht, sondern wird mehrere Jahre intensiver Arbeit beanspruchen.

Es ist darauf zu achten, den Anwendern und Kunden im Unternehmen in Abständen von einigen Monaten jeweils einen echten zusätzlichen Geschäftsnutzen zu liefern. Das Vorhaben erfordert eine seriöse Planung und die Beachtung von einigen wesentlichen kritischen Erfolgsfaktoren, um die Erwartungen zu erfüllen.

### 9.8.1     Ein Data Warehouse ist kein Produkt

Da ein Data Warehouse kein Produkt ist, kann man es nicht kaufen. Man muss es daher bauen. Diese Aussage gilt übrigens auch für Data Warehouse Implementierungen, welche auf bestimmten Standardsystemen für operative Anwendungen aufbauen.

**Erarbeitung Konzept notwendig**

Dies bedeutet, dass kein Produkt die Erarbeitung einer Data Warehouse Architektur, die Data Warehouse Strategie, die Planung und den sorgfältigen Entwurf ersetzen kann. Ein methodisches Vorgehen, sowohl beim Bau des Systems als auch bei der Auswahl der Systemkomponenten ist ein Garant für den Erfolg.

### 9.8.2     Geschäftsnutzen steht im Vordergrund

Der Aufbau eines Data Warehousing Systems ist kein Vorhaben, welches der Informatikbereich eines Unternehmens aus eigener Kraft betreiben sollte. Sicher wird die Informatik eine tragende Rolle in diesen Projekten spielen, aber die Priorisierung der verschiedenen zu realisierenden Teilbereiche muss aus den entsprechenden Geschäftsbereichen kommen.

**Auftraggeber Geschäftsbereich**

Diese müssen das Data Warehouse Vorhaben nicht nur mittragen, sondern sie müssen es steuern und aktiv gestalten. Nur ein interessierter Geschäftsbereich ist in der Lage zu bestimmen, mit welchen neuen oder verbesserten Funktionen ein hoher „Return-on-Investment (ROI)" zu erreichen ist, welches Informationsbedürfnis dafür abgedeckt werden muss, welche Qualität die Daten haben sollten und nach welchen Geschäftsregeln die Daten allenfalls zu bereinigen sind.

**Projekt-**
**steuerung**

Der Idealfall ist ein Gremium aus leitenden Managern verschiedener Unternehmensbereiche zur Steuerung des Projektes. Da solche Projekte typischerweise Abteilungs- oder auch Bereichsgrenzen überschreiten, benötigt das Projekt ein entsprechendes Budget und eine geeignete Eskalationsprozedere.

**Infrastruktur-**
**projekt**

Bei bereichsübergreifenden oder gar unternehmensweiten Vorhaben wie diesem gelten auch andere Budgetierungs- und Verrechnungsregeln als bei klar einem Bereich angehörender Projekte. Häufig ist es typisch für Infrastrukturprojekte, dass der erste Nutzer der Infrastruktur einen überproportional hohen Anteil an den Kosten zu tragen hat mit jeder weiteren Anwendung werden die Kosten aber immer geringer. Da Data Warehousing Systeme skalierbar sein müssen, wird die Infrastruktur grosszügiger und der Datengehalt umfangreicher angelegt, als es für den ersten Nutzer notwendig wäre.

**Verrechnungs-**
**modell**

Ein Verrechnungsmodell, welches die initialen Infrastrukturkosten den ersten Nutzern aufbürden würde, hätte für ein Vorhaben wie den Aufbau einer Corporate Information Factory zwangsläufig das Aus zur Folge. Hier bieten sich Verrechnungsmodelle an, die zwischen Nutzungs- und Infrastrukturkosten unterscheiden und welche die Nutzung der Infrastruktur eher belohnen als bestrafen [vgl. TDWI 5/2000].

### 9.8.3     Architektur und Planung kommen vor Realisierung

Dieser Grundsatz bedeutet, dass zunächst die ganze Aufmerksamkeit und Anstrengung auf den Aufbau einer umfassenden Architektur, die sowohl die Integration verschiedener Systemkomponenten wie auch die zukünftige Datenarchitektur berücksichtigt gerichtet wird. Auf dieser Grundlage wird eine Umsetzungsstrategie entwickelt, die prinzipiell entweder von einem Top-Down- oder einem Bottom-Up-Ansatz ausgehen kann.

**Top-Down**
**Ansatz**

Beim Top-Down-Ansatz wird davon ausgegangen, dass zunächst ein unternehmensweites Data Warehouse erstellt wird, auf dessen neuen und sauberen Datenstrukturen und moderner Technologie dann die jeweiligen funktionalen Data Marts aufgebaut sind. Der Top-Down-Ansatz beim Data Warehousing ist ähnlich zu bewerten, wie wir den Top-Down-Ansatz bei der Erstellung eines unternehmensweiten Datenmodels (vgl. Kapitel 5) bewertet hatten: Theoretisch richtig, praktisch aber fragwürdig.

**Abbildung 9-10:**
**Top-Down-**
**Ansatz**

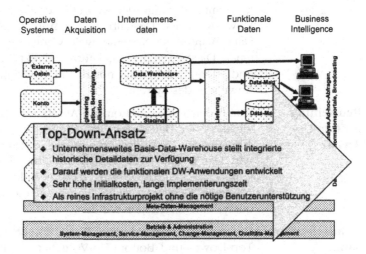

**Beurteilung**
**Top-Down-**
**Ansatz**

Zur Lösung der Datenintegrationsproblematik im Data Warehousing System ist dieser Ansatz zwar theoretisch richtig, aber wie die Praxis gezeigt hat, auch wenig Erfolg versprechend. Das Vorhaben ist zu komplex und damit zu risikoreich, es löst zu hohe Initialkosten aus, und ihm fehlt die dringend nötige Benutzerunterstützung, da es sich hierbei zunächst um ein reines Infrastrukturprojekt ohne direkten Geschäftsnutzen handelt.

**Bottom-Up-**
**Ansatz**

Über die Implementierung einzelner funktionaler Data Marts wird schrittweise ein integriertes Data Warehouse aufgebaut. Dieser Weg wird als Bottom-Up-Ansatz bezeichnet

**Abbildung 9-11:**
**Bottom-Up-**
**Ansatz**

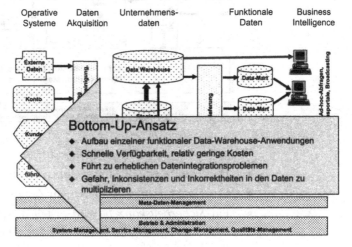

Er vermeidet einige der wesentlichen Gefahren des reinen Top-Down-Ansatzes. Deshalb ist der Aufbau einzelner funktionaler Data Warehouse Systeme weit weniger komplex, riskant und teuer. Diese Systeme unterstützen direkt eine Geschäftsfunktion und erfahren daher die nötige Unterstützung durch die späteren Anwender des Systems.

**Beurteilung Bottom-Up-Ansatz**

Durch den reinen Bottom-Up-Ansatz erfolgt die gewünschte Integration der Daten und Prozesse im Warehousing System nicht von alleine. Es findet grundsätzlich keine Wiederverwendung von Daten und Prozessen statt. Eine übergeordnete Planung fehlt. Es besteht die Gefahr, dass die Inkonsistenzen aus den operativen Quellensystemen damit auf die Ebene der Informationssysteme übertragen werden.

**Gemischter Ansatz**

Der Erfolg versprechende Weg besteht in einem gemischten Top-Down- und Bottom-Up-Vorgehen. Hierbei werden vor dem Start des ersten Data Warehouse Projektes Konzepte top-down erarbeitet und für jedes folgende DW-Projekt für verbindlich erklärt.

**Abbildung 9-12: Gemischter Ansatz als erfolgsversprechender Weg**

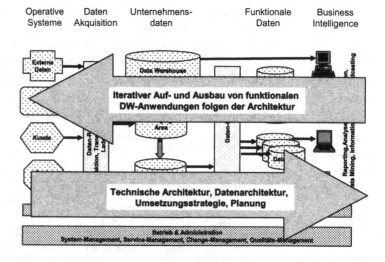

Folgende Konzepte werden ausgearbeitet:

- Die *technische DW-Architektur* wird ausgearbeitet.
- Die *Datenarchitektur* mit einem Zeitkonzept wird erstellt.
- Ein *Sicherheitskonzept* wird erstellt und mit den Sicherheitsverantwortlichen des Unternehmens abgestimmt.

- Ein *„Surrogate-Key"-Konzept* wird entworfen und die notwendige technische Infrastruktur bereitgestellt und getestet.
- Das *Meta Daten Management* wird definiert und die entsprechenden Standards festgelegt. Zu diesen Standards zählen vor allem auch Namenskonventionen für Datenobjekte und Prozesse inklusive Versionierung.
- Die *Data Warehouse Grundsätze* werden formuliert.
- Die *Umsetzungsstrategie* mit Priorisierung der folgenden Projekte wird festgelegt.

**Auswahl der Teilbereiche**

Sobald das „grosse Bild" entworfen ist, wird jene Geschäftsfunktion basierend auf der Architektur und der strategischen Planung ausgewählt, mit der ein erster Teilbereich des Data Warehousing Systems realisiert wird. Bei der Auswahl dieses ersten Teilbereiches sollte man sich von drei Überlegungen leiten lassen.

- Zum einen sollte eine Geschäftsfunktion ausgewählt werden, welche durch die Realisierung dieses Teiles des Data Warehousing Systems einen unmittelbaren und messbaren *geschäftlichen Nutzen* erzielt.
- Zum zweiten muss die Realisierung in einem akzeptablen *Zeitraum*, zu ansprechenden *Kosten* und in der erforderlichen *Qualität* möglich sein. Dies hängt vor allem von der Verfügbarkeit und der Qualität der Quellendaten ab.
- Zum dritten sollte dieser erste Teilbereich eine *gute Grundlage* für die nachfolgenden zu realisierenden Bereiche legen. Dies wird daran gemessen, wie gut die Daten die erarbeitete Datenarchitektur des Data Warehouse ausfüllen, welche Dimensionen in welcher Qualität bereitgestellt werden, die von nachfolgenden Bereichen genutzt werden können. Eine sogenannte „Intersection-Analyse", in welcher versucht wird, überlappende Datenbereiche in verschiedenen potenziellen Anwendungsgebieten zu identifizieren, kann hierbei wertvolle Erkenntnisse liefern.

**Beurteilung**

Diesen Vorarbeiten muss höchste Aufmerksamkeit geschenkt werden. Wir erkennen eine direkte Korrelation zwischen dem Aufwand und der Zeit, welche für den Aufbau einer Architektur und einer Umsetzungsstrategie aufgewendet wird, zu dem Aufwand, der später für Erweiterungen des Data Warehousing Systems betrieben werden muss. Gleichzeitig erhöht sich das Risiko des Scheiterns überproportional mit dem Mangel an fehlenden Architektur- und Planungs-überlegungen.

Eine im Jahr 2004 in Deutschland, Österreich und der Schweiz von der MetaGroup durchgeführte Anwenderbefragung zum Thema Data Warehousing und Business Intelligence unterstützt diese Aussagen [MetaGroup 2002]. Der ganz überwiegende Teil der Befragten Unternehmen gab an, dass es entscheidend für den Erfolg sei, grossen Wert auf Planung, Konzeption und Zieldefinition zu legen und nach dem Ansatz „think big, start small, step-by-step" vorzugehen, was unserem hier vertretenen gemischten Top-Down-/Bottom-Up-Ansatz entspricht.

## 9.8.4 Data Warehouse Grundsätze

Es ist wichtig für den Integrations- und Wiederverwendungsgedanken des Data Warehousing Systems, dass bestimmte Fragen und Problemstellungen vor dem Start des ersten Data Warehouse Projektes gelöst werden und damit quasi für jedes DW-Projekt „Gesetzes"-Charakter erhalten. Damit wird vermieden, dass solche Fragen immer wieder neu behandelt und nur aus der jeweiligen Projektsicht gelöst werden.

Diese zentralen Punkte werden als Data Warehouse Grundsätze formuliert und jedem DW-Projekt als verbindliche Vorgehensweise mit auf den Weg gegeben. Beispiele für solche Grundsätze sind:

**Beispiele für Grundsätze**

- Es wird festgelegt, wie verschiedene Versionen von Daten und Prozessen im Data Warehousing System zu behandeln sind.

- Der Entwurf jedes DW-Anwendungssystems muss das Wachstum und potenzielle Erweiterungen adaptieren.

- Es werden immer Detaildaten in das Data Warehouse System geladen, auch wenn dies für die momentanen Bedürfnisse noch nicht notwendig wäre. Es werden möglichst immer ganze Datensätze aus den Quellensystemen extrahiert und nicht einzelne Attribute ausgewählt.

- Es ist streng auf die Wiederverwendung bereits vorhandener Daten und Prozesse zu achten.

- Detaildaten werden in Basis-Tabellen abgelegt, welche normalisiert werden. Auswertungs- und Analysedaten sind in Form eines Star-Schema-Designs abgelegt oder in einer multi-dimensionalen Datenbank gespeichert.

**Notwendig-keit der Grundsätze**

Es sind noch erheblich mehr und detaillierter ausformulierte Grundsätze denkbar und sinnvoll. Wichtig ist vor allem, dass es sie überhaupt gibt, und so ein einheitlicher Prozess definiert wird, nach dem in einem Unternehmen Data Warehousing Projekte durchgeführt werden.

**9.8.5**    **Methodisches Vorgehen ist unerlässlich**

Eine Methodik zur Entwicklung eines Data Warehouse unterscheidet sich in einigen Punkten von konventionellen Methoden zur Entwicklung operativer Anwendungssysteme. Die Methodik muss vor allem drei Problembereiche berücksichtigen, die typisch für Data Warehousing Projekte sind:

- die starke Betonung der Datenproblematik,

- die Bewältigung des raschen Wachstums von Daten und Prozessen,

- sowie die Ungeduld der Auftraggeber und Anwender. Dem wird durch ein iteratives Vorgehen Rechnung getragen.

**Abbildung 9-13:**
**Iteratives**
**Vorgehen**

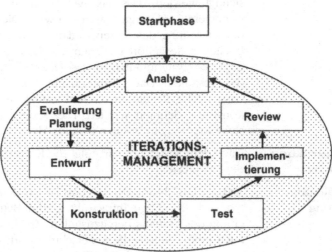

**Startphase**    In einer Startphase werden zunächst in mehreren Workshops das Ziel des Projektes aus fachlicher Sicht definiert, die Rahmenbedingungen und die Systemgrenzen festgelegt.

**Analyse**    Nach der Bildung eines Projektteams beginnt die erste Iteration des Projektes mit der Analyse der Informationsbedürfnisse. Daraus werden die Datenanforderungen sowie die funktionalen Anforderungen in Bezug auf die Informationsgewinnung aus den Daten abgeleitet. Der häufig schwierigste Teil der Analysephase besteht in der „Datenarchäologie" in den meist schlecht dokumentierten Altsystemen, in der Identifikation möglicher Datenquellen und der Bestimmung der Semantik der Daten. Hier entscheidet sich auch oft, ob das Projekt in der geplanten Form und im geplanten Zeitraum überhaupt durchführbar ist. Sind die benötigten Daten überhaupt nicht oder nicht in der erforderlichen Qualität verfügbar, muss das Projekt entweder aufgegeben oder mit geänderter Zielsetzung und Zeitplanung neu geplant werden.

**Evaluierung und Planung**

Zeigt die Analysephase die Verfügbarkeit der erforderlichen Datenressourcen, wird der Iterationszyklus mit der Planung der folgenden Phasen und der Evaluierung der technischen Infrastruktur fortgesetzt. Entscheidend für die Verlässlichkeit der Planung ist die Schätzung des Aufwandes für die Daten-Akquisition. Hier liegt nach aller Erfahrung bis zu 70% des Gesamtaufwandes. Wer sich hier grob verschätzt liegt auch mit der Schätzung des Gesamtaufwandes für das Projekt daneben.

**Entwurf**

Die nächste Phase beinhaltet den Systementwurf technisch wie konzeptionell. Auf der technischen Seite muss vor allem berücksichtigt werden, dass das System hinsichtlich Datenmenge und Benutzeranforderungen wachsen wird. Dieses Wachstum muss in der Auslegung des Systems adaptiert werden. Auf der konzeptionellen Seite gehört vor allem die Festlegung der Abbildungsregeln von Datenquellen in das Ziel-Datenmodell. Für den Erfolg des gesamten Data Warehousing Vorhabens ist es essenziell, dass solche Regeln im Gesamtsystem nicht redundant und inkonsistent definiert werden. Die Wiederverwendung bereits bestehender Regeln ist ein absolutes Muss.

**Konstruktion und Test**

Nach dem Systementwurf folgt die Konstruktion des Systems und die Testphase.

**Implementierung**

Vor der Einführung des Systems ist ein Betriebskonzept zu erstellen und die nötige Infrastruktur zum Betrieb und der Überwachung des Systems bereitzustellen. Zur Einführung gehört häufig auch eine intensive Benutzerschulung, da die Anwender oft mit neuen Analyse- und Zugriffswerkzeugen, aber auch mit neuen Möglichkeiten der Informationsbeschaffung und -aufbereitung konfrontiert werden. Ohne eine solche Schulung werden die Möglichkeiten des Data Warehouse nicht voll genutzt und ein Teil der Investitionen ist damit vergeblich.

**Review**

In der abschliessenden Review-Phase wird einerseits die erarbeitete Lösung mit den Anforderungen verglichen und andererseits neue Anforderungen aufgenommen, welche bei der Arbeit mit dem Data Warehousing System entstanden sind. Die ursprünglichen Zielsetzungen werden überprüft und gegebenenfalls revidiert. Erweiterungsbedürfnisse werden in folgenden Iterationszyklen befriedigt.

## 9.8.6      Beherrschung des Wachstums

Die Beherrschung des Wachstums an Daten, Prozessen und Benutzeranforderungen ist eine spezifische Herausforderung in Data Warehousing Projekten.

**Datenmengen und Zeitreihen**

Die Anforderung, in einem Data Warehouse Zeitreihenanalysen durchführen zu können, hat zur Konsequenz, viele Generationen von Daten für den direkten Zugriff im Data Warehouse zur Verfügung stellen zu müssen. Je nach dem gewünschten Detaillierungsgrad werden jährlich, vierteljährlich, monatlich, wöchentlich oder gar täglich neue Versionen der Daten in das Data Warehouse geladen. Nimmt man beispielsweise für eine Data Warehouse Anwendung an, dass beim initialen Laden der Datenbank 200 Gigabyte gespeichert werden und in jedem Monat weitere 20 Gigabyte mit einer neuen Generation von Daten hinzukommen, so ist sehr schnell eine Datenbankgrösse erreicht, welche den Einsatz massiv-paralleler Systeme und spezieller Datenbanktechnologie mit entsprechenden Reorganisations- und Recoveryverfahren notwendig macht.

**Benutzer**

Hinzu kommt häufig, dass bei entsprechender Informationsqualität immer mehr Benutzer stets komplexere Analysen und Datenbankanfragen durchführen wollen, das Informationsbedürfnis wächst und zusätzliche Datenquellen angeschlossen werden müssen. Damit steigt die Daten- und Informationsmenge erneut.

**Skalierbarkeit**

Diese Entwicklung ist typisch für erfolgreiche Data Warehouse Projekte. Daher muss bei der Festlegung der Systemarchitektur zwingend auf die Skalierbarkeit aller zentraler Systemkomponenten inklusive der Zugriffswerkzeuge geachtet werden.

**Versionenführung**

Die Änderung oder Erweiterung der Benutzerwünsche sowie die Abhängigkeit des Data Warehouse von den Datenquellen verlangt nicht nur eine skalierbare, sondern auch eine flexible Infrastruktur. Vor allem muss die Kontrolle verschiedener Versionen von Daten und Prozessen bei Änderungen in den Datenquellen gut organisiert und technisch beherrscht werden.

Mit starren Funktionen und unzureichender Versionskontrolle ist eine schnelle und sichere Reaktion auf die stetigen Veränderungen in den operativen Datenquellen sowie den sich verändernden und wachsenden Anforderungen der Benutzer nicht zu gewährleisten. Die Zufriedenheit der Anwender mit dem Data Warehouse wird aber wesentlich durch diese Anpassungsfähigkeit bestimmt.

**Abbildung 9-14:**
**Management**
**des Wachstums**

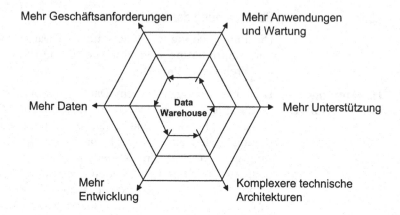

## 9.8.7 Qualität der Daten

Ein Data Warehouse, welches die Daten nicht in der erforderlichen Qualität zur Verfügung stellt, ist nutzlos. Daraus folgt, dass der Datenqualität höchste Aufmerksamkeit zu schenken ist, wenn das Data Warehouse ein Erfolg sein soll.

**Qualität und Kontext**

Bei der Diskussion über die Qualität der Daten ist es wichtig zu erkennen, dass Qualität eine relative und keine absolute Grösse darstellt. Die Daten *haben relativ zu ihrer jeweiligen Verwendung* eine bestimmte Güte. Daten können bezogen auf ihre Verwendung in einer bestimmten Anwendung gute oder ausreichende Qualität besitzen. In einem anderen Kontext allerdings können dieselben Daten eine absolut unzureichende Qualität besitzen. Dies ist ein Kernproblem im Data Warehousing. Die Daten aus den Quellensystemen werden aus ihrem originären Kontext gelöst und für andere als die ursprünglich vorgesehenen Zwecke im Data Warehouse zur Verfügung gestellt.

**Massnahmen**

Für die Sicherung der Datenqualität im Data Warehouse sind folgende Massnahmen zu ergreifen:

**Kriterien bestimmen**

- Zunächst sind die Kriterien zu bestimmen, an denen die Qualität der Daten zu messen ist. Die Kriterien können nach ihrer Bedeutung gewichtet werden.

**Soll-Qualität**

- Danach wird die Soll-Qualität der Daten im Data Warehouse festgelegt, wobei auch wieder nach verschiedenen Anwendungsgebieten unterschieden wird.

**Ist-Zustand**

- Nach der Identifikation der Datenquellen wird der Ist-Zustand der Datenqualität erhoben. Dabei ist zwischen Rohdaten und abgeleiteten Daten zu unterscheiden, weil diese durch unterschiedliche Prozesse generiert werden. Diesen Prozess bezeichnet man auch als Data Profiling.

**Data-Cleansing**

• Unter dem Stichwort „Data-Cleansing" sind organisatorische, konzeptionelle und technische Massnahmen zu definieren, mit welchen der Soll-Zustand erreicht werden kann.

**Ständige Über-prüfung**

• Schliesslich muss die Qualität der Daten, welche ins Data Warehouse übertragen werden, einer ständigen Überprüfung und Verbesserung unterzogen werden.

**Abbildung 9-15: Datenqualitäts-schleife**

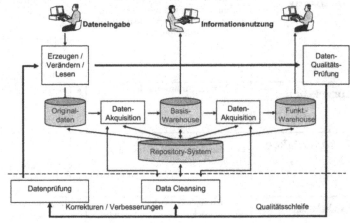

**Daten- und Informations-qualität**

Daten- und Informationsqualität ist kein Problem, welches sich nur auf das Data Warehouse beschränkt, sondern es betrifft das ganze Unternehmen. Die Anstrengungen im Data Warehousing legen diese Problematik oft nur besonders drastisch offen. Die Lösung des Problems kann durch Data Warehousing Initiativen angestossen werden. Durch taktische Massnahmen können Lösungen vorangetrieben, aber nicht unternehmensweit zu Ende geführt werden.

**Daten von externen Stellen**

Besonders für Daten, die externen Stellen, Kunden und Lieferanten beispielsweise im direkten Zugriff über Internet oder Extranet zur Verfügung gestellt werden, muss die Qualität der Daten gesichert sein. Beim Umgang mit personifizierten Daten verlangen schon die Datenschutzgesetze besondere Sorgfalt (vgl. 9.8.11).

**Qualitäts ist dem Data Warehousing übergeordnet**

Insgesamt ist das Thema Daten- und Informationsqualität dem Thema Data Warehousing übergeordnet und wird daher im folgenden Kapitel dieses Buches gesondert behandelt. Hier beschränken wir uns darauf, die für Data Warehousing Projekte typischen Fragestellungen kurz zu diskutieren. Dies hat vor allem den Grund, dass Datenqualitätsprobleme, die bei manchem Unternehmen bisher wenig Beachtung gefunden haben, häufig in

Verbindung mit Data Warehousing Projekten plötzlich besonders schmerzlich zu Tage treten.

Die Tabelle 9-2 fasst einige der wesentlichen Qualitätsmerkmale zusammen, welche die Daten in einem Data Warehouse aufweisen sollten.

| Qualitäts-Kriterium | Erläuterung | Mögliche Massnahmen |
|---|---|---|
| Konsistenz | Die Übereinstimmung der Daten mit ihrer Beschreibung in einem Repository; Widerspruchsfreiheit der Daten untereinander | • Datenadministrationsmassnahmen:<br>• Konsistentes Datenmodell<br>• Pflege des Repository-Systems<br>• Beseitigung von Homonymen und Synonymen, usw.<br>• Aufdecken logischer Widersprüche durch Data-Cleansing-Massnahmen |
| Korrektheit | Die Übereinstimmung der Daten mit der Realität | • Überprüfung der Validierungsregeln beim Erfassen der Daten<br>• Aufdecken logischer Widersprüche durch Data-Cleansing-Massnahmen |
| Vollständigkeit | Die Verfügbarkeit aller für den Verwendungszweck relevanten Daten | • Erstellung eines vollständigen Datenmodells<br>• ggf. Ergänzung von internen Daten durch externe<br>• Aufbau einer Historie |
| Exaktheit | Die Daten sind für den Verwendungszweck angemessen genau | • Einsetzen geeigneter Standardwerte bei fehlenden Datenwerten und Kenntlichmachung dieser Werte<br>• Überprüfung von verwendeten Algorithmen<br>• Verbesserung der Datenerfassung |
| Relevanz | Die Daten haben für den Verwendungszweck eine Bedeutung | • Erstellung eines geeigneten Datenmodells |
| Zuverlässigkeit, Glaubwürdigkeit | Die Daten sind nachvollziehbar | • Für den Anwender muss die Entstehung der Daten nachvollziehbar sein<br>• Angabe der Datenquellen<br>• Angabe aller verwendeten Prozesse<br>• Beschreibung auf dem Repository |
| Verfügbarkeit | Die Daten sind an dem Ort, an dem sie benötigt werden, zu der Zeit, zu der sie benötigt werden, und in einer Sprache, welche der Benutzer versteht, verfügbar | • Vernetzung, Nutzung des Intranet<br>• rechtzeitiges Laden neuer Datengenerationen<br>• flexible Infrastruktur, um schnell reagieren zu können<br>• Laden von mehr Daten, als aktuell benötigt werden<br>• Vorsehen von Mehrsprachigkeit in den Daten und ihrer Beschreibung |
| Verständlichkeit | Die Daten werden in einer verständlichen, dem Verwendungszweck und den Anwendern angepassten Form präsentiert | • Nutzung angemessener Präsentationsformen wie Daten-Visualisierungstechniken, multidimensionale Darstellungen, etc. |

Tabelle 9-2: Kriterien für die Datenqualität

**9.8.8**  **Beherrschung der Datenmodellierung für das Data Warehouse**

Datenmodellierung für ein Data Warehouse ist etwas anderes als Datenmodellierung für ein operatives System. Sie schliesst die Modellierung der *Zeit* mit ein.

**Vorteile 3NF**

Jene Art von Datenmodellen, welche die Datenmodellierer methodisch korrekt, redundanzfrei und in dritter Normalform (3NF) für operative Anwendungssysteme entwerfen, sind für Data Warehouse Anwendungen oft nur bedingt geeignet. Zur Erinnerung: ein 3NF-Modell ist in dem Sinne redundanzfrei, dass ein Faktum nur an einer Stelle des Datenmodells vorkommt.

Bei Veränderungsoperationen in einer nach einem 3NF-Modell implementierten Datenbank können daher keine Speicheranomalien entstehen. Das Datenbankmanagementsystem ist (bedingt) in der Lage, die Datenkonsistenz zu gewährleisten. Darüber hinaus ist das 3NF-Modell änderungs- und erweiterungsfreundlich.

**Nachteile 3NF**

Diese Vorteile werden mit einigen Nachteilen bezahlt. Im Zusammenhang mit Data Warehousing ist der wesentlichste Nachteil, dass das 3NF-Modell die Daten über sehr viele Tabellen verteilt, um Redundanzfreiheit zu erreichen. Um zusammenhängende Daten wieder zu einer Information zusammenzuführen, müssen komplexe Datenbankabfragen verwendet werden. Im Falle einer programmierten Anwendung, wie sie typisch für operative Systeme ist, wird dem Endanwender dieser Prozess vom Programm (resp. vom Programmierer) abgenommen.

**Multi-dimensionale Modelle**

Will ein Benutzer des Data Warehouse mit Business-Intelligence-Werkzeugen ad-hoc Abfragen formulieren, ist er üblicherweise mit der Formulierung von solchen komplexen Anforderungen überfordert. Er wäre gezwungen, in Datenbankstrukturen zu denken, anstatt sein Problem zu formulieren. Daher müssen jene Daten, mit denen die Benutzer des Data Warehouse direkt arbeiten, in einfacheren Datenstrukturen gespeichert sein. Solche einfacheren Strukturen sind die oben bereits diskutierten Star-Schema-Modelle.

Da man aber auch im Data Warehousing System die Flexibilität von 3NF-Modellen benötigt, empfiehlt es sich, die Basis-Tabellen des Data Warehouse, welche die Detaildaten enthalten, in 3NF-Strukturen zu speichern, um auf diesen aufbauend Star-Schema-Modelle für die Endanwender und spezifische funktionale Data Marts zu entwickeln. Dabei ist insbesondere auf die Hierarchien in den Dimensionentabellen zu achten. Solche Prinzipien sollten in den Data Warehouse Grundsätzen festgehalten werden.

**Herausforderung Zeit**

Eine besondere Herausforderung stellt die Abbildung der Dimension „Zeit" im Datenmodell dar. Nur in wenigen operativen Anwendungen ist die Darstellung der Zeit ein Modellierungsproblem, da es sich bei operativen Anwendungen grundsätzlich um sogenannte „Snap-Shots", also Schnappschüsse handelt. Hierbei werden ältere Daten von neuen überschrieben, so dass jeweils nur der aktuelle Zustand, der Schnappschuss, sichtbar ist. Dass die Erarbeitung eines Zeitkonzeptes für das Data Warehousing unabdingbar ist, wurde bereits dargelegt. Die grosse Herausforderung besteht nun darin, dass man mit strukturellen und inhaltlichen Änderungen der Daten im Zeitverlauf umgehen muss. Es müssen unter anderem folgende Probleme gelöst werden:

- Das Datenmodell eines oder mehrerer Quellensysteme ändert sich im Zeitverlauf. Wie wird im Zielsystem damit umgegangen?

- Die Beziehung zwischen verschiedenen Generationen von Daten und ihren Metadaten muss auch im Zeitverlauf eindeutig bleiben.

- Das Unternehmen ändert zu einem bestimmten Zeitpunkt $t_0$ die regionale Einteilung seiner Märkte. In den historischen Daten vor dem Zeitpunkt $t_0$ findet sich die alte Einteilung, danach die neue Zeitachse. Analysen, wie sich die Umsätze in bestimmten Marktregionen im Zeitverlauf entwickelt haben, sind ohne Bruch über den Zeitpunkt $t_0$ hinaus nicht mehr möglich. Welche Sicht auf die Daten gilt nun: die alte, die neue oder beide? Muss der neue Zustand in den historisierten Daten nachvollzogen werden?

- Durch die Historisierung von Daten können Konsistenzprobleme entstehen, die es bei Snap-Shot-Datenbanken nicht gibt. In den historisierten Daten ändern sich beispielsweise Fakten die eigentlich auch im Zeitverlauf unveränderlich sind, wie etwa das Geschlecht oder das Geburtsdatum einer Person. Welche Bereinigungsmassnahmen sind in diesen Fällen zu ergreifen?

**Datenlogik im Data Warehouse**

In einigen Fällen genügt es nicht, nur Daten aus den Quellensystemen in das Data Warehousing System zu übertragen, sondern es muss auch Logik übertragen und im Data Warehousing System bereitgestellt werden.

**Beispiel Finanzinstrumente**

Ein eindrucksvolles Beispiel ist eine Datenbank, die moderne Finanzinstrumente des Kapitalmarktes für Anwendungen in der Finanzindustrie zur Verfügung stellt. Solche modernen Finanzinstrumente wie Derivative sind klassisch nicht mehr modellierbar. Man greift hier zu einer abstrakten Modellierungstechnik, welcher die moderne Kapitalmarkttheorie zu Grunde liegt. Damit werden die Strukturen der Datenbank so komplex, dass sie ohne die zugehörige Logik nicht mehr interpretierbar sind. In solchen Fällen muss die gleiche Logik, welche die Daten im operativen System zu Informationen zusammenführt, auch im Data Warehousing System verfügbar sein.

## 9.8.9     Verwaltung der Metadaten

Das erfolgreiche Management der Metadaten spielt für den Erfolg eines Data Warehousing Systems eine entscheidende Rolle. Der Grund hierfür liegt in drei wesentlichen Anforderungen, die an jedes Data Warehousing System gestellt werden:

**Alle MetaInformationen dokumentiert**

1. Die Qualität der Daten und Informationen muss hohen Ansprüchen genügen. Dies bedeutet, dass alle Daten im Data Warehouse mit ihren Beschreibungen und Definitionen in einem Metadaten-System verknüpft und diese Meta-Informationen für den Benutzer zugänglich und verständlich sein müssen. Aus Gründen der Glaubwürdigkeit der Informationen haben dem Anwender die Herkunft der Daten und die Prozesse, mit denen sie bearbeitet wurden, transparent gemacht zu werden. Auch diese Informationen sind im Metadaten-System gespeichert und müssen für die Anwender abrufbar sein.

**Wiederverwendung**

2. Das Data Warehousing System hat neue oder erweiterte Informationsbedürfnisse schnell zu befriedigen. Hierzu ist es notwendig, alle relevanten Daten über das Data Warehousing System und die potenziellen Datenquellen zuverlässig und schnell im Zugriff zu haben. Auch hier dient das Metadaten-System. Damit ist die Wiederverwendung bereits bestehender Prozesse und vorhandener Daten sowie die effiziente Erschliessung neuer Datenquellen zu gewährleisten.

**Verwendungsnachweis**

3. Das Data Warehousing System muss schnell und zuverlässig Änderungen in den Datenquellen adaptieren; umgekehrt sind bei Änderungen in den Datenquellen die Auswirkungen auf die Data Warehousing Prozesse zu analysieren. Es ist unabdingbar, alle Prozesse im Metadaten-System beschrieben und mit den Metadaten verknüpft zu haben.

Ohne ein seriöses Management der Metadaten und den Einsatz leistungsfähiger Metadaten-Systeme sind umfangreiche Data Warehousing Systeme mit den genannten Eigenschaften nicht zu betreiben.

## 9.8.10 Integration der technischen Komponenten

Die Integration der verschiedenen technischen Komponenten eines Data Warehousing Systems ist für die Flexibilität, Robustheit und Effizienz erforderlich. Wie bereits erwähnt, ist ein Data Warehouse kein Produkt, das man kaufen kann, sondern man muss es bauen.

**Integrations-arbeit**

Wenn man die technische Architektur einer Corporate Information Factory festlegt, kann man prinzipiell nach zwei Strategien verfahren: man verfolgt entweder die Strategie „Best-of_Breed" oder „All-in-One". Die erste Strategie bedeutet, dass für jede Komponente der Corporate Information Factory die für diese Funktion beste und leistungsfähigste Technologie ausgewählt wird. Das bedeutet allerdings auch, dass man dann die verschiedenen technischen Komponenten in der Gesamtarchitektur integrieren muss. Die „All-in-One"-Strategie hingegen bedeutet, dass man die Integrationsarbeiten einem Hersteller überlässt und möglichst alle Komponenten von einem einzigen Anbieter kauft. Häufig wird auch das Datenbanksystem gesondert ausgewählt, weil hierfür bereits ein Unternehmensstandard existiert. So oder so muss aber bei der Festlegung der technischen Architektur darauf geachtet werden, wie gut die Komponenten integrierbar sind oder bereits vom Hersteller integriert wurden. Nicht immer entspricht der Integrationsgrad den Versprechungen der Hersteller, auch hier muss ggf. noch einiges an Integrationsarbeit geleistet werden.

**Evaluierung**

Der Trend geht aber eindeutig dahin, dass Werkzeuge besser miteinander integriert werden. Hierzu dienen wiederum Metadatensysteme, wie Directories, Repositories oder werkzeugspezifische Schnittstellen-Systeme. Bei der Evaluierung von Data Warehouse Produkten sollte man neben der Funktionalität auf jeden Fall sehr stark auf die Integrierbarkeit mit anderen Produkten achten, um so den eigenen Aufwand zu reduzieren. Es muss sehr darauf geachtet werden, welche Standards (Metadaten, Datenintegration) von den jeweiligen Herstellern unterstützt werden. Wichtige Standards sind im Kapitel 6 im Zusammenhang mit Metadatenmanagement erwähnt.

**9.8.11**  **Beachtung der besonderen Sicherheitsaspekte**

Data Warehousing bedingt die Beachtung spezifischer Sicherheitsaspekte. Da für ein Data Warehouse die Daten häufig aus jenem Kontext, für die sie ursprünglich vorgesehen gewesen sind, herausgelöst und in einem neuen Kontext mit anderen Daten verknüpft werden, ist es ratsam, in Data Warehousing Projekten frühzeitig Aspekte der Datensicherheit und des Datenschutzes zu berücksichtigen.

**Daten-sicherheit und Datenschutz**
Datensicherheit bedeutet den Schutz der Daten vor Verlust oder Zerstörung durch technische Probleme. Datenschutz bedeutet den Schutz der Daten vor unerlaubtem Zugriff und unerlaubter Nutzung.

**Datenschutzgesetze**
Alle modernen Datenschutzgesetze oder auch die Europäischen Datenschutzrichtlinien beruhen auf dem Grundsatz, dass Daten prinzipiell nur für jene Zwecke verwendet werden dürfen, für die sie erhoben wurden.

**Entwicklung Sicherheitskonzepte**
Das Prinzip des Data Warehousing ist es aber, Daten aus den Quellensystemen aus ihrem ursprünglichen Kontext herauszulösen und im Data Warehousing System in einen anderen Kontext für andere als die originären Zwecke zur Verfügung zu stellen. Um hier Konflikte mit dem Datenschutzgesetz, aber auch mit anderen Gesetzen wie beispielsweise dem Bankgeheimnis, und mit unternehmens-internen Regularien zu vermeiden, müssen entsprechende Sicherheitskonzepte entwickelt und technisch wie organisatorisch implementiert werden. „Ein Data Warehouse oder Data Mart muss von Anfang an datenschutzkonform geplant und entwickelt werden." [Schweizer 1999]

**Eigentümerschaft versus Nutzer**
In den Unternehmen können auch Konflikte entstehen zwischen der Eigentümerschaft von Daten einerseits und andererseits dem Anspruch, dass Daten eine Ressource des Gesamtunternehmens darstellen. Wie weit geht die Dateneigentümerschaft und dessen Verantwortung für die Sicherheit und den Schutz der Daten? Neue Sicherheitsfragen können sich auch durch die Verwendung von Data-Mining-Prozessen auf umfangreichen Datenbeständen ergeben.

**Sicherheit und Data-Mining**
In traditionellen Datenbankabfragen wird gezielt nach Informationen in den Datenbanken gesucht. Die Datenbankanfrage muss explizit formuliert werden. Damit können Sicherheitsmechanismen implementiert werden, die bestimmte Anfragen zurückweisen und damit die Daten gegen unberechtigten Zugriff schützen.

Mit Data-Mining wird auch nach Mustern in den Daten gesuch diese Datenbankanfragen sind unstrukturierter und weit wenige selektiv und bearbeiten weit grössere Datenbestände. Dies mach Sicherheitskonzepte erheblich schwieriger.

Das Unternehmen, welches Data Warehousing und Data-Minin betreiben will, muss hierfür ein umfassendes Sicherheitskonzep entwickeln. Dies kann nicht einzelnen Projekten überlassen wei den. Auf die Datenschutzaspekte gehen wir im Gesamtkontex des Datenmanagements im letzten Kapitel noch näher ein.

## 9.8.12 Zusammenstellung und Organisation des Teams

Für den Erfolg des Data Warehousing Vorhabens ist die richtig Zusammenstellung des Teams von besonderer Wichtigkeit. Die bedeutet, dass bei der Besetzung des Projektteams auf die Be sonderheiten eines Data Warehousing Projektes Rücksicht z nehmen ist. Durch das Data Warehousing entstehen teilweis neue Funktionen, die besetzt werden müssen.

| Rollen des Kernteams | Rollen des erweiterten Teams | Involvierte Rollen | |
|---|---|---|---|
| • Data Warehouse Manager<br>• Technischer Projektma-nager<br>• Data Warehouse Organi-sations-Manager | • Data Warehouse Projekt-sponsor | • Unternehmens- oder Bereichsleitung<br>• Informatikleitung | **Ebene Projekt** |
| • Analytiker der Informa-tionsbedürfnisse<br>• Entwickler für Daten-zugriffe, Datenvisualisie-rung, Business Intelligen-ce Data Mining Prozesse | • Projektsponsor für die aktuelle Iteration<br>• Experte aus dem Fachbe-reich<br>• Technische Unterstüt-zung<br>• Benutzer aus der Ziel-gruppe | • Trainer<br>• Potentielle zukünftige Benutzer<br>• Alle Fachbereichsmitar-beiter<br>• Benutzerunterstützung (Help Desk) | **Ebene Benutzer** |
| • Metadaten-Manager<br>• Data Warehouse Architekt<br>• Entwickler der Daten-Akquisitionslogik<br>• Daten-Qualitäts-Analytiker | • Daten-Administrator Da-tenbank-Administratoren der Datenquellensysteme<br>• Verantwortliche und Da-tenadministratoren der Datenquellen-systeme | • Anbieter externer Daten<br>• Anbieter von Datenbank-Management-Systemen, Daten-Akquisitionssoft-ware, Repositorysystemen | **Ebene Daten** |
| • Data Warehouse Daten-bank-Administratoren<br>• Data Warehouse Ent-wickler | • Systemarchitekten<br>• Technische Experten (Be-triebssystem, Netzwerk, Kommunikationssoftware, Middleware) | • Entwickler der Daten-quellensysteme<br>• Hard-/Software Anbieter<br>• Operating | **Ebene Technik** |

Tabelle 9-3: Rollen in einem Data Warehouse Projekt

Die Tabelle 9-3 zeigt in Anlehnung an [TDWI 1996] eine Übersicht über die verschiedenen Rollen, die in einem umfangreichen Data Warehouse Projekt über die verschiedenen Iterationen wahrgenommen werden sollten.

Bei grösseren Projekten haben sich Organisationsformen bewährt, die Teams einerseits nach konzeptioneller und technischer Expertise und andererseits fachlicher Expertise, insbesondere nach Kenntnissen in den spezifischen Unternehmensdaten organisieren [vgl. hierzu TDWI 4/2001].

**Abbildung 9-16: Organisation eines grossen Projektes**

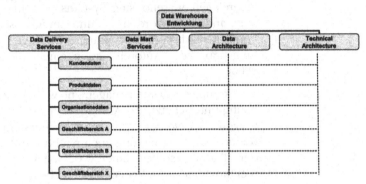

Die Abbildung 9-16 zeigt eine solche Matrix-Organisation, in der unterschiedliche Teams verantwortlich sind für die Datenprozesse verschiedener Bereiche. Hier wird beispielsweise unterschieden zwischen Kundendaten, Produktdaten, Organisationsdaten und solchen Daten, die bestimmten Geschäften und Geschäftsbereichen zuzuordnen sind. Mitarbeiter, die sich in dem jeweiligen Datenbereich gut auskennen, bilden diese Einheiten. Sie werden unterstützt durch Architekturteams. Die geschäftsspezifischen Data Marts werden ihrerseits vor allem von Mitarbeitern entwickelt, die die entsprechenden Geschäftsanforderungen besonders gut kennen und in eine technische Lösung umsetzen können.

## 9.8.13 Nutzung von externer Expertise

Man sollte von anderen im Positiven wie im Negativen zu lernen versuchen. Data Warehousing ist in jeder Beziehung ein komplexes Vorhaben, das mit hohen Investitionen verbunden ist. Von daher ist es gerechtfertigt, jede denkbare Massnahme zu ergreifen, um die Wahrscheinlichkeit für den Erfolg des Vorhabens zu steigern.

**Externe Experten**

Eine ganz entscheidende Einstellung ist die Bereitschaft von anderen DW-Projekten zu lernen. Das Geld, welches in die Nutzung einer externen Expertise investiert wird, sei es in Form von Schulungen, Besuchen von Konferenzen, Mitarbeit in Benutzervereinigungen oder Engagement von Experten im Projekt ist in der Regel gut angelegt. Dabei ist darauf zu achten, dass sich die Lernkurve im Unternehmen selbst gezielt nach oben entwickelt.

**Gefahr des Scheiterns**

Auch wenn Data Warehousing heute bereits als „Mainstream" bezeichnet wird, womit gemeint ist, dass der Aufbau eines umfangreichen Warehousing Systems eine Informatik-Disziplin wie jede andere geworden ist und im Grossen und Ganzen beherrscht wird, sprechen aktuelle Umfragen wie auch die Beratungspraxis der Autoren häufig eine andere Sprache [Schwinn 2000].

Das komplexe Datenmanagement wird leider immer noch allzu häufig unterschätzt, die Auftraggeber haben unrealistische Erwartungen und werden von manchen Beratern und Verkäufern in dieser Erwartungshaltung auch noch unterstützt. Bei der Auswahl der Partner sollte daher vor allem deren Datenmanagementkompetenz im Vordergrund stehen.

Die zunehmende Konsolidierung von im Unternehmen gewucherten Berichts- und Analysesystemen belegt ebenfalls, dass vieles zwar durchaus technisch beherrscht und realisiert wurde, aber den planerischen und konzeptionellen Arbeiten zu wenig Aufmerksamkeit geschenkt wurde.

## 9.8.14 Überwachung der Data Warehouse Nutzung

Es wurde bereits darauf hingewiesen, dass die Schulung der Anwender des Systems in der Projektplanung zu berücksichtigen ist. Nach der Fertigstellung eines Inkrements des Warehousing Systems sollten die Anwender weiter unterstützt und die Nutzung des Systems überwacht werden.

**Systemverhalten überwachen**

Diese Überwachung lässt einerseits Rückschlüsse auf ein optimiertes Systemverhalten zu und erlaubt andererseits die Ermittlung von besonders häufig, durchschnittlich, seltener oder nie abgefragten Daten. Diese Analysen sind für die ständige Verbesserung des Systems von grossem Wert.

**Nearline Storage**

Es gibt Analysen bei sehr grossen Data Warehousing Systemen, die belegen, dass bis zu 90% aller im Data Warehousing System gespeicherten Daten selten oder überhaupt nicht verwendet werden [Inmon 1999]. Solche Daten auf so genannten DASD (Direct Access Storage Disk) zu speichern, ist enorm teuer. Modernes Storagemanagement, welches erkennt wann es sinnvoll ist, Daten auf billigeren Speicherplatz (Nearline Storage) auszulagern und trotzdem noch im Warehouse im Zugriff zu behalten, kann die Systemkosten dramatisch reduzieren. Erkauft wird die Verwendung billigeren Speichers mit etwas längeren Zugriffszeiten, wenn die Daten nicht direkt von der Platte geholt werden können.

## 9.9 Strategischen Dimensionen des Data Warehousing

### 9.9.1 Auswirkungen auf die Organisation des Datenmanagements

Die besten Voraussetzungen für den Erfolg eines Data Warehousing Vorhabens finden sich naturgemäss in jenen Unternehmen, die bereits ein professionelles Datenmanagement betreiben.

**DM Disziplinen für DWH**

Data Warehousing führt alle Disziplinen des modernen Datenmanagements zusammen: Entwurf von Datenarchitekturen und Datenmodellen, Entwicklung von Datenmigrationsszenarien und Durchführung der Datenmigration mit verschiedenen technischen Hilfsmitteln, Einsatz moderner Datenbanktechnologie, Verwaltung komplexer Datenbankanwendungen, Einsatz von Repositorysystemen und integriertes Metadatenmanagement sowie Daten-Qualitätsmanagement.

**DWH als Initiative für modernes Datenmanagement**

Dort, wo ein umfassendes Datenmanagement nicht vorhanden ist, sollten Data Warehouse Initiativen dazu genutzt werden, ein modernes Datenmanagement zu etablieren, bislang verstreute Organisationseinheiten zusammenzuführen und Synergien freizusetzen. Data Warehousing kann den Aufbau eines integrierten Datenmanagements fördern oder sogar erzwingen.

**DWH erübrigt klassische Funktionen**

Umgekehrt wird ein erfolgreiches Data Warehousing auch auf die Organisation des Datenmanagements oder anderer Organisationseinheiten zurückwirken und einige klassische Funktionen in Frage stellen. Eine leistungsfähige Data Warehouse Infrastruktur emanzipiert die Mitarbeiter in den Fachabteilungen dahingehend, dass sie bei der Suche nach Daten und Informationen im Informationssystem des Unternehmens möglichst unabhängig von der Unterstützung der Informatikabteilungen sein sollten. Dies macht die klassische Auskunftsbereitschaft (oder die Information Centers) als Organisationseinheiten in den Unternehmen langfristig überflüssig.

Das Wissen der dort engagierten Mitarbeiter ist aber nach wie vor wertvoll. Sie kennen in der Regel die Daten der Quellensysteme sehr gut. Daher sollten ihre Kenntnisse im Data Warehousing genutzt werden und die Mitarbeiter neue Aufgaben in diesem Umfeld übernehmen.

## 9.9.2 Data Warehousing als strategische Komponente im Unternehmen

Geschäftsstrategien werden entwickelt, um Wettbewerbsvorteile gegenüber der Konkurrenz zu erzielen, diese langfristig zu sichern und die Position des Unternehmens am Markt zu stärken. Die Kategorien, in denen solche Strategien entwickelt werden können, zeigt der folgende Überblick:

**Tabelle 9-4:**
**Die Kategorien der Strategieentwicklung**

| Kategorie | Ausprägung |
|---|---|
| Kostenvorteil | die Fähigkeit, preiswerter anzubieten |
| Produktvorteil | die Fähigkeit, Produkte und Dienstleistungen anzubieten, die aufgrund ihrer Qualität gefragter sind |
| Fokussierung | die Fähigkeit, die spezifischen Bedürfnisse bestimmter Märkte und/oder Kunden besser zu befriedigen |
| Geschwindigkeit | die Fähigkeit, Markt- und Kundenbedürfnisse schneller zu befriedigen |
| Flexibilität | die Fähigkeit, Änderungen am Markt schneller zu adaptieren |
| Marketing | die Fähigkeit, Produkte und Dienstleistungen auch mit Einschränkungen zu verkaufen. |

Strategisches Denken unterscheidet sich wesentlich von jenem Denken, das zur Lösung taktischer oder routinemässiger Problemstellungen angewendet wird. Strategisches Denken erfordert das Denken in Lösungsräumen, Wirkungszusammenhängen und Alternativszenarien. Die Abbildung 9-17 zeigt in Anlehnung an [Boar 1994] die Dimensionen, in denen Denken stattfinden kann.

**Abbildung 9-17: Dimensionalität des Denkens: punktbezogenes Denken**

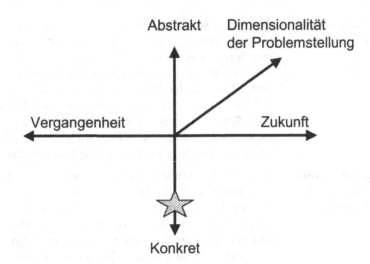

Üblich ist das punktbezogene Denken für die Lösung täglicher, profaner Problemstellungen. Es wird jeweils nur über eine Problemstellung, in der Gegenwart und im Konkreten nachgedacht. Für die meisten routinemässigen Problemstellungen ist solches Denken absolut ausreichend und sinnvoll.

**Abbildung 9-18: Dimensionalität des Denkens: raumbezogenes Denken**

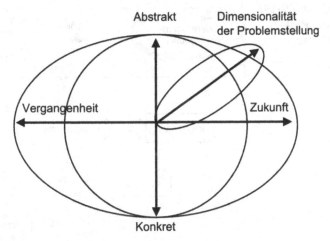

Für strategisches Denken ist aber Eindimensionalität unzureichend, es erfordert Mehrdimensionalität. Denken in Lösungsräumen bedeutet demnach, in verschiedenen Problemkategorien, wie sie beispielsweise in Tabelle 9-4 aufgeführt sind, über verschiedene Abstraktionsstufen und in unterschiedlichen Zeiträumen zu denken. Was hat dies alles nun mit dem Data Warehouse Ansatz zu tun?

**Lösungsräume im DWH**

Wie wir gesehen haben, erfordert strategisches Denken Mehrdimensionalität, das Denken in Lösungsräumen. Eine der drei Dimensionen des strategischen Denkens ist die Dimension *Zeit*. Ein Data Warehouse ermöglicht das Navigieren in dieser Dimension, über verschiedene Abstraktionsstufen und in verschiedenen Sichten auf die Daten des Unternehmens. Die Zeitdimension im Data Warehouse erlaubt nicht nur einen Blick zurück in die Vergangenheit, sondern mit der Entwicklung und dem Einsatz von Prognosemodellen auch eine Adaption der Zukunft.

**Data Warehouse und Wertschöpfung**

In der Wertschöpfungskette, die wir bereits aus Kapitel 2 kennen, unterstützt das Data Warehouse zunächst einmal nur die Bereitstellung von Daten. Diese sind aber die Grundvoraussetzung für die Entstehung von Information, sowie der Generierung von Wissen. Erst auf dieser Basis entwickeln sich Entscheidungen und Handlungen. Die Qualität der Daten- und Informationsbereitstellung bildet die Grundlage, auf der sich die Qualität von Wissen, Entscheiden und Handeln entwickeln und steigern kann. Zusätzlich fordert und fördert der Umgang der Mitarbeiter mit den Daten aus dem Data Warehouse das mehrdimensionale, strategische Denken.

**Abbildung 9-19: Wertschöpfungskette**

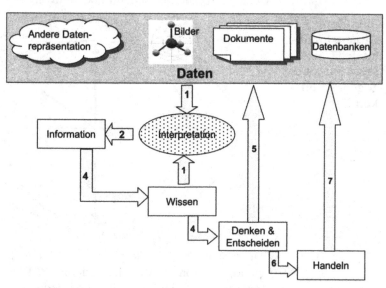

**DWH System als Ergebnis strateg-ischer Überlegungen**

So betrachtet, ist die Einführung eines Data Warehousing Systems in einem Unternehmen selbst das Ergebnis strategischer Überlegungen, um die strategische Schlagkraft des Unternehmens als Ganzes zu erhöhen. Dieser Effekt wird noch gesteigert, wenn die Einführung des Data Warehousing-Systems durch organisatorische und personelle Massnahmen begleitet wird, welche die Nutzung und den Nutzen des Informationssystems erhöhen.

**Organisat-
orische Mass-
nahmen In-
formations-
kultur**

Zu diesen Massnahmen gehören die prozess-orientierte Organisation der Informationsbereitstellung und –nutzung, die Schulung und Weiterbildung der Mitarbeiter, die Verfügbarkeit aller relevanten Informationen zum richtigen Zeitpunkt am richtigen Ort und in der erforderlichen Qualität, sowie die weit gehende, funktionsgerechte Delegation von Verantwortung und Kompetenzen in der Informationsnutzung und -verarbeitung auf jede Mitarbeiterstufe. An dieser Stelle erinnern wir ausdrücklich an die Diskussion über ***Informationskultur*** in Kapitel 2 und die Rolle der Wissensträger im Wertschöpfungsprozess.

Data Warehousing verlangt nicht nur das Denken in IT-Kategorien, sondern muss den Umgang mit Informationen im gesamten Unternehmen positiv beeinflussen.

## 9.10      Kernaussagen zum Data Warehousing

1. *Die Konzepte und Technologien für umfangreiche und komplexe Data Warehousing Projekte sind heute vorhanden und erprobt.*

2. *Ein erfolgreiches Data Warehouse sollte nicht nur Daten, sondern auch Metadaten und Logik integrieren.*

3. *Die Integration eines Operational Data Store erweitert die Architektur zu einer Corporate Information Factory.*

4. *Die Entwicklung einer Datenarchitektur und eines konsistenten Zeitkonzeptes ist eine notwendige Voraussetzung für erfolgreiches Data Warehousing .*

5. *Ein gemischter Top-Down/Bottom-Up-Ansatz ist für den Aufbau eines Data Warehouses empfehlenswert.*

6. *Die Beachtung kritischer Erfolgsfaktoren ist für ein erfolgreiches Data Warehousing unabdingbar.*

7. *Die effektive Nutzung der Daten in einem Data Warehouse setzt eine hohe Qualität der präsentierten Daten voraus.*

8. *Die WEB-Integration der Data Warehouse Daten und die Verwendung von Informationsportalen erhöht die Effizienz der Data Warehouse Nutzung, der Verteilung der Daten und den Informationswert.*

9. *Data Warehousing fördert das mehrdimensionale, strategische Denken und erhöht die Lösungskompetenz der Mitarbeiter auf allen Stufen des Unternehmens.*

10. *Data Warehousing führt viele Disziplinen des Datenmanagements zusammen. Ein leistungsfähiges, integriertes Daten-management ist daher die beste Voraussetzung für erfolgreiche Data Warehousing Vorhaben.*

# 10 Integriertes Datenmanagement – die Basis für Organisations-Intelligenz

Wir haben in den Kapiteln 3 bis 9 die Einzeldisziplinen des Datenmanagements intensiv diskutiert: Von der strategischen Informationsplanung, dem Datenbankmanagement, über die Unternehmensdatenmodellierung, dem Metadatenmanagement und der Datenmigration bis zum Data Warehousing. Ausserdem haben wir in Kapitel 8 Vorschläge zur Ablauf- und Aufbauorganisation des Datenmanagements gemacht. In diesem Kapitel wollen wir jetzt gewissermassen aus betriebswirtschaftlicher Sicht die Puzzlesteine zum Gesamtbild zusammensetzen und darlegen, welche Funktionen im Unternehmen direkt vom Datenmanagement unterstützt werden.

**Abbildung 10-1: Informationsmanagement**

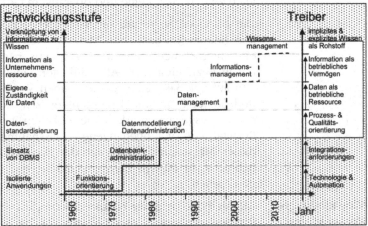

Wir werden sehen, dass fast alle klassischen und modernen betriebswirtschaftliche Funktionen ein funktionierendes Daten- und Informationsmanagement benötigen. Erfolgreiche, zukunftsorientierte Unternehmen betrachten diese Funktionen und das zugrunde liegende Datenmanagement aber nicht mehr isoliert voneinander. Sie haben die Interdependenzen erkannt und versuchen durch integrierte Ansätze dem Unternehmen zu einer höheren Organisationsintelligenz oder „Corporate Intelligence" zu verhelfen.

## 10.1 Betriebswirtschaftliche Funktionen und Informationsmanagement

In Kapitel 2 haben wir intensiv das Management des Produktionsfaktors *„Information"* diskutiert und dabei auch den Informationsmanagementprozess erläutert. Wir haben gesehen, dass sich das Informationsmanagement an den Zielen und der Strategie des Unternehmens orientieren muss. Zur Strategiesteuerung und –umsetzung hat sich der Ansatz der Balanced Scorecard bewährt [vgl. Kaplan/Norton 1997].

**Balanced Scorecard**

Die Methodologie der Balanced Scorecard ist ein aus Vision und Strategie abgeleitetes Managementsystem. Es definiert auf der Grundlage von Vision und Strategie je nach Ansatz die kritischen Erfolgsfaktoren oder zentralen Geschäftstreiber (Key Business Drivers). Zu jedem einzelnen Erfolgsfaktor oder Geschäftstreiber werden anschliessend Kennzahlen hinterlegt, um diese quantifizierbar und damit messbar zu machen. In einem weiteren Schritt werden strategische Massnahmen definiert, welche das Bindeglied zwischen Strategie und operativem Geschäft darstellen.

Die Balanced Scorecard unterscheidet sich von klassischen, reinen finanzwirtschaftlichen Methoden dadurch, dass sie alle für ein Unternehmen relevanten Perspektiven erfasst und zu einander in Beziehung setzt. Alle Einheiten eines Unternehmens werden auf der Basis eines gemeinsamen Verständnisses von Vision und Strategie auf die Unternehmensziele ausgerichtet. Es wird davon ausgegangen, dass die üblichen Finanzkennzahlen das Resultat von vorangegangenen Massnahmen sind. Der Fokus dieser Massnahmen liegt auf der Wertschöpfung eines Unternehmens. In diesem Zusammenhang wird von Frühindikatoren gesprochen.

**Vier klassische Perspektiven**

Die Methodologie der Balanced Scorecard schlägt vier klassische Perspektiven eines Unternehmens vor, die sich in der Praxis bewährt haben (nur wenige Unternehmen haben diese Perspektiven ergänzt):

- Finanzperspektive
- Kundenperspektive
- Prozessperspektive
- Lernen- und Innovationsperspektive.

Die Perspektiven werden abhängig von der Unternehmensstrategie unterschiedlich gewichtet.

Wir greifen in der folgenden Abbildung auf die Darstellung des Informationsmanagementprozesses aus Kapitel 2 zurück und stellen exemplarisch einige wichtige betriebswirtschaftliche Funktionen in den Perspektiven der Balanced Scorecard dar.

**Abbildung 10-2: Betriebswirtschaftliche Funktionen und Balanced Scorecard**

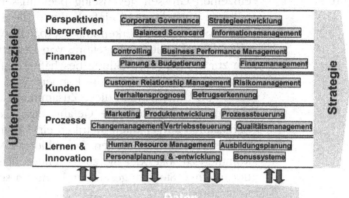

Alle diese betrieblichen Funktionen benötigen Daten und Informationen. Im Sinne der Strategiesteuerung und –umsetzung und der Balanced Scorecard sind diese Funktionen, Prozesse sowie die hierfür verantwortlichen Geschäftseinheiten aber nicht unabhängig voneinander, sondern sie sind auf die gemeinsamen Unternehmensziele auszurichten. Sie weisen Abhängigkeiten und Interdependenzen auf. Diese können in so genannten Ursache- & Wirkungsketten dargestellt werden.

**Abbildung 10-3: Ursache- und Wirkungsketten**

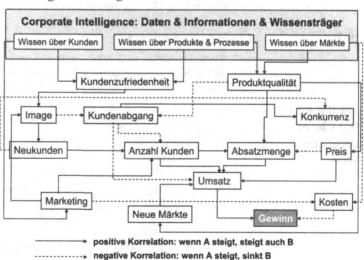

Die Abbildung 10-3 zeigt vereinfacht solche Ursache- & Wirkungsketten, die sowohl zur Analyse als auch zur Herleitung von Strategien verwendet werden können.

**Kennzahlen-systeme**

Die positiven und negativen Korrelationen zeigen, wie sich die einzelnen Grössen gegenseitig beeinflussen. Gewinn im Unternehmen entsteht nicht einfach durch die Differenz von Umsatz und Kosten. Diese Erkenntnis ist banal. Wer sich aber schon einmal seriös mit der Erstellung von Ursache- und Wirkungsketten zur Strategieentwicklung beschäftigt hat, weiss wie komplex solche Zusammenhänge sein können. Wenn die Kennzahlensysteme von Unternehmen diese Zusammenhänge nicht einigermassen abbilden, besteht die Gefahr, dass die auf reinen Finanzkennzahlen aufgebauten Metriken ein Unternehmen völlig in die Irre leiten. Die Reaktionen auf schlechte Vergangenheitszahlen kommen zu spät oder die zu treffenden Massnahmen werden an der falschen Stelle angesetzt und sind im schlimmsten Fall sogar kontraproduktiv.

**Integriertes Datenmanagement**

Eine Grundvoraussetzung für ein integriertes Kennzahlensystem ist ein integriertes Daten- und Informationssystem. Wenn die Daten nur eine isolierte Sicht auf einzelne Perspektiven des Unternehmens bieten, ist daraus ein integriertes Kennzahlensystem kaum herstellbar. Aber Kennzahlen alleine nutzen dem Unternehmen wenig, wenn die Erkenntnisse, die daraus gewonnen werden, keine Rückwirkungen auf das operative Geschäft, sowie auf Planungen und Strategien haben. Daher muss jedes langfristig erfolgreiche Unternehmen den Closed-Loop-Ansatz verfolgen.

## 10.2 Closed Loop Ansatz

Der Kreis zwischen den analytischen Anwendungen im Data Warehousing System und den operativen Datensystemen muss sich schliessen.

**Abbildung 10-4: Der Closed-Loop Regelkreis**

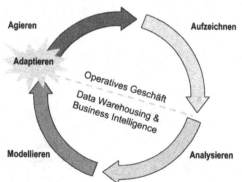

Allgemein lässt sich der Closed-Loop-Ansatz durch den Regelkreis gemäss Abbildung 10-4 darstellen. Der obere Teil des Kreises zeigt die Segmente des täglichen, operativen Geschäftes, der untere Teil die analytischen und dispositiven Segmente der Geschäftssteuerung.

**Agieren**

Diesen Teil des Regelkreises bildet das tägliche Geschäft, wie es durch Produktion, Marketing, Verkauf und Dienstleistung geprägt ist. In diesem Bereich, verdient das Unternehmen das Geld.

**Aufzeichnen**

Jedes Unternehmen zeichnet gewisse Daten und Informationen, die im operativen Geschäft anfallen, systematisch auf. Schon aus gesetzlichen Gründen müssen Daten in der Buchführung aufgezeichnet werden, meistens werden aber auch darüber hinaus Daten gespeichert, um das Geschäft später analysieren zu können.

**Analysieren**

Moderne Unternehmen analysieren ihr Geschäft systematisch. Hierfür werden Analyse- und Entscheidungsunterstützungs-Systeme eingesetzt. Profitabilitätsanalyse ist ein typisches Beispiel. Das klassische Reporting (Berichtswesen) liefert die Kennzahlen, die Indikationen liefern, ob bestimmte Unternehmensbereiche gute oder schlechte Leistungen erbringen. Die darauf aufsetzende Analyse erlaubt Aussagen darüber, worin die Gründe für die positiven oder negativen Indikatoren liegen. Reporting und Analyse haben aber den entscheidenden Nachteil, dass sie retrospektiv sind, also die Vergangenheit betrachten und nicht die Zukunft. Trendanalysen extrapolieren im Prinzip auch nur die Vergangenheit in die Zukunft.

**Modellieren**

Eine anspruchsvollere Methode ist die aktive Modellierung des zukünftigen Geschäftes. Das Geschäft zu modellieren bedeutet mehr, als die Extrapolation von Vergangenheitszahlen. Hierfür werden mathematische Modelle erstellt, die mittels Data Mining und Predictive Modeling Wahrscheinlichkeitsaussagen über zukünftige Entwicklungen liefern können und Optimierungspotenzial erkennen lassen (mehr hierzu im folgenden Abschnitt).

**Adaptieren**

Der Regelkreis wird an der Stelle geschlossen, an der Konsequenzen aus den Resultaten von Analyse und Modellbildung für das weitere operative Geschäft, die Planungen und Strategien gezogen und umgesetzt werden. Dieser Schritt ist essenziell, sowohl für die operative und dispositive Steuerung des Unternehmens wie auch für die Umsetzung einer integrierten Unternehmensstrategie in den Dimensionen einer Balanced Scorecard.

**Abbildung 10-5:
Closed-Loop
und Corporate
Information
Factory**

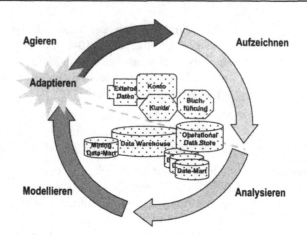

**Corporate-
Information-
Factory**

Das Datenmanagement unterstützt den Closed-Loop-Ansatz durch den Aufbau einer Corporate-Information-Factory, wie sie in Kapitel 9 dargestellt wurde. Die Komponenten der Corporate-Information-Factory positionieren sich im Regelkreis so, wie es in Abbildung 10-5 dargestellt ist.

**Operative
Tätigkeiten**

Die Aktivitäten des operativen Geschäftes (Agieren, Aufzeichnen) werden traditionell von den operativen Systemen oder Enterprise-Resource-Planning-Systemen (ERP-Systemen) unterstützt.

**Analytische
Tätigkeiten**

Für die analytischen und dispositiven Komponenten (Analysieren, Modellieren) werden die Daten und Informationen durch das Data Warehouse und verschiedene Data-Marts zur Verfügung gestellt. Eine besondere Rolle kann dem Mining-Data-Mart zukommen, der vor allem auch die Erstellung und Nutzung von Vorhersagemodellen erlaubt.

**Operational-
Data-Store
als Brücke**

Der Operational-Data-Store stellt aus Datenmanagementsicht die Brücke zwischen Business-Intelligence und operativem Geschäft dar. Einerseits wird hier die Adaption von analytischen Resultaten in kurzfristiges operatives Handeln unterstützt, andererseits wird auch das laufende Geschäft in einem integrierten Datenbankmodell aufgezeichnet.

**Übereinstim-
mung der
Semantik**

Damit die Daten aus dem Data Warehouse mit jenen aus den operativen Systemen effizient zu konsistenten Informationen verbunden werden können, sollten die Daten auf beiden Ebenen möglichst dieselbe Semantik besitzen.

**Effektivität
kommt vor
Effizienz**

Aus der Sicht der Unternehmensleitung kann sich der Regelkreis auch wie in der folgenden Abbildung 10-6 darstellen. Im täglichen operativen Geschäft geht es im Wesentlichen um Fragen der Effizienz bei der Aufgabenerledigung. Die Frage ist nicht, was getan werden muss, sondern wie es richtig und wirtschaftlich getan wird.

**Abbildung 10-6:
Effizienz und
Effektivität**

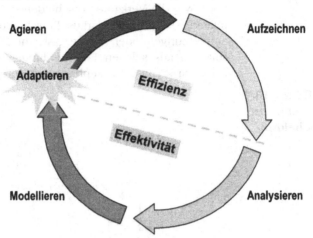

Die Aufgabe einer Unternehmensleitung sollte aber darin bestehen, nach der Effektivität zu fragen, also danach was richtig ist. Tut das Unternehmen die richtigen Dinge, ist es am richtigen Markt, hat es die richtigen Kunden, hat es die richtigen Produkte und Dienstleistungen, usw.? Effizienz nutzt wenig, wenn das, was man tut, nicht effektiv ist, oder anders ausgedrückt: man kann auch falsche Dinge sehr effizient erledigen. Die meisten Unternehmen geraten nicht wegen fehlender Effizienz in Schwierigkeiten, sondern wegen mangelhafter Effektivität. Dies mag nochmals die Bedeutung des Closed-Loop-Ansatzes und eines in diesem Sinne integrierten Datenmanagements unterstreichen.

## 10.3 Modellbildung mittels Data Mining

Im vorigen Abschnitt wurde im Zusammenhang mit dem Closed-Loop-Modell darauf hingewiesen, dass die Modellbildung mittels Data Mining Techniken ein mächtiges Instrumentarium zur Steigerung der Effektivität unternehmerischen Handelns darstellt. Wir wollen daher in diesem Abschnitt auf den Data Mining Ansatz näher eingehen.

**Daten durch
Wissensträger
interpretieren**

Die Unternehmensdaten werden zunächst von den reinen, auf einer Datenbank gespeicherten, Fakten repräsentiert. Informationen entstehen, wenn Daten zusammengeführt, mit der ihnen zugrunde liegenden Semantik verknüpft und von einem Wissensträger interpretiert werden. Beispielsweise entstehen durch die Datenverknüpfung des Kunden mit der Produktbeanspruchung Informationen darüber, welche Profitabilität die Kundenbezie-

hung für das Unternehmen erreicht. Besitzt ein Entscheidungsträger neben diesen Informationen auch noch das Wissen darüber, wie die Verkäufe verschiedener Produkte miteinander kor-
relieren, so können daraus Entscheidungen wie weitere Kaufempfehlungen oder Werbemassnahmen abgeleitet werden. Resultieren aus solchen Entscheidungen neue Fakten, so fliessen
diese zurück in die Datenbasis des Unternehmens.

**Abbildung 10-7:
Von Daten zu
Entscheidun-
gen**

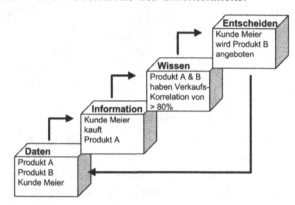

## 10.3.1 Data Mining Ansätze

Wie aber wird nun aus Daten und Informationen neues Wissen
erzeugt? Hierfür gibt es prinzipiell zwei Möglichkeiten, welche
durch unterschiedliche Technologien unterstützt werden.

**Ansatz
Hypothese**

Eine durch klassische Analysewerkzeuge unterstützte Variante
setzt voraus, dass zunächst eine Hypothese über das im Informationssystem verborgene Wissen aufgestellt wird, also beispielsweise über die Verkaufskorrelation zweier Produkte. Diese
Hypothese wird dann mittels Analyse der Informationen im Informationssystem überprüft, und entweder validiert oder falsifi-
ziert.

**Ansatz mathe-
matischer
Modelle**

Die zweite Variante geht nicht von einer zuvor festgelegten
Hypothese aus, sondern versucht über die Erstellung mathemati-
scher Modelle, welche dem jeweiligen Zweck angemessen sind,
Wissen aus den zugrunde liegenden Daten und Informationen
abzuleiten. Diese Techniken werden unter dem Begriff *„Data
Mining"* zusammengefasst. Typische Anwendungen hierfür sind:

- die Erstellung von Vorhersagemodellen aufgrund von Informationen aus der Vergangenheit, die z.B. in Kundenprofilen
oder Vergleichsgruppen zusammengefasst sind;

- die Klassifizierung von Daten und Informationen (z.B. die Einteilung von Kunden in Bonitätsklassen);

- die Überprüfung und Durchführung von Sensitivitätsanalysen (Was-wäre-wenn-Analysen);

- das Aufdecken bislang unbekannter Relationen zwischen Daten und Informationen im Informationssystem (z.B. die Verkaufskorrelationen verschiedener Produkte).

**Data Mining Techniken**

Je nach Anwendungsgebiet und Verwendungszweck stehen unterschiedliche Data Mining Techniken zur Verfügung. Sie beginnen bei den klassischen statistischen Methoden und der Berechnung von Entscheidungsbäumen, gehen über wissensbasierte Techniken wie Neuronale Netze hin bis zu modernen Datenvisualisierungstechniken. Die Datenvisualisierungstechniken stellen die komplexen Datenräume multi-dimensional dar und unterstützen die menschlichen Präferenzen zur visuellen Wahrnehmung und deren Interpretation.

## 10.3.2  Data Mining Prozess

Ein Data Mining Vorhaben ist ein mehrstufiger, iterativer Prozess, der typischerweise aus folgenden Schritten besteht:

**Abbildung 10-8: Der iterative Data Mining Prozess**

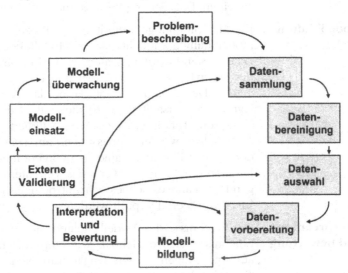

**Problembeschreibung**

Die Formulierung einer klaren Beschreibung und Abgrenzung des zu untersuchenden Problems ist für die zielgerichtete Lösungsentwicklung essenziell. Die Beschreibung sollte auch bereits eine erste Spezifikation der Datenanforderungen enthalten.

| | |
|---|---|
| **Daten-sammlung** | Die zur Modellbearbeitung notwendigen Daten müssen gesammelt und verfügbar gemacht werden. Hierbei ist auf die Qualität und den Detaillierungsgrad der Daten zu achten. |
| **Daten-bereinigung** | Die gesammelten Daten sollten bezüglich ihrer Qualität untersucht werden. Welche Qualitätsprobleme auftreten können, wurde bereits in Kapitel 9 dargelegt. Ein Data-Warehouse, das eine Datenbasis auch für Data Mining Prozesse bilden soll, darf auch aus diesem Grund nur mit qualitätsgesicherten Daten gefüllt werden. Der interessante Aspekt hierbei ist, dass Data Mining Techniken ihrerseits wiederum eingesetzt werden können, um Qualitätsprobleme in den Daten aufzudecken. (Siehe zu der Diskussion über Datenqualitätsaspekte auch den folgenden Abschnitt). |
| **Datenauswahl** | Die Qualität des Resultats eines Data Mining Prozesses korreliert nicht unbedingt immer positiv mit der Menge der Eingabedaten. Aus der Menge der gesammelten Daten kann nun wiederum eine Auswahl an Eingabevariablen und bei grossen Datenmenge auch eine Selektion von Instanzen (oder Zeilen) getroffen werden. |
| **Daten-vorbereitung** | Oft müssen die aus verschiedenen Datenbeständen gesammelten Daten noch recodiert, kategorisiert und transformiert werden, um sie einem Data Mining Prozess unterziehen zu können. |
| **Modellbildung** | Die Modellbildung ist ein iterativer Prozess, welcher Schritte wie Modelltraining, Modelltests und Modellüberprüfung umfasst. Der Datenbestand wird in Daten zum Modelltraining (ca. 60%-70% der Daten), Daten zum Testen und Daten zur Überprüfung aufgeteilt. Der Grund besteht darin, dass mit dem Trainingssatz Hypothesen erstellt werden, die mittels der Testdaten, welche nicht zum Trainingssatz gehören, validiert werden. Anhand der Testresultate werden Anpassungen am Trainingssatz (z.B. Veränderung von Eingabeparametern) vorgenommen und eine weitere Iteration durchgeführt. Wenn das Verhalten des Modells befriedigend ist, kann es schliesslich mit dem bisher nicht analysierten Satz von Daten überprüft werden. |
| **Interpretation und Bewertung** | Die Ergebnisse des Modells sollten hinterfragt werden. Sind die Ergebnisse nachvollziehbar? Wie empfindlich reagiert das Modell auf Änderungen in den Eingabevariablen? Sind die Ergebnisse nützlich oder werden nur bereits bekannte Tatsachen dargelegt? |
| **Externe Validierung** | In diesem Schritt werden die Ergebnisse des Modells gegen die reale Welt getestet. Dies kann beispielsweise durch empirische Tests geschehen. |

| | |
|---|---|
| **Modelleinsatz** | Wenn das Modell ausführlich und mit positiven Resultaten getestet ist, können es auch Anwender benutzen, die keine Data Mining Spezialisten sind. |
| **Modellüberwachung** | Der Einsatz des Modells und seine Relevanz müssen fortlaufend überwacht und bewertet werden, um zu verhindern, dass ein veraltetes, nicht mehr relevantes Modell zu falschen Schlussfolgerungen bei seinen Anwendern führt. |

### 10.3.3 Hypothesen (Data Discovery) und Vorhersagen (Prediction)

| | |
|---|---|
| **Definition** | Data Mining kann im Wesentlichen für zwei Problemstellungen eingesetzt werden. Für das Auffinden bisher unbekannter Muster in den Daten, wie etwa die Erstellung von Hypothesen *(Data Discovery)*, sowie die Vorhersage zukünftiger Entwicklungen in den Daten *(Prediction)* durch Erstellung von Vorhersagemodellen *(Predictive Modeling)*. |

Damit Vorhersagemodelle erstellt werden können, müssen zwei Voraussetzungen gegeben sein:

| | |
|---|---|
| **Umfangreiche Zeitreihen aus der Vergangenheit** | 1. Es müssen umfangreiche Zeitreihen aus der Vergangenheit vorliegen, da nur auf Grund von Vergangenheitsdaten auf die Zukunft geschlossen werden kann. Nur wenn solche Vergangenheitsdaten in ausreichendem Umfang und ausreichender Qualität genutzt werden, kann das Data Mining System aus der Historie lernen und dann ermitteln, welche Variablen in den Daten ausschlaggebend für ein bestimmtes Resultat waren. Man geht davon aus, dass die Vergangenheitsdaten eine gute Basis für die Vorhersage der Zukunft darstellen. Wenn die Zeitreihen nicht lang genug zurück reichen ist dies nicht der Fall. Fehlende Daten über Saisonale Schwankungen beeinflussen die Modellbildung negativ. Bei Modellen, welche die Kaufwahrscheinlichkeit bestimmter Produkte durch bestimmte Kunden zu bestimmten Zeitpunkten vorhersagen sollen, sind Zeitreihen zwischen 24 und 36 Monaten sinnvoll, um saisonale Einflüsse im Modell zu berücksichtigen. |
| **Festlegung des gesuchten Resultats** | 2. Es muss festgelegt sein, nach welchem Resultat gesucht wird. Beispielsweise muss die Kundenprofitabilität zuerst eindeutig definiert werden. Sie kann als Deckungsbeitrag 1 (DB1), der sich aus dem Umsatz des Kunden abzüglich der bei der Leistungserstellung aufgewendeten direkten Kosten ergibt, festgelegt werden. Die Vergangenheitsdaten, auf denen das zu |

entwickelnde Modell aufbaut, setzt natürlich die Existenz jener Variablen voraus, welche das Resultat beeinflussen.

**Vorhersage- modell für Kaufwahr- scheinlichkeit**

In Kundensystemen werden beispielsweise Vorhersagemodelle erstellt für die Prognose der Kaufwahrscheinlichkeit bei der Lancierung neuer Produkte, für die Prognose des Customer Life Cycle Values also des auf den gesamten Lebenszyklus der Kundenbeziehung projizierten Wertes einer Geschäftsbeziehung, sowie für die Prognose der Wahrscheinlichkeit, dass und wann ein Kunde die Geschäftsbeziehung beendet.

**Beispiel Amazon**

Ein sehr bekanntes Beispiel für die Anwendung solcher Modelle ist der Online-Buchhändler Amazon. Noch während der Kunde bei Amazon online auf Einkaufs- oder auch nur auf Schnuppertour ist, wird sein aktuelles „Klick-Verhalten" dauernd mit seinem Kundenprofil und Vergleichsgruppen abgeglichen, um sofort Kaufempfehlungen zu präsentieren, von denen das hinterlegte Data Mining Modell hohe Kaufwahrscheinlichkeiten prognostiziert. Bei Amazon sind die Voraussetzungen für den Einsatz solcher Techniken besonders gut, da alle Daten über die Kunden und ihr Kaufverhalten in elektronischer Form vorliegen und jeder neue Kundenbesuch neue Daten liefert, was die Datenbasis entsprechend vergrössert.

**Ansatz Kundenkarten**

Die klassischen Einzelhandelsgeschäfte, wo der Kunde in der Regel anonym bleibt und nur wenige elektronische Spuren hinterlässt, versuchen über den Einsatz von Kundenkarten und ähnlichen Instrumenten an die entsprechenden Daten zu kommen. Auf die Problematik des Datenschutzes in diesem Zusammenhang gehen wir im Schlusskapitel noch ein.

## 10.4 Entwicklung eines Datenqualitäts-Managements

Ein anderes bedeutendes Problemfeld ist die Thematik der Datenqualität. Wenn die Qualität der Daten in den operativen oder analytischen Prozessen nicht ausreichend ist, können die Resultate zu fatalen Folgen und sogar juristischen Konsequenzen führen, aber auch Kunden können nachhaltig geschädigt werden. Daher ist ein konsequentes Management der Datenqualität eines der wichtigsten Aufgabenfelder eines integrierten Datenmanagements.

**Daten als Ver- mögen**

Daten stellen eine unternehmerische Ressource und damit einen Teil des Unternehmensvermögens dar. Je informationslastiger oder –abhängiger ein Unternehmen ist, desto höher ist dieses Vermögen zu bewerten. Daten und Informationen sind keine Abfallprodukte von Geschäftsprozessen, sondern sie sind für die Erstellung von Produkten und die Erbringung von Dienstleistungen eine unabdingbare Voraussetzung (vgl. hierzu Kapitel 2).

**Eigenschaften von Daten**

Warum aber tut man sich mit dem Management der klassischen Unternehmensressourcen wie Arbeit, Anlagen oder Kapital soviel leichter als mit dem Management der Ressource „Daten"? Worin bestehen die Eigenheiten dieser Ressource, die es schwierig machen, die bekannten Managementprinzipien einfach zu übernehmen? T.C. Redman [Redman 1996] nennt auch die folgenden Eigenschaften, welche diesen Unterschied charakterisieren:

1. Daten sind abstrakt, nicht konkret. Daten kann man nicht sehen, nur ihre Darstellungen auf verschiedenen Medien und in unterschiedlicher Repräsentation sind sichtbar.

2. Daten können problemlos vervielfältigt und nahezu unbegrenzt verteilt werden.

3. Daten werden im Gegensatz zu materiellen Ressourcen bei ihrer Verwendung nicht „verbraucht", sie bleiben erhalten. Der Nutzen, den sie stiften, kann sich über ihren Lebenszyklus verändern, und zwar sowohl positiv als auch negativ.

4. Daten sind nicht austauschbar, da gerade die Aussagen, die in der Differenz zwischen Daten liegen, von Interesse sind. Z.B. ist bei der Analyse von Kunden weniger interessant, worin sie sich ähneln, als vielmehr, worin sie sich unterscheiden.

5. Von wenigen Ausnahmen abgesehen, gibt es für Daten keinen Markt, wo gekauft und verkauft wird, also gibt es auch keinen Preis. Das macht die Wertbestimmung schwierig und subjektiv.

6. Daten sind dynamischer als andere Ressourcen.

**Herstellungsprozess**

Auch wenn sich Daten in vielerlei Hinsicht von materiellen Produkten unterscheiden, so gleichen sie doch zumindest in einem Punkt einem physischen Produkt: Das Endergebnis des Herstellungsprozesses, also die Daten respektive Informationen, müssen am Ende für interne und/oder externe Kunden einen Nutzen stiften und ein Bedürfnis befriedigen. Zum anderen unterliegen auch Daten einem Herstellungsprozess sowie einem Lebenszyklus.

**MIT Konzept**

Daher wurde vom Massachusetts Institute of Technology (MIT) das Konzept der *Information Product Map* (IPM) entwickelt [MIT Working Paper 4407-02, 2002]. Dieses Konzept geht vom Produktgedanken aus und stellt eine Methodik zur Verfügung, den Herstellungsprozess der Informationsprodukte einer Organisation in einem speziellen Prozessmodell darzustellen. Die Methode eignet sich einerseits, um den Herstellungsprozess bestehender Informationsprodukte zu dokumentieren und zu analysieren, andererseits auch, um neue Informationsprodukte zu entwerfen.

**Analyse der Informationsprodukte**

Die Stärke dieses Konzeptes zeigt sich im praktischen Einsatz aber vor allem bei der Analyse bestehender Informationsprodukte. Die Abbildung 10-9 zeigt in einer Information Product Map den Ablauf einer Fakturierung (Rechnungserstellung). Die Informationsprodukte sind die Rechnungen für die Kunden sowie die Soll-Ist-Analyse für den Controller. Die IPM-Darstellung zeigt die Entstehung dieser Informationsprodukte, von den Datenquellen über die komplexen Abläufe, die Medienbrüche sowie die Qualitätsprüfungen.

**Abbildung 10-9: Information Product Map**

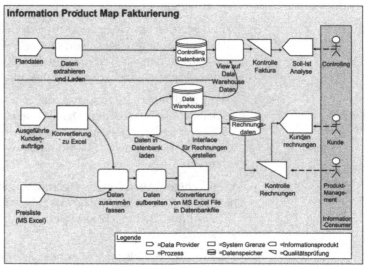

Diese Übersicht, die sich bei Bedarf noch weiter detaillieren liesse, zeigt, wo im Herstellungsprozess der Informationsprodukte Probleme auftreten könnten. So ist z.B. zu erkennen, dass sehr frühzeitig im Prozess viele Medienbrüche zu durchlaufen sind, während Qualitätsprüfungen erst am Ende des Prozesses vorgenommen werden. Hier liegt viel Potenzial für Verbesserungen der Informationsqualität.

**Realität in den Organisationen**

Dieses Beispiel zeigt die Realität in vielen Organisationen, die geprägt ist durch historisch gewachsene, an den jeweiligen spezifischen Problemstellungen orientierte Teilprozesse. Diese ähneln immer seltener einem durchgängigen Prozess als vielmehr der Aneinanderreihung isolierter Teilfunktionen, die mit jeweils individuellen Schnittstellen miteinander verbunden sind.

**Data Cleansing Ansatz**

In diesen Schnittstellen wird möglicherweise der Datenqualitätsproblematik Beachtung geschenkt. Die erkannten Qualitätsprobleme zwischen einzelnen Systemen werden spezifisch gelöst. Dies ist der vor allem in Data Warehousing Systemen häufig angewandte „Data-Cleansing"-Ansatz. Es mag in einem historisch gewachsenen Informationssystem-Puzzle kurzfristig der einzig mögliche Weg zur Qualitätsverbesserung für bestimmte Anwendungen sein, aber auf Grund der Eigenschaft der Daten, einfach vervielfältigt und verteilt werden zu können, führt er zu keiner nachhaltigen Lösung. Zur nachhaltigen Qualitätsverbesserung führt nur der Prozess-Ansatz, wie wir ihn oben anhand des IPM-Konzeptes bereits angesprochen haben.

**Datenqualitäts-prozess Modelle**

Für die Gestaltung eines Datenqualitätsprozesses gibt es prinzipiell zwei Modelle:

- die Verwendung des für die Qualitätssicherung im industriellen Herstellungsprozess geschaffene ISO-9000-Rahmenwerkes, nach entsprechenden Modifikationen für den Datenqualitätsprozess,

- die Anwendung des Total-Quality-Managements und dessen Ausgestaltung als Total-Data-Quality-Management, wie ihn auch das MIT verfolgt.

**Prozess-gedanke**

Beide Ansätze folgen dem Prozessgedanken. Die Daten werden über ihren gesamten Lebenszyklus einem konsequenten Qualitätsmanagement unterzogen. Eine seriöse Daten- und Informationsplanung, wie sie in Kapitel 3 vorgeschlagen wurde, sorgt dafür, dass die Datenerzeugung, -nachfrage und –nutzung frühzeitig bekannt ist und das Qualitätsmanagement dies berücksichtigen kann.

**Wirtschaft-lichkeit**

Trotz aller Qualitätsansprüche macht es aus ökonomischen Gründen wenig Sinn, alle Datenelemente im Unternehmen hinsichtlich des Qualitätsmanagements gleich zu behandeln. Es ist vielmehr darauf zu achten, dass auch bei der Definition, der Herstellung und Überwachung der Datenqualität das Gebot der Wirtschaftlichkeit gewahrt bleibt. Um jene Daten zu identifizieren, deren Qualität für das gesamte Informationssystem von herausragender Bedeutung sind, müssen eine Risikobewertung und eine Analyse der Verwendungshäufigkeiten der Daten durchgeführt werden.

**Ansatz Risiko-bewertung**

Die Methode der Risikobewertung geht davon aus, dass Qualitätsprobleme bei einigen Daten zu grösseren Geschäftsrisiken führen, als Qualitätsprobleme bei anderen Daten. Es gilt also, die Daten in Risikoklassen einzuteilen und sich beim Qualitätsmanagement auf jene Daten zu konzentrieren, bei denen Qualitätsprobleme besonders hohe operative, dispositive oder strategische Geschäftsrisiken auslösen können.

**Ansatz Verwendungs-häufigkeit**

Die Analyse der Verwendungshäufigkeit hat zum Ziel, jene Daten zu identifizieren, die in besonders vielen Anwendungssystemen vorkommen. Es wird die Wiederverwendung der Daten untersucht. Das Ergebnis dieser Untersuchung ist eine Klassifizierung der Daten nach dem Grad ihrer Wiederverwendung. Um für die Effekte des Qualitätsmanagements einen möglichst grossen Multiplikatoreffekt zu erreichen, wird der Fokus auf jene Daten gelegt, deren Wiederverwendungsgrad in den Informationssystemen des Unternehmens besonders hoch ist. Betrachtet man die Überlegungen zum Thema „Unternehmensmodellierung" aus Kapitel 5, so ist ersichtlich, dass der dort beschriebene Ansatz eines Kern-Datenmodells hervorragende Hinweise auf die Natur der Daten mit einem potenziell hohen Wiederverwendungsgrad gibt.

**Beurteilung**

Beide Ansätze bedingen, dass ein Dateninventar angelegt wird. Man kann nur jene Daten einem Qualitätsmanagement unterziehen, von denen man weiss, dass sie existieren. Da sowohl die Risikobewertung als auch die Verwendungshäufigkeit als Ausgangspunkt eines Qualitätsmanagements ihre Berechtigung hat, kombiniert man zur Initialisierung eines Datenqualitäts-Management-Programms beide, um die wichtigsten und die kritischsten Daten des Unternehmens zu identifizieren.

**Tabelle 10-1: Prioritäten bei der Initialisierung des DQ-Managements**

| | | Daten-Wiederverwendung | |
|---|---|---|---|
| | | **Hoch** | **Tief** |
| **Risiko** | **Hoch** | Prio. 1 | Prio. 2 |
| | **Tief** | Prio. 3 | Prio. 4 |

Die obige Tabelle gibt einen Hinweis, wie die Prioritäten zu setzen sind, wenn mit dem Datenqualitäts-Management begonnen wird.

**Dateneigentümerschaft**

Ausserdem muss die Dateneigentümerschaft und damit auch die Verantwortung für das Qualitätsmanagement auf Datenebene festgelegt werden. Es wird die verantwortliche Instanz für das jeweilige "Informations-*Produkt*" bestimmt, welche auch für die

Qualität des Produktes über dessen gesamten Lebenszyklus zu wachen hat. Es ist dabei eine gefährliche Illusion, einer zentralen Einheit wie beispielsweise dem Chief-Information-Officer diese Verantwortung alleine übertragen zu wollen. Daten werden im gesamten Unternehmen und über die Unternehmensgrenzen hinweg erzeugt, verarbeitet und genutzt. Die Dateneigentümerschaft muss sich daher ebenfalls am Qualitätsprozess orientieren und die Eigenschaft der einfachen Kopierbarkeit und Verteilbarkeit berücksichtigen.

**Fehlendes Datenqualitätsmanagement**

Erstaunlicherweise ist es die Erfahrung der Autoren, dass in der Praxis teilweise sehr wenig Wert im Sinne von Geld und Budget auf das Datenqualitäts-Management gelegt wird. Je mehr Daten und Informationen erzeugt, gespeichert, verarbeitet, verteilt und genutzt werden, desto geringer werden offensichtlich die Chancen betrachtet, die Qualität des Produktes Daten und Information nachhaltig zu verbessern. Paradoxerweise sind viele Data Warehousing Projekte initiiert worden, um vorhandene Datenqualitätsprobleme für dispositive, analytische oder strategische Anwendungen zu eliminieren oder zumindest zu verringern. Ein Data Warehousing System kann aber bei aller Anstrengung im Data-Cleansing die Daten nachhaltig nicht besser machen als sie sind. Im Ergebnis werden wieder nur neue Qualitätsprobleme generiert.

**Datenqualitätsmanagement und Kundenorientierung**

Erst wenn sich Entscheidungsträger darüber bewusst sind, dass der breite Einsatz von Informationstechnologie heute überwiegend den Sinn hat, Daten und Informationen von hoher Qualität internen und externen Kunden zur Verfügung zu stellen, wird das Datenqualitäts-Management einen ähnlichen Rang erhalten, wie das Management der traditionellen Unternehmensressourcen. In diesem Sinne muss festgehalten werden, dass sich die heute weit verbreitete betriebliche Praxis im Datenqualitäts-Management in einem diametralen Gegensatz zu dem oft postulierten Grundsatz der Kundenorientierung befindet.

**Data Quality Act**

Andererseits wird auch vom Gesetzgeber immer mehr Druck erzeugt werden, sich der Qualitätsproblematik in der Informationsverarbeitung anzunehmen. So gibt es in den USA bereits ein Gesetz [Data Quality Act 2001], das Mindestrichtlinien zur Erzielung von Datenqualität für Regierungsstellen festlegt.

**Sarbanes Oxley Act**

Ein anderes US-Gesetz, das auch unmittelbare Auswirkungen auf deutsche Unternehmen hat, die an amerikanischen Börsen notiert sind, ist der Sarbanes Oxley Act. Der Hintergrund des Gesetzes sind die Unternehmenszusammenbrüche von Grosskonzernen wie Enron und Worldcom im Jahre 2002, sowie andere spektakuläre Fälle von Bilanzfälschungen. Das Gesetz verschärft die Anforderungen an die Richtigkeit von veröffentlichten Finanzdaten erheblich und verlangt die Einrichtung eines funktionsfähigen internen Kontrollsystems und dessen Dokumentation. Da die Unternehmensleitung persönlich für Unregelmässigkeiten in Haftung genommen wird, sind entsprechende Anstrengungen bei der Implementierung von Prozessen zur Verbesserung der Informationsqualität zu erwarten.

Ein integriertes Datenmanagement muss sich auch als Total Data Quality Management verstehen.

## 10.5 Intelligenz der Organisation

Ein Ziel eines integrierten, unternehmensweiten Datenmanagements besteht darin, dem Unternehmen zu einer möglichst hohen Organisations-Intelligenz zu verhelfen.

**IQ einer Organisation**

Allgemein kann man unter Intelligenz die Fähigkeit verstehen, Probleme zu lösen. Hierfür müssen kognitive Fähigkeiten ebenso vorhanden sein, wie Informationen, Wissen und Können. Für Unternehmen ist in immer dynamischeren und komplexeren Märkten die Fähigkeit, grosse Mengen an Daten und Informationen schnell und effektiv zu verarbeiten, d.h. zum richtigen Zeitpunkt, mit der geeigneten Qualität an die richtige Stelle in der Organisation zu bringen, zur entscheidenden Kompetenz geworden. Hier setzt das Konzept des Organisations-IQ an [vgl. Mendelson/Ziegler 2001].

**IQ Dimensionen**

Der Organisations-IQ eines Unternehmens beschreibt, wie gut die Leistungen der Organisation in den folgenden Dimensionen sind:

- Sicherstellen, dass jede Stelle in der Organisation Zugang hat zu den Informationen, die sie braucht, und diese schnell und genau erfassen kann.

- Sicherstellen, dass Entscheidungen auf der richtigen Ebene getroffen werden, d.h. von jenen Mitarbeitern, die die besten fachlichen Kompetenzen mit den besten Informationen verbinden können.

- Sicherstellen, dass jeder Teil der Organisation zum richtigen Zeitpunkt über die richtigen Informationen verfügt.

- Bekämpfen einer Überfrachtung mit Informationen und organisatorischer Komplexität, indem der Geschäftsumfang eingegrenzt und Strukturen/Prozesse vereinfacht werden.

- Akzeptieren, dass ein Unternehmen nicht im Alleingang Werte schaffen kann, sondern im Informationszeitalter als Teil eines Netzwerkes operieren muss.

**Unternehmens-netzwerk des Informations-zeitalters**

Welchen Beitrag das unternehmensweite Datenmanagement zur Intelligenz der Organisation leisten kann, sollte aus den bisherigen Ausführungen deutlich geworden sein. Die Organisation kommuniziert ständig nach innen und nach aussen. Dabei entstehen ständig Daten und Informationen, die gesammelt, transparent dargestellt, in geeigneter Form gespeichert, vernetzt und verfügbar gemacht werden müssen. Mit anderen Worten: die gesamte Organisation muss ein Gehirn und ein Gedächtnis erhalten, damit die oben genannten Bedingungen für einen hohen Organisations-IQ erfüllt werden können. Denn im Gegensatz zum Menschen, der ab Geburt mit seinem IQ leben muss, kann eine Organisation viel tun, um den eigenen IQ zu verbessern. An drei wesentliche Beiträge, die das Datenmanagement liefern kann und die an anderen Stellen in diesem Buch diskutiert wurden, sei hier nochmals explizit erinnert:

**Informations-kultur**

- Ein Bewusstsein für die Ressource „Daten und Informationen" schaffen und eine Informationskultur im Unternehmen etablieren, die Daten und Informationen nicht in vertikalen Strukturen filtert, sondern im Organisationsnetzwerk an jene Stellen transportiert, wo die grösste fachliche Kompetenz sitzt und die höchste Wertschöpfung erzielt werden kann.

**Informations-management-prozess**

- Eine strategische Informationsplanung und einen Informationsmanagementprozess etablieren, die die Organisation in die Lage versetzen, stets über die richtigen Daten und Informationen zu verfügen und damit effektiv zu sein. Dies impliziert ausdrücklich die Wahrnehmung externer Informationen über Kunden, Märkte, Konkurrenten, neue Technologien, usw.

**Corporate Information Factory**

- Eine Corporate Information Factory aufbauen und unterhalten, die das Gedächtnis der Organisation bildet.

Im schnelllebigen Informationszeitalter muss sich die gesamte Organisation als lebender und lernender Organismus verstehen, der täglich auf neue Herausforderungen reagieren muss. Das Datenmanagement leistet seinen Beitrag, indem es der Organisation ein Gedächtnis gibt.

## 10.6 Outsourcingaspekte

Mit Outsourcing wird die Auslagerung von Unternehmensaufgaben an andere, auf diesen Bereich spezialisierte Unternehmen bezeichnet. Dies kann die Kantine des Unternehmens ebenso betreffen wie den IT-Bereich.

**Topgründe für IT-Outsourcing**

Nach einer Umfrage der Fachzeitschrift Information Week aus dem Jahr 2002 [Information Week 11/2002] unter Entscheidungsträgern sind die Hauptgründe für Outsourcing von IT-Aufgaben die folgenden:

- Einsparung und Kontrolle von Kosten

- Konzentration auf die Kernkompetenzen des Unternehmens

- Verbesserter Zugang zu IT-Profis, die im eigenen Unternehmen nicht (ausreichend) vorhanden sind

- Eigene Ressourcen freimachen für andere wichtige Aufgaben

- Probleme, den eigenen Bereich zu managen

- Teilung von Risiken.

**Offshoring / Nearshoring**

Eine besondere Art des IT-Outsourcings ist das Offshoring oder in jüngster Zeit auch das Nearshoring, d.h. die Auslagerung der betroffenen IT-Aufgaben an Unternehmen in mehr oder weniger weit entfernten Niedriglohnländer.

Ohne hier im Detail auf die komplexen Fragestellungen im Zusammenhang mit Outsourcingentscheidungen eingehen zu können, wollen wir aufgrund der Aktualität dieses Vorgehens doch kurz einige Aspekte aus der Sicht des Datenmanagements aufnehmen.

**IT-Funktionen zur Auslagerung**

Prinzipiell muss einer Entscheidung, ob und welche Bereiche an einen IT-Dienstleister ausgelagert werden sollen, eine seriöse Analyse über die strategische Bedeutung der infrage stehenden Bereiche sowie das Potenzial für Kosteneinsparungen resp. Effizienzsteigerungen durch das Outsourcing voraus gehen. Grob lassen sich die Bereiche und IT-Funktionen in ein Raster gemäss Abbildung 10-10 einteilen. Auslagern lassen sich Bereiche unterschiedlicher strategischer Bedeutung, vom Infrastrukturmanagement (Server- und Netzwerkmanagement, Middleware, Datenbankmanagement, Konfigurationsmanagement, Helpdesk, 3rd-Level-Support, Procurement Services) über das Application Management (Wartung und Entwicklung von Anwendungssystemen) bis zu ganzen Geschäftsprozessen.

**Abbildung
10-10: Outsour-
cing Entschei-
dungsraster**

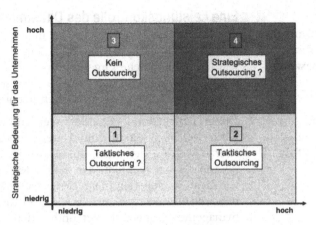

Potenzial für Kosteneinsparung / Effizienzsteigerung durch Outsourcing

**Parameter für
Positionierung**

Welche Funktionen des Datenmanagements in welches Feld des dargestellten Rasters fallen, hängt entscheidend von der konkreten Unternehmenssituation ab. Beispiele für Parameter:

- In welchem Geschäftsfeld ist das Unternehmen tätig?
- Wie hoch ist die Informationsintensität im Unternehmen?
- Wie ausgeprägt ist die Informationskultur?
- Wie vernetzt ist das Unternehmen mit anderen Partnern?
- Wie sensibel sind die Daten des Unternehmens?
- Wie reif ist die eigene IT-Abteilung, sind die IT-Prozesse?

**Positionierung
Datenmanage-
ment im Raster**

Fraglos können in den meisten Unternehmen reine Infrastruktur-aufgaben, wie beispielsweise das Datenbankmanagement, am leichtesten an Spezialisten ausgelagert werden. Solche Aufgaben fallen tendenziell in das Feld 2. Das eigentliche Management von Daten und Informationen fällt tendenziell eher in die Felder 3 und 4, wo sich die Auslagerung an Dritte schwieriger gestaltet und die Gefahr besteht, dass die potenzielle Kostenersparnis durch strategische Nachteile überkompensiert werden.

**Strategischen
Ressourcen
versus
Kostenbrille**

Da Outsourcingverträge in der Regel sehr lange Laufzeiten von 8 bis 10 Jahren und länger haben, sind Fehlentscheidungen kurzfristig nicht korrigierbar. Es kann daher nur davor gewarnt werden, im Umgang mit strategischen Ressourcen wie Daten und Informationen einseitig die Kostenbrille aufzusetzen. Die ökonomischen Überlegungen, die solchen Entscheidungen zugrunde gelegt werden, müssen alle Dimensionen einbeziehen, insbesondere die Zukunftsfähigkeit des Unternehmens.

253

## 10.7 Eine Leistungskontrolle des Datenmanagements

**Ökonomischer Rechtfertigungszwang**

Das Datenmanagement ist in den meisten Unternehmen eine Infrastrukturorganisation, die nicht dem Kerngeschäft zugerechnet werden kann. Solche Organisationen, die vordergründig offenbar nur Geld kosten und keines verdienen, stehen üblicherweise unter einem ständigen ökonomischen Rechtfertigungszwang.

**Beitrag zum Unternehmenserfolg**

Dieser Druck kann gemildert werden, wenn deutlich gemacht wird, welcher Beitrag zum Unternehmenserfolg geleistet wird. Hierzu werden den Infrastrukturorganisationen und somit auch dem Datenmanagement klar definierte, strategische und operative Ziele vorgegeben. Die Zielerreichung wird gemessen und bewertet. Damit ist einerseits eine Leistungskontrolle des Datenmanagements gewährleistet und andererseits das Datenmanagement von ständigen Rechtfertigungsübungen befreit.

**Balanced Scorecard Datenmanagement**

Zur Orientierung des Datenmanagements an den Unternehmenszielen sowie der darauf aufbauenden Leistungskontrolle bietet sich das Instrument der Balanced Scorecard an. Durch die Entwicklung einer Balanced Scorecard für das Datenmanagement lässt sich durch die darin enthaltenen nicht-finanziellen Kennzahlen die Perspektive von den einseitig geführten Finanz- und Budgetdiskussionen um qualitative Fragestellungen erweitern. Diese Balanced Scorecard erlaubt die Anbindung an die Unternehmensstrategie. Sie dient daher auch als Kommunikationsmittel zwischen den verschiedenen Ebenen und Verantwortungsbereichen im Unternehmen.

**Unternehmensinterner Leistungserstellungsprozess**

Das Datenmanagement wird als unternehmensinterner Leistungserstellungsprozess betrachtet, welcher die Bedürfnisse interner und externer Kunden befriedigt. Aufgrund dieser Kundenorientierung ist ein Leistungskatalog zu entwickeln und mit quantifizierbaren Qualitätsmerkmalen zu versehen. Anhand dessen sind die zu erreichenden Ziele je Zeitperiode und Organisationseinheit in realistischer Weise zu definieren und die Zielerreichung regelmässig zu überprüfen. Die Anpassung von Zielen und Parametern an veränderte Bedingungen ist selbstverständlich.

**Datenmanagement als Profit-Center**

Am einfachsten ist eine Balanced Scorecard aufzustellen, wenn eine Organisationseinheit als Profit-Center agiert, Dadurch können in der Finanzperspektive nicht nur Kosten, sondern auch Erlöse abgebildet werden. Auch wenn eine Organisationseinheit wie zum Beispiel das Datenmanagement nur für interne Kunden eine Leistung erbringt, so sollte sie trotzdem für diese Leistung einen Preis erzielen. Dies entspricht auch dem Servicegedanken.

**Abbildung 10-11: Balanced Scorecard Tableau**

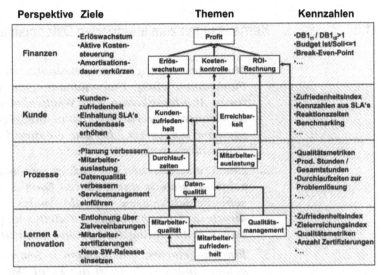

Die Abbildung 10-11 [in Anlehnung an Bernhard/Blomer 2003] zeigt beispielhaft ein stark vereinfachtes Balanced Scorecard Tableau, wie es für eine Datenmanagementorganisation entwickelt werden könnte. Die linke Spalte teilt das Tableau in die vier Perspektiven der Balanced Scorecard ein. Aus den übergeordneten Zielen im Unternehmen leiten sich die Ziele des Datenmanagements ab. Die dritte Spalte zeigt die Themen auf, mit denen sich die Datenmanagementorganisation beschäftigen muss, sowie die Wirkungszusammenhänge dieser Themenbereiche (vgl. hierzu auch das Beispiel in Abbildung 10-3). Da die Zielerreichung auch gemessen werden muss, wird der Balanced Scorecard ein Kennzahlensystem beigefügt, über das die Steuerung der Organisationseinheit zielgerichtet erfolgt.

**Beitrag zum integrierten Datenmanagement**

Da sich die Balanced Scorecard des Datenmanagements von übergeordneten Strategien und Zielen ableitet, dient sie zur besseren Integration des Datenmanagements in die Gesamtorganisation. Sie ermöglicht die Ausrichtung der Datenmanagementziele auf die Unternehmensziele und dient als Kommunikationsinstrument mit den Kunden und dem Top-Management.

## 11.8        Kernaussagen zum integrierten Datenmanagement

1. *Modernes Management betrachtet die Prozesse und Funktionen eines Unternehmens als Gesamtheit, mit ihren Abhängigkeiten und Wechselwirkungen. Zur Unternehmenssteuerung werden integrierte Kennzahlensysteme eingesetzt, die ein entsprechend integriertes Datenmanagement voraussetzen.*

2. *Der Kreis zwischen operativen und analytischen Daten schliesst sich in einem Closed-Loop-Ansatz. Das klassische Berichtswesen und die Analyse werden ergänzt durch anspruchsvollere Modellierungsmethoden, die durch Data Mining Techniken unterstützt werden.*

3. *Ein integriertes, am Kunden orientiertes Datenmanagement muss sich auch als Total Data Quality Management verstehen. Das Konzept der Information Product Map unterstützt hierbei den Prozessgedanken des Qualitätsmanagements.*

4. *Für Unternehmen ist in immer dynamischeren und komplexeren Märkten die Fähigkeit, grosse Mengen an Daten und Informationen schnell und effektiv zu verarbeiten, zur entscheidenden Kompetenz geworden. Integriertes Datenmanagement liefert hierfür die Grundlagen.*

5. *Eine Balanced Scorecard für das Datenmanagement orientiert sich an den übergeordneten Strategien und Zielen des Unternehmens, und dient zur Steuerung und Leistungskontrolle dieser zentralen Funktion.*

# Weiterentwicklungen des Datenmanagements

Die Erkenntnis, dass Daten und Informationen im Unternehmen keine freien unentgeltlichen Güter sind, sondern kostbare und mitunter auch teure betriebliche Ressourcen darstellen, führt dazu, diese Ressourcen ebenso professionell zu organisieren wie dies bei den klassischen Betriebsmitteln schon lange der Fall ist (vgl. hierzu Kapitel 3). Daten und Informationen bilden die Grundlage für Wissen. Das Wissensmanagement bildet absehbar die nächste und höchste Entwicklungsstufe in unserem Entwicklungsstufenmodell. Die Grundlagen für Erfolg versprechendes Wissensmanagement werden auf den Entwicklungsstufen Daten- und Informationsmanagement gelegt.

**Abbildung 11-1:**
**Übergang zum**
**Wissens-**
**management**

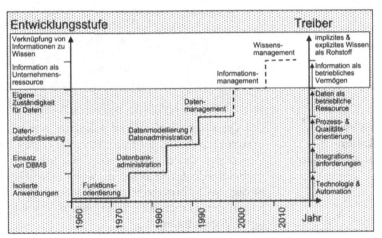

Im Folgenden wird der Übergang vom Daten- zum Informationsmanagement erläutert, das Konzept des Wissensmanagements dargestellt, eine Standortbestimmung vorgeschlagen, bevor abschliessend einige aktuelle Problemstellungen des Datenmanagements aufgeführt werden.

## 11.1 Übergang zum Informationsmanagement

**Definition Informations- management**

Der Aufbau eines unternehmensweiten Informationsmanage- ments ist die logische Konsequenz aus der Forderung, die Infor- mationen als Ressource zu verwalten. In Anlehnung an unsere Definition des Datenmanagements verstehen wir unter Informa- tionsmanagement primär eine Führungsaufgabe:

> Das Informationsmanagement umfasst aus der Sicht der Unter- nehmensführung das methodische Planen, Umsetzen und Control- ling der betrieblichen Informationsversorgung. Darunter fallen alle konzeptionellen, technischen, methodischen und organisatorischen Massnahmen, um eine hohe Qualität der Informationsbereitstellung im Unternehmen in inhaltlicher, zeitlicher und räumlicher Hinsicht sicherzustellen.

Das Ziel des Informationsmanagements im Unternehmen lässt sich wie folgt formulieren:

> Jeder Stelle im Unternehmen müssen
> alle relevanten Informationen
> zum richtigen Zeitpunkt,
> am richtigen Ort und
> in der für den Verwendungszweck erforderlichen Qualität
> zur Verfügung stehen.

**Beitrag Daten- management**

Die Organisation des Unternehmens, sowie Zeit, Raum, Qualität und Verfügbarkeit der Informationen bilden die Dimensionen, an denen sich das unternehmensweite Informationsmanagement zu orientieren hat. Die Beiträge, welche das Datenmanagement zum Erfolg des Informationsmanagements leisten kann, liegen vor al- lem in den Dimensionen *Verfügbarkeit* sowie *Qualität* der Daten und Informationen.

Aus der Sicht des Datenmanagements kennzeichnen Konzepte wie das Data Warehousing (vgl. Kapitel 9), der Einsatz von Data Mining Techniken, der Closed-Loop-Ansatz und die Entwicklung eines umfassenden Datenqualitäts-Managements den Übergang von der reinen Verwaltung der Daten zu einem umfassenden Management der betrieblichen Ressource „Information".

## 11.2      Wissensmanagement

Das Thema Wissensmanagement kam Mitte der achtziger Jahre in Verbindung mit der Diskussion neuer Organisationsformen und einer Orientierung an der lernenden Organisation als Vorbild auf. Als wichtige Eigenschaften der neuen Organisationsformen werden unter anderem Flexibilität, Dezentralisierung, Prozessorientierung, Partizipation und Intelligenz genannt. An die Stelle von Hierarchien sollten flachere Strukturen, Netzwerke und weit gehend autonome Einheiten treten. In solchen Verbünden spielen natürlich Daten, Informationen und Wissen sowie die Kommunikation und Informationsflüsse eine zentrale Rolle. Die Aktualität des Themas lässt sich aus der Häufung von Veröffentlichungen in der jüngeren Vergangenheit ablesen. Dies ist aber zugleich ein deutlicher Hinweis auf ungelöste Probleme der Unternehmensführung. In nachfolgenden Abschnitten soll dieses wichtige Thema im Überblick dargestellt werden.

### 11.2.1      Entwicklung des Wissensmanagement

**Quellen zum Wissensmanagement**

Die ersten expliziten Quellen zum Wissensmanagement finden sich bereits in den sechziger Jahren. Es handelte sich um Publikationen, die sich mit der Bedeutung des Wissens in einer sich wandelnden Gesellschaft und mit ökonomischen Zusammenhängen befassten. Erst mit der breiten Thematisierung des organisatorischen Lernens setzte eine intensive Diskussion ein. Ein ähnliches Bild zeichnet die amerikanische Literatur, wo der Begriff „Knowledge Management" zunächst weder in der Wissenschaft noch in der Praxis grössere Verbreitung oder Beachtung fand. Diese Situation änderte sich etwa ab Mitte der neunziger Jahre drastisch. Seither ist das Wissensmanagement zu einem der meist diskutierten Themen geworden (vgl. [Lehner 2000] oder [Probst et al. 2003]).

**Aktivitäten nach Schüppel**

Die Aktivitäten des Wissensmanagements selbst können auf sehr unterschiedliche Bereiche ausgerichtet sein. Schüppel [Schüppel 1997] schlägt folgende Unterscheidung vor:

- zielgerichtete und geplante Wissensversorgung einer Organisation
- Umgang mit der Ressource Wissen als knappem Gut
- Management der Kosten- und Leistungspotenziale von Wissen
- Management der Wissensquellen

- unterstützende (technische und nicht-technische) Systeme der Wissensproduktion, -reproduktion, -distribution, -verwertung und des Wissensflusses.

**Aufgaben, Fähigkeiten und Aktivitäten**

Reinmann-Rothmeier und Mandl [Reinmann/Mandl 1997] sehen das Wissensmanagement als gesellschaftliche Herausforderung, als organisationale Aufgabe sowie als individuelle und soziale Kompetenz an. Je nachdem, welche dieser Ebenen angesprochen wird, umfasst es ein Bündel von Aufgaben, Fähigkeiten und Aktivitäten. Die folgenden Aufgaben stehen dabei im Vordergrund:

- Informationen verbreiten
- Informationen selektieren und bewerten
- Information in einen Kontext einbetten und mit Bedeutung versehen
- Aus Informationen Wissen konstruieren und neues Wissen entwickeln
- Wissensinhalte miteinander verknüpfen und Wissensnetze bilden
- Wissen bewahren, strukturieren und aktualisieren
- Wissen weitergeben, vermitteln und verteilen
- Wissen austauschen und gegenseitig ergänzen
- Wissen anwenden und umsetzen
- Wissensbasiertes Handeln bewerten und daraus neues Wissen entwickeln

**Erweiterter Managementansatz**

Mit dem Wissensmanagement wird eine neue Dimension der betrieblichen Daten-, Informations- und Know-how-Verwaltung initiiert. Die veränderte Sicht auf Daten und Informationen sowie auf die Mechanismen für deren Speicherung, Verwaltung, Verteilung sowie den Zugriff weist eine enge thematische Verbindung zum Datenmanagement, Dokumentenmanagement und zum Workflowmanagement auf.

**Ziele des Wissensmanagements**

Mit einem aktiven Wissensmanagement (Knowledge Management) werden im Wesentlichen folgende Ziele verfolgt:

- Optimale Nutzung wichtiger Ressourcen
- Reduzieren des Time-to-Market
- Kürzere Produktzykluszeiten
- Verbessern der Kundenbeziehung und des Kundennutzens
- Verbesserte Effizienz bei F&E-Projekten

- Erfolgreiches Reengineering von Unternehmensprozessen
- Verbesserung des internen Informationsflusses in der Organisation

## 11.2.2 Wissensmanagementansätze

Unter den verschiedenen Teilsichten aus Betriebswirtschaftslehre, Wirtschaftsinformatik, Organisationswissenschaft, Informationswissenschaft, Soziologie und Psychologie lassen sich zumindest zwei verschiedene Grundausrichtungen erkennen. Sie können als human orientiertes Wissensmanagement und als technologieorientiertes Wissensmanagement bezeichnet werden (vgl. [Schüppel 1997]). Beide Grundausrichtungen finden ihre Verbindung in einem integrativen Ansatz, der zunehmend propagiert wird:

**Human orientierter Ansatz des Wissensmanagements**

- Dieser Ansatz sieht die Person oder das Individuum als zentralen Wissensträger (Human Capital), dessen Potenziale nicht voll ausgeschöpft und dessen kognitive Fähigkeiten durch das Wissensmanagement unterstützt werden sollen. Der Ansatz ist geprägt von psychologischen und soziologischen Erkenntnissen und steht in einem engen Verhältnis zum Personalmanagement. Der Schwerpunkt liegt bei der Einrichtung eines ganzheitlichen Konzeptes für das Wissensmanagement, wobei die Möglichkeiten einer personenunabhängigen Speicherung und Verarbeitung des Wissens in Form einer organisatorischen Wissensbasis vernachlässigt wird.

**Technologischer Ansatz des Wissensmanagements**

- Dieser Ansatz geht von der Existenz einer organisatorischen Wissensbasis aus, für die Konzepte entwickelt werden, um das Wissen der Organisation zu erfassen, zu erweitern, zu nutzen, zu speichern und zu verteilen (Structural Capital). Die Vorstellung von dieser organisatorischen Wissensbasis ist dabei oft sehr eingeschränkt auf technische Realisierungsformen (z.B. als Datenbank oder als Expertensystem). Man kann allerdings nicht davon ausgehen, dass die technische Realisierung eines Wissensmanagement-Konzeptes alleine die Organisationsmitglieder veranlassen wird, ihre Wissensbasis aktiv zu erweitern oder mit anderen zu teilen.

**Integrativer Ansatz des Wissensmanagements**

- Analysiert man die aktuellen Veröffentlichungen, so wird deutlich, dass zunehmend versucht wird, den human orientierten und den technologieorientierten Ansatz in einem ganzheitlichen Konzept zu verbinden (siehe dazu die Diskussion zum Intellectual Capital = Structural Capital + Human Capital, z.B. in [Edvinsson/Malone 1997]). Letztlich bedeutet dies, dass die kreativen und intellektuellen Fähigkeiten eines Individuums beim Umgang mit Wissen mit den daten- und informationsverarbeitenden Kapazitäten der Computertechnologie verbunden werden müssen, um wirkliche Synergieeffekte zu erzielen.

### 11.2.3 Vorgehensmodelle

**Modelle zum Wissensmanagement**

Die Frage nach der konkreten Umsetzung des Wissensmanagements führt über kurz oder lang zu Wissensmanagement-Modellen. Von diesen wird verlangt, dass sie vor allem praktisch umsetzbar sind. Es lassen sich grob zwei Gruppen solcher Modelle unterscheiden, nämlich Vorgehensmodelle für die Einführung des Wissensmanagements und Modelle, welche die Aktivitäten des Wissensmanagements selbst beschreiben. Eine ausführliche Darstellung und ein Überblick zum momentanen Stand der Entwicklung findet sich bei [Lehner 2000]. Dort wird auch auf die Unterstützung durch Werkzeuge und auf Wissensmanagementsysteme näher eingegangen.

**Einführung von Wissensmanagement**

Die erste Gruppe von Modellen muss in enger Verbindung mit anderen organisatorischen Aufgabenstellungen und Projekten gesehen werden. Zentrale Aufgaben bei der Einführung des Wissensmanagements sind auch die Festlegung der organisatorischen Zuständigkeiten und der Aufgabenprofile, die Bestellung eines Wissensmanagers, die Einrichtung einer Wissensmanagementabteilung, die Entwicklung von Anreizsystemen für den Wissensaustausch, der Aufbau einer informationstechnischen Infrastruktur und die Bestimmung der Wissensziele.

**Aktivitäten des Wissensmanagement**

Für die Aktivitäten des Wissensmanagements selbst findet sich in der Zwischenzeit in der einschlägigen Fachliteratur ein breites Angebot an Modellen. Diese bilden meist den Kern eines umfassenderen Konzeptes.

**Beispiel Modell Pawlowsky**

Am Wissensmanagement-Modell von Pawlowsky [vgl. Lehner 2000] soll die grundsätzliche Struktur solcher Modelle kurz verdeutlicht werden. Sie setzt sich aus mehreren Komponenten oder Bausteinen zusammen, die meist iterativ oder zyklisch zu durchlaufen sind. Damit wird zum Ausdruck gebracht, dass das Wissensmanagement keine einmalige Aufgabe ist, sondern permanent stattfinden muss. Im vorliegenden Fall integriert das Modell eine Reihe bereits bekannter Ansätze. Im Mittelpunkt des Modells stehen folgende Phasen des Managements organisationaler Wissensressourcen, die an Hand einiger Leitfragen erklärt werden (nach [Reinhardt/Bayer 1997]):

**Wissens-identifikation**
- Wie (gut) werden Informationen über relevante Umweltausschnitte (Kunden, Mitbewerber, Mitarbeiter, Politik, Recht usw.) zusammengetragen? Wer leitet und beeinflusst diese Umfeldwahrnehmung – wie einseitig ist diese?

**Wissens-erzeugung**
- Wie (gut) kann implizites Wissen anderen Organisationsmitgliedern zur Verfügung gestellt werden? Wie (gut) kann bereits vorhandenes Wissen in der Organisation miteinander verknüpft werden, um neues Wissen zu erzeugen?

**Austausch des Wissens**
- Welche Kommunikationskanäle existieren in der Organisation – wie (gut) werden sie genutzt? Welche Kommunikationsformen und -barrieren sind vorhanden?

**Annahmen**
- Welche Annahmen steuern die wichtigsten Aktivitäten in einer Gruppe, Abteilung und Organisation? Inwieweit werden abweichende Sichtweisen zugelassen oder gefördert? Wie veränderungsbereit ist das Unternehmen?

**Umsetzung in Produkte und Dienstleistungen**
- Wie (gut) wird Wissen in Verhalten umgesetzt und wie können (neue) Einsichten und Erkenntnisse handlungswirksam werden? Welche Blockaden existieren möglicherweise, so dass Ideen und Erneuerungen nicht in Verhalten umgesetzt werden (können oder dürfen)?

**Ansatz Probst**

Ein praxisorientiertes Konzept des Wissensmanagements ist aus dem Schweizerischen Forum für Organisationales Lernen und Wissensmanagement hervorgegangen (vgl. [Probst et al. 2003]).

**Abbildung 11-2: Wissensmanagement nach Probst et.al.**

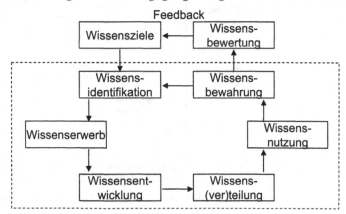

Die einzelnen Prozesse sind:

- **Wissensidentifikation**: Wie verschaffe ich mir intern und extern Transparenz über vorhandenes Wissen?

- **Wissenserwerb**: Welche Fähigkeiten kaufe ich mir extern ein?

263

- **Wissensentwicklung**: Wie baue ich neues Wissen auf?
- **Wissens(ver)teilung**: Wie bringe ich das Wissen an den richtigen Ort?
- **Wissensnutzung**: Wie stelle ich die Anwendung des Wissens sicher?
- **Wissensbewahrung**: Wie schütze ich mich vor Wissensverlust?
- **Wissensziele**: Wie gebe ich meinen Lernanstrengungen eine Richtung?
- **Wissensbewertung**: Wie messe ich den Erfolg meiner Lernprozesse?

Wissensmanagement ist eine Herausforderung für alle Unternehmen, die in der Informationsgesellschaft ihre Wettbewerbsposition stärken wollen. Das aus dem Daten- und Informationsmanagement abgeleitete Wissensmanagement ist dazu prädestiniert, mit geeigneten Werkzeugen und Informationssystemen diesen Prozess hin zum Intellectual Capital zu unterstützen.

**Abbildung 11-3: Imitationsschutz**

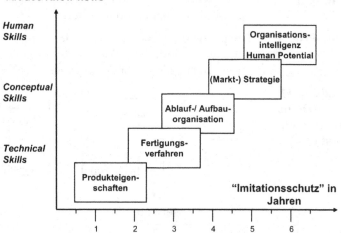

(Quelle: Prof. Dr. Klaus Eckrich – Centrum für exzellentes Kulturmanagement (CEK) in Anlehnung an Hohmann, R., Bittmann, B. (1994))

Durch aktives Management dieser human-orientierten Ressourcen schützt sich ein Unternehmen auch gegen Imitationen durch die Konkurrenz. Nachweislich sind die Produkte und Dienstleistungen eines Unternehmens wesentlich einfacher zu imitieren als dessen Strategien, Wissen, Organisations-Intelligenz und Human Potenzial. Dies sollte auch bei Outsourcing-Überlegungen berücksichtigt werden.

## 11.3   Standortbestimmung im Unternehmen

Am Ende dieses Buches möchten wir dazu ermuntern, eine kritische Standortbestimmung des Daten- und Informationsmanagements in den Unternehmen vorzunehmen. Hierzu dient uns wiederum das Entwicklungsstufenmodell, welches uns bisher begleitet hat. Wo will das Unternehmen hin, wo steht es?

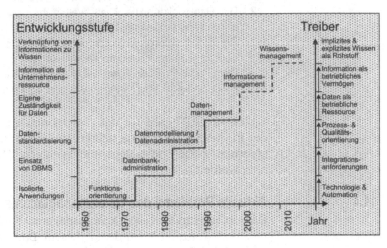

**Abbildung 11-4:
Standortbe-
stimmung im
Entwicklungs-
stufenmodell**

**Informations-
management
als Ziel**

In den meisten grossen Unternehmen dürfte heute ein integriertes, zuverlässiges und effizientes Informationsmanagement eindeutig zu den Zielen gehören, welche den Informatikabteilungen gesetzt werden. In ehrgeizigen Unternehmen ist auch das Thema Wissensmanagement bereits adressiert.

**Voraussetzung
Datenmanage-
mentreifegrad**

Wissens- und Informationsmanagement sind Entwicklungsstufen, die aufeinander aufbauen. Beide setzen ihrerseits auf das Datenmanagement auf und setzen voraus, dass das Datenmanagement einen gewissen Reifegrad erreicht hat. Das in Kapitel 8 vorgeschlagene Modell eignet sich dazu, die Entwicklungsstufe des Unternehmens hinsichtlich seines Datenmanagements zu bestimmen und sich im Entwicklungsstufenmodell zu positionieren. Dies dient dazu, Klarheit und Transparenz zu schaffen und zielgerichtet Handlungsalternativen abzuleiten, damit das Datenmanagement die übergeordneten Zielsetzungen effektiv unterstützen kann.

**Diskrepanz**

Abbildung 11-4 zeigt eine Situation, in der ein Unternehmen zwar unternehmensweites Wissensmanagement anstrebt, sich aber definitiv noch auf der *Entwicklungsstufe Datenmodellierung/Datenadministration* befindet. Die erste Aufgabe bestünde nun darin, ein Datenmanagement-Assessment durchzuführen und daraus einen konkreten Handlungskatalog abzuleiten, wie die nächste Entwicklungsstufe erreicht werden soll.

**Anerkennung der Thesen**

Ein solches Vorgehen setzt voraus, dass die diesem Buch zu Grunde liegenden Thesen als richtig anerkannt werden:

> 1. Die Daten spielen auf Grund ihrer Langlebigkeit eine besondere Rolle in den Informationssystemen der Unternehmen.
> 2. Die Daten bilden die Basis weiterführender Informationen und Erkenntnisse (Wissensbasis).
> 3. Die Daten müssen als Unternehmensressource einem professionellen Management unterzogen werden.
> 4. Die einzelnen Stufen des Entwicklungsmodells für das Informations- und Wissensmanagement sind aufeinander abgestimmt.

Gelten obige Thesen für das Unternehmen, so können anhand der in diesem Buch vorgestellten Methoden und Techniken entsprechende Ziele festgelegt und geeignete Massnahmen umgesetzt werden.

## 11.4 Aktuelle Probleme des Datenmanagements

Das unternehmensweite Datenmanagement mit seinen Funktionen und Konzepten wurde in diesem Buch ausführlich dargestellt und diskutiert. Es ist deutlich geworden, dass Datenmanagementfragen im Informationszeitalter sowohl für Organisationen wie auch für die Gesellschaft als Ganzes von grosser Relevanz sind. Aus beiden Perspektiven sind daher aktuelle Probleme des Datenmanagement, mit denen sich Organisationen heute und in naher Zukunft zu beschäftigen haben, von Interesse.

Wir möchten abschliessend fünf Problemfelder kurz skizzieren.

### 11.4.1 Standardisierung

**Standardisierung in der Software-Entwicklung**

Bei der Software-Entwicklung befinden sich viele Unternehmen noch weitgehend auf dem Stand der Einzelfertigung und keineswegs auf dem Niveau industrieller Softwareproduktion. Dies bedeutet, dass bei der Realisierung von Anwendungssystemen die meisten Software-Komponenten neu entwickelt werden. Der Grad der Wiederverwendung bestehender Komponenten ist erschreckend gering. Wiederverwendung ist jedoch der einzige Weg zur Effizienzsteigerung, Kostenreduktion und zur Verbesserung des „Time-to-Market".

**Vergleich Automobilindustrie**

Um sich klar zu machen, wie es zu industriellen Fertigungsmethoden kommt, lohnt sich ein Blick auf die Geschichte der Automobilindustrie. In dem bekannten Werk „Die zweite Revolution in der Automobilindustrie" [vgl. Womack 1992], in dem auf die Auswirkungen von Lean-Production-Konzepten eingegangen wird, ist eindrucksvoll beschrieben, worin die *erste* Revolution der Automobilindustrie bestanden hat. Diese hatte ihre Wurzeln keinesfalls in der Einführung der Fliessbandfertigung durch Henry Ford, sondern *„es war vielmehr die vollständige und passgenaue Austauschbarkeit der Bauteile und die Einfachheit ihres Zusammenbaus. Diese Neuerungen in der Fertigung machten das Fliessband erst möglich"* [aus Womack 1992]. Mit anderen Worten: Die Grundlage der industriellen Fertigung bestand damals wie heute in der Standardisierung der Bauteile und der Werkzeuge. Standardisierung ist die Grundvoraussetzung für die Wiederverwendung.

**Probleme der Standardisierung**

Sobald Unternehmen mit grossen Informationssystemen selbst für Standards sorgen müssen, ist es schnell mit den Möglichkeiten der Wiederverwendbarkeit vorbei. Die Voraussetzungen, um auch bei der Softwareentwicklung zu einer industriellen Komponentenfertigung zu kommen, müssen bei den Anwenderunternehmen selbst geschaffen werden. Sie bestehen aus der Standardisierung der Komponenten, der Daten, der Schnittstellen zwischen den Komponenten und den verschiedenen Anwendungssystemen sowie der Prozesse zur Fertigung. Welche Beiträge das Datenmanagement zur Standardisierung leisten kann, ist in diesem Buch an verschiedenen Stellen aufgezeigt worden.

## 11.4.2     Vom Produkt- zum Servicemanagement

In den letzten Jahren ist im IT-Bereich ein Trend von der Produktorientierung hin zum Servicemanagement feststellbar (siehe [Ellis/Kauferstein 2004], [Meffert/Bruhn 2000] oder [Meier/Myrach 2004]. Diese Entwicklung erfasst auch das Daten- und Informationsmanagement.

**ITIL**

Eine Möglichkeit besteht darin, sich nach ITIL (Information Technology Infrastructure Library, siehe z.B. [Keisch et al. 2002]) auszurichten. ITIL ist eine herstellerunabhängige Sammlung von „Best-Practices" für das IT-Servicemanagement. Ausgehend von einer Initiative der britischen Regierung Ende der 80er Jahre wurde das Konzept kontinuierlich durch Vertreter der Praxis weiterentwickelt.

**ITIL-Framework**

Als generisches Referenzmodell für die Planung, Überwachung und Steuerung von IT-Leistungen ist ITIL mittlerweile zum internationalen De-facto-Standard für das IT-Servicemanagement geworden. Dem ITIL-Framework liegen insgesamt 5 Prozessbereiche (Business Perspective, Application Management, Service Delivery, Infrastructure Management und Service Support) zugrunde. Ziel ist es, in strategischen, taktischen und operativen Bereichen eine verbesserte Kunden- und Serviceorientierung beim IT-Dienstleister zu gewährleisten.

**Prozess-orientiertes Framework**

Einige der ITIL-konformen Prozesse, vor allem im Bereich Application Management, Service Delivery, Infrastructure Management und Service Support, müssen auf das Daten- und Informationsmanagement übertragen werden. Dieses prozessorientierte Framework ermöglicht es dann, die Leistungen mit der Hilfe von Service Level Agreements zusammenzufassen.

## 11.4.3    Datenschutz und Datensicherheit

**Gläserner Bürger und Kunde**

Mit der zunehmenden „Virtualisierung" der Gesellschaft und damit auch der Wirtschaft nimmt die Menge der elektronisch gespeicherten und verfügbaren Daten in bisher nicht gekanntem Umfang zu. Aus der Sicht des Individuums stellen hierbei vor allem die Sammlung und die Vernetzung von personenbezogenen Daten eine besonders heikle Entwicklung hin zum gläsernen Bürger bzw. zum gläsernen Kunden dar.

**Personen-bezogene Datensamm-lungen**

„Noch niemals zuvor wurden so viele personenbezogene Daten so systematisch gesammelt, verarbeitet und verwertet. Der aus der Netznutzung zu ziehende Umfang personenbezogener Daten und die nach ihrer Zusammenführung aus ihnen gewinnbare Informationsqualität haben eine neue Dimension erreicht." (aus 14. Datenschutzbericht [Sokol 1999]). Einige Beispiele, wo heute personenbezogene Daten gesammelt und analysiert werden:

- E-Commerce: Sammeln von Kunden-, Auftrags- und Abwicklungsdaten, Aufzeichnen und Analyse von Kundenverhalten;

- Geldverkehr: Electronic Cash, Kreditkartentransaktionen, Geldtransaktionen im Internethandel;

- Telekommunikation: Kundendaten, Verbindungsdaten, Abrechnungsdaten, Nutzung von Diensten;

- Mautsysteme: teilweise Kunden- und Fahrzeugdaten, Fahrtrouten, Abrechnungsdaten;

- Auskunfteien: z.B. Kredit- und Kontendaten bei der Schufa;

- Krankenkassen, Versicherungen: Krankheitsprofile, Lebensgewohnheiten;

- Öffentliche Stellen: z.B. Melderegister, Sozialversicherungen, Bibliotheken, usw..

Selbst wenn unterstellt werden kann, dass die Erhebung und Speicherung dieser Daten im Einzelfall rechtskonform geschieht, braucht man wenig Fantasie um sich vorzustellen, welche Möglichkeiten der Analyse hin zum gläsernen Bürger bestehen, wenn diese Daten ganz oder teilweise miteinander verknüpft würden.

**Informationelle Selbstbestimmung**

Daher hat das deutsche Bundesverfassungsgericht bereits 1983 in seiner Volkszählungsentscheidung das Recht auf informationelle Selbstbestimmung formuliert. Gerade unter den Bedingungen der Informations- und Wissensgesellschaft ist die aktive Wahrnehmung dieses Selbstbestimmungsrechts durch die Bürger, auch in ihrer Eigenschaft als Kunde, von elementarer Bedeutung.

**Gefahren für den Datenschutz**

Für das Datenmanagement innerhalb von Organisationen bedeutet dies, dass dem datenschutzkonformen Umgang mit Daten und Informationen, insbesondere wenn sie personenbezogen sind, höchste Beachtung zu schenken ist. Der Datenschutz ist insbesondere gefährdet durch:

- Fehlendes Datenschutzbewusstsein bei vielen Verantwortlichen in den Organisationen;

- Unklare nationale Rechtsnormen;

- Globalisierter Daten- und Informationsverkehr ohne nationale oder internationale Rechtsnormen;

- Fehlendes Bewusstsein in der Bevölkerung und in den Medien;

- Staatliches und öffentliches Sicherheitsbedürfnis aufgrund von Bedrohungen durch Terrorismus und organisierte Kriminalität;

- Organisatorische Mängel bei Systembetreibern;

- Elektronische Datenspuren in nahezu allen Lebensbereichen;

- Lückenhafte IT-Sicherheit.

**Mittel des Datenmanagements**

Einige dieser Risiken können durch Mittel des Datenmanagements organisatorisch, konzeptionell und technisch minimiert und kontrolliert werden. Die Anforderungen des Datenschutzes sind auf jeden Fall bei jedem Informationssystem zu formulieren und zu implementieren.

Ein besonders kritischer Aspekt im Zusammenhang mit dem Datenschutz sind die Datenqualitätsanforderungen.

## 11.4.4     Datenqualitätsmanagement

**Garbage in – garbage out**

Unternehmen wie auch Behörden halten die Ergebnisse von Datenrecherchen und –analysen zunehmend unkritisch und ungeprüft für die Realität. Wenn eine Organisation aus der Verwertung von falschen Daten gegebenenfalls falsche Schlüsse zieht („garbage in – garbage out"), kommen Kunden und Bürger immer öfter in die Situation, dass sie beweisen müssen, dass die über sie gespeicherten personenbezogenen Daten ganz oder teilweise falsch sind. Richtig wäre es dagegen, wenn der Nutzer von Daten beweisen müsste, dass die von ihm verwerteten Daten richtig sind und damit auch die daraus gezogenen Schlussfolgerungen stimmen.

**Gewährleistungs- und Haftungsregeln**

Durch die Eigenschaft von Daten, beliebig vervielfältigt werden zu können, müssten in der Informations- und Wissensgesellschaft zukünftig für kritische Daten und Informationen ähnliche Garantie- und Haftungsregelungen gelten, wie für technische und medizinische Produkte. Diese Forderung bedeutet in der Konsequenz, dass wie bei einem materiellen Produkt nicht der Empfänger, sondern der Erzeuger und Verteiler von Daten und Informationen für deren Qualität zu haften hat. Die Daten- und Informationsqualität wäre durch ein entsprechendes Qualitätszertifikat zu dokumentieren. Eine Bedingung hierfür wären unter anderem allgemein gültige Qualitätsnormen und –vorschriften, die auch die Prozesstransparenz regeln.

**Zentrale Aufgabe der Zukunft**

Auch aus den hier genannten Gründen können wir davon ausgehen, dass das Qualitätsmanagement, wie wir es in Kapitel 10 dargestellt haben, überall dort, wo sensible Daten und Informationen erzeugt, verwertet und verteilt werden, rasant an Bedeutung gewinnen wird. Das durch ein entsprechendes Servicemanagement (vgl. Abschnitt 11.4.2) unterstützte Datenqualitätsmanagement wird sich zur zentralen Aufgabe des Datenmanagements entwickeln.

## 11.4.5      Wissensmanagement - der nächste Schritt

Mit dem Trend zur lernenden Organisation verbunden ist die Entwicklung eines Wissensmanagements.

**Fehlender Wissenstransfer**

„Viele Unternehmen werden schneller senil als ihre Führungskräfte", behauptet James Martin. Der Grund: In Firmen wird zwar ständig gelernt, dieses Wissen wird jedoch nicht weitergereicht. So erhalten beispielsweise Mitarbeiterinnen und Mitarbeiter, die im Verkauf oder im Kundendienst tätig sind, ständig Informationen über die Qualität der Produkte, die sie verkaufen oder warten. Diese Informationen gelangen aber nur selten vollständig zum Produktentwickler.

**Brachliegendes Wissen**

In den Unternehmen liegt wertvolles Wissen brach, weil es nicht erschlossen wird und an die richtigen Stellen gelangt. Das effiziente Management von „Wissen" erweist sich immer mehr als wettbewerbsentscheidender Faktor, da die Produkte, Dienstleistungen und Herstellungsprozesse immer wissensintensiver werden.

**Fahrlässiger Umgang mit Produktionsfaktor Wissen**

Nach der vom Internationalen Institut für lernende Organisation und Innovation (ILOI) in München durchgeführten Studie „Knowledge Management - Ein empirisch gestützter Leitfaden zum Management des Produktionsfaktors Wissen" [Reinmann/Mandl 1997] wird mit der Ressource „Wissen" fahrlässig umgegangen. Zwei Drittel der Manager haben erklärtermassen keinen umfassenden Überblick über das in ihrem Unternehmen vorhandene Wissen.

**Wissensmanagement als Herausforderung**

Wissensmanagement bleibt eine Herausforderung für alle Unternehmen, welche in der Informations- und Wissensgesellschaft überleben und ihre Wettbewerbsposition verbessern wollen. Während das Management der klassischen Produktionsfaktoren ausgereizt zu sein scheint, hat das Management des Wissens seine Zukunft noch vor sich.

Aus heutiger Sicht entsprechen viele Prozesse des Wissensmanagements solchen Prozessen, die wir vom Daten- und Informationsmanagement her kennen. Das Wissensmanagement wird deswegen die nächste Entwicklungsstufe nach dem Informationsmanagement bilden.

## 11.5 Kernaussagen zum Informationsmanagement

1. *Das Datenmanagement muss die Ziele des Informationsmanagements direkt unterstützen.*

2. *Das Datenmanagement legt auch die Grundlagen für das Wissensmanagement. Wissensmanagement ist aber primär human zentriert, weniger technologiezentriert.*

3. *Eine Standortbestimmung im Entwicklungsstufenmodell dient dazu, die nächsten Schritte zum integrierten Informationsmanagement und späteren Wissensmanagement zu planen und zielgerichtet in Angriff zu nehmen.*

4. *Die aktuellen und zukünftigen Problemstellungen des Datenmanagements liegen in Fragen der Standardisierung, des Servicemanagements, des Datenschutzes, des Datenqualitätsmanagements und in den verschiedenen Erscheinungsformen des Wissensmanagements.*

5. *Das Wissensmanagement wird die nächste Entwicklungsstufe nach dem Informationsmanagement bilden.*

# A   Anhang

## A.1   Darstellung eines Entity-Relationship-Modells

Heute werden nahezu alle Datenmodelle durch so genannte *Entity-Relationship-Modelle (ERM)* repräsentiert, welche die Datenstrukturen durch *Entitäten* (engl.: Entity) und deren *Beziehungen* (engl.: Relationship) ausdrücken. Für Entity-Relationship-Modelle existieren verschiedene Darstellungsarten, die sich aber im Prinzip nicht sehr unterscheiden. Die hier gewählte Form, Terminologie und Darstellungsform ist auf jede andere Entity-Relationship-Methode übertragbar.

**Definition: Entität**

Eine *Entität* ist ein individuelles und eindeutig identifizierbares Exemplar von Dingen, Personen, Begriffen oder Konzepten der realen oder der Vorstellungs-Welt. Entitäten werden durch ihre *Attribute* (Eigenschaften) beschrieben. Die Attribute ermöglichen die Charakterisierung, die Klassifizierung und unter Umständen die eindeutige Identifizierung von Entitäten. Attribute haben einen Namen und einen oder mehrere Attributswerte.

**Definition: Entitätsmenge**

Entitäten mit gleichen Attributen (Eigenschaften), aber unterschiedlichen Attributswerten, werden zu *Entitätsmengen* (engl.: Entity Types) zusammengefasst. Entitätsmengen haben einen eindeutigen Namen.

**Definition: Assoziation**

Eine *Assoziation* beschreibt, auf welche Weise eine Entität einer Entitätsmenge A mit Entitäten einer anderen Entitätsmenge B in Beziehung stehen kann. Eine Assoziation hat eine Bezeichnung, die aussagt, welcher Art die Assoziation ist.

Es können vier Assoziationstypen (Kardinalität oder Mächtigkeit einer Assoziation) unterschieden werden:

**Einfache**
- Eine Entität einer Entitätsmenge A steht immer mit genau einer Entität der Entitätsmenge B in Beziehung.

**Konditionale**
- Eine Entität einer Entitätsmenge A kann mit höchstens einer Entität der Entitätsmenge B in Beziehung stehen.

**Mehrfache**
- Eine Entität einer Entitätsmenge A steht mit mindestens einer Entität der Entitätsmenge B in Beziehung, unter umständen auch mit mehreren.

**Mehrfach-
konditionale**

- Eine Entität einer Entitätsmenge A steht mit keiner, einer oder mehreren Entitäten einer Entität der Entitätsmenge B in Beziehung.

**Definition:
Beziehung**

Kombiniert man eine Assoziation der Entitätsmenge A zur Entitätsmenge B (A, B) mit ihrer Gegenassoziation (B, A), so erhält man eine *Beziehung* zwischen den Entitäten der Entitätsmengen A und B.

In einem Entity-Relationship-Modell werden Entitätsmengen durch Rechtecke, Beziehungen durch Verbindungsstriche zwischen den Entitätsmengen und die Kardinalitäten durch folgende Symbole dargestellt:

**Tabelle A-1:
Kardinalitäten
von
Assoziationen**

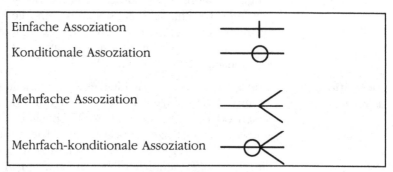

| Einfache Assoziation |
| Konditionale Assoziation |
| Mehrfache Assoziation |
| Mehrfach-konditionale Assoziation |

**Beispiel**

Das kleine Datenmodell in der Abbildung A-1 bildet folgende Realität ab:

- Eine Person kann keine, eine oder mehrere Bestellungen aufgeben.
- Eine Bestellung wird von genau einer Person aufgegeben.
- Ein Artikel kann in keiner, einer oder mehreren Bestellungen enthalten sein.
- Eine Bestellung enthält mindestens einen Artikel, kann aber auch mehrere Artikel enthalten.

**Abbildung A-1:
Beispiel-
Datenmodell**

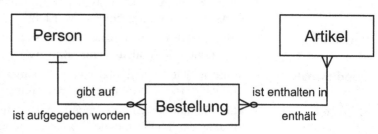

<table>
<tr><td>

**A.2**

</td><td>

## Dimensionale Modellierung Star- und Snowflake-Schema

Entity-Relationship-Modelle und auf ihnen aufbauende relationale Datenbanken ergeben redundanzfreie, konsistente und flexible Datenstrukturen. Diese Datenstrukturen sind meist sehr komplex. Dadurch hat der Endbenutzer sehr grosse Mühe, in solchen Datenbanken zu navigieren und Daten zu analysieren. Sie benötigen die Unterstützung durch Programmlogik, welche bei Ad-Hoc-Analysen nicht zur Verfügung steht, was die Flexibilität für Datenanalysen erheblich einschränkt.

Besser geeignet für analytische Systeme sind Datenmodelle in denen sie auch ausgewertet werden können. Diese werden als Star-Schema- und Snowflake-Schema-Modelle bezeichnet, weil ihre grafische Form einem Stern bzw. einer Schneeflocke ähnelt. Diese Modelle kennen grundsätzlich zwei Typen von Entitätsmengen respektive Tabellen: Dimensions- und Faktentabellen.

</td></tr>
</table>

**Abbildung A-2: Star-Schema und Snowflake-Schema**

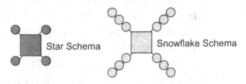

**Faktentabellen**
Die Faktentabellen enthalten Kenn- oder Ergebniszahlen, die sich aus dem operativen Geschäft ableiten lassen, wie Umsätze, Kosten, Erträge, Profitabilität. Diese Zahlen ergeben erst einen Sinn, wenn sie in Zusammenhang gebracht werden. Beispielsweise werden Umsätze in einem bestimmten Markt mit bestimmten Produkten in einem bestimmten Zeitraum verglichen. Das sind Dimensionen, in denen die Geschäftsresultate ausgewertet und analysiert werden.

**Dimensions-tabellen**
In den Dimensionstabellen werden die Entitäten durch ein einziges Schlüsselattribut identifiziert. Die Faktentabelle trägt einen zusammengesetzten Schlüssel. Die Schlüsselteile verweisen auf die jeweiligen Dimensionen.

**Abbildung A-3: Dimensionen und Fakten**

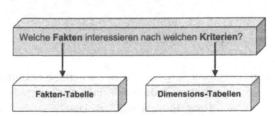

Das Beispiel in Abbildung A-4 zeigt ein Star-Schema-Modell, das Umsatzanalysen in den Dimensionen Zeit, Markt und Produkt erlaubt.

**Abbildung A-4:**
**Star-Schema-**
**Modell**

**Beispiel**
**Snowflake-**
**Schema**

Wenn die Dimensionen in sich noch Hierarchien tragen, welche als Aggregationsstufen für bestimmte Fakten genutzt werden und diese in jeweils eigenen Faktentabellen gespeichert werden sollen, so entsteht ein Snowflake-Schema-Modell. Im Beispiel in Abbildung A-5 sind die Produkte noch zusätzlich in Produktgruppen zusammengefasst. Die Produktgruppe dient als Aggregationsstufe, um Umsätze auch auf Gruppen von Produkten auszuweisen. Um diese Aggregationen nicht bei jeder relevanten Abfrage neu berechnen zu müssen, werden sie nur einmal berechnet und in einer eigenen Faktentabelle gespeichert.

**Abbildung A-5:**
**Snowflake-**
**Schema-Modell**

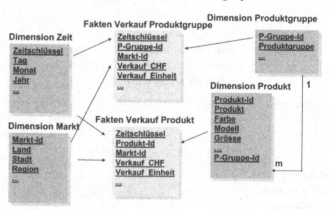

**Beurteilung**

Star-Schema- und Snowflake-Schema-Modelle unterstützen perfekt multidimensionale Analysen. Die physische Speicherung erfolgt in relationalen Datenbanken, kann aber auch auf multidimensionale Datenbanken übertragen werden.

## A.3     Funktionsbeschreibungen des Datenmanagements

Die Funktionsbeschreibungen wurden zum Teil aus der in der Schweiz verbreiteten Broschüre „Berufe der Informatik" des SVD, Schweizerische Vereinigung für Datenverarbeitung und WIF, Verband der Wirtschaftsinformatik-Fachleute [SVDWIF 2000] entnommen.

### A.3.1     Datenarchitektur

**Funktion**

Die Datenarchitektur garantiert eine einheitliche Datenstrategie. Sie erstellt Richtlinien und Standards, nach denen Datenmodelle erstellt und Datenbanken entworfen werden. Sie unterstützt die Systementwickler im Bereich Datenmodellierung und sorgt dafür, dass das Unternehmensdatenmodell beachtet und modifiziert wird. Sie ist für die Nachführung des Unternehmensdatenmodells verantwortlich und stellt sicher, dass die Informationen vollständig und konsistent auf dem Repositorysystem dokumentiert und abrufbar sind.

**Beschreibung der Tätigkeiten**

- Durchführen von Datenanalysen in Zusammenarbeit mit Fachinstanzen und Systementwicklung

- Analysieren, Klassifizieren und Beschreiben von Daten

- Anleiten und Unterstützen der Systementwickler bei der konzeptionellen Datenmodellierung (Entity-Relationship-Modell), unter Beachtung des Unternehmensdatenmodells

- Anleiten und Unterstützen der Systementwickler beim logischen Datenbankenturf (Relationenmodell)

- Überwachen und Kontrollieren der Massnahmen zur Gewährleistung der Datenintegrität (Referential Integrity Constraints) und Datenkonsistenz

- Übergabe des logischen Datenmodells an die Datenbankspezialisten; prüfen und verbessern von Datenbank-Entwurfsarbeiten gemeinsam mit den Datenbankspezialisten zur Optimierung der Datenbanken

- Überprüfung von Datenbankerweiterungen und -änderungen in Zusammenarbeit mit den Datenbankspezialisten

- Beraten und Unterstützen der Systementwicklung und der Fachbereiche bei der Definition und Benutzung von Daten und Informationen

- Erteilen von Auskünften bzgl. Dateninhalt

- Erkennen von Homonymen und Synonymen

- Erstellen und Nachführen des unternehmensweiten Datenmodells
- Sicherstellen der korrekten und aktuellen Datendefinition
- Erarbeiten und Überwachen von Richtlinien und Standards für die Datenmodellierung und den Datenbankentwurf
- Gewährleisten der vollständigen Dokumentation der Datenmodelle und Datenbanken auf dem zentralen Repositorysystem gemäss der erstellten Standards und Richtlinien
- Festlegen von Regeln und Berechtigungen für Datenverteilung und Datenaustausch
- Festlegen und Gewährleisten der einheitlichen Datenstrategie
- Mitwirken bei Fragen des Datenschutzes und der Datensicherheit
- Mitarbeit beim Evaluieren von Datenbanksoftware und CASE-Werkzeugen

## A.3.2 Datenbankadministration

**Funktion**

Die Datenbankadministration ist für den Entwurf und die Einführung technischer Datenbankstrukturen verantwortlich. Sie evaluiert und führt Datenbankwerkzeuge ein, die sie zur Verwaltung der Datenbanken einsetzt. Sie garantiert die technische Sicherheit und die technische Integrität der Daten. Sie entwickelt Konzepte zur technischen Datenmigration sowie zur Datenverteilung und setzt diese Konzepte um.

**Beschreibung der Tätigkeiten**

- Verwalten und Überwachen von physischen Datenbanken
- Durchführen des technischen Datenbankentwurfs auf der Basis eines logischen Datenmodells
- Spezifizieren und Einführen von physischen Datenbankstrukturen
- Optimieren der Datenbankzugriffe
- Planen und Durchführen von Datenbankreorganisationen
- Planen und Überwachen des Datenbankeinsatzes
- Evaluieren und Einführen von neuen Datenbankwerkzeugen
- Überwachen der technischen Datenintegrität
- Mitarbeiten beim Evaluieren von Datenbanksoftware
- Vorbereiten und Überwachen von Sicherstellungs-, Reorganisations- und Wiederanlaufverfahren für Datenbanken
- Überwachen von Tuning- und Performancemassnahmen

- Definition und Umsetzen von Katastrophen-Backup-Konzepten
- Beraten und Unterstützen der Anwendungsentwicklung und der Rechenzentren in Fragen der Datenbanktechnik, Datenbankeinsatz und Datenbankbetrieb
- Entwerfen und Realisieren von systemtechnischen Lösungen für Datenschutz und Datensicherheit
- Entwerfen und Realisieren von Datenverteilungskonzepten
- Einsatz von Replikationssoftware

## A.3.3    Repository-/Datenadministration

**Funktion**

Die Repository- und Datenadministration stellt ein integriertes Metadatenmanagement-System zur Verfügung, das alle wichtigen im Unternehmen verwendete Metadaten-Systeme umfasst. Sie definiert das Informationsmodell des Unternehmens, die darauf anwendbaren Standards und setzt deren Einhaltung durch.

**Beschreibung der Tätigkeiten**

- Integration von verschiedenen Metadaten-Systemen (Verzeichnissen, Katalogen, Enzyklopädien, Repository-Systeme)
- Definition und Entwicklung von Schnittstellen zwischen verschiedenen Metadaten-Systemen
- Verbreitung der Metadaten im Unternehmen durch verschiedene Kanäle wie Datenzugriffs-Werkzeuge und Intranet-Browser
- Pflege und Erweiterung des Informationsmodells
- Definition und Durchsetzung von Metadaten-Standards
- Mitarbeit in Standardisierungsgremien und Überwachung der Standards
- Mitarbeit und Unterstützung bei technischen Projekten im Bereich Datenbank- und Systemmanagement
- Mitarbeit und Unterstützung bei Anwendungsentwicklungsprojekten, insbesondere im Data-Warehouse-Umfeld
- Mitarbeit in Migrationsprojekten
- Evaluierung von Datenmanagementsoftware

## A.3.4     Data-Warehousing

**Funktion**

Der Data-Warehouse-Engineer befasst sich mit Komponenten und Prozessen innerhalb des Data-Warehousing-Systems. Die wesentlichen Komponenten sind die Data-Acqusition (Datenbeschaffung aus den Quellen), Data-Management/Database, Information Directory (Repository), Data Access, Data Mining und Datenvisualisierung. Ausserdem ist der Data-Warehouse-Engineer für Fragen der Datensicherheit und der Datenqualität verantwortlich. Je nach Spezialgebiet innerhalb der Data-Warehouse-Architektur sind spezielle Aufgaben zu erfüllen.

**Beschreibung der Tätigkeiten**

- Analysieren der existierenden Datenquellen und Methoden
- Bestimmen möglicher Datenquellen für das Data-Warehouse
- Definieren von Datenstrukturen (logisch und physisch)
- Definieren des technischen Data-Warehouse-Systems
- Entwickeln von Programmen, Prozeduren und Prozessen für die Beschaffung der nötigen Daten (Data Acquisition)
- Filtern, standardisieren und transformieren der Daten
- Überwachen der Tests von Datenakquisitionsprozessen und deren Produktionseinführung
- Aggregieren und wandeln der Daten zu Informationen
- Entwickeln von Programmen, Prozeduren und Prozessen für den Datenzugriff
- Benutzerschulung
- Evaluierung von Softwarekomponenten
- Sicherstellen von Aktualität und Richtigkeit der technischen und fachlichen Meta-Datenbeschreibungen im Information Directory
- Identifizieren von Veränderungen der Datenmodelle und deren Strukturen
- Sicherstellen von Datenschutz und Datensicherheit
- Unterhalt der Datenstrukturen
- Sicherstellung der Datenqualität in Bezug auf Richtigkeit, Vollständigkeit, Widerspruchsfreiheit, Granularität, Verfügbarkeit und Verständlichkeit
- Überwachung der Datenakquisitionsprozesse, insbesondere hinsichtlich von Änderungen in den Datenquellen

# Abkürzungen und Glossar

| | |
|---|---|
| 2 Phasen Commit | In einem der beteiligten Datenbanksysteme wird eine Datenbanktransaktion durchgeführt und gleichzeitig wird in dem anderen Datenbanksystem eine gleichartige Transaktion angestossen. Die Phase 1 besteht darin, dass beide Systeme an den Transaktionsmanager melden, dass ihre Transaktionen jeweils erfolgreich durchgeführt werden können. |
| | In Phase 2 bestätigt der Transaktionsmanager beiden Systemen, dass sie ihre Transaktionen durchführen sollen, wodurch die Daten in beiden Systemen jeweils synchron in einem konsistenten Zustand gehalten werden. Meldet auch nur eines der beiden beteiligten Datenbankmanagementsysteme, dass seine Transaktion nicht erfolgreich durchgeführt werden kann, wird die Transaktion vollständig zurückgesetzt und die Daten behalten in beiden Systemen ihren Ausgangszustand [vgl. Meier 2004]. |
| 3NF | 3. Normalform, siehe Normalisierung |
| 4GL | Fourth Generation Language |
| ANSI | American National Standards Institute |
| Anwendung | Eine Anwendung ist eine Zusammenfassung von Programmen. Eine Anwendung kann eine Standardanwendungs-Software oder eine Eigenentwicklung sein. |
| Anwendungssystem | Ein Anwendungssystem stellt die inhaltlich zusammengehörende Kombination der Anwendung, der Hardware und des Netzwerkes dar. |
| Anwendungssystemarchitektur | Die Anwendungssystemarchitektur beschreibt die erforderlichen Anwendungssysteme zur Unterstützung der Geschäftsfunktionen. |
| API | Application Programming Interface |
| Applikation | Siehe Anwendung |
| BDM | Bereichsdatenmodell |
| BID | Business Information Directory |
| BPR | siehe Business Process Reengineering |
| Business Intelligence | Unter Business Intelligence werden heute alle Systeme und Anwendungen zusammengefasst, welche das Geschäft durch Analyse und Modellierung integrierter Datenbestände intelligent unterstützen. Beispiele sind Data Warehousing, OLAP-Systeme, Data Mining. |
| Business Process Reengineering | Unter Business Process Reengineering versteht man die Überarbeitung der Geschäftsprozesse eines Unternehmens mit dem Ziel, alle Tätigkeiten, die nicht unmittelbar der |

| | |
|---|---|
| | Wertschöpfung dienen zu eliminieren und die Puffer- und Wartezeiten zu minimieren. |
| CASE | Computer Aided Software Engineering: Werkzeuge, mit denen Modelle und SW-Baupläne in strukturierter Form erstellt und dokumentiert werden können. |
| CBS | Component Broker System |
| CDIF | Case Data Interchange Format |
| CORBA | Common Object Request Broker Architecture |
| | CORBA ist in erster Linie eine Spezifikation, welche die Interoperabilität von verteilten Objekten beschreibt. Es ist eine Lösung zur Entwicklung von verteilten Anwendungen und zeichnet sich durch folgende Merkmale aus: Eine moderne mehrschichtige Client/Server-Architektur, Sprach- und Systemunabhängigkeit, Interoperabilität zwischen heterogenen Systemen, offener Standard basierend auf der OMG, eine Basis für verteilte Objekte . Die CORBA-Spezifikation wird derzeit von der Object Management Group (OMG) betreut und gepflegt. |
| CRM | siehe Customer Relationship Management |
| CRUD | Create-Read-Update-Delete |
| Customer Relationship Management | Customer Relationship Management ist ein Konzept und eine Management-Disziplin, die Organisationen in die Lage versetzen soll ihre profitabelsten Kunden zu identifizieren und langfristig zu binden. Ausserdem sollen weniger profitable Kunden durch "Cross-Selling" respektive "Up-Selling" profitabler werden, neue Kunden angesprochen und akquiriert werden. |
| | Das übergeordnete Ziel ist es, die Profitabilität des Unternehmens insgesamt zu erhöhen. |
| Data Discovery | Das Auffinden bisher unbekannter Muster und Beziehungen in Datenbeständen mittels Data-Mining-Techniken werden als Data Discovery bezeichnet. |
| Data Mining | Data Mining ist ein iterativer Prozess zur Aufdeckung sinnvoller neuer Korrelationen, Muster und Trends in grossen Datenmengen. Typische Data Mining Techniken beruhen beispielsweise auf statistischen Methoden, wissensbasierten Techniken wie Neuronalen Netzen oder auch auf Datenvisualisierungstechniken. |
| Data Warehouse (DWH) | Ein Data Warehouse bezeichnet ein umfassendes System aus Datenbanken, Prozessen, Software- und Hardware-Komponenten sowie Organisationseinheiten, welches nach Dimensionen (Produkt, Kunde, Zeit, usw.) orientiert, geschäftsrelevante Basisdaten zur Verfügung stellt und die einfache Informationsaufbereitung mittels Decision-Support-Systemen (DSS) und Management-Informa- |

tionssystemen (MIS) ermöglicht. Ein DWH gehört in den Bereich der dispositiven Datensysteme und ist Teil der Daten- und Anwendungsarchitektur. Als Teil des Datenmanagements unterstützt ein DWH die Informationsflüsse der Geschäftsbereiche.

| | |
|---|---|
| Datenintegrität | Genauigkeit, Gültigkeit und Konsistenz (logische Widerspruchsfreiheit) der Daten gemäss einem Regelsatz zur Änderung von Daten auf der Datenbank. |
| Datenmodell | Ein Datenmodell (engl. data model) beschreibt auf strukturierte und formale Art die für ein Informationssystem notwendigen Daten und Datenbeziehungen. Datenmodelle werden meist als sogenannte Entity-Relationship-Modelle dargestellt, wobei die Entitäten die Datenklassen beschreiben und die Relationen die Beziehungen zwischen den Entitäten. |
| Datenpropagierung | Siehe Replikation |
| DB | Datenbank |
| DBA | Datenbankadministration |
| DBMS | Datenbankmanagementsystem |
| DM | Datenmanagement |
| DSS | Decision Support System |
| DWH | siehe Data Warehouse |
| EAI | Enterprise Application Integration |
| EDI | Electronic Data Interchange |
| EII | Enterprise Information Integration |
| EIS | Executive Information System |
| Enterprise Information Portal | Siehe Informationsportal |
| Entwicklungsplan | Der Entwicklungsplan zeigt, wie eine Unternehmung von seinem gegenwärtigen computerunterstützten Informationssystem zu dem in der Informationssystem- und Informationstechnik-Architektur geplanten Soll-Zustand kommt und welche Ressourcen eingesetzt werden. Er besteht aus einem Migrations-, einem Finanz- und einem Personalplan. |
| ERM | Entity Relationship Modell |
| ERP | Enterprise Resource Planing |
| ETL | Etract, Transformation, Load |
| Extensible Markup Language (XML) | Die Sprache XML, basierend auf dem Standard des W3C ist ein Beschreibungssprache zwischen SGML und HTML. SGML und HTML |

dienen dem Austausch von Daten. Aufgrund der Mächtigkeit von SGML kann nahezu jede Information maschinenlesbar formuliert werden. Ein Metamodell von SGML ist die Sprache HTML. Aufgrund der Beschränkungen von HTML

|  |  |
|---|---|
|  | hat XML nun den Platz zwischen SGML und HTML einge-nommen. Damit können in einem XML-Dokument vielfältige Daten beschrieben und transportiert werden. |
| GUI | Graphical User Interface |
| Homonym | Ein Begriff mit unterschiedlichen Bedeutungen im Zusammenhang seiner Verwendung. Häufiges Phänomen in schlecht administrierten Datensystemen. |
| HW | Hardware |
| IM | siehe Informations-Management |
| Information Engineering | Methode zur Entwicklung von integrierten Informationssystemen. Basis ist die Benutzung gemeinsamer Daten in verschiedenen Anwendungen, wie sie durch anwendungsübergreifende Datenmodellierung erreicht werden kann. |
| Informations-Management | Das Informationsmanagement hat die Aufgabe, die Möglichkeiten der Computer- und Kommunikationstechnik zu erkennen und für die Unternehmung nutzbar zu machen. |
| Informationsportal | Informationsportale integrieren Informationen unterschiedlicher Art und Herkunft miteinander. Die besondere Stärke von Informations-Portalen besteht neben der Fähigkeit der Integration von Informationssystemen vor allem in der möglichen Personalisierung des Informationszugangs respektive der Informationsbereitstellung. Jeder Benutzer kann individuell sein persönliches Informationsprofil definieren. Er erhält dann jeweils die seinem Profil entsprechenden Informationen teilweise aktiv geliefert, ohne explizit danach suchen oder fragen zu müssen. Portale besitzen generell selbst keine Datenhaltung, sondern nutzen vorhandene Daten- und Informationssysteme. |
| Information Product Map | Das Konzept der Information Product Map geht von dem Gedanken aus, dass Informationsprodukte wie Berichte, Analysen, Rechnungen, usw. einem Produktionsprozess ähnlich dem materieller Produkte unterliegen. Sie stellt eine Methodik zur Verfügung, den Herstellungsprozess der Informationsprodukte einer Organisation in einem speziellen Prozessmodell darzustellen. Die Methode eignet sich einerseits, um den Herstellungsprozess bestehender Informationsprodukte zu dokumentieren und zu analysieren, andererseits auch, um neue Informationsprodukte zu entwerfen. |
| Informationssystem | Das Informationssystem einer Unternehmung umfasst ihre manuellen und computerunterstützte informationsverarbeitenden Tätigkeiten und Beziehungen. |
| Informationssystem-Architektur | Die Informationssystem-Architektur zeigt, welche Anwendungen eine Unternehmung in drei bis fünf Jahren besitzen sollte. |

| | |
|---|---|
| Informationstech-nik-Architektur | Die Informationstechnik-Architektur beschreibt die Hardware, Software und Netzwerke, die eine Unternehmung in drei bis fünf Jahren besitzen sollte. |
| IPM | Siehe Information Product Map |
| IS | siehe Informationssystem(e) |
| ISM | Informationssystem-Management |
| ISO | International Standards Organisation |
| IT | Informationstechnologie |
| KDM | siehe Kern-Datenmodell |
| Kern-Datenmodell | Modellierungsansatz bei dem nur die Kerndaten des Unternehmens dargestellt werden, das heisst jene, die allen Geschäften und Informationssystemen gemeinsam sind, um diese integrieren zu können. Die geschäfts-spezifischen Daten werden separat und evolutionär modelliert. Damit wird die geforderte Integration erreicht und die Komplexität unternehmensweiter Datenmodelle reduziert. |
| Kondratieff Kondratieffzyklus | Die „Theorie der langen Wellen", welche 1926 erstmals vom russischen Wissenschaftler Nikolai Kondratieff vertreten wurde, besagt, dass die wirtschaftliche Entwicklung nicht nur durch kurz- und mittelfristige Konjunkturschwankungen gekennzeichnet ist, sondern diese durch langfristige Entwicklungen überlagert werden. Diese „langen Wellen" werden durch Basisinnovationen angestossen und haben eine Dauer von ca. 50 Jahren. Eine solche Welle wird als Kondratieffzyklus bezeichnet. Basisinnovationen der Vergangenheit waren z.B. die Dampfmaschine (1. Kondratieff), Stahl und Eisenbahn (2. Kondratieff), Elektotechnik und Chemie (3. Kondratieff), Petrochemie und Automobil (4. Kondratieff) sowie die Informationstechnik (5. Kondratieffzyklus). Die Industriegesellschaft ist durch den 1. bis 4. Kondratieffzyklus geprägt, die Informationsgesllschaft beginnt mit dem 5. Kondratieffzyklus. |
| LAN | Local Area Network |
| MDBMS | Multi-Dimensionales Datenbankmanagementsystem |
| Metadaten | Metadaten sind „Daten über die Daten". Dies bedeutet soviel, dass in einer Metadatenbank (Data Dictionary oder Repository-System) Definitionen und Beschreibungen über die Daten, Prozesse und technischen Strukturen sowie die SW-Systeme des Unternehmens vorhanden sind. Heute ist der Begriff aber weiter gefasst und umschliesst auch Meta-Informationen über alle anderen Komponenten des gesamten Informationssystems, also auch über Funktionen, Programme, Hardware, Netzwerk-Topologie und verantwortliche Stellen. |

| | |
|---|---|
| Metadatenmanage-mentsysteme | Siehe Repository |
| MIS | Management Information System |
| MPP | Massively Parallel Processing |
| NF | siehe Normalform |
| Normalform | Siehe Normalisierung |
| Normalisierung | Vorgehen beim Erstellen eines Datenmodells. Die Normalisierungsregeln umfassen die 1. bis 5. Normalform. Das Ziel der Normalisierung besteht darin, ein Datenmodell in einen redundanzfreien, konsistenten Zustand zu überführen. Ein Datenmodell kann als redundanzfrei gelten, wenn es in 3. Normalform (3NF) vorliegt. |
| ODS | siehe Operational Data Store |
| OLAP (Online Analytical Processing) | Die ursprüngliche Definition von OLAP geht auf ein Papier von Codd und Date zurück, die u.a. als Väter der Relationalen Datenbanktheorie gelten. In dem Papier werden zwölf Regeln aufgelistet für die Auswahl von OLAP-Werkzeugen. Einige dieser OLAP-Eigenschaften sind: |

- Multi-Dimensionale Sicht auf die Daten
- Transparenter Zugriff
- Client/Server-Architektur
- Dynamische Behandlung leerer Zellen in einem multidimensionalen Datenwürfel
- Unlimitierte Dimensionierung und Aggregierung von Daten.

| | |
|---|---|
| OLTP (Online Transaction Processing) | Im Gegensatz zu OLAP-Anwendungen ist eine OLTP-Anwendung durch folgende Eigenschaften charakterisiert: |

- kurze, schnelle Transaktionen auf einfachen Datensätzen
- hohe Transaktionsraten
- hohe Verfügbarkeit der Datenbanken
- hohe Durchsatzraten
- kurze Antwortzeiten
- OLTP-Anwendungen unterstützen typischerweise die tägliche Geschäftsabwicklung.

| | |
|---|---|
| OMG | Object Management Group |
| OO | Objektorientierung |
| OODBMS | Objektorientiertes Datenbankmanagementsystem |
| OOT | Objektorientierte Technologie |
| Operational Data Store (ODS) | Ein Operational Data Store integriert zeitnah operative Daten in einem konsistenten Datenmodell, um so taktische Entscheidungen im operativen Geschäft auf der Basis integrierter Daten zu unterstützen. Im Gegensatz zum Data Wa- |

rehouse unterliegen die Daten im ODS ständigen Veränderungen, da sie nicht zeitpunkt-bezogen, sondern ereignisgetrieben in den ODS aufgenommen werden.

| | |
|---|---|
| ORB | Object Request Broker |
| Predictive Modeling | Die Erstellung von Modellen durch Data-Mining-Techniken, welche die Vorhersage unterstützen sollen, dass mit einer vorgegebenen Wahrscheinlichkeit ein bestimmtes Ereignis eintritt, wird als Predictive Modeling bezeichnet. |
| Projektportfolio | Das Projektportfolio fasst die laufenden und geplanten Projekte einer Unternehmung zusammen. Es umfasst sowohl Anwendungs- als auch Infrastrukturprojekte. |
| RDBMS | Relationales Datenbankmanagementsystem |
| Redundanz | Unter Redundanz versteht man die Tatsache, dass ein und derselbe Sachverhalt (Fakt) an mehr als einer Stelle im Datenmodell festgehalten wird. Redundanz führt grundsätzlich zu Inkonsistenzen, das heisst logischen Widersprüchen in den Daten. Das Ziel von Datenmodellen in 3. Normalform ist die Vermeidung von Redundanzen. Redundanz kann aber auch gewollt sein, allerdings muss sie dann durch das System kontrolliert werden (system-kontrollierte Redundanz). |
| Replikation | Im Datenbankumfeld versteht man unter Replikation das Verteilen von Veränderungen einer Datenbank in eine andere Datenbank oder Tabelle. Die replizierte Datenbank oder Tabelle kann entweder im gleichen Datenbankmanagementsystem oder in einem verteilten Datenbankmanagementsystem liegen. Damit erhält man eine exakte Kopie der ursprünglichen Datenbank oder Tabelle. |
| Repository | Ein Repository ist Teil eines Systems zur Verwaltung von Metadaten, d.h. von Daten, welche Objekte und Strukturen der Informationsverarbeitung eines Unternehmens und ihr Zusammenwirken beschreiben. Im Gegensatz zu herkömmlichen Data Dictionaries enthalten Repositories nicht nur technische Beschreibungen, sondern auch logische Modelle. Sie definieren die Daten auch von ihrer geschäftlichen Bedeutung her. Ein Repository ist somit auch von einem geschäftlichen Nutzen über die Informatik hinaus. |
| RIM | Repository-Informationsmodell |
| SIP | Strategische Informationsplanung |
| SMP | Symmetrical Multi-Processing |
| SQL | Structured Query Language |
| SUP | Strategische Unternehmensplanung |
| SW | Software |

| | |
|---|---|
| Synonym | Dieselbe Bedeutung wird mit unterschiedlichen Begriffen bezeichnet. Häufiges Phänomen in schlecht administrierten Datensystemen. |
| TP | Transaction Processing |
| UDB | Universal Database |
| UDM | siehe Unternehmens-Datenmodell |
| Unified Markup Language (UML) | Die Unified Modeling Language (UML) ist eine Sprache zur Beschreibung von Softwaresystemen. Im Unterschied zu Methoden fehlen der UML eine Notation und Beschreibung für Prozesse. UML dient der Beschreibung von Datenbankanwendungen, Echtzeitsystemen, Grafikprogrammen, Workflow-Anwendungen usw. Die Sprache mit Tag-Notation basierend auf SGML besteht aus verschiedenen Diagrammen, die wiederum verschiedene graphische Elemente besitzen. Die Bedeutung - die Semantik - der Elemente ist genau festgelegt. |
| Unternehmens-Datenmodell (UDM) | Ein Unternehmensdatenmodell (UDM) stellt auf einem hohen Abstraktionsniveau die wichtigsten Datenklassen eines Unternehmens dar. Ein UDM besteht in der Regel aus etwa 5 bis 15 Datenklassen. Ein UDM ist eine grobe Architektur der Daten des Unternehmens und hat das Ziel, auf hohem Abstraktionsniveau ein gemeinsames Verständnis für die Unternehmensdaten zu entwickeln und auch eine gewisse Begriffsnormierung durchzusetzen. |
| Unternehmens-modell | Daten, Funktions- und Kommunikationsmodell |
| Unternehmensweites Datenmodell (UwDM) | Einem unternehmensweiten Datenmodell liegt die Betrachtung des gesamten Unternehmens zugrunde. In ihm werden infolgedessen alle Daten und Datenbeziehungen des gesamten Unternehmens beschrieben. Solche Modelle enthalten oft mehrere hundert oder tausend Datenklassen und mehrere tausend Beziehungen. |
| UwDM | siehe Unternehmensweites Datenmodell |
| VLDB | Very Large Database |
| WWW | World Wide Web |
| XML | siehe Extensible Markup Language (XML) |

# Literaturverzeichnis

| Bea/Haas 1997 | Bea, F.X.; Haas, J.: Strategisches Management. Stuttgart 1997. |
|---|---|
| Bernhard / Blomer 2003 | Bernhard, M.G.; Blomer, R., Bonn, J.: Strategisches IT-Management. www.symposium.de/it-management |
| Biethahn/ Rohrig 1990 | Biethahn, J.; Rohrig, N.: Datenemanagement. In: Kurbel, K.; Strunz, H. (Hrsg.): Handbuch der Wirtschaftsinformatik, Stuttgart 1990, S. 737-755 |
| Boar 1994 | Boar, B.H.: The Art of Strategic Planning for Information Technology: crafting strategy for the 90s. New York 1994. |
| Brönnimann/ Peters 1990 | Brönnimann, H.; Peters, O.: Output Nr. 7/1990. |
| Codd 1970 | Codd, E.F.: A Relational Model for Large Shared Data Banks. Communications of the ACM, Vol. 13, Nr. 6, 1970. pp. 377-387. |
| Data Quality Act 2001 | http://www.whitehouse.gov/omb/fedreg/reproducible.html |
| Date 1999 | Date, C.: An Introduction to Database Systems. Menlo Park 1999. |
| Dorn 1994 | Dorn, B.: Managementsysteme: Von der Information zur Unterstützung. In: Dorn, B. (Hrsg.): Das informierte Management – Fakten und Signale für schnelle Entscheidungen. Berlin 1994. |
| Eckrich 2004 | Eckrich, K.: Change Management – Von der Kunst Unternehmen zu führen und zu ruinieren; Centrum für excellentes Kulturmanagement; www.drklauseckrig.de/vorlesung1.html#download |
| Edvinsson / Malone 1999 | Edvinsson, L.; Malone, M. S.: Intellectual Capital – Realizing your Company's True Value by Finding its Hidden Brainpower. HarperCollins Publisher, 1999. |
| Ellis / Kauferstein 2004 | Ellis, A.; Kauferstein, M.: Dienstleistungsmanagement – Erfolgreicher Einsatz von prozessorientiertem Service Level Management. Springer Verlag, 2004. |
| FIAO 2003 | Fraunhofer Institut für Arbeitswirtschaft und Organisation: Besser Arbeiten in Netzwerken – Wie virtuelle Unternehmen Erfolg haben. Shaker Verlag, 2003 |
| Hammer/Champy 1994 | Hammer, M; Champy, J.: Business Process Reengineering. Frankfurt/Main 1994. |
| Härder/Rahm 1999 | Härder, T.; Rahm, E.: Datenbanksysteme – Konzepte und Techniken der Implementierung. Heidelberg 1999. |
| Heinrich 2002 | Heinrich, L.J.: Informationsmanagement - Planung, überwachung und Steuerung der Informationsinfrastruktur. München 2002. |
| Huang 1999 | Huang, K.-T.; Lee, Y.W.; Wang, R.Y.: Quality Information and Knowledge. New Jersey 1999 |
| IBM 1984 | IBM: Business Systems Planning: Information Systems Planning Guide, GE20-0527-4. Armonk, New York 1984. |
| InformationWeek 2002 | InformationWeek, Nr. 11/2002 |
| Inmon 1999 | Inmon, W.H.: The Role of Nearline Storage in the Data Warehouse. A White Paper 1999 |

| | |
|---|---|
| Inmon 1998 | Inmon, W.H.; Imhoff, C.; Sousa, R.: Corporate Information Factory. New York 1998 |
| Inmon/Zach-man/Geiger 1997 | Inmon, W.H.; Zachman, J.A.; Geiger, J.G.: Data Stores, Data Warehousing and the Zachman Framework: Managing Enterprise Knowledge. New York 1997. |
| Kaplan/Norton 1997 | Kaplan, Robert; Norton, David: Balanced Scorecard. Stuttgart 1997 |
| Keisch et al. 2002 | Keisch, C.; van Bon, J.; Kemmerling G; Pondm, D.: IT Service Management. Eine Einführung. itSMF 2002 |
| Krcmar 2003 | Krcmar, H.: Informationsmanagement. Berlin 2003. |
| Lehner 1993 | Lehner, F.: Informatik-Strategien: Entwicklung, Einsatz und Erfahrungen. München 1993. |
| Lehner 2000 | Lehner, F.: Organisational Memory. Konzepte und Systeme für das organisatorische Lernen und das Wissensmanagement. C. Hanser Verlag, München 2000 |
| Martin 1990 | Martin, J.: Information Engineering, Planning & Analysis, Book II. Englewood Cliffs 1990. |
| Meffert / Bruhn 2002 | Meffert, H.; Bruhn, M.: Dienstleistungsmarketing. Gabler Verlag, 2002. |
| Meier 1994 | Meier, A.: Ziele und Aufgaben im Datenmanagement aus der Sicht des Praktikers. Wirtschaftsinformatik, Jhrg. 36, Nr. 5, 1994, S. 455-464. |
| Meier 1997 | Meier, A.: Datenbankmigration - Wege aus dem Datenchaos. Praxis der Wirtschaftsinformatik, Jhrg. 34, Nr. 194, 1997, S. 24-36. |
| Meier 1998 | Meier, A.: Relationale Datenbanken - Eine Einführung für die Praxis. Heidelberg 1998. |
| Meier 2001 | Meier, A.(Hrsg.): Internet & Electronic Business - Herausforderung an das Management. Zürich 2001. |
| Meier et al. 1994 | Meier, A.; Dippold, R.; Mercerat, J.; Muriset, A.; Untersinger, J.-C.; Eckerlin, R.; Ferrara, F.: Hierarchical to Relational Database Migration. IEEE Software, 1994, pp. 21-27. |
| Meier/Dippold 1992 | Meier, A.; Dippold, R.: Migration und Koexistens heterogener Datenbanken – Praktische Lösungen zum Wechsel in die relationale Datenbanktechnologie. Informatik-Spektrum, Jhrg. 15, Nr. 3, 1992, S.157-166. |
| Meier / Haltinner/ Widmer 1993 | Meier, A.; Haltinner, R.; Widmer, B.: Schutz der Investitionen beim Wechsel eines Datenbanksystems - Systemkontrollierte Koexistenz zwischen hierarchischen und relationalen Datenbanken. Wirtschaftsinformatik, Jhrg. 35, Nr. 4, 1993, S. 331-338. |
| Meier / Myrach 2004 | Meier, A.; Myrach, T. (Hrsg.): IT-Servicemanagement. Praxis der Wirtschaftsinformatik, Jhrg. 41, Nr. 237, dpunkt Verlag, 2004. |
| Meier/Wüst 2000 | Meier, A.; Wüst. T.: Objektrelationale und objektorientierte Datenbanken - Ein Kompass für die Praxis. Heidelberg 2000. |
| Mendelson / Ziegler 2001 | Mendelson, H.; Ziegler, J.: Organisations-Intelligenz - Innovatives Informationsmanagement für das 21. Jahrhundert. Gabler Verlag 2001 |

| | |
|---|---|
| Meta Group 2002 | MeETA Group: Business Intelligence – Sprachreform für Babylon. Eine Analyse der META Group Deutschland 2002 |
| Meta Group 2004 | The Future of Data Integration Technologies – White Paper, 2004 |
| Merz 1999 | Merz, M.: Electronic Commerce. Heidelberg 1999. |
| MIT 2002 | Wang, R.; Allen, T.; Harris, W.; Madnick, S.: An Information Product Approach For Total Information Awareness. MIT Sloan School of Management. Working Paper 4407-02, November 2002 |
| Nagel 1990 | Nagel, K.: Nutzen der Informationsverarbeitung. München 1990. |
| Nefiodow 2001 | Nefiodow, L.A.: Der sechste Kondratieff: Wege zur Produktivität und Vollbeschäftigung im Zeitalter der Information. St. Augustin 2001 |
| OMG | http://www.omg.org/, http://cgi.omg.org/cgi-bin/doc?formal/00-06-01.pdf, formal/00-06-01: XML Metadata Interchange (XMI) specification, Complete version of the XML Metadata Interchange (XMI) specification, v 1.0 |
| Ortner 1990 | Ortner, E.; Rössner, J.; Söllner, B.: Entwicklung und Verwaltung standardisierter Datenelemente. In: Informatik Spektrum, Nr. 12/1990, S. 17-30. |
| Österle/Brenner/ Hilbers 1991 | Österle, H.; Brenner, W.; Hilbers, K.: Unternehmensführung und Informationssystem: Der Ansatz des St. Galler Informationssystem-Managements. Stuttgart 1991. |
| Picot 1988 | Picot, A.: Die Planung der Unternehmensressource „Information". In: Wirtschaftswoche; Diebold Deutschland GmbH (Hrsg.): 2. Internationales Management-Symposium „Erfolgsfaktor Information". Düsseldorf 1988, S. 223-250. |
| Porter 1997 | Porter, M.: Wettbewerbsstrategie: Methoden zur Analyse von Branchen und Konkurrenten – Competitive Strategy. Frankfurt 1997. |
| Probst et al. 2003 | Probst G.; Raub St.; Romhard K.: Wissen Managen - wie Unternehmen ihre wertvollste Ressource optimal nutzen. Gabler Verlag 2003. |
| Redman 1996 | Redman, T.C.: Data Quality for the Information Age. Norwood 1996 |
| Rehäuser/Krcmar 1996 | Rehäuser, J.; Krcmar, H.: Wissensmanagement in Unternehmen. In: Schreyögg, G.; Conrad, P. (Hrsg.): Wissensmanagement, Managementforschung 6. Berlin 1996. |
| Reinhardt/Beyer 1997 | Reinhardt, R., Beyer, J.: Wissensmanagement: Ein neuer Ansatz für das Management und eben kein Wein in alten Schläuchen. In: Wissensmanagement. Eine Serie der Süddeutschen Zeitung. Sonderheft konzipiert von Mandl, H., Holzamer, H.-H., Hoch, M., Verlag Süddeutsche Zeitung, München 1997, 35-37 |
| Reinmann/Mandl 1997 | Reinmann-Rothmeier, G., Mandl, H.: Wissensmanagement: Phänomene – Analyse – Forschung – Bildung. Forschungsbericht Nr. 83, Ludwig-Maximilians-Universität München, Lehrstuhl für Empirische Pädagogik und Pädagogische Psychologie, Oktober 1997 |
| Schwinn 2000 | Schwinn, K.: Brainware für Data Warehouse Lösungen; in: Schweizer Bank 6/2000 |

| | |
|---|---|
| Schüppel 1997 | Schüppel, J.: Wissensmanagement. Organisatorisches Lernen im Spannungsfeld von Wissens- und Lernbarrieren. Wiesbaden 1997 |
| Schweizer 1999 | Schweizer, A.: Data Mining, Data Warehousing: Datenschutzrechtliche Orientierungshilfen für Privatunternehmen. Zürich 1999 |
| Sokol 1999 | Sokol, B. (Die Landesbeauftragte für den Datenschutz Nordrhein-Westfalen); 14. Datenschutzbericht (Berichtszeitraum 01.01.1997 - 31.12.1998), http://www.lfd.nrw.de/pressestelle/presse_7_1.html#Download |
| Spewak 1993 | Spewak, S.H.: Enterprise Architecture Planning: Developing a Blueprint for Data, Application and Technology. Boston 1993. |
| SVDWIF 2000 | SVD / WIF: Berufe der Informatik in der Schweiz. Zürich 2000, 5. Auflage |
| TDWI 1996 | The Data Warehouse Institute: Roles & Responsibilities, 1996. |
| TDWI 5/2000 | The Data Warehouse Institute: Preventing Data Warehouse Discentives Created by Convential Cost Allocation Methods; in: Journal of Data Warehousing, 5/2000 |
| TDWI 4/2001 | The Data Warehouse Institute: Organisation of Data Warehousing in Large Service Companies: A Matrix Approach Based on Data Ownership and Competence Centers |
| Tsichritzis/ Klug 1978 | Tsichritzis, D.; Klug, A.: The ANSI/X3/SPARC DBMS framework report of the study group on database management systems, Information Systems, Vol. 3, Nr. 3, 1978, pp. 173-191. |
| Vetter 1987 | Vetter, M.: Das Jahrhundertproblem der Informatik. In: O, Nr. 3/1987, S.43-54. |
| Vetter 1998 | Vetter, M.: Aufbau betrieblicher Informationssysteme mittels pseudo-objektorientierter, konzeptioneller Datenmodellierung, Stuttgart 1998. |
| Womack/ Jones/ Roos 1992 | Womack, J.P.; Jones, D.T.; Roos, D.: Die zweite Revolution in der Automobilindustrie: Konsequenzen aus der weltweiten Studie des Massachusetts Institutes of Technology. Frankfurt 1992. |
| Zachman 1987 | Zachman, J.A.: A Framework for Information Systems Architecture. IBM Systems Journal, Nr. 3/1987. |
| Zachman 1997 | Zachman, J.A.: Enterprise Architecture - The Issue of the Century. In: Database Programming & Design, Nr. 3/1997, S.44-53.. |
| Zehnder 1998 | Zehnder, C.A.: Informationssysteme und Datenbanken, Stuttgrart 1998 |

# Kurzbiographien der Autoren

### Rolf Dippold (eidg. dipl. Wirtschaftsinformatiker)

Rolf Dippold ist seit rund 25 Jahren in unterschiedlichen Funktionen im Bereich Datenmanagement, insbesondere Datenbankmanagement, tätig. Er hat erste DB-Erfahrungen mit IMS/DL1 gesammelt, später mit IDMS-Datenbanken gearbeitet und kam dann zu relationalen Datenbanken, insbesondere DB2. Rolf Dippold leitete das Datenbankmanagement beim Schweizerischen Bankverein (SBV) und war hierbei auch für den logischen Datenbank-Design verantwortlich. Er war Leiter des Projektes "Koexistenz IMS/DB2", in dem der SBV in einem Joint-Venture mit IBM das heutige IBM-Produkt DPROP/NR (Data Propagator/Non Relational) entwickelte. Er unterrichtete schweizerische Wirtschaftsinformatiker und war Mitglied der eidgenössischen Expertenkommission für Wirtschaftsinformatik. Ab 1995 war er als Business Unit Manager bei einem grossen Schweizer Systemintegrator verantwortlich für die Unit Daten -und Informationsmanagement, welche mit über 120 Mitarbeitern eines der führenden Kompetenzzentren auf diesem Gebiet in der Schweiz war. Nach einem Engagement im Management bei einem führenden internationalen Beratungshaus ist er seit 2003 Geschäftsführer des Bereiches Datenmanagement bei der UFD AG in Basel. Er war Mitglied im "Board of Directors" der International DB2 Users Group (IDUG) und war während zwei Jahren deren Präsident. Rolf Dippold hat mehrere Artikel zu den Themen Migration und Koexistenz von unter-schiedlichen Datenbankmodellen geschrieben und Vorträge über diese Themen gehalten.

### Andreas Meier (Dr. sc. techn. ETH)

Andreas Meier ist Professor für Wirtschaftsinformatik an der Universität Fribourg/Schweiz. Seine Schwerpunkte sind Electronic Business, Daten- und Informationsmanagement. Er ist Mitglied der Gesellschaft für Informatik GI, ACM und IEEE. Nach Musikstudien in Wien studierte er Mathematik an der ETH in Zürich. Danach war er als Systemingenieur bei der IBM Schweiz tätig. Nach dem Doktoratsstudium am Institut für Informatik an der ETH in Zürich forschte er am IBM Research Lab in San Jose, Kalifornien über Erweiterungen relationaler Datenbanken. Zurück an der ETH in Zürich leitete er eine Forschungsgruppe und habilitierte über postrelationale Datenbanken. In den Jahren 1986 bis 1992 baute er das Datenmanagement bei der internationalen Grossbank UBS (damals Schweizerischer Bankverein) auf und führte die relationale Datenbanktechnologie ein. Danach war er als Geschäftsleitungsmitglied der CSS Versicherung in Luzern für das Informationsmanagement verantwortlich, unter anderem forcierte er den elektronischen Gesundheitsmarkt Schweiz mit objektorientierten Methoden und Techniken.

## Walter Schnider
## (eidg. dipl. Wirtschaftsinformatiker, Ausbilder mit Fachausweis)

Walter Schnider absolvierte nach einer kaufmännischen Grundausbildung die Informatik-Ausbildung beim Schweizerischen Bankverein. 1989 bestand er die eidgenössische Diplomprüfung als Wirtschaftsinformatiker. Von 1983 bis 1988 nahm er verschiedene Funktionen als Datenbankspezialist und später als Datenadministrator im Datenmanagement des ehemaligen Schweizerischen Bankvereins wahr. Von 1988 bis 1994 war er für Beratungsunternehmen tätig und betreute verschiedene Kunden im Datenmanagementumfeld. Er unterstützte u.a. den Aufbau des Datenmanagements bei einer grossen Schweizer Versicherung und entwickelte dort das Unternehmensdatenmodell. Walter Schnider war von 1995 -1999 als Manager bei der SYSTOR AG tätig. Sein Verantwortungsbereich umfasste vor allem die Entwicklung und Wartung verschiedener Kernapplikationen des Schweizerischen Bankvereins. Weitere Arbeitsschwerpunkte waren Datenarchitekturen, unternehmensweites Datenmanagement und Datenmigrationsstrategien. Seit April 2000 ist er als selbstsändiger Berater tätig mit Schwergewicht Daten Management, IT Prozesse und Personalentwicklung. Seit Juli 2004 ist er als Senior Berater für die UFD AG tätig. Walter Schnider ist Vorstandsmitglied in den Informatik-Verbänden SwissICT und ICTswitzerland und beschäftigt sich da mit der Berufsbildung. Er ist seit 1991 als Wirtschaftsinformatikdozent an verschiedenen Ausbildungsstätten in der Schweiz tätigt. Seit 1992 ist er Prüfungsexperte in der Informatik und seit 2005 Kompetenzfeldverantworlicher Datenmanagemtn bei der Informatik Berufsbildung Schweiz (i-ch). Er hielt mehrere Vorträge und schrieb mehre Artikel zum Thema Datenmanagement-Assesment und Aus-/Weiterbildungsprozesse.

## Klaus Schwinn (Dipl.-Ökonom)

Klaus Schwinn studierte Mathematik und Wirtschaftsinformatik an der Technischen Universität in Darmstadt sowie Wirtschaftswissenschaften an der FU Hagen. Nach einigen Jahren als freier Mitarbeiter im Rechenzentrum einer deutschen Grossforschungseinrichtung wechselte er von der technisch-wissenschaftlichen in die kommerzielle Datenverarbeitung. Ab 1987 war er Mitarbeiter im Datenmanagement des damaligen Schweizerischen Bankvereins in Basel und hier in verschiedenen Positionen u.a. verantwortlich für die Evaluierung von 4GL-Sprachen und CASE-Werkzeugen. Später übernahm Klaus Schwinn die Verantwortung für die Datenarchitektur, die Datenadministration und das Datenbankmanagement der Bank. Ab 1995 war er als Business Area Manager bei einem grossen Schweizer Systemintegrator verantwortlich für den Bereich Business Intelligence, den er zu einem der führenden Kompetenzzentren in der Schweiz entwickelte. Nach einem Engagement bei einem führenden internationalen Beratungshaus ist er seit 2003 Mitglied der Geschäftsführung bei der UFD AG in Basel, mit den Arbeitsschwerpunkten Datenarchitektur, unternehmensweites Daten- und Informationsmanagement, Datenqualitätsmanagement, Data Warehousing und Business Intelligence. Die Unternehmensberatung für Datenmanagement fokussiert sich mit ihren Dienstleistungen auf alle Disziplinen des modernen Datenmanagements. Klaus Schwinn war Co-Founder und Chairman einer Europäischen Repository Benutzervereinigung. Er veröffentlicht verschiedentlich zu den Themen unternehmensweites Datenmanagement, Data Warehousing, Business Intelligence, CRM und Datenqualitätsmanagement, gibt Seminare und hält Vorträge auf verschiedenen Tagungen und Konferenzen. Klaus Schwinn ist ausserdem weltweit einer der ersten vom MIT (Massachusetts Institute of Technology) zertifizierten Information Quality Professionals.

# Schlagwortverzeichnis

## 3

3NF 220, 281, 286

## A

Abbildungsregeln 131ff, 141ff, 171, 214
Abstraktionsebenen 48, 77, 83
Altlasten 115ff, 146, 175
Altsystem 118, 128, 134ff
Anwendungsarchitektur 45, 72ff
Anwendungssystemarchitektur 37, 40, 45ff, 281
Anwendungssysteme 30, 36ff, 50ff, 71ff, 102ff, 120ff, 167, 185, 212ff, 281
Anwendungssystemportfolio 41
Assessment 156, 176
Auswertungs-Werkzeuge 161

## B

Balanced Scorecard 8, 234ff, 254ff
Berufsbild 49, 60, 64, 68, 163
Bottom-Up-Ansatz 79ff, 96, 208ff, 233
Branchenmodell 89
Budget 24, 208, 249
Business Intelligence 198, 212, 220, 225, 238, 281
Business-Process-Reengineering 21, 26, 94, 128, 142, 168, 173, 281
Business-Reengineering 26

## C

CASE 21, 42, 66, 83, 92, 105, 118, 170ff, 278, 282
Chief Information Officer 4

Chief Technology Officers 4
Closed Loop Ansatz 8, 236ff, 256ff
CODASYL 54, 169
Codeüberladungen 119ff
Component-Broker-System 109
Content-Management 58
Corporate Information Factory 8, 183, 193ff, 233ff, 251
CRM
  Prozess
    Kundenindividualisierung 89
    Personalisierung 198
  System 89, 192
Customer Life Cycle 244
Customer Life Cycle Value 244
Customer Relationship Management (CRM) 6, 26, 184, 192, 282

## D

Data Cleansing 217ff, 247ff
Data Discovery 243, 282
Data Mart 197, 200ff, 238
Data Mining 8, 21, 198ff, 237ff, 280
Data Mining Prozess 225, 241ff
Data Mining Techniken 239ff, 256, 258
  Datenvisualisierung 198, 241
  Neuronale Netze 241
Data Quality 8, 16, 22, 247ff, 256, 270
Data-Dictionary 50, 54, 65ff, 71, 73, 94, 105, 108, 121, 163, 169ff
Data-Dictionary-System 66, 105, 108, 169, 170
Data-Warehouse 8, 21, 24, 56, 82, 107ff, 136, 160ff, 183ff, 233ff, 279, 280
Dateiverarbeitung 50
Daten Management
  Assessment 156, 176
Datenadministration 22, 140, 159, 178, 265, 279

Datenarchitektur 22, 25, 40ff, 64, 73ff, 94ff, 114, 118, 122ff, 146, 149ff, 201, 205ff, 228, 233, 277

Datenbankadministration 7, 22, 49, 52ff, 102, 136, 147ff, 278

Datenbankentwurf 55, 62ff, 152ff, 190, 278

Datenbankmanagementsystem 6, 42, 49ff, 74, 105, 113, 115, 133, 135, 145, 151, 162ff, 189, 195, 200, 220, 281

Datenbanktechnologie 56, 57, 60ff, 115ff, 146, 162ff, 184, 215, 228

Datenbanktransaktion 58, 133ff, 196, 281

Datenbereinigung 200, 242

Dateneigentümerschaft 101, 224, 248

Datenintegration 72ff, 116, 143ff, 147, 153, 175, 206, 223

Datenintegrität 50, 64, 132ff, 190, 277ff

Datenmanagement 5ff, 21ff, 36, 39, 49, 53, 91, 94, 111ff, 147ff, 183, 227ff, 233, 236ff, 250ff, 256, 258ff

Datenmanager 23, 68, 93ff

Datenmigration 24, 59ff, 105, 115, 122ff, 180, 228, 233, 278

Datenmodell 36, 44ff, 53, 63, 70ff, 103ff, 118, 121, 126, 153ff, 188ff, 274, 283ff

Datenmodellierung 7, 22, 64ff, 94, 115, 147ff, 220, 265, 277ff, 284

Datenproliferation 35, 188

Datenpropagierung 133ff, 142ff
  asynchrone 136
  synchrone 133, 139

Datenqualität 60, 112, 114, 121ff, 142, 146, 175, 193, 216ff, 244, 247, 249, 270, 280
  Kriterien 219
  Prozess 247

Datenqualitäts-Management 8, 16, 22, 244, 248ff, 258, 270

Datenredundanz 132, 189

Datenredundanz , system-kontrollierte 287

Datenschutz 161, 224, 268, 269, 279ff

Datenschutzgesetz 224

Datensicherheit 16, 60ff, 123, 156ff, 177, 224, 268, 278ff

Datenstandardisierung 7, 97, 147, 156, 159

Datenvisualisierungstechniken 198, 241, 282

Decision Support System (DSS) 185ff, 282

Dimensionen 37ff, 56, 176, 196, 202ff, 228ff, 237, 250, 253, 258, 260, 268, 275ff, 282

Dokumentation 41, 50, 65, 83, 92, 108, 111ff, 118ff, 140ff, 169, 250, 278

Dokumentationsqualität 83, 116, 121, 140

# E

Enterprise Application Integration (EAI) 143ff

Enterprise Information Integration (EII) 143

Entity-Relationship-Modell 8, 64, 70, 167, 170, 204, 273ff

Entwicklungsstufe 6ff, 54, 60, 115, 147ff, 257, 265, 271ff

Enzyklopädie-System 109

Erfolgsbeitrag 9, 26ff

Erfolgsfaktor 14, 234

ETL-Werkzeug 136, 195

Executive Information System (EIS) 185ff

# F

Fakten 99ff, 140, 202ff, 221, 239, 275, 276

Feldmissbrauch 120, 123

Funktion 22, 39, 43ff, 70, 108, 163, 256, 277ff

# G

Gedächtnis der Organisation 251

Gesamtarchitektur 35, 37, 48, 223

Geschäftsfunktion 43, 44, 121, 204, 210, 211

Geschäftsfunktionsarchitektur 40, 43

Geschäftsprozess 24, 26, 43, 71, 95, 173, 179

Grundsätze 40, 211, 212

# H

Hilfsmittel  22, 67, 145
Historisierung  221
Homonym  73, 83, 101, 118ff, 123, 284
Hypothese (Data Discovery)  240, 242, 243

# I

IDMS  54, 129
IMS/DB  54
Industriegesellschaft  1, 2, 174
Informatikstrategie  22, 24, 30, 35, 40, 48
Information Engineering  22, 33, 64, 149, 284
Information Product Map  245, 246, 256
Informationsangebot  15, 17, 18
Informationsarchitektur  37
Informationsbedarf  15, 17, 18
Informationsbedarfsanalyse  17, 31, 39, 40
Informationsbeschaffung  14, 15, 214
Informationsgesellschaft  1, 2, 3, 174, 175, 264
Informationsmanagement  3ff, 14ff, 69, 101ff,
    112, 175, 183, 233ff, 257ff 264ff, 284
Informationsmanagementprozess  14ff, 23, 28,
    30, 234, 251
Informationsnachfrage  15ff
Informationsplanung  7, 14ff, 29ff, 36, 40ff, 48,
    83, 113, 149ff, 185, 193, 233, 247, 251
Informationsportal  283, 284
Informationsstrategie  7, 33, 48
Informationstechnologie  4, 26, 33ff, 249
Informationsverarbeitung  6, 14, 18ff, 31, 35ff,
    181, 200, 249
Informationsversorgung  30, 258
Infromationsverarbeitung  287
Integration  32, 53, 66ff, 71ff, 82, 91, 93, 96,
    105ff, 110, 116, 143ff, 152, 159, 176, 192, 194,
    198, 199, 208, 210, 223, 233, 255, 279, 284ff
Integrationsanforderungen  166
Integrationsgrad  108, 109, 132, 140, 141, 223
Integrationshindernisse  32
Integritätsregeln  74
IT-Aufgaben  252

# J

Jahr-2000-Problem  103

# K

Kapselung  90ff, 96, 121ff, 140
Kerndatenmodell  82ff, 96, 162, 206, 248, 285
Knowledge Management  259ff, 271
Kontradieffzyklen  1, 2, 35
Konversionsregeln  142, 146
Kosten-Nutzen-Betrachtung  24, 113
Kundenbeziehungsmanagement  26
Kundenprofitabilität  243

# L

Leistungserstellungsprozess  11ff, 254
Leistungskontrolle  8, 254ff

# M

Metadaten  24, 71, 97ff, 140, 161, 195, 199, 203,
    221ff, 225, 233, 279, 285ff
Metadaten-Integration  107, 110, 199
Metadatenmanagement  97, 98, 101, 104, 107ff,
    223, 228, 233, 279
Metadatenmodell  99, 100, 107
Methoden  8, 20, 22, 33, 41, 55, 63, 82, 90, 101,
    104, 112, 117, 137, 149ff, 213, 234ff, 266, 273
Middleware  42, 195, 225, 252
Migration  40, 57, 68, 115ff, 146, 155ff
    Prozess  140
    Strategie  141
    Technologie  181
    Variante  82, 129, 132ff, 140ff, 160, 168, 181
Multidimensionale Datenbanken  59

# N

Nachdokumentation 118
Nearline Storage 228
Neuronale Netze 241
Normalform 83, 167, 220, 286, 287

# O

Objektmodelle 100, 102, 104, 111, 167
Objektorientierte
Datenbankmanagementsysteme 57, 59
OLAP 59, 286
OLTP 62, 286
Operational Data Store (ODS) 137, 192, 193,
196, 197, 201, 233, 238
Organisation
    IQ 8, 250, 251
Organisationskosten 66
Outsourcing 26, 30, 32, 252, 253, 264

# P

Predictive Modeling 237, 243, 287
Produktionsfaktor 12ff, 19, 28, 271
Profitabilitätsanalyse 237
Programmkonversion 127ff, 139, 142
Projekt 39, 41, 81, 155, 184, 185, 208, 210, 212,
214, 225, 226, 227
Prozess 11, 13, 14, 16, 22, 26, 29, 31, 33, 80,
95, 109, 111, 131, 165, 171, 181, 196, 212, 217,
220, 241, 242, 246, 247, 264, 268, 282

# Q

Qualität 13ff, 41, 60ff, 78ff, 88, 94, 98, 112, 118,
119, 122, 149ff, 167, 174ff, 182, 193, 195, 205,
207ff, 229ff, 233, 242ff, 244ff, 250, 258, 270ff
Qualitätsmerkmale 83, 218
Qualitätssicherungsmassnahmen 67
Quellensysteme 126, 221, 229

# R

Redefinierte Felder 119
Redundanz 36, 50, 96, 188
Redundanzfreiheit 70, 83, 189, 204, 220
Re-Engineering 118, 130
Referenzmodell 79, 80ff, 84, 110, 267
Relationenmodell 55ff, 64, 121, 169, 171ff, 277
Relationentheorie 63, 176
Replikation 67, 68
    Software 178, 196, 279
Repository 7, 39, 66, 105, 108, 110, 119, 121ff,
    141ff, 145, 156, 159, 179, 195, 218, 278ff
Repositorysystem 65, 66, 106, 108, 110, 118, 123,
    161, 177ff, 218, 277, 279

# S

Schichtenarchitektur 51
Schlüssel
    künstlicher 204, 211
Schnittstellen 41, 51, 53, 72ff, 82, 91ff, 95, 101ff,
    116, 136, 140ff, 187ff, 198, 223, 247, 267, 279
Snowflake-Schema 8, 205, 275, 276
Software-Engineering 104, 165ff, 170, 176
Standardisierung 7, 22, 56, 69, 93, 97, 106, 111ff,
    149, 178, 266, 267, 272
Standards 50, 52, 63, 67, 106, 107, 110ff, 123, 142,
    150, 153, 164, 195, 211, 223, 267, 277ff
Standardsoftware 44, 82, 83, 93ff, 116, 122, 127,
    139
Standortbestimmung 8, 118, 120, 176, 257, 265
Star-Schema 205, 212, 220, 275ff
Stored Procedures 58, 62, 124
Strategie 20, 25, 27, 31ff, 40, 47, 62, 116, 196, 207,
    223, 229, 234
Strategieentwicklung 24, 31, 39, 40, 236
Strategische Informationsplanung 7, 29, 48
Structured Query Language (SQL) 55, 62, 66, 125,
    131, 137ff, 190
Switchover 128, 130, 135, 139, 141
Synergieeffekt 88
Synonym 73, 288

# T

Taktik 25
Technische Architektur 46
Technologieportfolio 42
Top-Down-Ansatz 78ff, 208ff
TP-Monitore 51, 52, 54, 61
Treiber 6, 9, 29, 53, 115, 147
Trends 7, 21, 27, 57, 282
Trigger 58, 63, 67, 74

# U

Universal Databases 171
Unternehmensarchitektur 38
Unternehmensdatenmodell 288
Unternehmensdatenmodell (UDM) 75ff, 161, 205, 206, 277
Unternehmensdatenmodellierung 69, 233
Unternehmensweites Datenmodell 288
Unternehmensweites Datenmodell (UwDM) 76ff

# V

Very Large Data Base 56
Vorhersagemodelle 243, 244

# W

Wartbarkeit 53, 116, 124, 146
Werkzeugeinsatz 65
Wertschöpfungskette 43, 44, 231
Wertschöpfungsprozess 19, 232
Wiederverwendbarkeit 58, 110, 112ff, 119, 267
Wiederverwendung 74, 124, 156, 177ff, 210, 212, 214, 222, 248, 266ff
Wissen 1ff, 11ff, 19ff, 26ff, 48, 64, 74, 121, 153, 163, 173ff, 180, 229, 231, 240, 250, 257ff, 271
Wissensarbeiter 20, 35
Wissensgesellschaft 1, 2, 3, 4, 269ff
Wissensmanagement 2, 8, 257, 259, 260, 261, 262, 263, 264, 265, 266, 271, 272
Workflow 21, 67, 105, 168, 171

# Z

Zachman-Framework 43, 44, 45, 47, 48

# Von Erfahrung profitieren

Patrick Theobald
## Profikurs ABAP®
Konkrete, praxisorientierte Lösungen -
Tipps, Tricks und jede Menge Erfahrung
2004. XII, 292 S. mit Online-Service. Br. € 49,90   ISBN 3-528-05890-0
Die Themengebiete sind von großer Relevanz für die Praxis: Sperr- und
Verbuchungsmechanismen, eine professionell und effizient gestaltete
Benutzeroberfläche, Datenkonvertierung in alle gängigen Dateiformate,
Aufbereitung für eine volle Integration der MS Office-Programme, sowie
das Handling von Nummernkreisen und Textobjekten.

Heinrich Rottmann
## Warum ausgerechnet .NET?
Fakten und Vergleiche mit Java und C++ - Beispielprogramme -
Glasklare Entscheidungshilfen
2004. XII, 308 S. Br. € 24,90                          ISBN 3-528-05885-4
Hier ist es: Ein Buch, das aufräumt mit Vorurteilen, ein Buch, das klar
und fundiert Position bezieht. Mit profunden Kenntnissen über .NET,
mit Performance-Tests, mit systematischen Vergleichen (Java, C#, C++,
VB, J#) und vielen aussagekräftigen und nachvollziehbaren Program-
mierbeispielen.

Jens Ferner
## Profikurs PHP-Nuke
Einsatz, Anpassung und fortgeschrittene Programmierung -
PHP-Nuke vom Start bis zur strukturierten Anwendung -
Mit umfassender interner Funktionsreferenz
2., verb. u. erw. Aufl. 2004. XIV, 410 S. mit Online-Service. Br. € 32,90
ISBN 3-528-15848-4

**vieweg**
Abraham-Lincoln-Straße 46
65189 Wiesbaden
Fax 0611.7878-400
www.vieweg.de

Stand 1.1.2005. Änderungen vorbehalten.
Erhältlich im Buchhandel oder im Verlag.

# Worauf Sie sich verlassen können

Horst Speichert
## Praxis des IT-Rechts
Praktische Rechtsfragen der Internetnutzung und IT-Security

2004. XIV, 278 S. Geb. € 49,90                    ISBN 3-528-05857-9

Haftung für Inhalte und Viren - Strafbarkeit im Internet - Datenschutz
und Mitarbeiterüberwachung - Rechtssichere Verträge im Internet -
Digitale Signatur und elektronische Form - E-Commerce und Fernab-
satzrecht - Recht der Domainverwaltung - Werbung im Internet, Spam-
ming - Urheberrecht

Martin Pollakowski
## Grundkurs Socketprogrammierung mit C unter Linux
So entwickeln Sie schlanke Web-Applikationen

2., verb. u. erw. Aufl. 2005. 250 S. Br. ca. € 22,90  ISBN 3-528-15884-8

Kommunikation im World-Wide-Web - C-Programmierung unter Linux -
Client-Sockets: Verbindungsaufbau zum Server - Web-Browser: Dateien
vom Server anfordern - Server-Sockets: Verbindungswünsche anneh-
men - Web-Server: Dateien an Browser senden - HTTP-Parser: Browser-
Wünsche analysieren

Jens Ferner
## Profikurs PHP-Nuke
Einsatz, Anpassung und fortgeschrittene Programmierung -
PHP-Nuke vom Start bis zur strukturierten Anwendung -
Mit umfassender interner Funktionsreferenz

2., verb. u. erw. Aufl. 2004. XIV, 410 S. mit Online-Service. Br. € 32,90
                                        ISBN 3-528-15848-4

**vieweg**

Abraham-Lincoln-Straße 46
65189 Wiesbaden
Fax 0611.7878-400        Stand 1.1.2005. Änderungen vorbehalten.
www.vieweg.de           Erhältlich im Buchhandel oder im Verlag.

# Strategie und Realisierung

Frank Victor, Holger Günther
## Optimiertes IT-Management mit ITIL
So steigern Sie die Leistung Ihrer IT-Organisation -
Einführung, Vorgehen, Beispiele
2., durchges. Aufl. 2005. X, 247 S. Br. € 49,90   ISBN 3-528-15894-8
Erfolgreiches IT-Management - ITIL - Siegeszug eines praxisorientier-
ten Standards - Leitfaden für die erfolgreiche ITIL-Umsetzung in der
Praxis - Positionierung der IT im Unternehmen und Ausrichtung auf
das Tagesgeschäft - Referenzprojekte

Marcus Hodel, Alexander Berger, Peter Risi
## Outsourcing realisieren
Vorgehen für IT und Geschäftsprozesse zur nachhaltigen Steigerung
des Unternehmenserfolgs
2004. XII, 226 S. mit 40 Abb. Br. € 34,90   ISBN 3-528-05882-X
Grundlagen und Aufgabenstellung - Entscheidungskriterien -
Vorgehen, Phasen, Lifecycle (von der Planung zur Implementierung) -
Nachhaltige Sicherung des Projekterfolgs - Case Studies: Beispiele
und Ergebnisse - Checklisten

Klaus-Rainer Müller
## IT-Sicherheit mit System
Strategie - Vorgehensmodell - Prozessorientierung -
Sicherheitspyramide
2003. XIX, 257 S. Geb. € 49,90   ISBN 3-528-05838-2

**vieweg**
Abraham-Lincoln-Straße 46
65189 Wiesbaden
Fax 0611.7878-400
www.vieweg.de

Stand 1.1.2005. Änderungen vorbehalten.
Erhältlich im Buchhandel oder im Verlag.